LES

ŒUVRES

COMPLETES

DE

VOLTAIRE

56c

VOLTAIRE FOUNDATION

OXFORD

2000

THE
COMPLETE
WORKS
OF
VOLTAIRE

56c

VOLTAIRE FOUNDATION

OXFORD

2000

ISBN 0 7294 0744 6

Voltaire Foundation Ltd
99 Banbury Road
Oxford OX2 6JX

PRINTED IN ENGLAND
AT THE ALDEN PRESS
OXFORD

direction de l'édition

1968 · THEODORE BESTERMAN · 1974
1974 · W. H. BARBER · 1993
1989 · ULLA KÖLVING · 1998
1998 · HAYDN MASON

sous le haut patronage de

L'ACADÉMIE FRANÇAISE

L'ACADÉMIE ROYALE DE LANGUE ET DE
LITTÉRATURE FRANÇAISES DE BELGIQUE

THE AMERICAN COUNCIL OF LEARNED SOCIETIES

THE BRITISH ACADEMY

L'UNION ACADÉMIQUE INTERNATIONALE

réalisée avec le concours gracieux de

THE NATIONAL LIBRARY OF RUSSIA
ST PETERSBURG

Ce volume est dédié
à la mémoire de
René Pomeau

RENÉ POMEAU (1917-2000)

Président d'honneur, depuis 1998, des *Œuvres complètes* de Voltaire avec William H. Barber, René Pomeau fut l'un des initiateurs de ce grand projet. C'était au deuxième Congrès de la Société Internationale d'Etude du Dix-huitième Siècle à Saint Andrews, en 1967. Dans ses *Mémoires d'un siècle*, parus en 1999, René Pomeau évoque l'acte de naissance des *Œuvres complètes*. Il s'agissait de remplacer l'édition Moland qui remontait aux années 1880 et qui avait beaucoup vieilli. 'Le regretté Owen R. Taylor, mon ami William Barber et moi-même', raconte René Pomeau, nous fîmes une démarche auprès de Theodore Bester-man. Celui-ci venait d'achever une première édition de la *Correspondance* de Voltaire (Genève, Institut et Musée Voltaire, 1953-1965). Malgré les lourdes tâches qu'il assumait, dont la publication des *Studies on Voltaire and the eighteenth century*,[1] Theodore Besterman, qui envisageait de faire paraître une seconde édition de la *Correspondance* plus complète, celle sous-titrée 'definitive edition' (Institut et Musée Voltaire-Genève, Voltaire Foundation-Oxford, 1969-1977), accueille favorablement le projet qu'on lui présente à condition que l'édition soit critique et complète, ce qui suppose d'éditer quelque deux mille cinq cents textes avec relevé des variantes, bibliographie, annotation, intro-duction. Une gigantesque entreprise.

Alors que se poursuit l'édition de la *Correspondance* qui constitue les tomes 85 à 135 des *Œuvres complètes*, en 1968 paraissent les *Notebooks* (tomes 81-82) édités par Th. Besterman. *Correspondance* et *Carnets* sont publiés par une équipe de sept membres où figure le nom de René Pomeau. Il fit partie de ce comité, d'abord sans titre, avant de s'appeler comité exécutif jusqu'en 1996 et qui s'intitule

[1] René Pomeau est l'auteur dans le tome i des *SVEC* (1955) d'un 'Etat présent des études voltairiennes'.

maintenant comité éditorial. Notre président d'honneur, William H. Barber, sait mieux que moi combien René Pomeau a été actif au sein de ce comité dès sa création. Les réunions avaient lieu à Paris, Oxford ou Bruxelles et lors des Congrès des Lumières. Les avis et conseils de René Pomeau ont maintes fois éclairé et soutenu les efforts des directeurs de l'édition. Il faisait le point sur la recherche voltairiste en France, signalait les travaux en cours, présentait les thèses qui avaient été soutenues, proposait de nouveaux collaborateurs. Il ne cessa de porter un vif intérêt aux *Œuvres complètes*. Qu'on me permette, à ce propos, d'évoquer un souvenir personnel qui en témoigne. Absent, pour d'évidentes raisons de santé, le 14 janvier 2000, de la réunion du comité éditorial qui se tenait en Sorbonne, il me posa des questions sur cette séance dont je lui fis un rapide compte rendu au cours d'une conversation téléphonique le 17 janvier. Pour avoir participé, depuis 1984, à ces réunions de travail, j'ajouterai que le souci constant de René Pomeau concernait la progression de l'édition, toujours trop lente à son gré. Il ne sous-estimait pas les difficultés, lourdeurs et retards inhérents à une aussi ambitieuse entreprise, mais de manière très voltairienne, il désirait que fût adoptée une attitude volontariste. Il avait fait sienne la formule du Maître: 'on n'a qu'à vouloir; on ne veut pas assez', incitation au travail adressée aux voltairistes par le plus prestigieux d'entre eux qui se voulait fidèle à la leçon voltairienne.

Souligner la place éminente qu'a occupée René Pomeau dans les études sur Voltaire relève du truisme. Son nom reste associé à celui du patriarche de Ferney, même si ce grand chercheur est l'auteur de remarquables synthèses, alertes et percutantes, sur Beaumarchais ('Connaissance des Lettres', Hatier-Boivin, 1956 et 'Ecrivains', Presses universitaires de France, 1986), sur Laclos ('Connaissance des Lettres', Hatier, 1973), de travaux sur Diderot (Presses universitaires de France, 1967), d'une édition de *Julie ou La Nouvelle Héloïse* (Classiques Garnier, 1960), d'un vaste panorama de *L'Age classique*, t.iii, 1680-1720 (Arthaud, 1971), de *L'Europe des Lumières* (Stock, 1966), étude sur le cosmopolitisme et l'unité européenne au dix-huitième siècle, grand tour de l'Europe de l'époque et plongée dans cette 'internationale de l'honnête homme', enfin de combien d'articles éclairants que nous ne pouvons ici énumérer. Mais son œuvre critique a été d'abord et toujours consacrée à Voltaire qu'il a contribué à faire lire autrement.

Sa thèse magistrale, *La Religion de Voltaire* (Nizet, 1956; réédition 1969), reste une référence parce qu'elle propose une interprétation fondée sur une large enquête explorant 'la masse documentaire en profondeur' afin de saisir les textes dans leur complexité. Cet ouvrage défend une thèse, au sens premier du terme, celle de la sincérité du déisme voltairien. René Pomeau s'est toujours refusé à considérer Voltaire comme un athée masqué ou un agnostique. S'appuyant sur des données caractérologiques, confrontant le 'cas Voltaire' aux schémas d'explication proposés par les sciences de l'homme, il était davantage tenté par la vision d'un mystique inhibé dont l'imaginaire était marqué par la double obsession du Dieu terrible et du prêtre cruel. Irrité et angoissé toute sa vie par le problème insoluble du mal, ce combattant intraitable de 'l'infâme' entendait promouvoir une 'révolution dans les esprits'. L'un des mérites évidents de ce point de vue fut de disqualifier définitivement toute une tradition de critique mesquine, plus attentive aux petitesses ou faiblesses de Voltaire dans sa vie privée et publique qu'à l'envergure de son dessein. Ainsi se dégage l'image d'un écrivain qui n'est pas seulement un homme d'esprit impertinent et sarcastique, mais un 'grand esprit' aimant 'se mouvoir dans les espaces de la pensée'.

René Pomeau met en garde contre des facilités, tout particulièrement contre la tentation de réduire l'immense polygraphie voltairienne à quelques belles pages d'anthologie. Il affirme qu'il faut la prendre en compte dans son ensemble et dans toute son ampleur. Dans son *Voltaire par lui-même* ('Ecrivains de toujours', Paris, Le Seuil, 1955 et rééditions en 1989 et en 1994), si personnel de ton, il précise que cette œuvre 'agit par un effet de masse' et qu'il faut 'la prendre en bloc', qu'on finit 'par aimer tout de lui, même (ou surtout?) ses défauts', y compris ses redites, et qu'après avoir fait connaissance des 'scies voltairiennes', on finit par les attendre. A cet égard, la publication des *Œuvres complètes* doit permettre de faire découvrir des textes injustement méconnus, tel poème oublié dans des tomes d'*Œuvres poétiques* sur lesquelles pèsent de tenaces préjugés, tel factum noyé dans des volumes d'interminables *Mélanges*. Classés par ordre chronologique, ils reprennent sens dans l'épaisseur d'une vie et la constitution d'une œuvre. Cette réévaluation sera le résultat d'un travail collectif et de longue haleine, mais il convient de rappeler que René Pomeau a été de ceux qui pensent que Voltaire reste un auteur à découvrir, à condition de s'aventurer hors des chemins battus et peut-être aussi à condition d'oser affronter ses grandes sommes.

René Pomeau a voulu faire lire Voltaire à des publics divers, donnant des éditions critiques dont nous parlerons plus loin, des éditions savantes, précédées d'Introductions riches et suggestives des *Œuvres historiques* (Bibliothèque de la Pléiade, 1957), de l'*Essai sur les mœurs* ('Classiques Garnier', 1963), mais aussi des éditions de poche des *Lettres philosophiques*, du *Traité sur la tolérance*, du *Dictionnaire philosophique*, des *Romans et contes*. Il n'a cessé d'éclairer les multiples aspects de l'œuvre voltairienne, au premier chef les idées politiques (*Politique de Voltaire*, A. Colin, 1963) de celui qui voulait, selon une formule révélant ses contradictions, avoir 'le roi de Prusse pour maître et le peuple anglais pour concitoyen'. Il a souligné, dans maints articles, l'importance des combats de celui qui, un jour de pessimisme, écrivit qu''aucun philosophe n'a influé seulement sur les mœurs de la rue où il demeurait', mais qui n'en a pas moins continué à lutter.

Fondateur du Centre d'étude de la langue et de la littérature des dix-septième et dix-huitième siècles de la Sorbonne, il fut l'animateur du Groupe de recherche 'Voltaire en son temps' auquel il assigna pour tâche la rédaction d'une nouvelle biographie de Voltaire destinée à remplacer celle de Desnoiresterres, *Voltaire et la société française au XVIIIe siècle* (1871-1876), en huit volumes qui continuaient à être pillés. Or depuis les années soixante-dix du dix-neuvième siècle, la documentation s'était considérablement accrue: on disposait des quelque 20 000 lettres de la *Correspondance*, de travaux d'importance sur Voltaire et sur le dix-huitième siècle en général. Le titre choisi, *Voltaire en son temps*, marquait la participation de Voltaire à son époque, 'écho sonore' sans doute, mais plus encore 'élément moteur de son temps'. Par delà 'la fébrilité des conduites, l'éparpillement des actions', il s'agissait de mettre en pleine lumière son activité principale, l'écriture. Travail d'équipe que René Pomeau dirigea de main de maître, donnant l'exemple en rédigeant le tome i, *D'Arouet à Voltaire 1694-1734* (Fondation Voltaire, Oxford 1985), composant maints chapitres des autres volumes, assurant l'unité de l'ensemble, attentif à l'agrément de la narration, mais soucieux de réserver leur place à des œuvres habituellement négligées. Ce fut la Fondation Voltaire qui publia, de 1985 à 1994, ces cinq tomes. Ainsi parurent *Avec Madame Du Châtelet 1734-1749* par René Vaillot en 1988, *De la cour au jardin 1750-1759* par René Pomeau et Christiane Mervaud en 1991, *'Ecraser l'Infâme' 1759-1770* et *On a voulu l'enterrer 1770-1791* en 1994 par René Pomeau, ces trois derniers tomes ayant bénéficié de nombreuses collaborations. La Fondation Voltaire réussit le tour de force de faire paraître pour le tricentenaire de la naissance de Voltaire les tomes iv et v qui figurèrent en bonne place au Salon du Livre.

Professeur à la Sorbonne en 1963, René Pomeau a joué un rôle de premier plan dans la vie universitaire sur le plan national et international. Vice-président de la Société française d'étude du dix-huitième siècle depuis sa création à laquelle il avait participé en 1964, il en était devenu le Président d'honneur. Il a dirigé la *Revue d'histoire littéraire de la France* de 1965 à 1991, il fut président de la Société d'histoire littéraire de la France depuis 1979. Grand ambassadeur de l'Université française dans maints pays, il présida de 1979 à 1983 la Société internationale d'étude du dix-huitième siècle dont son prédécesseur, Robert Shackleton, avait fait adopter les statuts définitifs, ceux d'une constitution fédéraliste que René Pomeau contribua, par son action, à maintenir. Docteur honoris causa de l'Université libre flamande de Bruxelles en 1982, commandeur de l'ordre national des Palmes académiques, en 1987, ses amis et collègues lui rendirent hommage. La Fondation Voltaire publia *Le Siècle de Voltaire*, deux volumes in-4°, comprenant 82 contributions réunies par Sylvain Menant et Christiane Mervaud. Des souscriptions étaient venues du monde entier. Ces deux volumes lui furent remis en une séance solennelle dans les salons du Rectorat. Nommé chevalier de la Légion d'honneur en 1988, il fut aussi, au cours de cette année, élu à l'Académie des sciences morales et politiques. Il succédait à Pierre Clarac. Ses *Mémoires d'un siècle* en 1999 ont tracé un tableau vivant de la vie universitaire avec ses rites, ses codes, ses crises, témoignage de l'expérience d'une vie vouée à l'enseignement et à la recherche où les vertus d'un travail méthodique sont glorifiées et où s'expriment des fidélités essentielles. La narration, parfois teintée d'humour, restitue un ton de voix. Ceux qui ont bien connu René Pomeau retrouvent, en lisant ces pages, ses talents de conteur, son goût de la clarté et de la sobriété.

On n'a évoqué que trop brièvement une carrière exemplaire, une œuvre critique d'envergure, une action de premier plan, mais on se doit, dans ce volume des *Œuvres complètes* de Voltaire, de souligner fortement que René Pomeau a mis, à maintes reprises, sa notoriété et le poids de son autorité au service des réalisations de la Fondation Voltaire et qu'il contribuait à son rayonnement. Il s'attachait tout particulièrement à faire connaître et à promouvoir l'édition des *Œuvres complètes*, soulignait son intérêt comme instrument de travail. L'équipe du *Dictionnaire philosophique* lui est reconnaissante d'avoir bien voulu rendre compte dans la *Revue d'histoire littéraire de la France* 1995/2 des tomes 35-36 dont il remarquait, non sans malice, mais avec pertinence, que le dictionnaire de Voltaire n'était plus du tout 'portatif'. Depuis quelques années, René Pomeau présentait les études qui paraissaient sur le dix-huitième siècle à ses confrères de l'Académie des sciences morales et politiques. Il fit ainsi un compte rendu de l'*Histoire de Charles XII* (tome 4, 1996). Sa dernière recension, qui doit paraître à titre posthume, portait sur les tomes 46 et 47,

Anecdotes sur le czar Pierre le Grand et *Histoire de l'Empire de Russie sous Pierre le Grand*, publiés en 1999.

René Pomeau s'était chargé de l'édition de deux textes importants dans les *Œuvres complètes*. Il a assuré en 1980 celle du texte-phare de Voltaire, *Candide* (tome 48) qui fut saluée par la critique comme exemplaire. Dans un numéro de 1970 de la *Revue d'histoire littéraire de la France*, 'Méthodologies', qu'il préfaçait par des réflexions intitulées, 'L'Histoire et la littérature et les méthodologies', René Pomeau avait souligné l'importance qu'il attachait à l'édition critique:

Des textes établis avec sûreté, datés avec toute la précision possible, replacés dans le réseau qui détermine leur situation, rapportés à l'intention de leur auteur, mais déchiffrés à travers la lecture du public contemporain et des publics ultérieurs: hors de ces données fondamentales la critique la plus brillante ne brille que d'un éclat illusoire.

Profession de foi dont il avait fait l'application, il le souligne dans ses *Mémoires*, avant même de l'exprimer, dans son édition de *Candide* parue chez Nizet en 1959 et qu'il a illustrée avec maîtrise dans celle qu'il donna vingt ans plus tard dans les *Œuvres complètes*. Revenant à *Candide* après deux décennies voltairiennes, René Pomeau a choisi comme texte de base le dernier qui ait été publié du vivant de Voltaire et sous son contrôle, celui de l'édition 'encadrée' des œuvres à Genève par Cramer et Bardin, 1775. Il a consacré de savants développements à l'histoire du texte, a étoffé l'annotation, bien que son érudition sache se faire légère. Il a aussi exploité toutes les ressources de la *Correspondance*, tout en réservant 'cette gratuité de l'invention par laquelle Voltaire s'entend à surprendre son monde', il a mis plus fortement l'accent sur l'art très concerté du conte et s'est efforcé de cerner 'le bonheur de *Candide*'. La Fondation Voltaire éditera dans les plus brefs délais sa nouvelle édition du *Taureau blanc*. Il a dit combien il avait eu de plaisir à commenter ce texte, porté par 'une sorte d'enthousiasme', enchanté par le ballet cocasse des personnages bibliques. Il avait présenté cette première édition comme thèse complémentaire. Elle parut chez Nizet en 1957. 'J'aimais mon Taureau blanc', écrit-il; il rappelait volontiers que son 'taureau piaffait', et ce n'est pas sans un serrement de cœur que nous verrons paraître prochainement ce texte.

Ce tome 56c des *Œuvres complètes*, première édition critique du *Traité sur la tolérance* par John Renwick, évoque les nombreux travaux de René Pomeau sur Voltaire apôtre de la tolérance. Le procès de Jean Calas et son assassinat juridique ont fait découvrir à Voltaire sa vocation de 'Don Quichotte des malheureux' s'efforçant d'"exciter le cri public' dans son *Traité sur la tolérance à l'occasion de la mort de Jean Calas*. Cette affaire emblématique et ce grand texte de Voltaire ont été commentés par René Pomeau tout au long de sa carrière et plus particulièrement ces dernières années où, dans ses contributions, s'exprime le sentiment que Voltaire nous manque et où affleure la nostalgie d'une direction de conscience du grand écrivain éclairé.

Dans sa thèse *La Religion de Voltaire*, René Pomeau, après avoir cité 'les hautes paroles de la "Prière à Dieu"', remarquait que c'est à partir de l'affaire Calas que la tolérance est devenue l'un des maîtres-mots de Voltaire, même si l'on peut relever des occurrences antérieures. Dans la revue *Europe* en juin 1962, il jette un 'Nouveau regard sur le dossier Calas', confronte, au cours d'un colloque organisé en 1978, 'Voltaire et Rousseau devant l'affaire Calas' (*Voltaire, Rousseau et la tolérance*, Amsterdam, Maison Descartes, Presses universitaires de Lille, 1980). Il s'attachait à montrer que 'cette cause était faite pour Voltaire, non pour Rousseau', que 'le succès ne pouvait être obtenu que par une inlassable activité, exigeant beaucoup de diplomatie, un sens politique avisé, une grande aptitude aux relations publiques'. Il a rédigé une synthèse claire et précise dans le tome 4 de *Voltaire en son temps*, faisant le point sur les incohérences de l'accusation, sur la prévention des juges, sur les démarches de Voltaire. Et il concluait par ce jugement d'ensemble: 'L'affaire Calas, comme celles du même ordre qui suivront, révèle le meilleur Voltaire: un homme grand par sa passion du juste, par sa générosité au service d'un idéal humain, lequel compense, corrige et complète le pire Voltaire' ('*Ecraser l'Infâme*' 1759-1770, Oxford 1994).

Auteur d'une édition du *Traité sur la tolérance* (Garnier-Flammarion, 1989), René Pomeau, après avoir dégagé la valeur historique de cet ouvrage, met l'accent sur l'intitulé du chapitre XXII, 'De la tolérance universelle', en montrant que la mondialisation fait de la tolérance un devoir. Il s'était interrogé sur cette notion telle qu'on l'appréhendait au temps de Voltaire ('Une idée neuve au XVIIIe siècle, la tolérance', *Bulletin de la Société d'histoire du protestantisme français* 134, n° 2, avril-juin 1988), avait analysé l'argumentation voltairienne 'Voltaire et la tolérance' (*La Tolérance, république de l'esprit*, Les Bergers et les Mages, 1986).

Il a répété inlassablement, lors de ce qui fut appelé 'la déferlante Voltaire' en 1994, que le patriarche de Ferney avait été la conscience d'un siècle. Dans la *Revue des deux mondes* (avril 1994), il composa un dossier 'Voltaire au secours', rappelant ce slogan brandi par des étudiants lors d'une manifestation en faveur de Salman Rushdie. René Pomeau, dans un texte intitulé 'Présence de Voltaire', montrait, à la suite de Paul Valéry, que, par son combat, Voltaire restait 'indéfiniment actuel', qu'il vivait 'comme écrivain, et plus encore peut-être comme symbole', qu'il restait 'l'homme aux Calas' que la foule parisienne avait applaudi le 30 mars 1778 et dont le transfert des cendres au Panthéon, le 11 juillet 1791, célébrait un héros des Lumières. René Pomeau restait conscient que la réputation de Voltaire souffrait encore d'anciens préjugés qu'il relevait et réfutait, mais aussi que le patriarche de Ferney conservait le don de blesser. Il rappelait encore le message de la 'Prière à Dieu': 'Puissent tous les hommes se souvenir qu'ils sont frères', sans pour autant méconnaître 'la part de l'irrationnel dans la passion voltairienne de la tolérance' ('La Tolérance, "apanage de l'Humanité"', préface de R. Pomeau, *La Tolérance au risque de l'histoire, de Voltaire à nos jours*, sous la direction de Michel Cornaton, Aléas, 1995).

Lorsque le *Traité sur la tolérance* fut mis au programme des Agrégations de Lettres pour l'année 2000, des *Etudes sur le Traité sur la tolérance*, sous la direction de Nicholas Cronk et publiées dans une nouvelle collection de la Fondation Voltaire (Vif, 1999), s'ouvrirent sur une contribution de René Pomeau: 'La "Prière à Dieu": théisme et tolérance'. En humaniste, René Pomeau remarque que dans cette pièce éloquente qui atteint 'la grande poésie', Voltaire 'se libère et nous libère, par la tolérance telle qu'il l'entend, de nos mesquineries, de nos enfermements', qu'il nous communique 'l'élan généreux d'une fraternité humaine, par delà les différences des mœurs et des croyances'.

Rappelons enfin qu'à l'ouverture du congrès international, *Voltaire et ses combats*, dont il était l'un des Présidents d'honneur et qui se tint d'abord à Oxford, puis à Paris, René Pomeau, le 29 septembre 1994, au Sheldonian Theatre, termina son allocution en lisant la 'Prière à Dieu', cet 'hymne à l'humanité'.[2] Aussi la Fondation Voltaire, consciente de ce qu'elle doit à cette personnalité d'envergure et désireuse de marquer à la fois sa gratitude et son admiration, a-t-elle choisi ce tome des *Œuvres complètes* pour le dédier à la mémoire de celui qui fut l'un des artisans du renouveau décisif des études voltairiennes en cette seconde moitié du vingtième siècle.

Christiane Mervaud

---

[2] On lira cette allocution dans *Voltaire et ses combats*, sous la direction de Ulla Kölving et Christiane Mervaud (Oxford 1997).

Traité sur la tolérance

---

critical edition

by

John Renwick

CONTENTS

CONTENTS

ABBREVIATIONS

Arsenal   Bibliothèque de l'Arsenal, Paris

Bengesco   *Voltaire: bibliographie de ses œuvres*, 1882-1890

BNF   Bibliothèque nationale de France, Paris

BnC   Bn, *Catalogue général des livres imprimés*, Auteurs, ccxiv [Voltaire]

Bodley   Bodleian Library, Oxford

CN   *Corpus des notes marginales de Voltaire* (1979-

BV   *Bibliothèque de Voltaire. Catalogue des livres* (1961)

CL   Grimm, *Correspondance littéraire*, 1877-1882

D   Voltaire, *Correspondence and related documents*, éd. Th. Besterman, dans *Œuvres complètes de Voltaire / Complete works of Voltaire* 85-135, 1968-1977

IMV   Institut et musée Voltaire, Genève

M   *Œuvres complètes de Voltaire*, ed. Louis Moland (Paris 1877-1885)

StP   Bibliothèque nationale de Russie, Saint-Pétersbourg

SVEC   *Studies on Voltaire and the eighteenth century*

Taylor   Taylor Institution, Oxford

Trapnell   'Survey and analysis of Voltaire's collective editions, 1728-1789', 1970

OC   *Œuvres complètes de Voltaire / Complete works of Voltaire*, 1968- [the present edition]

KEY TO THE CRITICAL APPARATUS

The critical apparatus printed at the foot of the page gives variant readings from those editions listed on p.98-114:

- The number of the text line or lines to which the variant relates (headings bear the letter a or b).
- The sigla of the sources of the variant. Numbers alone, or numbers followed by letters, generally stand for separate editions of the *Traité*; letters followed by numbers are generally collective editions, w indicating collected editions of Voltaire's own works.
- Editorial explanation or comment.
- A colon (:) marks the start of the variant (any editorial comment after the colon is enclosed within square brackets).

The following signs and typographic conventions are used in the variants:

- β stands for the base text.
- The paragraph sign ¶ indicates the start of a new paragraph.

ACKNOWLEDGEMENTS

Preparing an edition of any major Voltaire text is always a long and complex matter, and it is always a pleasure to acknowledge the help and advice which friends and colleagues both at home and abroad have given in a variety of ways on the long road from inception to completion.

This is now the thirtieth year in which I have been associated with the publication of the *Complete works of Voltaire* and I judge it appropriate in such a year to salute the warm and productive friendships that I have enjoyed with the personnel of the Voltaire Foundation in the different avatars which it has known since 1970, more particularly – in these recent years which have seen me working on the *Traité sur la tolérance* – with Haydn Mason, Nicholas Cronk, Janet Godden, Pippa Faucheux, and Peter Damian-Grint.

Rarely (though my experience of *La Guerre civile de Genève* and *Brutus* had been a foretaste of things to come) have I found myself working on a text which is more erudite and hermetic, sometimes plainly abstruse. Ultimately there came a moment, in annotating or elucidating its contents, when I had to make call on more specialised knowledge than was mine or available to me. I owe a very particular debt of gratitude to my colleagues Robert Grande-route (Pau) and David Wright (Edinburgh) who unfailingly replied to my enquiries with both alacrity and enlightenment. On other occasions Yvan Nadeau (Edinburgh) and then Bill Nicoll, John Richardson, David Robinson, and Chris Strachan (Department of Classics, Edinburgh), Professor J. H. Burns (London), Kees Meerhoff (Amsterdam), Mme Ydelette Beauvais (Bibliothèque de la Société de l'histoire du protestantisme français, Paris), Bertram Schwarzbach (Paris) and Dominique Triaire (Montpellier) provided information on points of detail which had been proving intractable. In the final stages, thanks to the Bulletin Board run by Philip Stewart (Duke), I was able to finish dealing with outstanding problems of annotation as a result of the responses received from Louis Godbout (McGill), Deena Goodman (Louisiana State), Vivian Gruder (Queens College CUNY), Albert Hamscher (Kansas State) and Irwin Primer (Rutgers). May they all find here the expression of my gratitude. Jeroom Vercruysse and Charles Wirz gave valuable advice on the descriptions of the printed editions of the *Traité*, for which I am most grateful.

I wish to repeat here the heartfelt thanks which I offered to certain of my colleagues here in Edinburgh when I published *Brutus* in 1998. As I said then, preparing a complex edition is dependent upon the possibility of being able to devote to it moments of calm reflexion which, though they do not necessarily have to be protracted, must none the less be frequent. I wish therefore to acknowledge a further debt of gratitude to Professor John Richardson and Dr Frances Dow (successive Deans of the Faculty of Arts), and to the members of the Faculty Group Research Committee (Arts, Music, Divinity) of the University of Edinburgh who, in three consecutive academic years, freed me from a certain amount of teaching so that I could remain in contact with this edition of the *Traité sur la tolérance* on a reasonably constant basis.

John Renwick
Edinburgh, April 2000

INTRODUCTION

When in the spring of 1778, after an absence of some twenty-eight years, Voltaire returned to Paris, where he was to spend the last few months of his life, it was to experience, as the *idole de la nation*,[1] not one, but a whole series of apotheoses. Lionised in both domestic and public settings by his numerous admirers of social and intellectual distinction, he was also, apparently with equal frequency, the object, in the streets of Paris, of the enthusiasm (and sometimes the bemusement) of the populace.[2] It is now part of the Voltaire legend (and therefore almost obligatory) to repeat – in the wake of Mme Du Deffand, Desnoiresterres[3] and others – that the enthusiasm of the public was for 'l'homme aux Calas'. It is not my intention to examine here whether Voltaire was or was not graced with this accolade, the justly merited reward for his humanitarian endeavours. Nor do I intend to determine whether the general public had at that time a tendency to see in Voltaire primarily the compassionate man of action[4] rather than the man of poetic

[1] Condorcet, *Vie de Voltaire*, M.i.274.

[2] The *Mémoires secrets* (xi.97, 167, 170, 176, 179, 184, 188) are remarkably well informed. The first entry (xi.97, dated 12 February 1778) records how, upon Voltaire's arrival in Paris, the children of the *quartier* greeted him with the same irreverence with which – as he recounts in chapter XII of the *Traité* – the children of Bethel (II Kings ii.23), greeted Elijah: 'M. de Voltaire est en effet arrivé à Paris, avant-hier dans l'après-dinée: il a mis pied à terre rue de Beaune, chez M. le Marquis de Villette, et une heure après il est allé gaillardement, et de son pied, rendre visite à M. le Comte d'Argental, quai d'Orçay. Il étoit dans un accoutrement si singulier, enveloppé d'une vaste pelisse, la tête dans une perruque de laine, surmontée d'un bonnet rouge et fourré, que les petits enfans, qui l'ont pris pour un chie-en-lit dans ce tems de carnaval, l'ont suivi et hué.'

[3] Desnoiresterres, viii.303.

[4] Voltaire's spontaneous acts of kindness and generosity (apparent from the mid 1730s onwards) were so well known that by 1759 he was being hailed as a model of humane behaviour: see Madeleine Fields, 'Voltaire et le *Mercure de France*', *SVEC* 20 (1962), p.189; also René Pomeau, *La Religion de Voltaire* (Paris 1969), p.326-32, and Ronald Ridgway, *Voltaire and sensibility* (Montreal and London 1973), p.21-53.

creation and intellectual endeavour. Legitimate though these questions are, they are a task for another time and another context. I note them here because they raise interesting questions as regards persona, perception and (re)presentation, and because they are germane to the way in which our interpretation of the *Traité* has been fashioned, and why.

The *Traité sur la tolérance* has long been depicted as a text which addresses one specific ill, namely Christian, more particularly Catholic, fanaticism. It has also been interpreted as a work whose meaning can be defined with reference to Voltaire's own intellectual pursuits, in particular his campaign to discomfit *l'infâme* and to begin preparing the advent of toleration as a moral imperative. That is a self-evident truth. But it is not the whole truth for the good reason that such an approach privileges one specific vision within the immense complexity of Voltaire's concerns at that moment. In the same way, and by simple extension, the meaning and the significance of the work have been defined with exclusive reference to Voltaire alone, whereas we need a grasp of the total historical context within which the treatise was elaborated to help us define that meaning and significance. The basic preparation associated with a critical edition (this is the first occasion on which the *Traité* has received such attention) has led me to conclude that – in all good faith, and with all due (but misplaced) regard for received wisdom – we have been dealing with an important text on the basis of a number of equally important erroneous assumptions. These in turn have generated a certain number of readings which – if unassailable in themselves – have paradoxically masked from us the true complexity of the work.

How many people, for example, including informed specialists, trust Amédée Matagrin's claim that Voltaire, author of the *Traité*, 'founded toleration'? [5] How many argue with Theodore Besterman when he states (in his chapter devoted to Calas, and in a judgement which subsumes the Calas affair) that Voltaire's 'unique influence'

[5] *Histoire de la tolérance: évolution d'un principe social* (Paris 1905), p.362.

was 'engaged in a crusade [...] in which he had the whole establishment against him'?[6] How often, in otherwise reputable biographies (those by Morley, Tallentyre, Noyes, Ritchie, Orieux, Besterman again), are we not inadvertently led to understand that Voltaire's concern for toleration was prompted by the Calas affair, and that it ended (either played out or satisfied) with the success of the Sirven case? How tempting, above all – given such source material – does it not become to make of Voltaire a lone voice crying in the wilderness which worked a transformation on an unsympathetic, short-sighted government dealing with a cruelly persecuted minority? In a word, is there not a natural inclination to exclaim: 'Enfin Voltaire vint...'?

Would that it had been so simple. In reality, the methodological problems associated with our understanding of Voltaire's initiative in taking up his pen in defence of Calas, not to mention contextualising and judging the outcome of that initiative, are numerous and tangled. If we wish to avoid slanted interpretations and unsatisfactory assessments we must define the problem correctly. I discern the following elements: What were Voltaire's thoughts on toleration before 1762? Were they static or did they evolve? What was the true position of the Huguenot communities in the mid eighteenth century? What did Voltaire himself think of Protestants? What was the explanation for Voltaire's crusade and how did it relate to an intense exchange of ideas on the 'Protestant problem' which was being conducted in print (1751 onwards) between proponents of the *status quo* and their more liberal-minded opponents who typified a fast-growing movement in favour of an accommodation?

Where to begin? Since, despite recent scholarship,[7] there may still be a tendency to imagine that the plight of the Huguenot

---

[6] *Voltaire* (Oxford 1976), p.461.

[7] See Graham Gargett's definitive study *Voltaire and Protestantism*, *SVEC* 188 (1980); chapter 7 is devoted to 'Voltaire and the *églises du désert*: contemporary French Protestantism and the struggle for tolerance'.

communities, particularly in the South, was fairly desperate, it may
be advisable to begin with an examination of the natural backcloth
against which we must set our enquiry, namely: the historical
context within which the author of the *Traité* found himself.

1. *Background*

When on 13 October 1761 Marc-Antoine Calas was found dead in
dramatic circumstances, and when that death – engendering a
wave of revulsion and sectarianism on the part of Catholic
Toulouse – caused the death of Jean Calas, and led in turn to
the dispersal of his family, it must have appeared that yet another
dark hour in an interminable series of tribulations had descended
upon the broad Calvinist community of the South. Although there
may have been – and may still be – an understandable temptation
to see those events as symptomatic of a community at bay, all
historians of French Protestantism[8] are none the less agreed that,
despite appearances, the region had emerged from what is known
as 'la période du Désert' (1715-1760), more vigorous than before,
more determined to defend itself and to denounce the vexatious
disabilities under which it laboured. Besides, for some ten years
already those disabilities, and the general problem of an ineradic-
able Protestant presence within the state, had, with the ready
connivence of the government, been publicly debated.

The situation in 1760, compared with that of earlier days, gave

[8] The essential works to consult with regard to the fortunes of French
Protestantism are: Charles Coquerel, *Histoire des églises du désert chez les protestants
de France depuis la fin du règne de Louis XIV jusqu'à la Révolution française* (Paris
1841); Joseph Dedieu, *Histoire politique des protestants français, 1715-1794* (Paris
1925); Emile Léonard, *Histoire ecclésiastique des réformés français au XVIIIe siècle*
(Paris 1940) and *Histoire générale du protestantisme* (Paris 1961-1964). A good
synthesis of the general situation may be found in Burdette C. Poland, *French
Protestantism and the French Revolution: a study in church and state, thought and
religion, 1685-1815* (Princeton, N.J. 1957).

reason for relative hope. The first sombre period (1685-1707),[9] which had witnessed forced conversions, violence, and persecution cruelly exercised, had led directly to the Guerre des Camisards (1702-1704), and to a Protestant church both devoid of ministers and bereft of many of its most cultured and level-headed adherents who had chosen exile or been hounded into it. It was the disappearance of these adherents and the loss of their guidance which gave rise to the concomitant appearance across a broad southern swathe of the country of a millenarian Calvinism, a kind of apocalyptic popular religion which could have led to anarchy and total spiritual disorder. That this did not happen is in large measure due to the appearance in 1715 of Antoine Court[10] and his apostles, who over the next ten years undertook the truly herculean task of reorganising and reinvigorating their church. Thanks to the rather relaxed (even lax) attitude adopted by the Regency from 1715 onwards, Court managed to work to such excellent effect that by 1723 the bishop of Alais (mod. Alès) felt obliged to address to the government a *mémoire* in which he drew attention to the

---

[9] It has long been understood that the government's activity in containing Protestantism on the ground, particularly in the South, was largely determined by considerations of manpower. In time of war the garrisons were depleted and sometimes seriously under-strength and any activity could only be a direct consequence of the vicissitudes and fortunes of the French forces in the field abroad. That is why, given the severe reverses of 1705-1706, attention was diverted away from such a domestic problem, and why, from 1707, the South was left, relatively speaking, in peace for a number of years. The domestic problem was exacerbated by the fact that when France was at war – as was often the case in these and the coming sixty years (the wars of the Spanish Succession, the Austrian Succession; and the Seven Years War) – she was pitted against Protestant powers who were always suspected of fomenting disloyalty in the Cévennes, as the Cévenols in turn were to be suspected of being disloyal. It was not lost upon the government that the Guerre des Camisards had started three weeks after the beginning of the War of the Spanish Succession.

[10] On Antoine Court, see Edmond Hugues, *Antoine Court. Histoire de la restauration du protestantisme en France au XVIIIe siècle* (Paris 1872), and *Entre Désert et Europe, le pasteur Antoine Court (1695-1760)*, Actes du Colloque de Nîmes (novembre 1995), réunis par Hubert Bost et Claude Lauriol (Paris 1998).

alarming renaissance of the *religion prétendue réformée*, and made it plain that the authorities were now dealing (or rather, not dealing) with an increasingly daring minority whose successive synods had stated more and more defiantly that the *nouveaux convertis* should abandon all pretence at acceptance of the Catholic religion, should withdraw their children from Catholic schools, and should marry and baptise among themselves 'au désert' irrespective of the penalties imposed upon them. Hence the anguished appeal in which the bishop complained bitterly that the law of the land was being held in contempt and that 'heresy ha[d] made more progress than in the preceding thirty-five years'. [11]

On this occasion the government found it advisable to act firmly. The 'good behaviour' with which it had been content (by which it understood outward conformity, outward respect for the law of the land, and above all a care not to foregather in public, in large groups, in a provocative manner for the purposes of worship) was no longer in evidence. Rarely could 'provocation' have seemed more deliberate. As Emile Léonard wrote: 'Que les protestants pensent ce qu'ils veulent, qu'ils professent même leur attachement à leur foi, mais qu'ils ne tentent pas de renconstituer l'Eglise par la restauration du culte public!' [12] The result – enacted thanks to the duc de Bourbon, who had taken it into his head (or had been persuaded) to believe that such a course of action was statesmanlike – was the Edict of Fontainebleau (14 May 1724). As a response to Protestant 'haughtiness' and 'insolence', this edict was arguably as draconian as any legislation which had gone before. It was the distillation, in eighteen articles, of the most repressive and severe *ordonnances* ever enacted against the Protestants in the previous hundred years. Religious assemblies for the purposes of worship, along with any act in everyday life which betrayed

[11] Quoted by Poland, p.36.

[12] 'Le problème du culte public et de l'église dans le protestantisme au XVIIIe siècle', *Foi et vie* (1937), p.431-57. Quoted by Gargett, *Voltaire and Protestantism*, p.264.

allegiance to the *religion prétendue réformée*, having been made totally illegal, Calvinists became – by virtue of prescriptions aimed at unmasking them – the objects of ceaseless surveillance, denunciation and delation. This attempt to engineer the demise of their faith was accompanied moreover by a stiffening of the penalties (usually imprisonment for life or heavy fines) in a far greater number of cases than had ever obtained in the past.

The whole misguided system of legislation – although not exactly unworkable in the literal sense of the word – became (whenever certain parts of it were invoked, as they often were)[13] the cause of severe disruption, not to mention serious problems of a moral or socio-political nature. All the articles of the edict gave great offence, but those which caused the greatest disruption and heartache involved the gross invasion of family life and private conscience, and the obstacles placed in the path of the pursuit of worldly happiness. Articles iii-vi concerned the obligation to ensure that children were baptised and educated in the Roman Catholic faith; articles viii-ix ensured that the dying would be required to receive the last rites as administered by the Catholic Church (refusal being punished, in the case of death, by the confiscation to the monarchy of the dead person's estate); articles xii-xiv stipulated that a certificate of Catholic orthodoxy, duly signed by the applicant's parish priest, was a *sine qua non* for entry into the major professions. But by far the greatest cause of upheaval in the coming years, both for the Protestants and for the state, was the injunction that all marriages were to be celebrated in accordance with Catholic rites.

The legislation was applied for two years. But long before two years had elapsed it had become plain that the edict – although

---

[13] The preamble to the edict enjoined on all concerned the strict application of the eighteen articles: 'Aussitôt que Nous [Louis XV] sommes parvenu à la Majorité, nôtre premier soin a été de Nous faire représenter les Edits, Déclarations et Arrêts du Conseil, qui ont été rendus sur ce sujet pour en renouveller les dispositions, et enjoindre à tous nos Officiers de les faire observer avec la dernière exactitude.'

warmly welcomed by hard-line bishops, priests, *intendants* and those who were equally concerned for the reign of 'law' and 'order' — had involved a serious misreading of the situation, and had merely served to point up the gulf which separated the ideal from the feasible. Uniform application of the edict was impossible for the good reason that those charged with the task doubted in greater or lesser measure that it could achieve anything tangible other than intense embarrassment for the government through civil disturbance. Such was the feeling which was to prevail officially in Versailles from 1726 onwards with the arrival of the cardinal de Fleury as 'prime minister' (1726-1743). To all practical purposes Fleury's policy — born not merely of his intimate knowledge of the mentality of the Protestants of the South, but particularly from his concern to cement his alliances with Great Britain and Holland — had all the homely simplicity of live and let live. So long as Calvinists gave all the appearances of remaining quiescent, allowed the state to believe in the fiction that it was dealing with 'nouveaux convertis', and refrained from flouting authority (thereby allowing the state to save appearances), Fleury had both a blind eye and a deaf ear.

For some twenty years (1726-1744), persecution was sporadic, local and short-lived. *Intendants* and *gouverneurs de province* acted in the main, and with harsh determination, when they were obliged to do so. This was the case whenever they were in receipt of formal complaints or — more often than not — faced with disobedience, open (and sometimes calculated) acts of defiance (usually *assemblées du désert*), or clear cases of intimidation directed against Catholic priests or the Catholic faithful. It was emphatically the case when they were forced to take cognisance of one infringement in particular that they could not afford to condone in any overt fashion, namely the forbidden presence of Protestant pastors. [14] But

[14] Although Alexandre Roussel was hanged in Montpellier on 30 November 1728, followed, also in Montpellier, by Pierre Durand on 22 April 1732, we have none the less the impression that the infringement of article ii of the Edict of 1724 was a

in the same twenty years, the *réveil* of the Languedoc and the Dauphiné, of the comté de Foix and Béarn gained in vigour and momentum, and spread outwards to Rouergue, Guyenne, Quercy, Saintonge, the pays d'Aunis, Poitou, Upper and Lower Normandy. Understandably this brought the pastors in the field to conclude that it was now essential to ensure that these widely dispersed communities should be brought into line, and governed according to the same discipline.

Such was the reason for the ill-fated National Synod which opened, on 18 August 1744, in the wilds of the Bas-Languedoc, under the guidance of Michel Viala. The object and the proceedings of this synod, which proclaimed its loyalty to the crown, its patriotic concern for the success of His Majesty's armies in the field and for a speedy ending to hostilities (France had embarked upon the War of the Austrian Succession in August 1741), were, however, to be cruelly and mendaciously misrepresented. It was claimed that those present at the synod had borne arms, and had supplicated God for a British victory, that 25 thousand Camisards were preparing to join the enemy blockading the Mediterranean ports, and that the whole of the South was to be put to the sword. The *intendant du Languedoc*, Lenain d'Asfeld, ascertained the arrant falsity of these calumnies, but other voices were being heard at Versailles. The bishops of Montauban and Toulouse, Castres and Lavaur, complained that the Protestants were giving clearer signs of seditous, even treasonable, behaviour following the entry of Great Britain into the war (29 March 1744), and that their *assemblées du désert* – proof of their increasing vigour and disregard for the law – were larger than ever before. From the Dauphiné came a report that a pastor had given a public reading of a false

---

matter of embarrassment for the authorities and that, unless forced to demonstrate respect for it, they turned a blind eye to the presence of Protestant pastors (even on occasion preferring to let them escape certain capture). This is not the case, as we shall see, some years later (1745-1762).

edict of toleration, supposedly signed by the king (later attributed to Jacques Roger) in order to spur his co-religionists into revolt. These and other alarmist reports provoked the government into demonstrating that it was still master in its own house. Orders to that effect were immediately issued, and were crowned by the draconian *ordonnances* of February 1745. For a number of years to come, governmental displeasure and suspicion continued to make life extremely unpleasant for the *religionnaires* essentially (though far from exclusively) within the jurisdictions of the *parlements* of Grenoble, Aix, Bordeaux and Toulouse: renewed and strict application of the articles of the Edict of 1724 concerning baptisms and marriages, renewed and pitiless application of the penalties provided by the law: heavy fines, *dragonnades*, life imprisonment, floggings, the galleys, death.[15]

The years 1744-1746, described by Antoine Court,[16] were years of great suffering, while the years from 1746 to 1756 – when the government was making what proved to be its last (and increasingly inconclusive) attempts to coerce Calvinists into conformity – were years of intermittent affliction. Yet, despite all these concrete manifestations of intolerance (other serious examples would materialise, in the Languedoc, in the years 1751-1752 due to particularly disturbing signs of impending rebellion), we are already looking, in the mid 1740s, at a significant turning-point in attitudes. This is the period during which we detect a widening gulf between on the one hand the letter of the law and those in the church who were adamant that it should be respected in every detail, and on the other hand those who were responsible for its

---

[15] Death above all for their pastors: Louis Ranc (March 1745, in Die); Jacques Roger (May 1745, in Grenoble); Matthieu Majal (or Majal-Desubas, February 1746, in Montpellier); François Bénézet (March 1752, in Montpellier); Etienne Teissier (August 1754, in Montpellier); François Rochette (February 1762, in Toulouse).

[16] In *Le Patriote françois* (1751; BV884), and the *Mémoire historique de ce qui s'est passé de plus remarquable au sujet de la religion Réformée, en plusieurs Provinces de France, depuis 1744 jusqu'à la présente année 1751.*

application.[17] Whereas it is customary these days to repeat that politics is the art of the possible, it is painfully apparent that the art being practised by Versailles at that time was that of conducting a slow, cautious and difficult retreat from the impossible. In other words, to whatever extent the behaviour of the Protestants themselves and the pressures exerted by the Catholic episcopate would allow, Versailles was starting to show a willingness, from the early 1750s, to allow its *intendants* and its *gouverneurs* greater freedom of action and reaction. On the ground the *intendants*, who were finding it politic and above all useful to establish working agreements or even 'treaties' with local pastors, were now better placed to appreciate that the latter alone could counsel obedience to the civil authority, and that they themselves represented the surest means of establishing and maintaining order among their dissimilar and sometimes effervescent flocks; whence in the 1750s and early '60s that kaleidoscope of contradictory responses and stances on the part of the local authorities, that byzantine tacking and trimming which was apparent in some provinces at one moment while absent in others, and then vice-versa, and which was sometimes further complicated by contradictory orders emanating from the centre.

The year 1751, however, marked the beginning of a new and parallel concern with the Protestant problem which is quite antithetical in its transparency. These are the years (until 1762/ 1763) of increasing willingness to debate publicly the elaboration

---

[17] That gulf became even wider after the so-called *affaire de Lédignan* (August 1752), when even the legislators in Versailles, much chastened by the prospect of a new Guerre des Camisards, had been forced to conclude that tacit toleration was essential. Most administrators and jurists – for example, Joly de Fleury, the marquis d'Argenson, Richelieu, the prince de Beauvau, the duc de Choiseul, Ripert de Monclar, and later both Servan and Gilbert de Voisins – had already seen or were about to see, whether from moral conviction or political finesse, or both (and sometimes from sheer exasperation), the inescapable arguments for a fundamental modification in the law. See Gargett, *Voltaire and Protestantism*, p.333-52, and 'Voltaire, Richelieu and the problem of Huguenot emancipation in the reign of Louis XV', *SVEC* 176 (1979), p.97-132.

of a lasting solution. The contributors to the controversy were from both confessions. Representing predominantly as they did the views of laymen, politicians, lawyers and ecclesiastics, their stances cover the whole spectrum of attitudes between the extremes of enlightened and conservative, even reactionary, beliefs.[18] It is difficult to know whether the departure point for the coming exchanges was accidental or otherwise; in any case, it was certainly momentous. In the spring of 1751 certain (unidentified) authorities came into possession of a letter of recommendation – emanating from the *contrôleur général des finances*, Jean-Baptiste Machault d'Arnouville – which had been addressed to a certain Frontin, a Huguenot refugee resident in England who had expressed the wish to engage in trade with and within France now that the Peace of Aix-la-Chapelle permitted more normal dealings. It was that letter which sparked the debate.

Himself saddled, following that Peace, with the monumental task of restoring France's finances, Machault had set about elaborating wide-ranging reforms. One, governed by his desire to introduce the *égalité proportionnelle de l'impôt*, was to replace the *dixième* with a new tax (May 1749), the *vingtième*, applicable to all, including the church which was directed (August 1750) to give a detailed account of its wealth in preparation for the new tax. The other measures which Machault set in place were destined to reinvigorate both agriculture and trade. It was within the context of the latter policy that he wrote the momentous lines: 'C'est l'intention de M. le Contrôleur Général que l'on accorde toutes

[18] The choice of the period 1751-1762/1763 may seem arbitrary, but it corresponds to the period leading up to the *Traité sur la tolérance*. Furthermore the writings of the period 1751-1787/1789 have two rather separate (though overlapping) thrusts. Before 1763 we see wide-ranging discussions of the question of toleration as such, whereas after 1763 the matter raised seems more frequently to be that of the validity or otherwise of *mariages contractés au désert*. The indispensable bibliography of these writings, which replaces that of Armand Lods, *BSHPF* 36 (1887), p.551-65, 619-23, is that of Jacques Poujol, 'Aux sources de l'Edit de 1787: une étude bibliographique', *BSHPF* 133 (1987), p.343-84.

sortes de protections au Sieur Frontin, marchand Huguenot, et qu'il soit si bien traité que, la connaissance en parvenant aux Négociants de cette espèce, les engage à revenir dans le Royaume.'[19]

Such indulgence towards the Huguenots of the diaspora (no doubt indicative of the government's 'duplicity' because Machault is unlikely to have taken an initiative of this sort unsanctioned by higher authority) was provocative to say the least. Coming in conjunction with the *affaire du vingtième* and renewed disturbances in the Languedoc, it could only fill the southern bishops with horror. Chabannes, bishop of Agen, was the first to respond. Expressing his *étonnement* and his *douleur*, but shunning questions of dogma, Chabannes chose to develop the political aspect of the question. Establishing that the Calvinists were anti-monarchical, both rebels and republicans on principle, who in the recent past had brought France within an ace of disaster, he opined that it would be folly to invite them back, and that in order to save the body politic from these 'humeurs vicieuses et peccantes qui [ont] fait tant de ravages';[20] Louis XV would do well to walk in the same paths as Louis XIV, and might, in fact, do worse than to expel 'the remaining Huguenots from a society which they seemed indisposed to accept'.[21]

This violent letter upbraiding Machault for an ill-considered initiative which was seen as politically and morally reprehensible,[22] met with the approval of Vivet de Monclus, bishop of Alais. In a letter of 6 October 1751 addressed to the comte de Saint-Priest,

[19] Quoted in the *Lettre de M. l'évêque d'Agen à Monsieur le contrôleur-général contre la tolérance des Huguenots dans le royaume* (1751), p.2. The letter is dated *in fine*: à Agen, ce I. May 1751.

[20] *Lettre de M. l'évêque d'Agen*, p.5.

[21] Quoted by Geoffrey Adams, *The Huguenots and French opinion 1685-1787* (Waterloo, Ontario 1991), p.88. Chapter 7 provides a useful synthesis (p.87-98) of the literature generated by this debate. See also Hugues, p.265-358, for a good and more detailed analysis of this material.

[22] Suspecting intrigue and politicking, Grimm (*CL*, 17 mai 1751, ii.60) concluded that this was a deliberate attempt to undermine Machault's reputation and thereby undermine the introduction of the *vingtième*.

the new *intendant du Languedoc*, Monclus strongly supported the reaction, but with one important reservation: rather than expel the recalcitrant Huguenots, and thereby admit that the policy of containment and conversion had been futile, it would be better to apply the existing legislation with a greater sense of purpose. With such zealous servants, typical of all the militant defenders of a superannuated *status quo* who pronounced on the problem over the next eleven years,[23] the state was badly served. The fact that its political servants greeted those hard-line statements and re-statements of hostility to any relaxation of the legislation with a mixture of indifference, embarrassment or downright hostility is a clear indication that both the state and the century were moving on without them. As Burdette C. Poland has said: 'The State, on the verge of confessing to the futility of its half-hearted attempts at consummating the Edict of Revocation, began drifting [...] toward a new settlement of the Protestant question – a settlement of its own, independent of the Church.'[24]

This is precisely the sense of what was being threatened in diplomatic terms a mere twelve months later 'dans le tems d'une conférence tenue en 1752, par ordre du Roi à Montpellier, chez M. le maréchal de Richelieu',[25] where the current religious problems of the Languedoc were being discussed. It was in this context that Richelieu himself had written:

Je prononcerai hardiment qu'il faut trouver quelqu'expédient qui puisse concilier les excès, et que si la religion exige de la déférence aux

[23] If I situate the *terminus ad quem* at 1762, it is not essentially because this is the year of the intervention of the abbé de Malvaux (*Accord de la religion et de l'humanité sur l'intolérance*) to whom Voltaire will react so firmly in the *Traité*, but because it also seems to be the year of the last determined attempt on the part of the traditionalists to state their case in such an arena.

[24] Poland, p.68.

[25] [Chrétien-Guillaume Lamoignon de Malesherbes], *Mémoire sur le mariage des Protestants en 1785* (n.p.n.d.), p.49. On p.49-51, Malesherbes details the discussion documents which were used at this important conference at which the opinions of Joly de Fleury were antithetical to those of the assembled bishops. Details of those documents (some still unpublished) can be found in Poujol, p.360-61.

sentiments des évêques sur l'administration des sacrements de baptême et de mariage aux N.C., l'ordre politique, le bien public et les liens les plus sacrés de la société exigent nécessairement une loi certaine, invariable et uniforme pour assurer l'état d'un aussi grand nombre de sujets du Roi.[26]

In parallel, and in response to the appeal launched by Chabannes for a type of determined repression which smacked of the Sun King's intransigence, there materialised immediately a Protestant counter-riposte which inaugurated the great offensive of the 1750s, and which gives all the appearances of having quickly become a concerted campaign of rebuttal and self-justification. Indeed the importance of that reaction – still overshadowed in many minds, it would seem, by the input of Voltaire, the *philosophes* and the enlightened generally – must not be under-estimated, because the Protestants themselves, thanks to their own writings, their behaviour and their quiet diplomacy, were to play a considerable role in their own reintegration. At the forefront of that reaction was Antoine Court. In the years leading up to 1751 (1721, 1730, 1733, 1745) Court had written extensively but in almost complete isolation on behalf of his religion and his co-religionists and on various aspects of their common suffering. Versed therefore in advocacy, he was exceptionally well placed to respond to these restatements of entrenched Catholic hostility.

Court's rapid reappearance on the scene, in response to Chabannes, with the *Patriote françois* and the *Mémoire historique* – republished together in 1753 – was to be followed by the advent of equally committed proponents of the cause. Hard on his heels (demonstrating that, for once, northern-based Protestants could feel equally involved),[27] came – with the encouragement of

[26] BNF, fonds français ms. 7046, f.325. Quoted by Hugues, p.303.

[27] One of the interesting features of the Protestant revival is the differences in attitude which had been adopted by the so-called *nouveaux convertis* towards their conditions, and no less towards the state. Whereas the Protestants of the South forced their presence, their beliefs and their demands more and more upon the attention of the government, those of the North did not do so but practised outward

Machault – the chevalier de Beaumont's re-writing and re-editing of the *Patriote françois* which appeared under the title of the *Accord parfait*, whose sub-title had a proud and defiant ring.[28] Although its appearance in the capital, for which it had essentially been produced, does not appear to have excited the same interest among the cultured reading public as it did at Versailles, this was not the case two years later with the publication of the *Mémoire théologique et politique*[29] and the *Lettre d'un patriote sur la tolérance civile des Protestants de France et sur les avantages qui en résulteroient pour le Royaume* (1756). Whether we can talk about a change in public consciousness, or whether we ought to invoke the mentality of F. M. Grimm (or one of his collaborators),[30] the *Correspondance littéraire* of March 1756, carrying a composite review of those two works, makes particularly interesting reading. Grimm's stance is remarkable for its strongly philosophical flavour and its sense of moral outrage at oppression. It is above all indicative of the fact that the old political, economic and demographic arguments were now meeting with definite sympathy. For, though using the opportunity to theorise about the rights of individual conscience,

_____

political subservience, and deplored the confrontational mentality of the *méridionaux* whom they saw as undisciplined (even their own worst enemies). One of the characteristics of that time was that the educated élite of the nation, irrespective of religion, tended to make a distinction between those (urban-based) Calvinists who were politically sophisticated and respectful of the demands of the state and those (rurally based) Calvinists who were 'seditious' or potentially so. Voltaire's attitude is no different.

[28] Beaumont, *L'Accord parfait: ou Traité dans lequel on établit que les voies de rigueur en matière de religion blessent les droits de l'humanité et sont également contraires aux lumières de la raison, à la morale évangélique et au véritable intérêt de l'Etat* (1753; republished 1755).

[29] *Mémoire théologique et politique au sujet des mariages clandestins des Protestants de France, où l'on fait voir qu'il est de l'intérêt de l'Eglise et de l'Etat de faire cesser ces sortes de mariages en établissant, pour les Protestants, une nouvelle forme de se marier qui ne blesse point leur conscience et qui n'intéresse point celle des evêques et des curés* (1755; reprinted 1756).

[30] Unless Grimm is casting himself in the role of a Frenchman, the item was written by someone talking about his own culture and his own country.

this was no less the occasion for a meditation on the problems raised by Baër[31] and Court, and for the following conclusion:

Voilà le cri de la vérité et de la justice; s'il était écouté et rempli, les hommes seraient trop heureux, le bonheur et la bénédiction habiteraient sur la terre. Les vœux de tous les bons Français se réunissent en faveur de la tolérance. Que la persécution cesse, que la vie et la fortune des protestants ne soient plus en danger, que leur état et celui de leurs enfants ne soient plus vagues et incertains; il n'y a point de moyen plus efficace de rendre la France pour jamais florissante, et redoutable à ses ennemis. M. l'abbé Coyer n'aura plus besoin d'inviter la noblesse à faire un métier qu'elle ne doit point faire; le commerce et l'industrie deviendront, sous les auspices du gouvernement, comme ils le sont déjà dans les provinces méridionales du royaume, malgré la rigueur des ordonnances, la profession des protestants; leur croyance les rendant, suivant les lois, inhabiles à posséder des charges publiques, ils n'auront pas occasion de quitter une profession si avantageuse pour l'Etat, si nécessaire au bien public; et leur travail, suivi de père en fils, deviendra la source inépuisable de la prospérité et des richesses de la nation.[32]

Grimm was by no means alone in being moved by the depiction of the Calvinist plight[33] and in wishing to see the problem addressed once and for all. According to Edmond Hugues it was the sheer power of the *Mémoire théologique* which established the Protestant problem in the public mind: 'C'est par lui, à vrai dire, que la question protestante fut définitivement mise à l'ordre du jour

---

[31] From the eighteenth century onwards, it was believed that the *Mémoire théologique* was the work of Ripert de Monclar (which influenced perceptions of its importance). The attribution was rectified by P. Grosclaude, *Malesherbes, témoin et interprète de son temps* (Paris 1961), p.361, n.15: the *Mémoire* was in reality the work of Paris-based Protestants grouped around C. F. Baër, *ministre de la chapelle de Suède* in the capital.

[32] *CL*, iii.192-96, quote at p.195-96.

[33] Fréron, *Année littéraire* (6 juin 1756), iii.210, also reports that the *Mémoire théologique*, which contained many touching revelations about an ill-perceived problem, had been sympathetically read both in Paris and Versailles.

du dix-huitième siècle, et s'imposa à l'opinion.'[34] Although the
Protestants continued to press their case with determination, they
were now finding that they had an increasing number of allies
among liberal Catholic theologians and lawyers. These first
comprised 'a new generation of priests and theologians who
were convinced that the Revocation had led not to French spiritual
unity but to serious moral corruption both within the clergy and
among the 'new Catholics'.[35] That new generation which was
overwhelmingly a younger one comprised, for example, Turgot
(once destined for the church), who joined forces with Loménie de
Brienne to produce *Le Conciliateur ou lettres d'un ecclésiastique à un
magistrat sur les affaires présentes* (1754), thereby demonstrating that
they were unconvinced of the need for the sovereign to intervene
in order to harmonise and regulate religious belief.[36] But such
contributions, symptomatic though they certainly were of a move
towards a more understanding handling of the problem, did not
have the pertinence nor the immediacy of the arguments produced
by the lawyers.

Members of the legal profession were particularly unhappy with
the original consequences of the Edict of 1724 dealing with
baptisms and marriages, which had been cruelly exacerbated
when the relevant articles had been repromulgated in even harsher

[34] This assertion may have come from Hugues's discovery that the most
concerted reaction to pro-Protestant advocacy ever witnessed had come in 1756
when four replies to Baër were made (see Hugues, ii.296; below, n.40).

[35] Adams, p.91.

[36] The abbé Morellet, who also contributed to the debate with his *Petit écrit sur
une matière intéressante* (1756), recounts in his *Mémoires* (Paris 1821, i.30-33) how he
and Turgot, as young theology students in the late 1740s and the early 1750s, were
won over to the ideal of a civil toleration which imposed no professional or public
disabilities. The *chanoine* Claude Yvon, in his *Liberté de conscience resserrée dans des
bornes légitimes* (1754), was also in favour of civil toleration but felt that civil
disabilities should remain in force because the Catholic majority could not relinquish
overall control of political power (hence sole responsibility for good order in the
state).

form in 1745. What concerned them was the growing and glaring discrepancy between law and fact. And it was they who, on those grounds, had been among the first to join the debate relaunched by Antoine Court and to unite with him in dealing with that vexatious problem. In 1753 had come Pierre Le Ridant with his *Traité sur le mariage* which set the tone for all those who were to advocate a form of civil union for Calvinists as the most elegant solution to the problem by far. Indeed the possibility of simplified forms of solemnisation had been known since 1726, the year in which the abbé Robert, provost of the cathedral of Nîmes – exercised by the pointlessness of imposing *épreuves de catholicité* on the *nouveaux réunis* before marriage could be permitted (a measure which was clearly leading to hypocrisy, dissimulation and profanation of the Catholic sacraments) – had addressed to the cardinal de Fleury a memorandum in which he proposed a solution where the priest acted much like a registrar. Le Ridant's later argument in favour of a civil wedding, which was to be quoted in one form or another by other proponents of such unions (who were equally opponents of the encroachments of the church on secular territory), gave *total* authority in this matter to the state, irrespective of the claims imposed upon monarchs by the Council of Trent.

In such approaches on the part of lay and secularly inclined lawyers – Le Ridant is typical of the latter – we are witnessing a definite (if not always decisive) ideological confrontation between those lawyers who had been trained in the *civiliste* tradition and those who owed allegiance to the *canoniste* tradition. The *civilistes* were firmly opposed to the clerical control of human affairs, which was in turn firmly defended by the *canonistes*. It was hence the former who deeply regretted the surrender of the royal prerogative to the latter – a surrender which had come about at the time of the Council of Trent – as regards the moral obligation placed upon sovereigns to guarantee a secure family status for all their subjects. But that particular problem is common across the board, and that is why in comparing and contrasting the thirty-odd contributions to the debate in the period 1751 to 1762/1763, we often find below the surface the waging of a series of complex battles between state and church. In like manner we also see a series of complex battles between supporters of monarchical independence and ultramontains, Jansenists and Jesuits, *parlementaires* and traditional militant Catholics, believers and deists. [37]

From this rapid survey of the activities of the supporters of toleration, several findings are apparent, not the least being that, by the late 1750s, the substantial body of arguments which had been adduced in favour of the Calvinist cause had grown to produce a corpus of some complexity. Its elements taken in conjunction cover the whole spectrum of pleading from the most theoretical or theological to the most practical or pragmatic. Whatever their overt or covert agendas, and whatever permutations of solutions they propose, all combined to present the public, and particularly the authorities – usually in the most unambiguous terms – with the suggestion that, on moral and political, economic, demographic and commercial grounds, Calvinists should be granted spiritual freedom, civil status, and the opportunity to turn their energies towards the regeneration of an ailing state in an atmosphere made conducive to genuine incorporation and reconciliation. To quote Grimm here is necessarily to privilege an expression of the enlightened spirit and its own perception of the problem. But this may not be totally inappropriate. Given that the literature favourable to such an emancipation generates the impression that all these advocates were guided by a mixture of compassion and an

---

[37] The *Questions sur la tolérance* (1758), which was placed upon the Index in 1759 but republished in 1760 under the title of *Essai sur la tolérance chrétienne*, are typical of such a peculiarity. The conjunction of its two authors was in fact rather ominous for, as Adams (p.92) correctly depicts them: 'The legal opinion came from Gabriel-Nicolas Maultrot, a specialist in canon law who had made a considerable reputation as a defender of Jansenist parish priests. The ecclesiastical contribution was by the abbé Jacques Tailhé, a bitter critic of Jesuit ultramontanism.' Grimm notes approvingly: 'Tout ce qui paraît en faveur de la tolérance mérite l'acclamation publique' (*CL*, 1 juin 1758, iv.8). His sole regret was that the *Questions* 'n'ait pas un peu plus de chaleur et d'éloquence'.

impatient desire to set aside a problem which reflected badly on a modern, enlightened state (which ought to be better aware of its own best interests), Grimm's eloquent assessment of the situation (the conclusion of which is quoted above) may help us to gauge that impatience:

Si, grâce à la philosophie, nous frémissons aujourd'hui du massacre de la Saint-Barthélemy, si nous gémissons sur les maux infinis que la révocation de l'édit de Nantes a causés au royaume, qu'avons-nous fait pour les réparer et pour en prévenir les suites? Rien. Philosophes bavards et frivoles, nous remplissons la capitale de nos vains raisonnements sur le bien public, pour tromper notre inutile oisiveté; mais, malgré nos beaux discours, les lois dictées par l'injustice et la violence ne sont pas moins exécutées dans les provinces; les ministres des protestants sont encore conduits aux supplices, et tant de milliers d'habitants auxquels le roi doit la justice et l'humanité comme au reste de cette nombreuse famille dont il est le père se trouvent exposés aux vexations perpétuelles de quelques hommes violents qui abusent de l'autorité royale, de quelques évêques fanatiques qui profanent le nom d'un Dieu saint, d'un être qu'ils disent souverainement bienfaisant, pour justifier les excès de leur barbare cruauté. Trois millions de citoyens ne peuvent jouir de la protection que le gouvernement leur doit qu'en se couvrant de l'odieux masque de l'hypocrisie. Que nous sert la sagesse dont nous nous vantons, et cette lumière par laquelle nous nous félicitons tant d'être éclairés, si elles ne contribuent point à rendre les jours de nos frères, sereins, heureux et tranquilles![38]

Such sentiments were anathema to the conservatives. Hostile to the slightest relaxation in the treatment reserved for the *religion-naires*, opposed to any recall of those Protestants who had emigrated, they marshalled their counter-arguments in the mid to late 1750s around what proved to be essentially (though not exclusively) political considerations. The tone had been set by Chabannes in his open letter to Machault which itemised the ills caused by Calvinism, descanted upon the wisdom of Louis XIV's

---

[38] *CL*, iii.193.

religious policies and forecast the most dire calamities for the nation if ever the Calvinists were allowed to return. What for Chabannes had been a forthright expression of concern was immediately classified by the *Nouvelles littéraires*, however, as an expression of 'fanatisme [très] outré'.[39] Such would be the welcome consistently given to those works which dared to argue for the *status quo*. They may have been few in number, but the outrage which greeted their pronouncements belied their thinness on the ground.[40]

Condemning any relaxation of the legislation in force, and even the thought that the problem of the Protestants' lack of civil status urgently needed to be treated with understanding, these pamphleteers and apologists – whose productions Grimm branded as being 'marquées au coin de la mauvaise foi, de la stupidité, et d'une violence odieuse'[41] – succeeded in demonstrating only one thing. Their writings were uncompromising precisely because their fears, leading them to see all around them signs of a significant crisis-point in the religious and social life of the southern provinces, had impelled them to alert others to its existence. Paradoxically their honesty worked against them, as did their assessment of the most appropriate rhetorical strategies for ensuring that others less

---

[39] See *CL*, ii.60.

[40] Those works were: [Marc-Albert de Villiers], *Sentiments des Catholiques de France sur le Mémoire au sujet des mariages clandestins des Protestants* (1756); [Lenfant], *Dissertation sur la tolérance des Protestants ou Réponse à deux ouvrages dont l'un est intitulé L'Accord parfait et l'autre Mémoire au sujet des mariages clandestins des Protestants de France* [1756]; [Jean Novi de Caveirac], *Mémoire politico-critique où l'on examine s'il est de l'intérêt de l'Eglise et de l'Etat d'établir pour les Calvinistes du royaume une nouvelle forme de se marier* (1756); [Bounioul de Montégut], *La Voix du vrai patriote opposée à celle des faux Patriotes tolérants* (1756); [Jean Novi de Caveirac], *Apologie de Louis XIV et de son Conseil sur la révocation de l'Edit de Nantes pour servir de réponse à la Lettre d'un Patriote sur la tolérance civile des Protestants de France, avec une dissertation sur la journée de la S. Barthélemy* (1758); [l'abbé de Malvaux], *Accord de la religion et de l'humanité sur l'intolérance* (1762).

[41] *CL*, 1er avril 1756, iii.201.

directly involved would come to share their fears.[42] Almost to a man, they had miscalculated the tone which their counter-propaganda required because they had failed to grasp the fact that they could not re-create a climate of anti-Protestant opinion in Paris, no matter how essential they might have felt that to be. They had failed to grasp the fact that the general climate of opinion, particularly in Paris, was slowly becoming unsympathetic to the policies which they were defending,[43] and which even believers now found difficulty in condoning: Fréron and the abbé Coyer,[44] for example, were pained by their verbal excesses which seemed to castigate as irresponsible, even criminal, leniency on the part of the state what others were now beginning to see as compassion and practical good sense.

These sincere but outdated servants obviously stood firm by a church which, politically, was itself coming more and more to stand for the worst aspects of tradition and conservativism, and to be seen as a backward-looking, wistful proponent of policies which

[42] The most interesting of these apologists is Novi de Caveirac, whose name, thanks to Voltaire and others, has remained synonymous with mindless fanaticism. The truth about Caveirac, a traditionalist Ultramontain, is more complex (and much less numbing than his detractors would have us believe). The beginnings of a fair-minded assessment can be found in Graham Gargett, 'L'*Apologie* de l'abbé de Caveirac: une réponse au *Patriote françois et impartial*', in *Entre Désert et Europe, le pasteur Antoine Court (1695-1760)*, Actes du colloque de Nîmes 9, 3-4 novembre 1995, réunis par Hubert Bost et Claude Lauriol (Paris 1998), p.347-61. Gargett has edited a selection of passages from Caveirac's *Apologie* (which is not readily available) in *Etudes sur le Traité sur la tolérance de Voltaire*, sous la direction de Nicholas Cronk (Oxford 2000), p.283-302.

[43] There are, however, interesting signs in Caveirac's *Apologie* (for example, p.ii-iii, iv, 71-74, 105) that he was on occasion only too aware of the 'spirit of the age', only too conscious of the direction in which things were going, and that he was reacting against what might be termed an eighteenth-century version of 'political correctness'. He sometimes gives the impression that his diatribes are deliberately scornful and provocative.

[44] Respectively *Année littéraire*, 12 October 1756, vi.192, in response to *La Voix du vrai patriote*; December 1758, iv.280-82, in response to the *Apologie de Louis XIV*; and the *Lettre au R.P. Berthier sur le matérialisme* (Geneva 1759), p.52, 60, in response to the *Apologie*.

had supposedly proved effective in their heyday. Why should we be surprised therefore if their hostility should in large measure be reserved for the political, economic and demographic arguments used by their adversaries for rectifying a situation which, those adversaries claimed, had been created by the Revocation and the mass exodus which had followed it? A deleterious situation which was being exacerbated even as they all wrote? For we must remember that an important constant of the concerns expressed by those who argued for the reintegration of Calvinists, and the creation of an environment in which they could enjoy freedom, was the loss of manpower, wealth and expertise which the country had suffered as a direct result of Louis XIV's repressive policies, and which had been aggravated by the successive waves of emigration which had followed the renewed repression of 1724, 1744-1746 and 1751-1752 and which was still continuing.

Bouniol de Montégut and Caveirac in particular (as was later the case with Malvaux) were unimpressed by these arguments. Their own hostility to Calvinism came from their assessment of it as a foreign and harmful body within the body politic of France. They were in agreement that it was republican and subversive, naturally factious and easily fanatical, as dangerous and as untrustworthy now as it had ever been. The following comment is a good example of these statements:

une secte qui s'est toujours mal conduite, qui a désobéi en jurant l'obéissance, qui a trahi ses maîtres en invoquant la fidélité, qui s'est révoltée en prenant à témoin sa soumission, qui montra son aversion pour le trône en faisant la guerre à six rois; audacieuse dans sa naissance, séditieuse dans son accroissement, républicaine dans sa prospérité, menaçante dans ses derniers soupirs; voilà ce que fut la prétendue réforme en France, et ce que seroient encore ses sectateurs, si on les admettoit parmi nous. [45]

[45] Caveirac, *Apologie*, p.196.

The essential thesis therefore – espoused by all the traditionalists (from Chabannes to Malvaux) – is that whereas Louis XIV
had done well to rid the nation of such elements, Louis XV would
do even better to contain them at home, and ensure that those who
had fled abroad should remain where they were. France could
clearly not run the risk of recreating that state within the state
which Louis XIII and Louis XIV had been compelled to destroy.
On equally self-evident religious grounds, the reappearance of
Calvinism might lead to the infection of Catholicism with certain
maladies of the spirit, bringing about intellectual independence, a
move towards materialism and moral decadence, and ultimately to
the introduction of irreligion. Caveirac summed up those fears in a
brief expostulation: 'Eh! que nous apporteroient-ils, un esprit
républicain, des erreurs sociniennes, des recrues pour nos fron-
deurs, des écoliers pour nos déistes?'[46]

These defenders of the *status quo* were equally hostile to the
economic arguments which were bulking large in the pleading of
Antoine Court, the chevalier de Beaumont and C. F. Baër, and
which had formed the basis of anti-Revocation thinking since the
end of the seventeenth century among Protestants and Catholics
alike. All France's ills, so the argument ran, could be repaired if
only the government would promote civil toleration and welcome
back those who wished to return and profit from it. Arrant
nonsense! replied Caveirac, Bounioul de Montégut and Malvaux.
The loss to France in terms of wealth and manpower had been
mendaciously exaggerated by the Protestants themselves.[47] Nor

---

[46] *Ibid.*, p.355.

[47] Again the most interesting of the traditionalists is Caveirac who examines in
detail (*Apologie*, p.72-145) and with expertise all the supposed consequences of the
Revocation, and who concludes that it was the internal economic dynamism of
France, aggravated by certain mistakes in policy, which had led (well before the
Revocation) to a down-turn. In a word, the so-called Protestant 'exodus' was merely
part of a greater problem, and not an important part at that. In any case, as Caveirac
concluded, since the Revocation, France's economy had been booming not
declining.

were they any better disposed towards the demographic arguments which sprang from concerns regarding the depopulation of the countryside. In a long and fascinating development Caveirac examines – under nine separate heads – whether the problems of depopulation could not be resolved without there being any recourse to the Calvinists as an integral part of the solution.[48] His answers, not surprisingly (like those of Malvaux, p.137-39, 149-50), accord them no role whatsoever in this regeneration. And with an audacious set of proposals aimed at extirpating excessive luxury and at redefining the system of taxation at the level of the Tiers Etat, Caveirac fashions a demographic model which must have been seen as daring.[49] It is enlightening – as we take leave of Caveirac – to read his considered conclusions on all those scores:

après m'être étendu autant que je l'ai fait sur la question de la population; matière qui paroîtroit peut-être étrangère à mon sujet, si le lecteur ne se rappelloit que les calvinistes se regardent comme des hommes privilégiés pour peupler la terre; qu'ils se vantent d'être trois millions dans le royaume, quand ils sont peut-être moins de trois cens mille; qu'ils voudroient nous persuader d'ouvrir nos portes à *deux millions* de républicains ou de sociniens pour repeupler le royaume, comme si nous étions réduits au tems de Pirrha.[50] L'état ne manque pas d'habitans, ils sont mal répartis, ils sont amoncellés dans les villes où le luxe et la misère les ont rassemblés, où ces deux ennemis s'entendent pour les empêcher de se reproduire: donnez-leur des encouragemens qui puissent

[48] Caveirac, *Apologie*, p.246-358.

[49] More than daring, perhaps even positively provocative. *The Mémoires secrets* (xiv.23-24) give an account of an *assemblée publique* at the Academy of Sciences (held on 14 April 1779) at which le docteur Morand read a paper on the population of Paris and the kingdom since 1771, in the course of which Caveirac was cited as one of his authorities. This caused a considerable stir of ill-feeling against the president, Amelot, who had prior knowledge of the communication and who should not, it was felt, have tolerated such a passage. The ill-feeling was so great that Amelot had to suspend the meeting.

[50] A reference to the story of Deucalion and Pyrrha, who restored the race of men destroyed in a deluge sent by Zeus by following the advice of an oracle which commanded them to throw 'the bones of their mother' behind them. They cast behind them stones, the earth being their mother, from which sprang men and women.

faire renaître en eux cet amour pour le doux nom de Père, et ils se marieront; rendez leur ancien séjour supportable, et ils y retourneront. Maintenez la religion, la paix et la justice; mettez à profit l'excès du luxe; détruisez le vice des répartitions; rendez les recouvremens plus faciles, et ceux qui recouvrent plus humains: surtout n'y employez point de mercenaire ni des hommes étrangers à la province, *hic alienus oves custos bis mulget in horâ*; faites ces choses et vous pourrez dire, mieux que Pompée, *je frapperai du pied, et il me naîtra des hommes*. Voilà les moyens simples, honnêtes et infaillibles de remédier à la dépopulation. Ils sont dans les mains du Roi.[51]

By 1758 the battle-lines had therefore been clearly drawn. The arguments for and against according Calvinists a civil status had been forcefully presented and the Protestant cause had gained a considerable measure of publicity, thanks to both its proponents and its adversaries. It had attracted the support of eloquent and influential defenders in both communions.

2. *Voltaire, Protestantism, and toleration, 1716-1762*

Having defined the context in which Calvinism found itself in the period preceding the writing of the *Traité sur la tolérance*, it is essential next to place Voltaire himself with regard to the Protestant 'problem'. I do this for self-evident methodological reasons, but also because it is important to establish whether or not, by 1762, Voltaire had gained a good knowledge and understanding of the Huguenots, and had started to see them in a more balanced and positive way than he had in earlier years.[52] If we cannot ascertain that this was the case, Voltaire remains open to the accusation (levelled against him in the period 1762-1765 by his enemies, and repeated ever since) that he was merely being

[51] Caveirac, p.352-53.

[52] The essential work remains Gargett, *Voltaire and Protestantism*, p.49-249. Useful syntheses of the problems examined in the latter will also be found in Adams, p.49-59, 119-33, 135-45.

cynically opportunistic in taking upon himself the defence of the Calas family and in pleading for toleration. It is no less important to isolate Voltaire's opinions on intolerance, which was for him synonymous with superstition and religious fanaticism, because his opinions on both intolerance and Calvinism ran on closely parallel paths.

Voltaire's interest in Calvinism and what it had meant in France, on the broadest of political stages, probably goes back to the beginning of 1716 when he conceived the idea of *La Henriade*. Such a work necessarily required a grasp of the meaning and the activities of French Calvinism. We do not know what prior knowledge Voltaire brought with him to that task, probably no more than a loose amalgam of what he had been told at school, had read in Davila's *Histoire des guerres civiles* (which he had received as a prize in January 1710) or gleaned anecdotally, supplemented by whatever he had learned from contemporary reactions to the Guerre des Camisards, and the disturbing effervescence of the Cévennes.

Turning, as in all probability he did, to contemporary chroniclers, and to later scholarly sources (many of which merely repeated the official interpretation), Voltaire would have gained his first composite overview of the Calvinists.[53] His opinion of them remained almost impervious to modification. To use the title which Graham Gargett gives to chapter 6 of his study, Voltaire's reaction was brief and uniquivocal: 'Protestantism in France' had proved to be 'a civil disaster'. He came away from the historians and the chroniclers feeling that the Calvinists – though originally motivated with justification by hostility towards the corruption of Rome – had ultimately been impelled by the ambitions of their leaders to become a political movement which had directly challenged the legitimate exercise of royal authority. That

---

[53] On the immediate background to the first edition of *La Ligue ou Henry le Grand*, and 'les sources historiques', see the definitive edition by Owen R. Taylor, *La Henriade*, *OC*, vol.2 (1970), p.17-60 and 162-79.

challenge had ushered in a civil war, enacted against a background of horrendous cruelty, which had lasted nearly thirty years, and brought the state to its knees.

Thus had the scene been set for Voltaire and this will be his general treatment of Calvinism for the next forty-five years. Although understanding the Calvinists' doctrinal hostility to Rome, he almost invariably shows annoyance at their habit of regarding themselves as a separate nation in moral terms. He expresses even greater irritation at their political aspirations. Sympathetic though he was sociologically to Protestantism, as a healthy and necessary reaction to Roman superstition and hypocrisy, he looked upon it none the less as disastrously divisive. As he became better acquainted, from the 1750s onwards, with the Calvinism of his own day, he came to judge it moreover as a way of life and a set of beliefs that he found unappealing.

From early on Voltaire had concluded (and afterwards consistently held) that Calvinism had replaced the intolerance of Catholicism with an intolerance of its own. In fact, from the days leading up to the composition of *La Henriade*, an important source of enlightenment and influence for Voltaire had been his discovery of *les politiques*, those moderates of the sixteenth century who deliberately stood back from the sectarian divide and looked for a political solution to the strife, favouring peace and order, the restoration of royal authority and national unity. Pondering their example, which must have seemed all the more potent when he surveyed the insanities being generated by the quarrels around the papal Bull *Unigenitus*, the young Voltaire must have come to realise that the ideal weapon with which to combat – and one day prevent – misuse of human power was toleration.

So the Henri IV of the poem is neither Protestant nor Catholic, but a deist, a humanitarian, unconcerned by differences in religious dogma. Toleration, we must understand, was both a strategy and an ideal. Its aim was to counteract – and ultimately render impossible – the actions of those who believed that, having exclusive access to Truth, they also had the duty to require others, by force if necessary,

29

to embrace it. Voltaire's toleration, like that of his hero, was not 'a device by which men of deep religious conviction would come to respect the spiritual integrity of those holding opposing confessional views'.[54] Nor was it a device likely to bring about a *modus vivendi* between those believers. At best it could serve as no more than a transitional stage to something much better, because Voltaire's toleration was a concern to persuade others that all religious persecution was unjustifiable. He wished equally to popularise natural religion[55] (so eloquently epitomised in the 'Prière à Dieu' of the *Traité*), whose advent would mean the advent of universal fraternity. In other words, his toleration was the indifference which is demonstrated by Henri, when he declares:

Je ne décide point entre Genève et Rome.
De quelque nom divin que leur parti les nomme,
J'ai vu des deux côtés la fourbe et la fureur (II.5-7)

or when he adds in the same breath:

Et périsse à jamais l'affreuse politique
Qui prétend sur les cœurs un pouvoir despotique (II.17-18)

or of whom Potier de Novion says:

Il sait dans toute secte honorer les vertus,
Respecter votre culte, et même vos abus. (IV.117-118)

Voltaire's early leaning was towards a toleration that sets peace and concord above all else, conveying a purely pragmatic and utilitarian vision of mankind, soon to be reinforced by the tolerant practices epitomised (supposedly) by the economically thriving Protestant states of Holland and England.[56] It also stemmed in part from Voltaire's early espousal of relativism. It is, for example,

[54] Adams, p.50.

[55] The indispensable guide in any investigation into Voltaire's beliefs in these formative years remains Pomeau, *La Religion de Voltaire*, p.38-145.

[56] On toleration in these two countries, see Gargett, *Voltaire and Protestantism*, p.97-110, 399-411; on toleration in Holland, see Jeroom Vecruysse, 'La leçon hollandaise', in *Etudes*, ed. Cronk, p.205-13.

accidents of birth which are instrumental – as Zaïre tells us – in deciding our religious orientation.[57] It was perhaps inevitable, given the context of the times and his own views about freedom of thought, that Voltaire soon came to realise that the principal upsetter of the natural order throughout the world was Christianity.

An examination of the forty-five years that take us from *c.*1716 down to the eve of the Calas case[58] shows that Voltaire's thoughts on toleration tend to be reactive rather than, as they later became, positively pro-active when linked with the granting of an *état civil* to France's Calvinists, an important requirement which is to be found in, although not usually associated with, the *Traité*. For most of this period toleration for Voltaire signifies hatred of intolerance, a distaste for exclusive dogma, and hence an instinctive contempt for the fanaticism of those who claim to have a monopoly on Truth. He sees toleration as a clear and distinct idea, but one which tends to be a reality only elsewhere among more fortunate peoples. In France it is an ideal as yet unattainable, linked to freedom and a spirit of fraternity.

If, however, toleration can be portrayed as an ability, however unwillingly demonstrated at times, to accept the 'otherness' of other human beings, it is not surprising that Voltaire himself eventually ran the risk of putting Protestant patience to the test. For many years he did not see the destiny of the Calvinists as being in any way bound up with his longstanding concern for toleration (there is no call, as the *Traité* itself suggests, to tolerate those who are themselves intolerant). Although Voltaire was well aware of Calvinism as a religious phenomenon, he saw it essentially as a problem with serious historical and political dimensions. He was

---

[57] 'J'eusse été près du Gange esclave des faux dieux, / Chrétienne dans Paris, musulmane en ces lieux' (*Zaïre*, I.i.107-108).

[58] These years saw the appearance of, for instance, the *Epître à Uranie*, *La Henriade*, the *Essay upon the civil wars of France*, *Zaïre*, the *Lettres philosophiques*, the *Ode sur le fanatisme*, *Alzire*, *Mahomet*, the *Poème sur la loi naturelle*, the *Traité de métaphysique*, *Candide*.

aware of the treasonable activities of its sixteenth-century leaders who harboured republican ideals, and he was equally aware of their more recent history as rebels in the South where they had descended into a rabble-rousing Calvinism which had more in common with fanaticism and superstition than a religious belief. As a historian Voltaire sets this out in two widely read works which sorely offended educated Calvinists, whose co-religionists in the South – particularly in the Languedoc and the Dauphiné – had suffered persecution at the hands of the government partly on the grounds that their refusal to obey the laws concerning the *religion prétendue réformée* grew naturally out of their republican ethos. This accusation, long-standing and incessantly invoked, the Calvinists strongly rejected.

The first of these widely read assessments occurs in chapter 36 of *Le Siècle de Louis XIV*, 'Du Calvinisme au temps de Louis XIV', where Voltaire's opening overview of Protestantism at the time of the Reformation contained an unflattering assessment of Scottish Presbyterianism (as directly descended from Calvinism as the beliefs of the French Huguenots), which boded ill for the treatment that might be reserved for the latter: 'Le presbytérianisme établit en Ecosse, dans les temps malheureux, une espèce de république dont le pédantisme et la dureté étaient beaucoup plus intolérables que la rigueur du climat, et même que la tyrannie des évêques qui avait excité tant de plaintes. Il n'a cessé d'être dangereux en Ecosse que quand la raison, les lois et la force l'ont réprimé.'[59]

It is clear that the stage is being prepared for the presentation of French Calvinists – *de même farine* – as having deserved the same treatment. Worse was to come, for the French Calvinists were also to be depicted as third-class citizens in terms of reliability, sensitivity and intelligence. As Voltaire presents them, they were

---

[59] Voltaire, *Œuvres historiques*, ed. René Pomeau (Paris, Pléiade, 1957), p.1043. At the end of the same paragraph Voltaire adds: 'Genève devint un Etat entièrement républicain en devenant calviniste.'

no better than seditious republicans (p.1044, 1045). Originally intent on rebellion, during the Guerre des Camisards they became pawns in a power game that they did not comprehend (p.1059, 1060), and in treasonable league with the enemies of France, and managed to be taken in by emissaries from England (p.1059) like the pitiful so-called abbé de La Bourlie, son of the marquis de Guiscard. Such depictions of a set of dearly held beliefs which had been defended first in a period of increasing persecution (1675-1685) and then in a war of survival still keenly remembered were anathema to the sensitive reader. This hurt was compounded, moreover, by the clear inference that Voltaire, sheltering behind the approval given by 'le peuple' (p.1059) to Louis XIV's policies, was himself approving the extirpation of the Protestant heresy and thus tacitly providing a form of retrospective justification not merely for Louis's Revocation of the Edict of Nantes, but also for his subsequent recourse to force. For these angry readers matters were made worse by the fact that within a year of its publication the work had been reprinted at least eight times.

Reactions among the Protestants were inevitable.[60] None materialised more rapidly than that of Laurent Angliviel de La Beaumelle,[61] whose response proved to be the beginning of a long-running feud with Voltaire, revolving around the latter's claim that

[60] For the tenor of the complaints of those who took Voltaire to task, see for example the chevalier de Beaumont, in the *Accord parfait*, i.131; Paul Rabaut to Paul Claude Moultou, 24 October 1755, quoted in Coquerel, ii.197; Grimm, *CL*, iii.368. The despair of Huguenots at the constant accusations of being animated by a republican ethos would be capped, however, when – in 1761, after the death of Marc-Antoine Calas – they were accused of believing in, and requiring, the ritual murder of their apostates.

[61] On La Beaumelle, see the definitive study by Claude Lauriol, *La Beaumelle. Un Protestant cévenol entre Montesquieu et Voltaire* (Geneva and Paris 1978), in particular p.259-519; see also Adams, p.119-33. In 1748, some years before the voluminous exchanges of the 1750s on the Protestant condition generally, La Beaumelle had produced *L'Asiatique tolérant*, one of the first public and open submissions in favour of his co-religionists. It was much criticised (even by Antoine Court) for its aggressive tone and ill-considered arguments: see Claude Lauriol, '*L'Asiatique tolérant* ou le "Traité sur la tolérance" de La Beaumelle (1748)', *DHS* 17 (1985), p.75-82.

Louis XIV had not been responsible for the policy of repression. The feud began with a pirated edition of *Le Siècle de Louis XIV* larded with provocative footnotes giving a Calvinist gloss to Voltaire's narrative. But despite this indignity, despite the unpleasantness of the ensuing exchanges, Voltaire would not be shifted from his anti-Calvinist interpretations. Indeed he felt more than justified in repeating the same accusations four times in the second of his widely read works which offended the Calvinists: the *Essai sur les mœurs*, chapters 173-175 (M.xii.527, 528, 548, 582).

Did these pronouncements remain Voltaire's standard interpretation, and did his attitude towards the French Calvinists of his day (suspicion, tinged with irritation at their uncouth psalm-singing culture) remain constant? Not entirely. Voltaire modified the more damning of his contentions in a short annex to the *Essai sur les mœurs*, entitled *Du protestantisme et de la guerre des Cévennes*, produced in 1763 at the height of the Calas campaign.[62] The composition of *Du protestantisme*, and then of *Pot-pourri*, showed that certain modifications were possible. There are also clear signs that Voltaire was capable of compassion in speaking of the tribulations of the Calvinists: the numerous disapproving comments to be found on almost every single page of chapter 36 of *Le Siècle de Louis XIV* typify what he felt about the period post-1685, and its attendant cruelty and suffering.

One of the imponderables from 1755 onwards, when Voltaire was in daily contact with Calvinists,[63] is the extent to which he

[62] *Œuvres historiques*, p.1277-80. Here, in several developments, Voltaire concedes, that the Calvinists suffered long and sore affliction before resorting to arms in the sixteenth century. The Camisards are similarly exonerated. Voltaire concedes the same points in 1764, in *Pot-pourri* (M.xxv.265-67), where M. de Boucacous, 'huguenot très zélé', is treated with a mixture of amusement, annoyance, but also understanding.

[63] For the period 1755-1760, see Gargett, *Voltaire and Protestantism*, p.111-98, and Adams, p.135-45. These contacts could lead to words of praise for like-minded and cultured Swiss (for example, the liberal pastors, various members of the Tronchin family), or to unfortunately worded expressions of disapproval (as, for example, at the time of the fiasco over the article on Geneva for the *Encyclopédie*): 'Fanatiques papistes, fanatiques calvinistes, tous sont pétris de la même m...

received first-hand information about, and informed comment on, the current situation in the Protestant South. As Gargett says, 'Voltaire's correspondence gives us indications from time to time that his attention was being turned to the religious problems of France.'[64] Let us see what it reveals.

In 1756, the year which saw the greatest number of contributions being made to the pro- and anti-Huguenot debate unleashed by Machault, Voltaire's attention had been attracted to one of the thirteen works which have been identified as dating from that year. On 24 September he had written to P. D. Rouvière (who is otherwise unknown), thanking him for his *Essai de réunion des protestants aux catholiques-romains* (Paris 1756; BV 3050) which he had been good enough to send him (probably because he believed he would appreciate it). In that letter Voltaire writes: 'L'état de ma santé qui est presque désespérée ne m'a pas empêché de le lire. J'y ay vu des intentions droittes soutenues par baucoup d'érudition. Je souhaitte que votre ouvrage opère ce que la révocation de l'édit de Nantes n'a pu exécuter' (D7006). Likewise, in late December 1758 (see D7995), there began a short exchange in which Voltaire, expressing his outrage at Caveirac's 'horrible et détestable [...] apologie de la Révocation de l'Edit de Nantes' (D8065), demonstrates that the demographic arguments of that 'monstre bavard' (D8119) had not escaped him. A few months later, in April 1759, he gives clear indications that he had had access to information concerning the possible creation of a *Banque protestante*. This bank, whose initial object was to negotiate relaxations in the anti-Calvinist legislation in return for a *don gratuit* to an impecunious government at war,[65] did not come to fruition, but while it seemed a possibility Voltaire

détrempée de sang corrompu. Vous n'avez pas besoin de mes saintes exhortations pour soutenir la gale que vous avez donnée au troupeau de Genève' (D7512, 12 December 1757, to d'Alembert).

[64] Gargett, *Voltaire and Protestantism*, p.276.

[65] On the *Banque protestante*, see Edmond Hugues, 'Un épisode de l'histoire du protestantisme au XVIIIe siècle', *BSHPF* 26 (1877), p.289-303, 337-50. The initial idea of a *don gratuit* fell into disfavour, and was replaced by the proposal that the bank should lend money to the government at a fixed rate of 6 per cent per annum.

took a close interest in it (D8255, D8260, D8261, D8295, D8296). Voltaire's correspondence also shows that his interest extended to more mundane matters. In the early summer of 1760 he requested a passport on behalf of a 'huguenot de Guienne', probably a merchant or a businessman, from the maréchal de Richelieu who was at that time governor of the province. Concerned at the lack of any reply, he had written to enquire of d'Argental the reasons for this silence (D9007, D9010) because: 'voilà mon hérétique sur le point d'être ruiné' (D9043). [66]

These incidents point to Voltaire's growing involvement with Protestant problems in a day-to-day fashion. They are tantalising by virtue of their fragmentary nature, but from the early 1760s things become more transparent, particularly after the Rochette case was brought to Voltaire's attention in October 1761. [67] The events surrounding the arrest of François Rochette, a twenty-six-year-old pastor who, after training at the secret Protestant seminary in Lausanne, had returned to France to begin his ministry in January 1760, were in themselves straightforward. [68] The letter

[66] Could Voltaire have been doing business with and through Protestant merchants in the South from the mid-1750s onwards? We know that his complex financial activities stretched far and wide, and we know that he was the first to appreciate that money has no religion.

[67] See O. de Grenier-Fajal, *Rochette et les trois frères Grenier* (Montauban 1886); Daniel Ligou, 'Essai d'interprétation psychologique des événements de septembre 1761 à Caussade', *Congrès régional des Fédérations historiques du Languedoc* (Carcassonne 1952), p.169-75; Coquerel, ii.267-97; David D. Bien, *The Calas Affair: persecution, toleration, and heresy in eighteenth-century Toulouse* (Princeton, N.J. 1960), ch.4; Graham Gargett, 'Voltaire, Richelieu and the problem of Huguenot emancipation', p.109-17; and René Pomeau, 'Ecraser l'Infâme', *Voltaire en son temps*, vol.4 (Oxford 1995), p.132-34.

[68] At 2.00 am, 14 September 1761, Rochette and his two guides were arrested by the *garde bourgeoise* in the countryside outside Caussade, and assumed to be felons. Upon interrogation, Rochette revealed that he was a pastor, and consequently he was put behind bars. The same day – which was market day in Caussade and the reason for the presence of many local (Protestant) peasants – a clumsy attempt was made by a group of Rochette's co-religionists to liberate him. They either withdrew in disarray of their own accord or were put to flight by the locals. Thereupon wild

about Rochette sent to Voltaire by Jean Ribotte-Charon, a young Protestant of Montauban (acting apparently on the advice of Court de Gébelin, see D10279) has not survived, but it seems reasonable to assume that it would not have differed in important essentials from the parallel request made by Ribotte to Jean-Jacques Rousseau (Leigh 1498, 30 September 1761).

On the basis of Leigh 1498, Voltaire would have learned that Rochette had been taken prisoner in the exercise of his ministry, therefore on his way to or from an *assemblée du désert* (D10177),[69] and since his activities had been in open contravention of the law, his incarceration was justified. It is fair to infer, however, that Voltaire would have been disturbed on a number of counts. Firstly, there had been general civil disorder in Caussade when, fearing that an attempt to liberate Rochette was imminent, 'toutes les Compagnies Bourgeoises et toute la Populace comme des furieux, coururent dans tous les Cabarets; et tous ceux qu'ils Trouvoient, ils les [les Protestants] assommoit de coups et les trainoient en Prison'. Secondly, and more disturbingly, on the night of 14 September 1761 the mayor of Caussade – renewing well-known sectarian

---

rumours began to circulate: it was reported that mobs of armed peasants were converging on Caussade intent on liberating the prisoner. This news led immediately to preparations for a siege: the tocsin was sounded, and couriers sent out for military reinforcements. On the following day the panic had it once more that organised bands of armed Protestants were gathering in the countryside nearby, waiting for the opportunity to sack the town. During that day the three Grenier brothers (who were armed, and therefore in contravention of the law) were captured and on interrogation discovered to be not only 'Protestant ministers' but also the local 'military commanders' of the Calvinists. Panic became mass hysteria. When reported in Toulouse, twenty leagues distant, the original minor disturbance had been magnified into a mass Protestant revolt in the whole of the region north of Montauban. Thereafter, up to and including the day of the execution of Rochette and the Greniers, fear and uneasiness surrounded them, and security measures against the eventuality of a *coup de main* aimed at delivering them were in place. There is no doubt that Calas suffered the consequences of Rochette's 'misdemeanour' as early as 13 October 1761.

[69] It would seem that Rochette was in fact making his way into Caussade to baptise an infant.

precautions – 'ordonna de metre de[s] chandelles a toutes les fenetres, tous les Catholiques avoient une grande marque de papier au Chapeau'. To add to an already ominous atmosphere: 'toute la populace crioient qu'il falloit massacrer tous les protestans qu'ils étoient deja pardonnés d'avance'. Even a Consul, who should have known better, 'eut même la cruauté de dire que, s'il y avoit des Boureaux dans l'endroit il faudroit pendre le ministre tout de suite'. There was also, to complete the sombre tableau, the rapid allusion to the prisoners – Rochette, the Grenier brothers and seven Protestant peasants – in jail at Cahors, 'enchainés, couchés sur la paille et très mal nourris. Est-il possible' – exclaims Ribotte – 'que parmi des Etres pensans l'on puisse exercer tant d'Inhumanité et tant de Barbarie!'

If Ribotte presented himself to Voltaire as he presented himself to Rousseau, Voltaire could not have failed to be struck by a submissive, highly respectful, highly self-conscious young man, anxious to make a good impression, and to please. He could not have failed to notice that he was dealing with an uncultured intermediary who freely admitted his modest origins: 'Fort pauvre, très mal elevé de ma Jeunesse mon pere et ma mere ne sçachant qu'un peu Lire et Ecrire, et prenant garde a leur petit bien, n'ayant pas eté à l'ecole du Village parce qu'on vouloient nous faire aller a la messe.' But there was also a certain modest pride to this man who – though a 'Commis dans un magasin depuis quelque tems' – spent his time 'lorsque les affaires du magasin le permettent' in drawing, painting and reading. The natural rhetoric of the poor and downtrodden was particularly striking in the closing lines: 'Si je savois ecrire mieux une Lettre Je vous assure que je l'aurois fait, quoy qu'a vous dire vray Je n'aurois jamais peu Exprimer comment vous etes cher a mon Esprit. Je vous Jure que je ne ments pas.'

Whatever his emotional reaction, Voltaire did not procrastinate. He replied to Ribotte five days after the latter sent his letter from Montauban, saying: 'J'ai écrit à M^r le Maréchal de Richelieu, comme vous le désirez, Monsieur. Je crois que s'il n'y a point eu de procez verbal, L'affaire peut s'accomoder. Il [Richelieu no doubt] laisse la plus honnête Liberté [to the local authorities no doubt], mais il ne veut pas qu'on en abuse' (D10055). The last sentence indicates that Voltaire was conversant with Richelieu's strategy vis-à-vis the activities of the Protestants in Guyenne. Writing to Richelieu again some three weeks later, he adopts a jocular tone which imperfectly hides a serious purpose, and gives an opaque hint concerning his underlying attitude: 'On dit qu'il ne faut pas pendre le prédicant de Caussade, parce que c'en serait trop de griller des jésuittes à Lisbonne, et de pendre des pasteurs évangéliques en France. Je m'en remets sur cela à votre conscience' (D10095). The shorthand is obscure, but Voltaire seems to be saying that, if Rochette were to be put on trial, it was to be hoped that his trial would be unimpeachable, and not a replica of that mockery of a trial so recently given to Malagrida, since France cannot afford to be seen in such company. [70] Let us hope, Voltaire seems to be saying to Richelieu, that it will not come to that.

It did, however, come to that. On 28 November 1761 the Parlement de Toulouse ordered a full trial for all involved. The legal situation (now firmly the prerogative of the Parlement which would brook no interference) was much clearer. On the supplementary evidence provided by two important letters written the day before that decision (one, D10177, to Ribotte and the other, D10178, to Richelieu), Voltaire's position also was much clearer: as a respecter of the law, he was in no doubt that it should be seen to be upheld. But once that prerequisite had been satisfied, it might be

[70] A month later (27 November 1761), when it was evident that the Parlement de Toulouse would order a full trial in the Grand Chambre (in other words Rochette's case was seen as civil and political), Voltaire returns to Malagrida in a letter to Richelieu: 'Eh misérables, si Malagrida a trempé dans l'assassinat du roy, pourquoy n'avez vous pas osé l'interroger, le confronter, le juger, le condanner? Si vous êtes assez lâches, assez imbéciles pour n'oser juger un parricide, pourquoy vous déshonorez vous en le faisant condanner par l'inquisition pour des fariboles?' (D10178). His concern for legality is apparent.

possible, advisable even, to seek an act of royal clemency. As he wrote to Ribotte:

J'ose me flatter de la clémence du Roy, lorsque l'affaire sera jugée. Vous ne devez pas douter, Monsieur, qu'on ne soit très indigné à la cour contre les assemblées publiques. On vous permet de faire dans vos maisons tout ce qui vous plaît, celà est bien honnête. Jesus christ a dit qu'il se trouverait toujours entre deux ou trois personnes assemblées en son nom, mais quand on est trois ou quatre mille, c'est le diable qui s'y trouve. J'ai tout lieu d'espérer que les personnes qui approchent sa Majesté, fortifieront dans son cœur les sentiments d'humanité et de bonté qui lui sont si naturels.

Just as revealingly, he said to Richelieu:

Qu'on pende le prédicant Rochette, ou qu'on luy donne une abbaye, cela est fort indiférent pour la prospérité du royaume des francs. Mais j'estime qu'il faut que le parlement le condamne à être pendu, et que le Roy luy fasse grâce. Cette humanité le fera aimer de plus en plus. Et si c'est vous monseigneur qui obtenez cette grâce du roy, vous serez l'idole de ces faquins de huguenots. Il est toujours bon d'avoir pour soy tout un party.

Had Voltaire been as transparent in his thinking as Jean-Jacques Rousseau (Leigh 1521), he could have gone on to explain what he states on numerous pages of the *Traité sur la tolérance* when talking about the seditious behaviour of the early Christians: do and believe what you like in private, but demonstrate outward conformity and total submission to the law of the land.

As we know, Rochette was executed on 19 February 1762, doubtless 'pour encourager les autres' into greater respect for the law. Voltaire wrote of this decision to the d'Argentals in the following words: 'P^r le parlement de Toulouse, il juge. Il vient de condamner un ministre de mes amis à être pendu, trois gentils-hommes à être décapitez et cinq ou six bourgeois aux galères, le tout pour avoir chanté des chansons de David. Ce parlement de Toulouse n'aime pas les mauvais vers' (D10353). Is the flippancy of these lines real, or is it – as so often with Voltaire – a front for deeper emotions? According to Jean Ribotte-Charon, 'un professeur de Lausanne [a] écrit que Mr de Voltaire s'interessoit extremement pour cette affaire' (Leigh 1581, 9 December 1761). The news of the execution was probably a disappointment, even a shock because – given the increasing liberal attitude on the part of the government – Voltaire had perhaps not been expecting the authorities to make any further examples of that sort. After all, the last pastor to be publicly hanged had been Etienne Teissier in August 1754. What he may have really felt under the flippant exterior is not clear.[71]

Voltaire's reaction to the execution of Calas a mere three weeks later was, on the other hand, transparency itself. But an enormous gulf appears to open up between what are often seen as two distinct and separate periods in Voltaire's life and activity (pre- and post-Calas). How do we explain the complex change in his stance, away from what Graeme Ritchie called 'academic views on religious intolerance'[72] towards those aggressive utterances which we associate with the Calas case and the *Traité sur la tolérance*? Why did Voltaire take this highly visible step in 1762, at the age of sixty-eight? Hostile and cynical critics such as Fréron, Brunetière, Hilaire Belloc and Marc Chassaigne – to quote a representative selection – have inferred that it was Voltaire himself who was the cynic, and was being nothing other than opportunistic, using his clients (Calas, Sirven) as a means of sapping the constituted authorities – particularly the church, and the Parlement – with all the appearances of rightness and good faith. A similar coolness is discernible among historians. Some, such as the abbé Joseph Dedieu, treat the slow reconquest of Protestant civil rights without mentioning Voltaire at all. Others over-simplify, for example Charles Coquerel's ungenerous, one-dimensional judgement: 'dans l'affaire Calas [...] il s'était

[71] How Voltaire might have reacted had he been fully apprised of the situation on the ground is a matter for speculation. In my opinion he may well have done more than he did, because he would have seen firstly that the Rochette case had about it certain features of human behaviour that he abhorred. Secondly, he would have seen that it impinged considerably on the Calas case.

[72] *Voltaire* (London 1937), p.113.

seulement inspiré d'un sentiment de philanthropie universelle, mais nécessairement dès lors illimité et vague'. [73]

All this is reductive. Voltaire's protean personality is not easily to be grasped. When we look at the period 1755-1762 (the pre-Calas years), we can isolate the following elements: Voltaire has fears about fanaticism, obscurantism and reaction, and he is concerned about the well-organised assault which influential elements of church, state and high society were directing against the Enlightenment. He has started to see himself as the leader of the *philosophical* movement, a man with a growing sense of moral authority, mission and responsibility. [74] He has also discovered the therapeutic value of activity, particularly the management and rejuvenation of property upon which the well-being of others depends. Then there is his own long experience of suffering, and now the increased opportunity and incentive to be even more compassionate towards others. As *seigneur de Ferney*, he has responsibility for the welfare of others. Inseparable from all this are his patriotism and his growing conviction that France is now decadent. Hence he feels a sense of shame when he finds himself faced with influential Frenchmen who are apt to perpetrate selfish acts, and anger at the capacity of others to condone them. On 4 April 1762 (the day on which he decides once and for all that

[73] *Histoire des églises du désert*, ii.427. Voltaire's battle for Protestant emancipation, *pace* Coquerel, proved early on to be a battle in which principle was definitely involved, and which was moreover rationally informed. We discern a similar parallelism in his growing concern for the good administration of criminal justice: before 1764 we see in his writings a series of disconnected reactions and dislikes (for example the substantial, but short-lived, variant of our text which occurs in chapter XXV); these slowly grow into one reasoned position in which emotion and compassion, though doubtless present, play a secondary (if constantly supporting) role to a rational assessment of the need for a carefully reasoned reform. See my suggestions in the introduction to *André Destouches à Siam*, *OC*, vol.62 (1987), p.109-15.

[74] As a *philosophe engagé* did he wish to be (and be seen to be, as Paul LeClerc has suggested) the 'Cicero' of the eighteenth century? See LeClerc's introduction to *Rome sauvée* (*OC*, vol.31A, 1992), p.6-10, 47-54; see also *Le Triumvirat*, III.ii, note, and Ridgway, *Voltaire and sensibility*, p.26.

Calas had been innocent) he sums it up: 'nous sommes la chiasse du genre humain' (D10404). Voltaire's unconditional involvement in the Calas case must be seen against this background.

3. Calas and the initial campaign: March-August 1762[75]

'frémissez, pleurez et agissez'
(Voltaire to Damilaville, D10550)

A factual account[76] of the complex happenings at the rue des Filatiers would have little in common with the account which Voltaire the polemicist provides in the various memoranda and

[75] This section seeks in no way to be read as an alternative to the various introductions written by Robert Granderoute to the texts printed in *OC*, vol. 56B comprising the *Pièces originales*, etc., which predate the *Traité*, and which open the campaign. My aim is to provide a continuous narrative which will help the reader grasp the extent to which the texts dating from the first phase of the campaign prepare both the *Traité* and chapter I of the *Traité* in particular, and help us understand its rhetoric and its textual strategies. The reader can also consult, on this matter, Robert Granderoute, 'L'affaire Calas, les mémoires voltairiens et le *Traité sur la tolérance*', *Etudes*, ed. Cronk, p.56-67.

[76] The essential scholarly works on the *affaire* are: Athanase Coquerel, *Jean Calas et sa famille* (Paris 1858; Geneva 1970); Bien, *The Calas affair*; Edna Nixon, *Voltaire and the Calas case* (London 1961); Jean Orsoni, 'L'Affaire Calas avant Voltaire', unpublished thèse de 3e cycle (Paris-Sorbonne 1981); one can include Marc Chassaigne, *L'Affaire Calas* (Paris 1929) as an example of an anti-Voltairian approach which can none the less be read with various types of profit. The best short account available is the chapter entitled 'Le défenseur de Calas' in René Pomeau, *Voltaire en son temps*, 2nd edn (Oxford and Paris 1995), ii.110-33. For an inventory of articles, see Mary-Margaret Barr, *A century of Voltaire study: a bibliography of writings on Voltaire, 1825-1925* (New York 1929) (13 items); M.-M. Barr and Frederick A. Spear, *Quarante années d'études voltairiennes: bibliographie analytique des livres et articles sur Voltaire, 1926-1965* (Paris 1968) (36 items); Frederick A. Spear, *Bibliographie analytique des écrits relatifs à Voltaire, 1966-1990* (Oxford 1992) (26 items). For an assessment of the most useful of those above items (34 in all), see my 'Essai bibliographique' in *Etudes*, ed. Cronk, p.230-47.

pamphlets (July-August 1762) that predate chapter I of the *Traité sur la tolérance*. To ensure, however, that we understand the essential events of the night of 13 October 1761, and therefore the skill with which Voltaire himself subsequently presented them at the beginning of the *Traité*, let us start with a brief account of what happened.

At about 9.30 pm, having spent the evening in the company of his parents and their young dinner guest (Gaubert Lavaysse), Pierre – the second son of Jean and Anne-Rose Calas – accompanied Lavaysse downstairs in order to show him out. They discovered, in the side entrance to the Calas's shop, the hanging body of the eldest son, Marc-Antoine, who had left the table, refusing dessert, at about 8.30 pm in a morose mood. Had he been murdered, or had he committed suicide? The argument for suicide has generally (but not universally) been admitted for a long time. At the age of twenty-nine Marc-Antoine, though working for his father, was unsuited to trade in all manner of ways, and although he would have preferred to become a lawyer, this avenue was closed to him because he could not obtain a *certificat de catholicité*. No doubt considering life a burden, he took the decision to leave it. He may have been predisposed to such a step: his mother, under interrogation, told the authorities that her son, who was a sombre and agitated man, set great store by the passages that Plutarch and Montaigne had devoted to suicide. Lavaysse himself revealed that Marc-Antoine – who knew Hamlet's famous monologue by heart – was also particularly taken with the tirades in Gresset's *Sidney* which glorified self-destruction.

On discovery of the body the family set up cries of distress which attracted attention. The crowd which gathered in the street outside was commenting on the drama when a voice was raised, saying that Marc-Antoine had been strangled by his father because he had been on the verge of becoming a Catholic. This explanation quickly became inflated into an accusation and then into God's own truth, upon which others embroidered in the days to come. It was accepted as incontrovertible, despite the well-known probity

44

of Jean Calas. Influenced by this rumour of a ritual murder[77] the Capitoul (chief municipal magistrate), David de Beaudrigue, set about his investigations with disregard for correct criminal investigative procedure, so that while one avenue was being followed with tenacity, other important evidence was overlooked or neglected. Beaudrigue later became the arch-villain of the piece for supporters of the Calas family. He seems to have been known both for his hatred of the Calvinists and for his insufferable arrogance.

Everything served to exacerbate the baser instincts of the Catholic population: in the first instance, the religious authorities published a *monitoire*, on behalf of the civil authorities, which accredited the notion of ritual murder.[78] In the second instance, the *pénitents blancs*, one of four religious fraternities in the city, claiming Marc-Antoine's body as their own, gave him a magnificent funeral and buried him in consecrated ground. The inference of that was clear. Next, the *pénitents* celebrated in his honour a commemorative mass at which he was represented as an articulated skeleton sitting on a catafalque, holding in one hand the martyr's palm (the inference of which was even more clear), while in the other he held the pen with which he was to have signed his abjuration of the Calvinist heresy. Everything conspired to over-heat the popular imagination. That overheating (claimed Voltaire, who had his informants in Toulouse) extended even to those judges in the Parlement de Toulouse who were involved in the trial

[77] It was soon widely held that Calvin had stipulated the immediate killing of any Protestant who intended to embrace the Roman Catholic Church.

[78] In Ancien Régime France, church and state were interdependent, and one called upon the other in all manner of circumstances. This is well illustrated in the early stages of the Calas case when the civil authorities requested from the religious authorities the publication of a *monitoire* (the text of which the former almost always provided). This was an official document, to be read from the pulpit and posted prominently, which gave details of a specific felony and contained an injunction – on pain of excommunication for non-compliance – that the faithful were to reveal whatever information they might have pertaining to it.

of Calas and who themselves belonged to the order of the *pénitents blancs*. During the five months of the trial age-old sectarian prejudices were played upon to such effect that – almost on a wave of popular emotion – Jean Calas was sentenced by eight votes to five to be broken on the wheel. He was executed on 10 March 1762, proclaiming his innocence until the end.

News of the execution reached Switzerland within a week. On 19 March Bonnet described the case in detail to Haller, who replied on the 23rd: 'L'afaire de Thoulouse est afreuse. Tel est la nature de la religion Catholique. Des vertus même de ses sectateurs il fait des instruments du crime. [. . .] Hier on a représenté Alzire à Aigle. V. doit être glorieux de voir sa muse animer les habitants d'un petit bourg caché dans un recoin des alpes' (D10382, commentary). On 22 March 1762 Voltaire was putting in a fairly typical working day. He was labouring on the *Commentaires sur Corneille*, was doubtless giving some attention to the forthcoming domestic performance of *Olympie*, and was perhaps thinking about the send-off that he and Mme Denis would give to Marie Elisabeth de Dompierre who had recently announced her impending wedding to the marquis de Florian. There seems to have been little pressing correspondence, one letter to Richard de Ruffey, another to Antoine Le Bault, *conseiller* in the Parlement de Dijon. A number of topics are quickly dealt with, brief notations and telegraphic allusions. In the final paragraph of the letter (D10382) to Le Bault, however, Voltaire talks of an event which – in the closing words of the *Traité sur la tolérance* – had obviously made on him 'une [. . .] grande impression, à peu près comme le tonnerre qui tombe dans la sérénité d'un beau jour':

Vous avez entendu parler peutêtre d'un bon huguenot que le parlement de Toulouse a fait rouer pour avoir étranglé son fils. Cependant ce saint réformé croiait avoir fait une bonne action, attendu que son fils voulait se faire catholique, et que c'était prévenir une apostasie. Il avait immolé son fils à dieu, et pensait être fort supérieur à Abraham, car Abraham n'avait fait qu'obéir, mais notre calviniste avait pendu son fils de son propre mouvement, et pour l'acquit de sa conscience. Nous ne valons pas grand chose, mais les huguenots sont pires que nous, et deplus ils déclament contre la comédie.

It would appear from a much later statement (D12425) that Voltaire's informant had been Dominique Audibert, a Protestant *négociant* from Marseille who, travelling on business from Toulouse to Geneva, had passed via Ferney in order to alert Voltaire to the happenings in Toulouse. There are unfortunately no indications as regards the tenor or the scope of their conversation. We do not know, therefore, how much Voltaire himself knew at this stage about the circumstances of the arrest and the trial. Had he heard of the gradual rise of an atmosphere of insecurity, from September 1761 until March 1762, leading to increased sectarianism in Toulouse? Had he been told *a contrario* about the fears of the Catholic population, convinced that they were faced once again with 'religionnaires séditieux, remuants et dangereux'? What is clear, however, from his activity in the following days, is his desire to inform himself further and above all to put events in perspective. Three days after the letter to Le Bault, Voltaire's curiosity has grown, and is accompanied by a certain uneasiness: 'C'est qu'on prétend ici', he writes to the cardinal de Bernis 'qu'il est très innocent, et qu'il en a pris dieu à témoin en expirant. On prétend que trois juges ont protesté contre l'arrêt. Cette aventure me tient au cœur; elle m'attriste dans mes plaisirs; elle les corrompt. Il faut regarder le parlement de Toulouse, ou les protestants, avec des yeux d'horreur' (D10386). With the same pen, he becomes much more expansive in writing the same day, to Claude Fyot de La Marche, his old school friend and *premier président* in the Parlement de Dijon (D10387):

Il vient de se passer au parlement de Toulouse une scène qui fait dresser les cheveux à la tête. On l'ignore peutetre à Paris, mais si on en est informé, je défie Paris tout frivole, tout opera comique qu'il est, de n'être pas pénétré d'horreur. Il n'est pas vraisemblable que vous n'ayez apris qu'un vieux huguenot de Toulouse nommé *Calas*, père de cinq enfans, ayant averti la justice que son fils ainé, garçon très mélancolique, s'était pendu, a été accusé de l'avoir pendu luy même en haine du papisme pour lequel ce malheureux avait dit on quelque penchant secret. Enfin le père a été roué; et le pendu tout huguenot qu'il était a été regardé comme un martire et le parlement a assisté pieds nuds à des processions en l'honneur du nouveau saint. Trois juges ont protesté contre l'arrest. Le père a pris dieu à témoin de son innocence en expirant, a cité ses juges au jugement de dieu, et a pleuré son fils sur la roue. Il y a deux de ses enfans dans mon voisinage qui remplissent le pays de leurs cris. J'en suis hors de moy. Je m'y intéresse comme homme, un peu même comme philosophe. Je veux savoir de quel côté est l'horreur du fanatisme. L'intendant de Languedoc est à Paris. Je vous conjure de luy parler ou de luy faire parler. Il est au fait de cette avanture épouvantable. Ayez la bonté je vous en supplie de me faire savoir ce que j'en dois penser. Voylà un abominable siècle, des Calas, des Malagrida, des damien, la perte de nos colonies, des billets de confession et l'opera comique.

In the next few days (27 March to 2 April 1762), Voltaire's perplexity becomes plain, unless it is prudent reserve. Who had been the fanatic? Calas or his judges? It is clear that he kept turning over the affair in his mind in greater and greater detail (D10389-92, D10394, D10402-403). The disturbing possibility of Calas's innocence kept on recurring. All those around him were talking of it, and the grief of Calas's inconsolable children, one (not two) of whom had taken refuge nearby, was palpable (D10387, D10389, D10391). Although in the next two months transitory doubts assailed him (D10446, D10489), he continued to gather additional material and opinion from all quarters – particularly on the Calas family (D11001, D12425) – which further corroborated his intuition and justified his resolve (D10412, D10414, D10446, D10490, D10493, D10505). His first expression of solidarity came on 4 April 1762. After ten days of reflexion, he told Damilaville that he was morally convinced that 'les juges toulousains ont roué le plus innocent des hommes'. That conviction grew to the extent that on 13 February 1763 he made a proud and unconditional profession (D11001): 'J'ose être sûr de l'innocence de la famille comme de mon existence.' He was outraged: 'Jamais depuis le jour de la St Barthelémi rien n'a tant déshonnoré la nature humaine. Criez, et qu'on crie' (D10406). Such an exhortation had all the power of a slogan. Indeed it became, with slight variations (D10567, D10574), both the slogan and the leitmotif of the *affaire* Calas. That was how Voltaire the strategist came to envisage the conduct of the campaign, although if we were looking for a more graphic illustration of his frame of mind, what better one to choose than: 'frémissez, pleurez et agissez' (D10550, D10605)?

Voltaire's reactions in those early stages are predominantly visceral. Chief among them are sorrow and anger. Evident on every page of his correspondence, they overwhelm the reader with their perseverance, their intensity, and their complexity. The *affaire* Calas quickly became for Voltaire a distillation of all the alarming features about contemporary France that explain his obsessions, justify his feelings of dread, underscore his fears about human vulnerability. The reader of his letters can readily detect that interweave of incredulity, despair, shame, indignation, horror and dread when he excoriates the evident spirit of superstition infecting Toulouse, and condemns the reappearance of a con-comitant spirit of fanaticism which had seemingly been dying out. [79] We can detect his incredulity when he deplores the stupidity of Calas's judges who had heeded and endorsed the popular clamour, [80] and the arrogance with which they had tortured, both physically and mentally, an infirm old man (and where was the irrefutable evidence of his guilt?). [81] The same incredulity under-

---

[79] D10389, D10419. See also *OC*, vol. 56B, Appendix I: *Pièces originales*, lines 165-168, 194-199, Appendice II: *Au Roi*, lines 74-76, 121-153, 242-246, 534-539, 688-689, *Mémoire de Donat Calas*, lines 147-160, 202-211, 224-225, 249, *Déclaration de Pierre Calas*, lines 158-159, *Histoire des Calas*, lines 7-8, 44, 78-80, 165-168.

[80] There will always be a palpable difference, however, between Voltaire's private and his public pronouncements: see below, notes 83, 92, 93, 102.

[81] From the very beginning, appalled at the thought of what man (when he is sure, and only too sure, of his own rectitude) can do to his fellow-man, Voltaire demands that the proceedings of the Parlement de Toulouse against Calas should be made public (see D10414, D10445-46, D10489, D10505, D10519, D10554, D10559,

lies his indignation at the indifference and levity of the influential in Paris, who can think of nothing other than their own selfish pleasures. [82] But to cap the dismay and the despair, it had become painfully apparent that France was merely an object of contempt in Europe: [83] 'Pour moy je pleure. Vos parisiens ne voyent que vos parisiennes, et moy je vois des étrangers, des gens de tous les pays, et je vous réponds que touttes les nations nous insultent et nous méprisent' (D10404). The intensity, the immensity even, of Voltaire's sorrow – which sometimes has something biblical about it – is summed up in a brief revealing judgement (hidden in a letter to the d'Argentals), whose crudeness is all the more shocking coming from Voltaire's pen because it is so unusual: 'Pendant que nous sommes la chiasse du genre humain, on parle français à Moscou et à Yasi' (D10404).

D10564, D10566, D10571, D10573, D10595, D10605-606, D10613). See *OC*, vol. 56B, the *Lettre de Donat Calas*, lines 181-186, 208-209, *A M. le Chancelier*, lines 35-38, *Requête ou Roi en son conseil*, lines 37-42, *Mémoire de Donat Calas*, lines 297-301, 329-331, 348-350, *Déclaration de Pierre Calas*, lines 135-137, 205-210. As regards the secrecy surrounding trials, see *OC*, vol. 56B, the *Déclaration de Pierre Calas*, lines 179-181, *Histoire d'Elisabeth Canning*, lines 56-68, *Histoire des Calas*, lines 194-199.

[82] 'Que nous importe qu'on ait roué un homme, quand nous perdons la Martinique', are words he puts into the mouth of 'un homme de poids' (D10405), For some time – but the movement now accelerates faster into this register – Voltaire had been complaining about the frivolity of the capital, symbolised by l'opéra-comique: see, for example, D10391-92, D10407, D10421, D10439, D10493, etc.; also the useful study by Jean Mohsen Fahmy, *Voltaire et Paris, SVEC* 195 (1981).

[83] This remark links up with the preceding one (see above, note 80) and concerns France in her capacity as a European political power in decline. See, for example: 'On [les étrangers] crie que nous sommes une nation odieuse, intolérante, superstitieuse, aussi atroce que frivole, qui passe des St Barthelemi à l'opéra comique, qui sait rouer des innocents, et qui ne sait combattre ny sur mer ny sur terre' (D10391). See also, for example, D10394, D10404, D10406, D10414, D10417, D10445, D10493, D10551, D10559, D10563-64, D10566. Although this is one of the frequent constants in Voltaire's private correspondence, he takes great care not to publicise his opinions. If he chooses (infrequently) to do so, his statements will be few in number and above all bland in tone, see *OC*, vol. 56B, *Lettre de Donat Calas*, lines 183-186, Appendix II: *Au Roi*, lines 20-21, *A Monsieur le Chancelier*, lines 26-28.

Voltaire was not the man to issue condemnations by private letter alone. Nor was he the man to call from afar for others to adopt a certain attitude ('Criez, et qu'on crie'), or a certain line of conduct ('frémissez, pleurez et agissez'). On the same day that he once again invited Damilaville to raise a clamour (8 July 1762; D10567), he launched another such invitation in the direction of Philippe Debrus which was no less urgent, and no less revealing: 'soulevons le ciel et la terre [...]. Soulevons toujours le ciel et la terre, c'est là mon refrain' (D10568). The fact is that Voltaire had decided, three weeks previously, to go on the offensive.

Iacta alea. The importance of that decision is beyond question. Although Voltaire's new aggressiveness, his willingness to be a David for modern times, had been in embryonic form in many different ways, after 1762 it gave the course of his life an extra dimension. The defence of Calas and his family became an absolute priority; despite constant pressure from all angles, the on-going unpleasant exchanges with Geneva, and his various literary ventures,[84] he threw himself bodily into the fray. For three years he drew heavily on three personal qualities: his moral courage, his tenacity and his energy. His tenacity – the intensity of which he demonstrates in other protracted affairs with which his name is associated (Sirven, La Barre, Lally, Morangiés) – is phenomenal.[85] His energy would have put Hercules to shame.

Voltaire defends Calas come what may. He seeks information

[84] As he would say to the comtesse d'Argental several months later with a touch of hyperbole which does nothing to detract from the basic truth: 'Cependant je sue sang et eau depuis un an, je sacrifie tout mon temps. Il me faut commenter trente trois pièces, traduire de l'espagnol et de l'anglais, rechercher des anecdotes, revoir et corriger touttes les feuilles, finir l'histoire générale et celle du czar Pierre, travailler pour les Calas, faire des tragédies, en retoucher, planter et bâtir, recevoir cent étrangers, le tout avec une santé déplorable' (D10874, 2 January 1763).

[85] I have had the opportunity to observe this tenacity from close quarters, and to appreciate its force, not only in the domain of justice (see my study: *Voltaire et Morangiés 1772-1773 ou les Lumières l'ont échappé belle*, *SVEC* 202 (1982), but also in the arena of toleration, see my edition of *Les Guèbres*, *OC*, vol.66 (1999), specifically p.429-77.

on all sides. He spurs on the philosophical fraternity in Paris. He solicits the interest or the benevolent attention of influential friends. He sets up a Calas committee in Ferney, which counts among its members the merchant Philippe Debrus, the lawyer Manoel de Végobre, the banker Henri Cathala, the jurist Tronchin. Then, having himself persuaded Mme Calas ('l'innocence cruellement opprimée', D10566) to appeal to the Conseil du Roi, and ensured that a reputable Paris-based lawyer, Pierre Mariette, acted as her intermediary and spokesman to this effect (D10540), his intention as regards his own activity was to 'take the stand', albeit anonymously, in this suit which concerned 'l'Etat, la Religion et l'honneur de la France' (D10584), and 'le genre humain' (D10489, D10519, D10559, D10605, D10606). The latter claim is not without importance. For despite what the drama might tempt us to believe, Voltaire's intention outstretched any sectarian consideration. As Hugues pointed out: 'Quand il défendra Calas, qu'on le sache bien, il ne défendra pas un protestant: il défendra un innocent mis à mort.'[86] Indeed, Voltaire himself had indicated from the beginning of the campaign that this was the case: 'Notre cause est celle de toutes les familles; c'est celle de la nature; elle intéresse l'état et la religion, et les nations voisines.'[87]

Voltaire's enemies have never failed to find such a transformation suspect. It is, however, consistent with the lessons of Voltaire's experience which were now being put into practice, while the agenda is entirely consistent with his horror at certain problems which he had previously raised. As Jacques Van den Heuvel has said, Voltaire's militant output

est jalonnée par ces procès qu'il intente au fanatisme à travers l'histoire [...] avec son cortège de victimes implorant justice et vengeance, Jan Hus, Jérôme de Prague, Michel Servet, Anne Dubourg, Antoine, Urbain Grandier, Barnevelt, la maréchale d'Ancre, Vanini: longue chaîne de l'innocence persécutée, dont Calas sera présenté parfois comme le

[86] Hugues, p.375-76.
[87] *Mémoire de Donat Calas*, *OC*, vol. 56B, lines 60-62.

dernier maillon. Son 'horrible aventure' vient prendre place tout naturellement dans la lignée de ces 'annales du crime', ce qui lui confère une valeur universelle.[88]

We must not forget either what Voltaire interpreted as the intimate union in interest and action, which bound Parlement to church. Had not the rumour of a ritual murder appealed immediately to David de Beaudrigue, who was known for his deep dislike of Protestants? Had not the text of the *monitoire* which had prejudged the guilt of Calas come from the *procureur général du roi*? Had it not been signed by the abbé de Cambon, *vicaire général*, then read from the pulpit in every church in Toulouse on three successive Sundays, and posted throughout the city? Had not the *pénitents blancs* – that *confrérie* to which, according to Voltaire, belonged the majority of Calas's judges[89] – done sumptuous funeral honours to the body of Marc-Antoine Calas? Voltaire needed no further proof of that 'collusion' – as Jacques Van den Heuvel calls it – which had existed 'entre l'appareil judiciaire et ce que l'Eglise offr[ait] de plus rétrograde'. Toulouse, alas! merely served to confirm the tenacious nature of that scourge and disgrace of humanity: superstition and fanaticism. That they had both cost the life of an innocent man was a truth ('c'est l'*infâme* qui a fait leur malheur', D10705) to be shrieked from the rooftops.

Shrieking went hand in hand with attacking. How effective could an attack be, however, if the people who were running the state had other much more pressing concerns? 'Le torrent des affaires publiques, empêche qu'on ne fasse attention aux affaires des particuliers; et quand on rouerait cent pères de famille dans le

---

[88] *Voltaire. L'Affaire Calas et autres affaires* (Paris 1975), préface p.11-12.

[89] As early as 2 April 1762 Voltaire had established to his own satisfaction the closest of links between the judiciary and the church in Toulouse: 'On prétend que le fanatisme est du côté des huit juges qui étaient de la confrairie des pénitents blancs. Cinq conseillers qui n'étaient pas pénitents ont absous entièrement l'accusé, les autres ont voulu sacrifier un hérétique. Voylà ce que l'on écrit' (D10402). He repeats the same type of accusation in a letter to Mme Du Deffand (D10403).

Languedoc, Versailles n'y prendrait que très peu de part' (D10771; see also D10538, D10595, D10601). Besides, given the present state of affairs on the socio-political front, how best to attack to make the desired effect? After all, France in 1762 was not ignorant of cruelty and suffering; they were everyday occurrences. Besides, as Voltaire said: 'Comptez qu'il y a des gens capables de dire *qu'importe qu'on ait roué, ou non, un calviniste? C'est toujours un ennemi de moins dans l'Etat*' (D10613).

Touched and horrified in equal measure by this murder 'revêtu des formes de la justice' (D10680) and by the indifference that was being shown in high places, Voltaire – who had witnessed the tears and the despair of the young Donat Calas (D10412, D10414), and who had wept himself (D10598, D10605) – understood that he had to touch the same chords in others. He had to start by moving and horrifying the public. The watchword, then, would be simple: *Subjugate the emotions*. This was the incessant refrain throughout June and July 1762: 'Nous sommes perdus si l'infortunée veuve n'est pas portée au roy [Conseil du roi] sur les bras du public attendri' (D10538; see also D10551, D10554, D10559, D10566, D10567, D10571, D10573, D10585, D10587, D10591 and others).

Working on the texts which became the *Pièces originales concernant la mort des sieurs Calas*, Voltaire evaluates the drama of the rue des Filatiers with the sure sense of the dramatist of more than forty years' experience. Even the most cursory reading of these texts shows that the carefully prepared stagings, the moving monologues which he puts in the mouths of Mme Calas, Pierre, and above all Donat, owe everything to the techniques of the playwright who did not shrink from comparing this *drame larmoyant* to a *tragédie*.[90]

[90] See D10390, D10559, D10573-74, D10581, D10586, D10593, D10597, D10616... down to the justly celebrated D12483, in which the rehabilitation of Calas becomes 'le plus beau cinquième acte qui soit au théâtre'. See also the enlightening article by Nicholas Wagner, 'Voltaire, poète des Lumières: l'affaire Calas', *Etudes sur le XVIIIe siècle*, réunies par J. Ehrard (Clermont-Ferrand 1979), p.163-73.

Et sur ces scènes nombreuses, dans une variété d'éclairages remarquables, se profilent les personnages: juges, boureaux, pénitents blancs et gris; la foule fanatique, la populace des fêtes de la mort. [...] Les spectateurs sont présents sur la scène, le Roi, la cour, l'Europe. Le passé, le présent sont entremêlés. Tout cela produit une représentation totale, où la peinture et l'art dramatique se combinent pathétiquement. Ce que nul n'avait encore réalisé sur les planches des théâtres, Voltaire l'offrait à ses lecteurs.[91]

But above all, thanks to those actors, Voltaire's readers meet at first hand the close-knit, honest, tolerant Calas family,[92] and relive

---

[91] Nicholas Wagner, p.168.

[92] I do not know what grounds Voltaire had for making the claim (which we do not find as such in his correspondence), but it figures prominently – not surprisingly – in the pamphlets in which they speak as, and for, themselves: *OC*, vol. 56B, *Lettre de Donat Calas*, lines 46-57; Appendice I: *Requête au Roi*, lines 100-102; *Mémoire de Donat Calas*, lines 1-51; 71-87; *Déclaration de Pierre Calas*, lines 91-99. Voltaire's treatment of Mme Calas in the correspondence has been criticised by his enemies. A full examination tells a different and more complex story. At the beginning, Voltaire's compassion for Mme Calas is shown with the usual formulae of sensibility (D10496, D10500, D10502, D10504, D10509 and many others). At the end of July 1762, judging from a letter to Philippe Debrus (D10614), it would seem that Voltaire had heard that Mme Calas was showing a lack of confidence in his strategies, and had expressed what could be construed as reservations about the way in which the campaign was being conducted. D10614 seems clearly to be responding, point by point, to a series of her own observations, transmitted by Debrus. On the same day, another letter to Debrus gives the same but rather more peremptory reassurance (D10615). These two letters seem to have provoked a spirited reply, and an equally spirited response from Voltaire (D10624; see also D10634). Thereafter, although Voltaire continues to refer to 'l'infortunée veuve' in correspondence to people who are not involved with the campaign, it is clear from his intimate correspondence that he is displeased with her apparent lack of trust (D10638, D10651, D10654, D10666, D10671, D10702), and disillusioned with her (D10638, D10651, D10654, D10666, D10671). In a letter to d'Argental (D10702, 14 September 1762) he makes the much quoted comment: 'La pauvre veuve est une petite huguenote imbécile', adding, though his enemies rarely say so, 'mais elle n'en est pas moins infortunée et moins innocente'. This letter is written in his own hand, but the same day he tells Mme Calas, in a letter penned by a secretary, that 'il ne peut se donner la satisfaction de lui écrire lui-même étant un peu malade' (D10703). A certain distance has been created, arising from Voltaire's displeasure. From this moment, when Voltaire speaks

their dramatic moments. If it is true that the three who have speaking parts (Mme Calas, Donat and Pierre) have descended, along with Anne-Rose and Anne, 'dans le plus épouvantable désastre' and are living sundered, 'réduits au désespoir', 'sans pain', 'sans secours et sans appui', the language which they use to itemise their misfortunes is all the more remarkable because their tone is dignified, measured, constantly respectful of the properly constituted authorities. Never, moreover, do they allow themselves the slightest harsh word against their judges. [93] On the other

(rarely) of Mme Calas, he contents himself with saying 'la mère' (D10705), 'la veuve' (D10718) and sometimes 'Mme Calas' (but rarely with a qualifying epithet: D10731, D10766, D10833). She is subsumed under the general heading of 'les Calas' (D10721, D10734, D10746-47, D10749-50). Although it would appear that two months later he has partially come to terms with his displeasure (D10788-89), the memory of it remains, to be reactivated from time to time. There is, for example, his renewed irritation in October (D10771, D10776) that she and Lavaysse had not noticed an error in the *factum* of Elie de Beaumont; his renewed irritation at her agitation: 'Je répéterai cent fois, qu'il faut que mad^e Calas ait l'esprit tranquile' (D10893, 10 December 1762) or 'Il faut calmer les allarmes de mad^e Calas' (D10896, 9 January 1763). It would, in sum, seem that Mme Calas had sorely tested his patience, had not shown the appropriate gratitude, but above all had doubted him. It is perhaps fair to conclude from all this that, though Voltaire may have had a certain talent for creating characters for the tragic theatre, he did not really comprehend the complexity of ordinary human suffering at such a humble level as Mme Calas's and the allowances which had to be made for her. It is important none the less to stress that despite the provocation Voltaire kept faith with her: 'Je persiste toujours à croire que m^r Bruce gronde un peu notre pauvre mad^e Calas. Il ne changera pas le caractère de cette femme, et il ne luy donnera point d'esprit. Plaignons la, servons la, et ne la contristons point' (D10789, [October/November 1762]).
[93] For example, the following formulae are fairly standard: 'Ce ne sont pas les juges que j'accuse' (vol. 56B, *Lettre de Donat Calas*, lines 147-148); 'des juges, d'ailleurs intègres et éclairés' (*ibid.*, lines 154-155); 'Les juges de Toulouse ne sont point des tyrans, ils sont les ministres des lois, ils jugent au nom d'un roi juste' (*ibid.*, lines 192-194); 'on plaindra les juges de n'avoir point vu par leurs yeux dans une affaire si importante' (*ibid.*, lines 212-214); 'Les juges [...] ont tous été dans la bonne foi' (Appendice I: *Requête au Roi*, lines 224-226); 'Je n'accuse point mes juges, je les plains' (*ibid.*, lines 274). See D10651, to Philippe Debrus: 'Il vaut encor mieux songer à rendre notre veuve intéressante qu'à rendre le tribunal de Toulouse odieux. Il le sera assez quand on aura démontré l'innocence de la famille.'

hand, if the judges have been cruelly led astray ('l'esprit de parti seul a prévalu par les calomnies auprès des juges les plus intègres'), Voltaire reserves his greatest scorn and his most damning condemnations for the 'esprit de parti', for it is the 'extravagance absurde', the 'fatal enthousiasme' and the 'accusations absurdes' or 'frivoles' made by that 'multitude insensée' which had set everything irreversibly into motion. And that is how Jean Calas was 'sacrifié à l'ignorance autant qu'aux préjugés'.

The *Pièces originales* – which are the vehicle for a seductive myth – are (as is the later *Traité sur la tolérance*) masterpieces of rhetoric and propaganda. Just as the *monitoire* had prejudged the guilt of a villainous man, so the *Pièces originales* massively prejudge his status as an innocent victim.[94] For although we constantly hear the voices of his wife or sons, it is Jean Calas himself who is silhouetted on every page of these eloquent *plaidoyers*. We 'see' the weak ageing man, who suffered from bad legs, the equable and level-headed father who had never once mistreated any of his children, kneeling by the body of his son, his own body wracked by sobs. We 'see' the loyal and faithful subject who venerated his king and paid his taxes (*Mémoire de Donat Calas*, p.30-46), the Calvinist who had nothing in common with those 'paysans insensés' who had once been responsible for the 'horreurs des Cévennes', suffering physically and mentally because of his incarceration and the woes of his family. We 'see' a victim worthy of our compassion being tortured and broken on the wheel, taking God as witness of his innocence, and proclaiming that innocence incessantly without imprecating anyone. We 'see' that poor human being, the martyr of an insane judicial system, who is harassed disgracefully by the fanatical David de Beaudrigue until the end, then strangled in an act of 'pity', and his broken body reduced to ashes on a pyre. When Donat Calas–Voltaire says that

[94] This message is strengthened one month later, when Voltaire gives his public a new perspective on the case in the form of the *Histoire d'Elisabeth Canning et des Calas* (see D10642, D10645, D10685, D10691, D10697).

'plus d'un lecteur sensible frémira d'horreur comme moi-même', there is no reason to disbelieve him.

4. The 'Traité sur la tolérance'

By the middle of September 1762 the *affaire* Calas was in the process of becoming a resounding affair – thanks to Voltaire's intervention. The *Pièces originales*, deliberately lending support to the *mémoires* produced by Mariette, Elie de Beaumont and Loiseau de Mauléon, were starting to 'étonner et attendrir' (D10597-98, D10601, D10607, D10609, D10619, D10645). The *mémoires* themselves were proving successful (D10625-26, D10721, D10723, D10731, D10750, D10771). Mme Calas's petition to the king had been accepted (D10685, D10718) and judges nominated to examine the admissibility of her appeal (D10702). Writing to Jean Ribotte-Charon on 20 September (D10718), Voltaire does not seek to hide his satisfaction:

On doit savoir àprésent à Toulouse que la requête de la veuve a été admise, que le raporteur est nommé, que les quinze premiers avocats de Paris ont tous signé la consultation qui demande vengeance, que cette consultation, et le mémoire de l'avocat au conseil sont imprimez, que cette veuve aussi respectable qu'infortunée ne manque d'aucun secours, qu'il y a encor des esprits raisonnables, et des cœurs bienfaisants qui n'abandonneront point cette famille.[95] On a traduit en anglais, en allemand, en hollandais les petits écrits préliminaires qui ont inspiré au public la pitié pour l'innocence, et l'indignation contre l'injustice. On espère que cette famille obtiendra une satisfaction proportionnée à son malheur.

Anyone but Voltaire would have been tempted at this stage to

---

[95] It is not widely appreciated that Voltaire himself, with his own money, made sure that Mme Calas did not lack for anything and that the campaign always had sufficient funds. See below chapter I and n.50. We also learn from D10762 that the three lawyers 'se sont chargés de plaider gratis'.

congratulate himself, sit back and spectate. But Voltaire's numerous begging letters, his *Pièces originales*, his *Histoire d'Elisabeth
Canning* are preliminary skirmishes which prepare the set-piece
battles. At about the same period as the *mémoires* are beginning to
make an impact, the correspondence – from the month of
October/November 1762 onwards – gives vague and then
increasingly more obvious hints that another text may be in the
offing (D10778, D10794, D10813, D10827, D10831, D10835,
D10837). But of the genesis and elaboration of that text – which
(perhaps, at the very outset, on the advice of Paul Moultou,
D11572) was meant to be the *Traité sur la tolérance* – we know little.
Attempts to fathom genesis and elaboration by interpreting both
the work's internal architecture and Voltaire's own evolving
textual strategies in the light of his correspondence can lead only
to conjecture. I do not therefore propose to dwell on that set of
problems. On the other hand everything prompts us to look in
detail at Voltaire's intentions as a propagandist, to define his
thinking as regards the scope of his text (and therefore to interpret
its form and its strategies), and not least to give an assessment of the
vision that he had for a France in which divergent (even
unorthodox) opinions co-exist for the greater good of the nation.

Let us start by looking at the *Traité* in relation to the campaign.
In the beginning (despite a certain number of discordant statements, D10827 and others) Voltaire seems to have looked upon the
original text as a means (as the *Pièces originales* had been a means)
of helping to create the atmosphere in which Mme Calas's petition
would be examined. For some months (November 1762-March
1763) he worked on the *Traité*, receiving an amount of unspecified
help from both Moultou (D10857, D10859, D10877, D10882,
D10885, D10942, D10977, D10988, D11695) and Vernes
(D10897, D10930, D10942, D10977, D10988, D11695). Progress
was initially good, for towards the end of December 1762 he was
warning Gabriel Cramer that the work was nearing completion
(D10865, D10875-76, D10882, D10893, D10902), and by the
middle of January 1763 he was intimating that he was working

towards a rapid publication (D10924, D10934, D10936) so that he might help to influence the outcome of the appeal hearing which could not be long in coming (D10908, D10943). The next six weeks, however, proved that he had been optimistic. He found, for example, that as he corrected the proofs of his text he wanted to correct and emend it (D10897, D10930), add supplementary information (D10931, D10953-54, D11050), add new notes (D11015), verify certain facts and certain statements (D11059), or even add a new chapter (D10988, D11043). He also found that Cramer was less diligent that he would have wished (D10977, D10984, D10992, D11028, D11036, D11068). There were also the expressions of reticence made by Moultou and Vernes. On 7 February 1763 the pasteur Chiron confided in an anonymous correspondent:

Ces messieurs y ont trouvé des traits bien vifs et bien saillants contre la persécution, des réflexions et des raisonnements admirables, mais beaucoup aussi qui peuvent offenser et aigrir les esprits. Ces messieurs ont fait le voyage de Ferney pour l'engager à changer ou à retrancher ces traits piquants. Il a promis de refondre l'ouvrage; je ne sais pas s'il tiendra parole.[96]

Whether it was the intervention of Moultou and Vernes which further delayed the completion of the work (see D10988), or a combination of the complicating factors itemised above, the *Traité* did not appear in time to influence the outcome of the hearing. Either because he was overtaken by the rapidity of events (the petition was judged admissible on 7 March 1763),[97] or because he had come to have other ambitions for his text, or because he was becoming more and more confident of a positive outcome to the hearing without his input (D10937, D10939, D10957-58, D10962, D11004, D11009, D11026, D11040, D11060, D11063), Voltaire seems to have concluded, by the middle of February 1763

[96] Quoted in Coquerel, *Histoire des Eglises du désert*, ii.338-39.
[97] At this point Voltaire had still attended to only the first half of the proofs of the *Traité* (D11075).

(D11004?), that he might have to give up the notion of involving himself in the campaign at the level at which it was currently being conducted. In any case it was becoming reasonably clear that the action would soon move to another, more imposing arena in which the players and the stakes would be infinitely greater. An idea which he may have been entertaining for some weeks (D10971) came perhaps to fruition towards the middle of March: 'J'attends E, G, h, J, K, L, de la Tolérance, et je demande extrême diligence pour cet ouvrage. Il y a une douzaine de personnes principales dans l'Europe à qui il est important de l'envoyer sans délai, et pour cause' (D11090). In a word, the *Traité*, once printed, was to be distributed only to a small number of extremely influential people (D11134, D11140, D11148, D11228),[98] while no public use of the text would be countenanced until the Parlement de Toulouse had handed over the trial proceedings to the authorities in Paris (D11143, D11277, D11305): 'Le second objet', as Voltaire wrote to Philippe Debrus on 16 May 1763, 'est de savoir s'il faut laisser paraître quelque écrit sur la barbare procession de Toulouse avant l'envoy des procédures. Non sans doute' (D11211). But the most revealing letter (D11148) dating from this early period was written to Moultou at the beginning of April 1763:

Voicy à peu près, Monsieur, comme je voudrais finir le petit ouvrage en question; ensuite, j'en enverrais des éxemplaires aux ministres d'état, sur la protection, et sur la prudence de qui je puis compter; à mad^e la marquise de Pompadour, à quelques conseillers d'Etat, et à quelques amis

[98] Voltaire's concern is to ensure that the support of those highly placed well-wishers in government circles should not be undermined. That explains why the *Traité* became destined for them in the first instance. It also explains why Voltaire is constantly on the alert for any material which might undermine the Calas campaign. When, for example, Court de Gébelin's *Lettres toulousaines* appeared in March 1763, Voltaire was horrified, on a number of counts, at the thought of the damage they could do by playing into the hands of the opposition (see D11096-99, D11116, D11128, D11134, D11141, D11143, D11167). See Claude Lauriol, 'Autour du *Traité sur la tolérance*: *Les Toulousaines* de Court de Gébelin', *Naissance et affirmation de l'idée de tolérance, XVIIe et XVIIIe siècles*, Actes du Ve colloque Jean Boisset (Montpellier 1988), p.333-58.

discrêts qui pensent comme vous et moi. J'accompagnerais l'envoy d'une Lettre circulaire, par laquelle je les suplierais de ne laisser lire l'ouvrage qu'à des personnes sages, et d'empêcher que leur exemplaire ne tombât entre les mains d'un libraire.

J'en enverrais un au Roy de Prusse, et à quelques princes d'Allemagne, et je les suplierais de se joindre à ceux qui ont secouru la famille Calas, plongée dans l'indigence par l'arrêt absurde et barbare du Parlement de Toulouse.

Le reste des éxemplaires demeurerait enfermé sous la clef, en attendant le moment favorable de le rendre public. Voyez, Monsieur, si ce plan est de vôtre goût, et ce qu'on doit ajouter et retrancher de la feuille que j'ai l'honneur de vous soumettre.

As we can see, work on the *Traité* was still continuing at the beginning of April, and may have continued for another month (D11209). Is it conceivable that the work itself, given the apparently new arena, was rehandled in certain respects? Nothing is clear, but any rehandling was probably minimal because from the beginning – though never once losing Calas from sight – Voltaire had instinctively reacted to this problem as one with universal resonances: 'cette horrible avanture qui déshonore la nature humaine' (D10389, 27 March 1762); 'je vous supplie de me dire une vérité qui importe au genre humain' (D10391, 27 March 1762); 'cet événement [...] appartient essentiellement à l'histoire de l'esprit humain' (D10414, 15 April 1762). It is fair to infer that, from the moment he set to work on the *Traité* in October/November 1762, the text was drafted with the *classe politique* in mind. After all, it should have been and probably was transparent, even as early as March/April 1762, that it was only the *grands commis* in Versailles who could call the judges in Toulouse to heel. Moreover, the misadventure for which the latter had ultimately been responsible, being symptomatic of a much deeper and more complex problem which had domestic and international resonances and repercussions, could again be dealt with only by the highest competent authorities.

Voltaire's primary audience for the *Traité* – which did not, of course, exclude a general, enlightened readership – was composed therefore of those *grands seigneurs* who were close to power,[99] and, above all, those *grands commis* whose hands were actually on the reins of power itself.[100] Writing for such a readership had unavoidable implications for the form and tone, style and content of the work. Voltaire's knowledge of that deliberately targeted audience prompted him to take particular care over the construction of the *Traité*. His text – duly deconstructed more than two hundred years later – would itself help us to understand his most elementary strategies in this respect. It is, however, his correspondence which provides the necessary insights. Certain revealing comments point towards his understanding only too well that his room for manoeuvre was limited. Two early declarations, made at the same period, are helpful: 'Ceux qui dirigent m^e C.[alas] à Paris lui dicteraient une lettre courte et attendrissante pour m^r Quesnay' (D10654); 'Mes divins anges [les d'Argental] je prends donc la liberté de faire mon compliment à Monsieur le comte de Choiseul. Ce compliment est court mais il part du cœur et malheur aux compliments' [and doubly unfortunate for *Traités*] 'quand ils sont longs' (D10691). What is said here casts useful retrospective light on a third declaration made two days previously: 'On trouve le mémoire de Monsieur Mariette trop long, trop minutieux, trop peu intéressant, trop peu éloquent' (D10689).

The *Traité sur la tolérance* will therefore *a contrario* be a short text, composed of eminently readable chapters which will speak from the heart to the heart about problems of common concern.

---

[99] The correspondence shows that Voltaire appealed deliberately to a network of notables, including the d'Argentals, the duc de La Vallière, the maréchal de Richelieu, Mme de Pompadour, the duchesse de Grammont, the prince de Soubise and the duchesse d'Anville. It is evident that the general, enlightened public was always part of the projected readership, but in the wake of its political and social betters.

[100] Starting with the duc de Choiseul and his cousin, the duc de Praslin, the most influential of Louis XV's ministers. To that list we can add Bertin and Chauvelin, the Premier Président de Nicolaï and the Chancelier Guillaume de Lamoignon.

Voltaire later gives even more precise definitions of the ideal text in the light of the current requirements. Commenting on the chevalier de Beaumont's *Accord parfait*, he said: 'il est beaucoup trop long et trop déclamateur, comme tous les livres de cette espèce; il faut être très court, et un peu salé, sans quoi les ministres et mad^e de Pompadour, les Commis et les femmes de Chambre, font des papillotes du livre' (D10885). [101]

Since the targeted audience was at Versailles, Voltaire was aware that this created a second imperative: the necessity not to give offence ('Nous nous faisons tout à tous, avec L'apôtre', D10613), to exercise caution, to tone down his denunciations, his mockery. [102] But as regards this text, both at Versailles and among Voltaire's public elsewhere, there were two sorts of reader. There were the conservative Catholics who were none the less openminded: 'Il faut toucher le cœur, il faut rendre l'intolérance absurde, ridicule et horrible, mais il faut respecter les préjugés' (D10930). And there were those who, despite having no religion or little, still believed that outward appearances of decorum were advisable: 'L'ouvrage sera hardi mais sage' (D11057). Whatever may be the individual prejudices: 'Ne nous brouillons avec personne. Nous avons besoin d'amis' (D10675). This latter

---

[101] A fortnight later (D10930, 20 January 1763), Voltaire makes similar comments in a letter to Jacob Vernes: 'Au reste il y a dans le *contrains les d'entrer* de Bayle des choses beaucoup plus hardies. A peine s'en est on aperçu parce que l'ouvrage est long et abstrus. Cecy [the *Traité*] est court et à la portée de tout le monde.' See François Bessire, '"Très court, et un peu salé": forme et composition du *Traité sur la tolérance*', in *Etudes*, ed. Cronk, p.150-59. To avoid any misinterpretation concerning the way in which Voltaire understood the formula 'un peu salé', we can do no better than quote Bessire's definition (p.154): 'Le sel, c'est la surprise de la pensée paradoxale, aussi bien que la façon surprenante et spirituelle de dire. Le sel, ce sont les ornements et les variations de la rhétorique, ce sont les scintillements de l'érudition, les allusions à l'actualité, "le ridicule mêlé aux raisons".'

[102] A comparison between the text of the *Traité* and the text of the correspondence, dealing with Calas in the period 1762-1765, is revealing. Voltaire the letter writer is much more radical and outspoken than Voltaire the *Traité* writer, particularly when dealing with his friends and like-minded individuals.

admission, coming in the wake of the resounding 'frémissez, pleurez et agissez', could serve as the alternative slogan for Voltaire's literary campaign: when the stakes are high, one does not offend one's friends in high places. The Voltaire of the *Traité* has deliberately held himself in check.[103] That rare sight may in part be explicable by a mishap of August 1762, a month or two before Voltaire's decision to compose the *Traité*. One of Voltaire's early letters to d'Alembert concerning the Calas case (D10394, 29 March 1762) had been fraudulently published in the *St James's chronicle*, in London (15-17 July 1762), with its text cruelly altered (see D.app.215) and peppered with disparaging comments ('What Ministers! What Generals! what Nobility! what Nation! We are immersed in Debauchery and in Infamy: Court and City are all one: Citizens, Courtiers. Priests, Women – all are Prostitutes!'). Choiseul had judged it necessary to reprimand Voltaire for his verbal 'excesses' (D10752). Fortunately the matter was satisfactorily resolved, and Voltaire's innocence established, but the lesson had been salutary (D10680, D10754, D10757-58, D10764, D10768, D10771, D10786).

Since, moreover, the targeted audience – cultured and intelligent though it was – was not one of intellectuals, certain types of discourse were inappropriate. Hence a third consideration – the need to take particular care with the way in which the problem was approached. In all probability the *Traité* (despite certain fleeting similarities) was never intended to be a repetition of Bayle or Locke. Their works were too arid, too abstract. Nor would it have anything in common with the contemporary Protestant apologists (whom Voltaire had read) who, setting about their Catholic opponents, pillory them unmercifully in language which is morally superior and often 'déclamateur' (D10885). Voltaire's own world is perhaps manichean, but not in that precise way.

---

[103] 'Vous dites qu'il y a un peu de malice dans ce livre, j'y vois au contraire trop de respect pour la malice de ceux qui imposent un joug impertinent à l'esprit humain, et trop de complaisance pour les imbéciles qui se soumettent aux fripons' (D11629, to François-Louis Allamand, 8 January 1764).

But nothing is more manichean than the opening chapter of the *Traité*, which sets the tone for the whole work, particularly for its rhetoric. We are struck by the total effect made by the concurrence of the manichean and the absolute; the sometimes tentative and the more frequently trenchant; the polite and the scathing; the presence of a disincarnated narrator who narrates the most atrocious events in measured language; the presentation of the unknown or the hypothetical as unassailably true; the gradual transformation of an individual drama into a matter of general human concern whose proportions become cosmic; the inexorable nature of the various *mouvements ternaires* which are echoed in the occult syllogistic reasoning. Indeed the *Traité* continues the style, the style of reasoning and the intentions of the *Mémoire de Donat Calas* and the *Déclaration* of his brother, Pierre. But what is equally striking is the fact that, from the very first page, the reader is once again in the selfsame nightmarish world in which the tragedy of the events unfolds through a series of tableaux brimming with pathos in which everything once again is unbearable.

On the one hand a family, composed of recognisable individuals, all of whom had clear consciences, and for whom Voltaire shows immense compassion, starting with that unfortunate father, that symbol of suffering, that icon of rectitude so atrociously oppressed who (like another illustrious victim, whose sublime compassion he imitates) 'conjura [Dieu], en mourant, de pardonner à ses juges'. On the other hand a despicable mob composed of the rabble of Toulouse, of cruel and mindless Catholics, of judges who – in an interplay of mutual influence – had caused the most abominable injustice. We should be right if – in wanting to epitomise Voltaire's general socio-political stance – we spoke here of a symbolic confrontation between Enlightenment and Darkness. As René Pomeau has said: 'Ce qu'il faut revendiquer en faveur des Calas, c'est la vérité, la justice, ce sont les droits de l'homme. On demandera la réhabilitation non pas d'un protestant, en tant que tel, mais d'un innocent, victime du fanatisme

religieux.'[104] But we should doubtless be right again if we paid attention to the tragic sight of an innocent man unjustly done to death in a world governed by irrational and pernicious forces, and impervious to human counter-resistance.

That is perhaps why, if we take those two explanations together, Jean Calas became for Voltaire an exemplary icon, symbolic of our poor human condition exposed to those contrary forces, reason and unreason, which have been constantly at war for more than fourteen hundred years. That could explain the global context in which Voltaire conducts his enquiry into the sudden and disastrous appearance of intolerance. His current intellectual preoccupations also reinforced his determination to embark upon a geographical and historical panoramic survey. From the beginning (and certainly well before 15 April 1762), Voltaire the historian, working on a new edition of the *Essai sur les mœurs*, takes a closer look at what had happened in Toulouse: 'J'ai voulu m'instruire en qualité d'historien. [...] cet événement, dis je, appartient essentiellement à l'histoire de l'esprit humain et au vaste tableau de nos fureurs et de nos faiblesses, dont j'ai déjà donné une esquisse' (D10414). What exactly have geography and history to teach those who, by their station and their responsibilities, have been called upon to watch over the future well-being of the nation and the happiness of its subjects? Voltaire is in no doubt: the lessons that they have to teach us are numerous and indisputable.

Voltaire's illustrious readers, whose intelligence and wisdom, whose 'génie' and 'grands sentiments' he discreetly vaunts on so many pages,[105] were doubtless more than capable of understanding

---

[104] 'Voltaire et Rousseau devant l'affaire Calas', in *Voltaire–Rousseau et la tolérance*, Actes du Colloque Franco-Néerlandais des 16 et 17 novembre 1978 à la maison Descartes à Amsterdam (Amsterdam and Lille 1980), p.65.

[105] This type of precaution (and the examples are not lacking) is striking: the author modestly submits to the authorities, whom he endows with a plethora of political virtues, an important series of proposals which he qualifies none the less as 'quelques réflexions' 'bien informes' and 'bien imparfait[e]s' which go to compose an 'écrit informe et défectueux'.

his message which had been so modestly formulated.[106] Yet his respectful attitude does not quite hide the obvious pride of the good citizen: 'Les bons entendeurs', as he was to say much later to the d'Argentals (D12468, 17 March 1765), 'pourront profiter à cette lecture.'

What profit exactly? Voltaire's essential message to those who run the state, though veiled, is proud in tone. The author of the *Traité sur la tolérance* is at pains to depict himself as being quite unlike those advisers of Louis XIV who had wittingly and deliberately led the king astray (p.255) and who, before the Revocation of the Edict of Nantes, had hidden from him the truth concerning the numerical strength of the Huguenots. He is also quite unlike a Paul Pellisson-Fontanier (p.255-56) who had fraudulently induced his king to believe that the conversion of the Huguenots was proceeding. He is emphatically unlike the Jesuits Le Tellier and Doucin who, Voltaire infers, had fabricated the Bull *Unigenitus* (p.156) without referring the matter to the king. Made of different fibre, the author of the *Traité sur la tolérance*, motivated by feelings of patriotism,[107] burns to tell the truth. He is at pains to cast himself in the role of the counsellor who has neither lied, nor prevaricated, nor hidden the truth.

The proud tone of the advice Voltaire offers arises from its frankness. The text invites the 'bons entendeurs' to accept the simplest of appeals, which is conceived as follows:

Take to heart the combined lessons of history and geography which

---

[106] As readers will see the text of the *Traité sur la tolérance* is studded throughout with 'formules lénifiantes'. I shall return to this and other textual questions later.

[107] See, for example, the following declaration of fidelity to his king (p.188): 'On veut bien adopter votre supposition chimérique qu'un de nos rois, ayant lu l'histoire des conciles et des pères, frappé d'ailleurs de ces paroles: *Mon père est plus grand que moi*, les prenant trop à la lettre et balançant entre le Concile de Nicée et celui de Constantinople, se déclarât pour Eusèbe de Nicomédie: je n'en obéirai pas moins à mon roi, je ne me croirai pas moins lié par le serment que je lui ai fait; et si vous osiez vous soulever contre lui, et que je fusse un de vos juges, je vous déclarerais criminel de lèse-majesté.'

reveal that a tolerant spirit was a striking constant in the general history of mankind before the advent of exclusive and arrogant Christianity. Above all, so as to return to a desirable *status quo ante*, be masters in your own house, and curb the Catholic religion which for centuries has been leading a perverted existence to the prejudice of humanity and harmony. If you revive the tolerant spirit, and protect reason and philosophy, the state will benefit a hundredfold from such openness.

History teaches anyone capable of learning, and intent on ensuring the tranquillity of the state, that governments can never repress people with impunity. Force always gives rise to contrary reactions whose violence is equal and sometimes cruelly greater (p.144-45). History also teaches us that persecution, once embarked upon, can go catastrophically out of control. [108] Between the fanaticism of the Wars of Religion (which Mérindol prefigured) and the modern-day heartless intolerance of the 'Dialogue entre un mourant et un homme qui se porte bien' (ch.XVI) [109] or the scandalous 'Lettre écrite au jésuite Le Tellier' (ch.XVII) there are but differences of degree. Wherever it is found, persecution in the cause of 'la

---

[108] The most striking (and textually early) example which Voltaire gives to illustrate this truism is the example of Mérindol and Cabrières (p.143): 'Peu de temps avant la mort de François Ier, quelques membres du parlement de Provence, animés par des ecclésiastiques contre les habitants de Mérindol et de Cabrières, demandèrent au roi des troupes pour appuyer l'exécution de dix-neuf personnes de ce pays condamnées par eux; ils en firent égorger six mille, sans pardonner ni au sexe, ni à la vieillesse, ni à l'enfance; ils réduisirent trente bourgs en cendres.' The persecution of these Vaudois becomes, however, even more disturbing when we consider that, according to Voltaire – calling upon effects of pathos that any reader of *Candide* will recognise – that recourse to armed force became an even more iniquitous crime against humanity because it destroyed an *edenic civilisation* (p.143-44): 'Ces peuples, jusqu'alors inconnus, avaient tort, sans doute, d'être nés Vaudois; c'était leur seule iniquité. Ils étaient établis depuis trois cents ans dans des déserts et sur des montagnes qu'ils avaient rendus fertiles par un travail incroyable. Leur vie pastorale et tranquille retraçait l'innocence attribuée aux premiers âges du monde. Les villes voisines n'étaient connues d'eux que par le trafic des fruits qu'ils allaient vendre, ils ignoraient les procès et la guerre; ils ne se défendirent pas: on les égorgea comme des animaux fugitifs qu'on tue dans une enceinte.'

[109] See Michel Delon, 'Le Mourant et le Barbare', in *Etudes*, ed. Cronk, p.224-29.

religion chrétienne mal entendue' (p.147), has signified the usual disturbing litany: cruelty, suffering, acts that devastate both lone individuals and whole countries.

In parallel ('Sortons de notre petite sphère et examinons le reste de notre globe', p.149), because for Voltaire, the lessons of geography teach that wherever toleration is admitted, different religious faiths live peaceably together, and sometimes have done so for many years. The great multi-faith states, where enmities might be expected, are at peace with themselves. The Ottoman empire 'est rempli de jacobites, de nestoriens, de monothélites; il y a des cophtes, des chrétiens de Saint-Jean, des juifs, des guèbres, des banians. Les annales turques ne font mention d'aucune révolte excitée par aucune de ces religions' (p.150). In Russia, 'Pierre le Grand a favorisé tous les cultes dans son vaste empire; le commerce et l'agriculture y ont gagné, et le corps politique n'en a jamais souffert' (p.150). For Voltaire, the same is true of India, Persia and Tartary, of China and Japan. They are all tolerant and therefore peaceful countries. 'Jetez les yeux sur l'autre hémisphère' (p.152): even Carolina and Pennsylvania, that land peopled by 'des primitifs, que l'on a nommés *quakers* par dérision', those unrefined and distant colonies (where – he could have added for the benefit of his 'bons entendeurs' at Versailles – sophistication and politeness are not to the fore) have never experienced dissension. Discord and controversy are unknown. And what about the even more convincing example of the neighbouring countries of Germany, Holland and England: 'aujourd'hui la différence des religions ne cause aucun trouble dans ces Etats; le juif, le catholique, le grec, le luthérien, le calviniste, l'anabaptiste, le socinien, le mennonite, le morave, et tant d'autres, vivent en frères dans ces contrées et contribuent également au bien de la société' (p.147). Voltaire claims that even Ireland, once the scene of atrocious sectarian carnage, but now 'peuplée et enrichie ne verra plus ses citoyens catholiques sacrifier à Dieu pendant deux mois ses citoyens protestants' (p.148).

Three key words recur so ceaselessly in this text as to become the backbone of its political philosophy: liberté, commerce, prospérité.[110] The same holy trinity that Voltaire had been advocating for the past thirty years.

The notion of prosperity makes its appearance in the earliest pages of the *Traité*.[111] Even before it is mentioned in the case of Mérindol, it is broached in an unusual way, in the context of chapter III where Voltaire deals with the 'Idée de la Réforme du seizième siècle'. Justifying the anger of the Reformers, Voltaire draws attention to the fiscal corruption of the papacy (Alexander VI, Julius II, Leo X) which went hand in hand with (because financing) their moral corruption. Hence the hostility of the Reformers to the diverse taxes payable to the pope. Hence the following comment (p.141), which prepares the ground for the forthcoming attack both on theological and dogmatic accretions to the primitive Christian religion, as well as for the forthcoming allusions to the means available to counter the current parlous fiscal state of France:

Ils disaient que Jésus-Christ n'ayant jamais exigé d'annates ni de réserves, ni vendu des dispenses pour ce monde et des indulgences pour l'autre, on pouvait se dispenser de payer à un prince étranger le prix de toutes ces choses. Quand les annates, les procès en cour de Rome, et les dispenses qui subsistent encore aujourd'hui, ne nous coûteraient que cinq cent mille francs par an, il est clair que nous avons payé depuis François Ier, en deux cent cinquante années, cent vingt millions; et en évaluant les différents prix du marc d'argent, cette somme en compose une d'environ deux cent cinquante millions d'aujourd'hui. On peut donc convenir sans blasphème que les hérétiques, en proposant l'abolition de

[110] On the important (and constant) presence of money throughout the text, see Catriona Seth, 'Voltaire pragmatique: l'argent dans le *Traité sur la tolérance*', in *Etudes*, ed. Cronk, p.191-204.

[111] Money makes its (neutral) appearance in the third paragraph of chapter I: '[Louis Calas] à qui le père faisait une petite pension.' On the first real occasion on which money – which plays both a beneficent and maleficent role – makes a positive or a negative appearance, it is in the latter role, in the fifth paragraph: 'Enfin, un jour, ayant perdu son argent au jeu, il [Marc-Antoine Calas] choisit ce jour-là même pour exécuter son dessein.'

ces impôts singuliers dont la postérité s'étonnera, ne faisaient pas en cela un grand mal au royaume, et qu'ils étaient plutôt bons calculateurs que mauvais sujets.

Voltaire's reflexion was not without force: what vast sums of money the state has lost and is still losing! The same sort of insinuation is also evident in the simple anecdote (ch.4) concerning a bishop of Warmia who had 'un anabaptiste pour fermier, et un socinien pour receveur' and had received the suggestion to 'chasser et [...] poursuivre l'un, parce qu'il ne croyait pas la consubstantiabilité, et l'autre, parce qu'il ne baptisait son fils qu'à quinze ans'. Whereupon the bishop – demonstrating that certain social and socio-political imperatives will always be more important than denominational obligations[112] – replied that 'ils seraient éternellement damnés dans l'autre monde, mais que, dans ce monde-ci, ils lui étaient très nécessaires'. Exactly the same lesson, by one of those artful shifts which characterise this text, is faithfully (and playfully) repeated (p.255) in the context of the necessity to grant civil status to the French Calvinists:

pourquoi empêcher ce huguenot de se marier? N'y a-t-il pas des évêques, des abbés, des moines, qui ont des terres en Dauphiné, dans le Gévaudan, devers Agde, devers Carcassonne? Ces évêques, ces abbés, ces moines, n'ont-ils pas des fermiers qui ont le malheur de ne pas croire à la

---

[112] This has been Voltaire's clarion call ever since the *Lettres philosophiques* and the *Traité de métaphysique*. It is the socio-political virtues and values (see, for example, p.245-46: fidelity as a subject, a father, neighbour, etc.) which he proclaims everywhere, as in this text also, as being the most important. The same lesson occurs again on p.249: 'Il y a dans l'Europe, quarante million d'habitants qui ne sont pas de l'Eglise de Rome, dirons-nous à chacun d'eux: "Monsieur, je ne veux ni manger, ni contracter, ni converser avec vous"?' It is evident that the key-word in this context is the verb *contracter*. The idea is repeated several lines later: 'Avec quel homme pourrait-on commercer, quel devoir de la vie civile pourrait-on jamais remplir, si en effet on était convaincu de cette idée que l'on converse avec des réprouvés?' One of the major ideas of the *Traité* is the necessary separation of the Faith from those activities which are useful to the state (as, not unexpectedly, is the Erastian political solution which goes hand in hand with it).

transsubstantiation? N'est-il pas de l'intérêt des évêques, des abbés, des moines et du public, que ces fermiers aient de nombreuses familles?

The same willingness to be prudently outspoken is apparent in chapter IV when Voltaire talks about the manoeuvrings of the Jesuits in Japan who had been responsible for a bloody civil war. As a result 'les Japonais fermèrent leur empire au reste du monde, et ne nous regardèrent que comme des bêtes farouches, semblables à celles dont les Anglais ont purgé leur île. C'est en vain que le ministre Colbert, sentant le besoin que nous avions des Japonais, qui n'ont nul besoin de nous, tenta d'établir un commerce avec leur empire: il les trouva inflexibles.'

The examples quoted so far (and others can be added to the list) are markers which Voltaire has put down in chapter IV, in which he broaches one of his main themes. Refusing to speak ill of the Faith, talking only – as he says – of 'l'intérêt des nations' (p.152) and of the 'bien physique et moral de la société' (p.152), in a footnote [113] devoid of any ambiguity, devoted to the economic consequences of the Revocation of the Edict of Nantes, he engineers a pointed comment concerning the navy, which had been a signal feature in France's recent (and continuing) under-performance during the Seven Years War, when so much had been at stake commercially: 'Comptez surtout le nombre des officiers de terre et de mer, et des matelots, qui ont été obligés d'aller servir contre la France, et souvent avec un funeste avantage, et voyez si l'intolérance n'a pas causé quelque mal à l'Etat.' This nice example of painful under-statement prompts Voltaire to link past mistakes with on-going repercussions, and to place the problem firmly at the feet of the

---

[113] One of the disadvantages of modern editions of the *Traité* is that they do not reproduce the format of the text and the configurations of the accompanying footnotes as Voltaire deliberately constructed them. (An exception is the edition by Emmanual Berl and Adrien Lachenal [Geneva 1948].) See the *mises au point* by Nicholas Cronk, 'Comment lire le *Traité sur la tolérance*?: la présentation typo-graphique de l'édition Cramer', *Etudes*, ed. Cronk, p.120-34, and Christiane Mervaud, 'Fonction et signification des notes de Voltaire dans le *Traité sur la tolérance*', *Etudes*, ed. Cronk, p.159-74.

current government.[114] Another example is the link between chapters IV and V, where Voltaire initiates a discussion with the government itself ('J'ose supposer qu'un ministre éclairé et magnanime, un prélat humain et sage, un prince qui sait que son intérêt consiste dans le grand nombre de ses sujets, et sa gloire dans leur bonheur, daigne jeter les yeux sur cet écrit informe et défectueux'), and conjures up the following concrete proposal (p.154) to which certain government ministers were not hostile: 'Nous savons que plusieurs chefs de famille, qui ont élevé de grandes fortunes dans les pays étrangers, sont prêts à retourner dans leur patrie; ils ne demandent que la protection de la loi naturelle, la validité de leurs mariages, la certitude de l'état de leurs enfants, le droit d'hériter de leurs pères, la franchise de leurs personnes.'

Here Voltaire joins the debate which had so signally marked the 1750s. It is clear to the historian that if we are to understand the *Traité* properly and do justice to its strategies, we must read it not just within the context of what has been called 'le rappel des Huguenots', but with close reference to the works of three resolute adversaries of that possible solution to France's ills: Joseph-Gaspard-Gilles de Chabannes, *Lettre de M. l'évêque d'Agen à M. le contrôleur général contre la tolérance des Huguenots dans le royaume* (s.l. 1751; BV691); the abbé Jean Novi de Caveirac, *Apologie de Louis XIV et de son conseil sur la révocation de l'édit de Nantes*, [...]

---

[114] The final lines of the footnote run as follows: 'On n'a pas ici la témérité de proposer des vues à des ministres dont on connaît le génie et les grands sentiments, et dont le cœur est aussi noble que la naissance: ils verront assez que le rétablissement de la marine demande quelque indulgence pour les habitants de nos côtes.' But what 'indulgence'? The answer will be made clear when Voltaire judges the moment opportune. The ministers in question are the duc de Choiseul, who was himself *ministre de la marine* (and in reality prime minister without title), and his cousin, the duc de Praslin (until recently the comte de Choiseul), who was *ministre des affaires étrangères*. Voltaire uses his XXIVth chapter, entitled Post-scriptum (in which he is replying to the abbé de Malvaux and his recently published *Accord de la religion et de l'humanité, sur l'intolérance*), to return to the economic problems caused by the Revocation of the Edict of Nantes, including those of the navy.

avec une dissertation sur la Saint-Barthélemy (s.l. 1758; BV2593); and the abbé de Malvaux, *L'Accord de la religion et de l'humanité sur l'intolérance* (s.l. 1762).

In 1751 the *contrôleur-général des finances*, Jean-Baptiste Machault d'Arnouville, aiming to counteract the deleterious economic effects of the War of the Austrian Succession, seems to have been surreptitiously bent on facilitating the return of the 'Protestants du Refuge' and their economic activities. Once discovered, this policy gave rise, as we know, to a furious battle which unfolded between 1751 and 1764 – often through *personnes interposées* – in the upper reaches of the clergy, the administration and the judiciary. The works of Caveirac and Malvaux (which may have been commissioned by Saint-Florentin, *ministre de la Maison du Roi*, whose portfolio included responsibility for all matters concerning the *religion prétendue réformée*), belong, like Voltaire's *Traité*, within the context of that debate. Caveirac, Malvaux and Voltaire all address the problems of the depopulation of rural France, and the need to revive agriculture and check the general decline in productivity (Voltaire spent years trying to counteract the devastation of the pays de Gex which came about after 1685). But while Caveirac and Malvaux, as proponents of the official church position, opposed any solution that would increase the birth-rate among the French Huguenots, this was precisely the solution advocated by Voltaire. On numerous occasions (although rarely noticed) the *Traité* is a retort to the arguments of Caveirac and Malvaux (and silently to those of Chabannes).

Having broached the Huguenot problem at the beginning of chapter IV, Voltaire made his position plain in chapter V, with the unambiguous proposal that the government should welcome Calvinists at home and abroad back into the fold. The lesson needs no gloss; nor does the proud *mouvement ternaire* at the end of the chapter (which gives an ironic twist to the story of the prodigal son): 'Enfin l'intérêt de l'Etat est que des fils expatriés reviennent avec modestie dans la maison de leur père: l'humanité le demande, la raison le conseille, et la politique ne peut s'en effrayer' (p.157).

But there is an inference which it is worth drawing out. Voltaire, the discreet 'éminence grise',[115] was rendering the monarchy a significant service (without alluding to what he was doing). With his deft rhetorical touches and cross-references, and his artfully reassuring comments on a fairly generalised movement away from confrontation on doctrinal matters, he has managed to 'prove' (and reinforces his contention in other chapters) that intolerance is contrary to the natural impulses of man, and to political wisdom. In so doing he simply wished to indicate how, faced with the recent humiliations of the Seven Years War which had cost France so dearly, the foundations for long-term political and social regeneration could be laid.

In fact Voltaire is killing two birds with the same stone, because he is also offering Louis XV and his enlightened ministers – if they have the courage to make such a gesture of reconciliation – the opportunity to efface that disgraceful stain of blood left on the French throne by Charles IX in 1572, and to reverse the effects of that diaspora, consummated finally in 1685, that had so besmirched the name of Louis XIV. Not only was the moment propitious for an attempt to close that still painful wound, and thereby to consolidate the monarchy, but it was also the moment to act: as early as 18 August 1762 Voltaire was informing the d'Argentals of his current concern which had very specific causes: 'En vérité si le Roy connaissait les conséquences funestes de cette horrible extravagance il prendrait l'affaire Calas plus à cœur que moy. Voylà déjà sept familles qui sont sorties de France. Avons-nous donc trop de manufacturiers et de cultivateurs? Je soumets ce petit article à la considération de Monsieur le comte de Choiseul' (D10658).

---

[115] One of Voltaire's temptations, which starts to materialise at this period, is to play the adviser to people in positions of political authority. Often his advice is sound, as was the case when, a little later (1765-1766), he did much in an intelligent attempt to help the opposing camps resolve their differences during the complex 'troubles de Genève'. See, for example, my edition of *La Guerre civile de Genève* (*OC*, vol.63A, 1990), p.3-35.

The more subtle consequences of the *Traité* at Versailles are a matter for conjecture, but Voltaire the letter-writer does not bid us to be satisfied with conjecture: in numerous letters running from January 1763 (D10870) to March 1764 (D11738), he proclaims a truth which he now judges to be totally established: the Calas affair is most happily going to bring about transformations in the governmental line. [116] The transformations upon which Voltaire is banking – the promulgation of civil tolerance – make their appearance early on in the *Traité* (p.146). Firstly in an oblique fashion so as to alarm nobody: [117] 'J'oserais prendre la liberté d'inviter ceux qui sont à la tête du gouvernement, et ceux qui sont destinés aux grandes places, à vouloir bien examiner mûrement si l'on doit craindre en effet que la douceur produise les mêmes révoltes que la cruauté a fait naître; si ce qui est arrivé dans certaines circonstances doit arriver dans d'autres; si les temps, l'opinion, les mœurs, sont toujours les mêmes.' The reader will have noticed the invitation to *examiner mûrement*. For the

[116] The position which Voltaire adopts, just like the formulae that he uses, obviously varies according to the identity of his individual correspondents. What we should note, however, as a general broad development, is the fact that the fine optimism of 1763 slowly gives way to a more cautious restraint (from which, however, confidence is far from being absent: see, for example, D11629, D11635, D11738).

[117] It is useful to take note of the following observation (p.146), which stands out in a context which is quite *devoid of threat*, and which is justified by the title of chapter IV ('Si la tolérance est dangereuse, et chez quels peuples elle est permise'): 'Quelques-uns ont dit que si l'on usait d'indulgence paternelle envers nos frères errants qui prient Dieu en mauvais français, ce serait leur mettre les armes à la main [...].' To talk about the Huguenots as 'frères errants qui prient Dieu en mauvais français' is *ipso facto* to make them harmless and somewhat comic. We notice the same strategy when Voltaire describes the Protestant pastors (p.183): 'Nous avons pendu, depuis 1745, huit personnages de ceux qu'on appelle *prédicants* ou *ministres de l'Evangile*, qui n'avaient d'autre crime que d'avoir prié Dieu pour le roi en patois, et d'avoir donné une goutte de vin et un morceau de pain levé à quelques paysans imbéciles.' Evidently, Voltaire is here reacting against a Caveirac and a Malvaux who are at pains to underscore the *grave* danger that these pastors and their flocks represent for the state, and to paint them in the blackest colours.

arguments that Voltaire proposes in favour of civil toleration [118] go hand in hand with the irreversible rise of sound reason and philosophy, even among the Calvinists (p.146):

Les huguenots, sans doute, ont été enivrés de fanatisme et souillés de sang comme nous; mais la génération présente est-elle aussi barbare que leurs pères? Le temps, la raison qui fait tant de progrès, les bons livres, la douceur de la société, n'ont-ils point pénétré chez ceux qui conduisent l'esprit de ces peuples? et ne nous apercevons-nous pas que presque toute l'Europe a changé de face depuis environ cinquante années?

La philosophie, which had started to emerge at the beginning of the sixteenth century, is now beginning to bear fruit. This is a truth which Voltaire repeats time and again, in different registers. [119] Everywhere in the *Traité* the other inseparable argument in favour of the promulgation of an edict of civil toleration (an argument which justifies what for some, who are timid or fearful, would otherwise be tantamount to a leap in the dark) is the wisdom and the expertise of a government well versed in maintaining order (p.140, 146-47, 155, 156, 183, 230, 239-41, 244, 257). [120]

The same optimism, of a purely tactical order, because the Voltaire who penned the correspondence, to say nothing of the

[118] The type of tolerance which Voltaire proposes, which is in practical terms very modest, will in turn cause alarm to nobody. On two occasions (p.148-49, 154-55) he specifically advocates a sort of toleration on the English model. On three occasions he adds that the *sine qua non* of the right to toleration will be the obligation to 'respecter les usages de sa patrie' (p.186) and to 'ne pas troubler la société' (p.186, 236), which, unlike the toleration of a Bayle, will exclude atheists from the city. One can identify other much more discreet allusions to civil toleration even in contexts which, strictly speaking, do not call for them, as, for example, this one: 'Qu'il soit donc permis de dire que tout citoyen doit hériter, par le même droit, des biens de son père, et qu'on ne voit pas qu'il mérite d'en être privé, et d'être traîné au gibet, parce qu'il sera du sentiment de Ratram contre Paschase Ratberg, et de Bérenger contre Scot' (p.189).

[119] See p.133, 139, 141, 142, 146, 149, 154, 155, 156, 242, 243, 244, 261.

[120] Voltaire suggests (chapters VIII-XI) that the persecution of the Christians under the Roman Empire (though on occasion the result of slander spread about them by their rivals) was really the direct result of their seditious behaviour and refusal to respect the customs and practices of the Empire.

78

Voltaire of the *Dictionnaire philosophique*, did not display the same satisfaction, is apparent when it comes to Christianity itself. Having devoted many pages to proving (with much erudition) that all the religions which preceded Christianity (including the very stock upon which Christianity had been grafted: Judaism) had been tolerant, Voltaire proves in addition that ever since the time (from the reign of Constantine onwards) that the Christian religion has suffered from the sombre influence of theologian-quibblers, its peculiarity has been that the religion of fraternity and compassion is none the less the religion of persecution. This justifies Voltaire's constant recourse to the sinister panorama of tortures and torments, of those 'graves désordres' which have come to upset public tranquillity, all of which can be traced directly to 'querelles indécentes' around 'chimères révoltantes' (p.188). It also justifies the following bitter comment (p.182-83):

Y a-t-il, dans les relations avérées des persécutions anciennes, un seul trait qui approche de la Saint-Barthélemy et des massacres d'Irlande? Y en a-t-il un seul qui ressemble à la fête annuelle qu'on célèbre encore dans Toulouse, fête cruelle, fête abolissable à jamais, dans laquelle un peuple entier remercie Dieu en procession, et se félicite d'avoir égorgé, il y a deux cents ans, quatre mille de ses concitoyens?

Je le dis avec horreur, mais avec vérité: c'est nous, chrétiens, c'est nous qui avons été persécuteurs, bourreaux, assassins! Et de qui? de nos frères. C'est nous qui avons détruit cent villes, le crucifix ou la Bible à la main, [121] et qui n'avons cessé de répandre le sang et d'allumer des bûchers, depuis le règne de Constantin jusqu'aux fureurs des cannibales qui habitaient les Cévennes: fureurs qui, grâces au ciel, ne subsistent plus aujourd'hui.

Ne subsistent plus aujourd'hui. Here the optimistic note can be heard once more. The truth is that religion itself is in the process of self-purification. The truth is that certain prelates (such as Louis de Noailles, bishop of Châlons) are brave enough to try taking the

---

[121] Any temptation to believe that Voltaire is championing the Protestant cause is dismissed by phrases like this. He condemns the violence perpetrated by all the faiths which have emerged from Christianity.

rough edges off their flocks which are still marred by superstition (p.243). The truth is (but is the author of the *Dictionnaire philosophique* waxing a trifle lyrical?) that the Jansenists themselves have helped to 'déraciner insensiblement dans l'esprit de la nation la plupart des fausses idées qui déshonoraient la religion chrétienne' (p.243). The truth is that the bourgeoisie is starting to be less credulous. The truth is that reason and politeness are working within the church itself. Obviously there are pockets of diehards, but they count for little: 'S'il y a quelques convulsionnaires dans un coin d'un faubourg, c'est une maladie pédiculaire dont il n'y a que la plus vile populace qui soit attaquée. Chaque jour la raison pénètre en France, dans les boutiques des marchands comme dans les hôtels des seigneurs. Il faut donc cultiver les fruits de cette raison, d'autant plus qu'il est impossible de les empêcher d'éclore' (p.244). [122]

As a general rule the *Traité* proclaims that 'la fureur de la dispute est tellement amortie' (p.156) and the days of superstition are so much over and done with that humanity can never go back to them (p.155-57, 242-44). But how to counter the madness of those pockets of diehards? In the long term, sound reason will restore

---

[122] Most of the time Voltaire manages to adopt positions that are not necessarily his. But sometimes, as here, fluctuations in the argument must be ascribed to a tension between the optimistic propaganda inviting positive action, and the need to recognise everyday reality. In the context of *reason*, it is interesting to look at the petulance of the following declaration (p.183): 'Serons-nous toujours les derniers à embrasser les opinions saines des autres nations? Elles se sont corrigées: quand nous corrigerons-nous? Il a fallu soixante ans pour nous faire adopter ce que Newton avait démontré; nous commençons à peine à oser sauver la vie à nos enfants par l'inoculation; nous ne pratiquons que depuis très peu de temps les vrais principes de l'agriculture; quand commencerons-nous à pratiquer les vrais principes de l'humanité?' This is to be compared with one of the earlier quite typical statements: 'C'est donc ce temps de dégoût, de satiété, ou plutôt de raison, qu'on peut saisir comme une époque et un gage de la tranquillité publique' (p.156). The same tensions are there (and other examples abound) between the Voltaire who is being careful not to offend and the Voltaire who cannot resist the temptation to slip into his text a caustic commentary or an ironic remark.

order. In the short term, there are three solutions. One is the *ridicule* of people who are already won over to civility and politeness (p.155, 156, 244). This is one of the reasons why those who were firmly wedded to their faith were hostile to the *Traité*: the message for individuals is that tolerance is a matter of good taste, an ideal of human behaviour, the monopoly of the *honnête homme*. The second solution resides with the supreme magistrate who will refuse to condone doubtful opinions (p.156-57, 183, 236, 237, 245-46) and will have the courage, which Constantine lacked (p.245-46), to muzzle quibbling theologians. The third solution will be in the hands of the *bon prêtre* (p.149, 154, 243), who is well respected and in no way a partisan of superstition, who – understanding that disputes serve merely to drive people away from religion (p.184) – will set an example through his own life by modelling himself on the Apostles and the Evangelists (p.189).[123]

5. *Voltaire, the 'Traité' and the reader*

As we have seen, the *Traité* was ready for printing by the beginning of May 1763 at the latest. What happened in the following months is a matter for conjecture. It would seem that Voltaire paused yet again to assess the situation and formulate an appropriate strategy, taking account of current difficulties and uncertainties. He was concerned lest the appearance of the *Traité* might in some way further infuriate the Parlement de Toulouse and its supporters,

---

[123] Unfortunately this *bon prêtre* passes almost unnoticed because of the particularly overwhelming presence of the *mauvais prêtre* (p.150-51, 183-84, 186 and elsewhere). In his correspondence Voltaire is initially a 'brave théologien' (D11508), rapidly becomes a 'prêtre' (D11518) and thereafter is either a 'saint prêtre' (D11588), a 'bon prêtre, un brave théologien' (D11669) or 'un bon théologien et un digne prêtre' (D11678), or 'le bon prêtre' (D11679, D11681, D11718, D11738). Alternatively, the author will be 'Mr Herman' (D11747), 'un huguenot' (D11584) or 'un protestant assez instruit' (D11632).

prompting displays of recalcitrance,[124] hindering the transfer of the transcripts, and thus making the work of the defence team that much more difficult. A letter of 16 May 1763 to Philippe Debrus makes this clear. As a member of Voltaire's committee overseeing the interests of the family, as concerned as Voltaire himself to ensure that there should be no tactical errors, Debrus would have been privy to his intimate thinking: 'Le second objet est de savoir s'il faut laisser paraître quelque écrit sur la barbare procession de Toulouse avant l'envoi des procédures. Non sans doute' (D11211). Over five weeks later the same reticence is evident. On 23 June 1763 he informed Pierre Mariette (whose importance to the good conduct of the defence was crucial) that: 'Je pense qu'il faut bien se donner de garde de rien écrire sur cette affaire ny en vers ny en prose' (D11277).

This does little, however, to explain a parallel decision which is equally important, but more difficult to assess. Voltaire exhibits the same reticence with regard to Versailles. Although on 24 May 1763 he had unequivocally told Jacob Vernes – another member of the inner circle – that 'La tolérance ne servira de rien à moins qu'on ait des protections très fortes' (D11228), he seems again to have set his face firmly (despite his original intention: D11148) against giving any publicity to the *Traité* among those highly placed supporters. There are signs that he intended to make total caution his cardinal virtue. He had already indicated that the task of maintaining their

---

[124] Voltaire was aware that the Parlement was outraged by the outcome of the petition (D11107), and he seemed to fear that it might seize upon any pretext for disobedience as regards the transfer of the proceedings of the trial and a written explanation of its judgement. One development which had obviously given him cause for suspicion was the fact that, though Mme Calas had been given leave to appeal, the Parlement de Toulouse required payment from her for making copies of the voluminous trial records. The sum involved (1500 livres) was not insignificant (D11186-87, D11193, D11228). Though perhaps legal, that requirement – if Voltaire and others had not helped to settle it – could have had the advantage, as far as Toulouse was concerned, of slowing down the whole process. It is worth recording that, at an earlier stage, Voltaire and Mariette had feared that the Parlement might even stoop to falsifying the trial records (D11037-38, D11040).

goodwill was one which required some diplomacy: 'Les amis qu'on s'est procuré avec beaucoup de peine, se refroidiront; ce n'est pas ainsi qu'on doit conduire une affaire aussi grave et aussi importante' (D11098). Certainly those 'amis' would not have appreciated any ill-considered moves which might have complicated the situation with regard to the Parlement de Toulouse and which might have interfered with the plans that they had for it (D11107). Did he fear that they might judge the appearance of the *Traité*, even within Versailles and the upper reaches of government, as an initiative with possibly unwelcome ramifications? Whatever the case may have been, Voltaire seems to have felt that the current situation, which was still subject to certain imponderables, [125] could not bear new initiatives whose consequences were unclear.

For a full six months, while the authorities were deciding how the appeal could be heard in a court of their own choosing, while the trial proceedings were making their way from Toulouse to Paris, while the Chancelier processed them (D11341) before transmitting them to the *rapporteur* (Thiroux de Crosne), Voltaire remained silent. It was not until 18 October 1763, responding to what must have been a clear enquiry from Bernard Louis Chauvelin (D11446), that he gives an equally clear indication that he understood that the way ahead was now open (D11468):

Dès que vous aurez du loisir, j'enverrai donc à Vôtre Excellence ce qu'elle croit que je lui dois depuis le mois d'avril; mais je vous avertis, Monsieur, que ce n'est que de la prose; et voicy de quoi il est question. Lorsque la veuve Calas présenta sa requête au conseil, l'horreur que tout le monde témoigna contre le parlement de Toulouse fit croire à plusieurs personnes que c'était le temps d'écrire quelque chose d'aprofondi, et de raisonné sur la tolérance. Une bonne âme se chargea de cette entreprise délicate; mais elle ne voulut point publier son écrit, de peur qu'on n'imaginât que l'esprit de parti avait tenu la plume, et que cette idée ne fît

---

[125] One of the considerable imponderables at this time was: where is the case going to be heard on appeal? Voltaire expressed concern that, if it were referred to another Parlement, they might witness a closing of ranks and a demonstration of inter-Parliamentary solidarity (D11111, D11142-43, D11277).

tort à la cause des Calas; peut être l'ouvrage n'est-il pas indigne d'être lu par un homme d'Etat. J'aurai l'honneur de vous le faire tenir dans quelques jours.

Ensuring that copies of the *Traité* reached their destinations was to prove an arduous enterprise for both Voltaire and Gabriel Cramer. For the next eight months they found that their packets and parcels – no matter how elaborate the precautions, no matter how circuitous the route, no matter how dependable any intermediaries – were regularly intercepted. On 8 January 1764 he complained to d'Alembert that: 'un exemplaire adressé à m. Bouret, le puissant Bouret, l'intendant des postes Bouret, l'officieux Bouret, a été saisi impitoyablement' (D11628). The same day, he told the d'Argentals, to whom he had, on different occasions in the preceding six weeks, fruitlessly addressed a certain number of copies, that: 'Il n'est plus permis d'envoyer une tolérance par la poste' (D11630). Despite the assurances which he had received that the work met with the enthusiastic approval of the duc de Praslin, the duc de Choiseul, la duchesse de Grammont and Mme de Pompadour (D11518, D11528, D11544-55, D11559, D11561, D11568, D11597, D11656, D11663), he was beginning to fear, as early as 30 December 1763, that the forces of reaction had proved to be the more powerful: 'Il y a un homme qui travaille à la cour en faveur des huguenots, et qui probablement ne réussira guère. On me fait craindre que la race des dévots ne se déchaîne contre ma tolérance' (D11593, to the d'Argentals). He was to repeat those fears for the next month (D11624, D11641, D11651-53), most tellingly in a letter to d'Alembert: 'Vous trouverez peut-être, par le calcul des probabilités, combien il y a à parier au juste que les prêtres et les cagots l'ont emporté dans cette affaire, sur les ministres d'état les mieux intentionnés, et sur les personnes les plus puissantes' (D11628).

Indeed, a certain pessimism tinges Voltaire's letters all the time that he felt moved to believe that 'les clameurs du fanatisme l'emport[aient] sur la voix de la raison' (D11653) and that the various messages of the *Traité* would be successfully stifled. As late as 27 January 1764 he was still complaining that 'L'aventure de la tolérance me fait beaucoup de peine', adding incredulously, 'Je ne peux concevoir qu'un ouvrage que vous avez tant approuvé puisse être regardé comme dangereux' (D11663). Yet while saying to Mme Du Deffand 'on est effarouché, et je ne sais pourquoi' (D11665), Voltaire could not be content with such a simple profession of ignorance. While suspecting that it was the identity of the author that was causing some hostility (D11628), and employing his usual stratagem of denying all responsibility for the work (D11656, D11663-64, D11747; see also above, n.123), he had also begun to surmise that the current political turmoil was in reality dictating the draconian measures that had been put in place. He talks rather nebulously about 'la fermentation où sont les esprits' (D11663) and 'la fermentation parlementaire' (D11702), and more openly identifies the bitter arguments and the acute embarrassments being caused by problems of public finance and taxation (D11597, D11628, D11630, D11653). But he studiously avoids mentioning the fact that the suppression and exile of the Jesuit order were also still proving to be the most significant factors to a climate of discord and voluble disagreements involving state, church and Rome (D11702).

On 27 January 1764, in a letter to the d'Argentals (D11663), Voltaire blames his own approach to the chancelier, Guillaume de Lamoignon, as having proved to be counter-productive:

Enfin, pourquoi a-t-on retenu à la poste de Paris, tous les exemplaires que plusieurs particuliers de Genève et de Suisse avaient envoyés à leurs amis, sous les enveloppes qui paraissent devoir être les plus respectées? [126] Cette rigueur n'a commencé qu'après que les éditeurs ont eu la circonspection dangereuse d'en envoyer eux mêmes un exemplaire à m. le chancelier, de le soumettre à ses lumières et de le recommander à sa protection. Il se peut

---

[126] This statement should not be read literally. Voltaire is referring, in marginally coded language, to his own efforts and those of Gabriel Cramer to ensure that copies of the *Traité* reached their illustrious addressees, including the d'Argentals. It is clear from the correspondence (D11622, D11630, D11656) that a number of packets sent to the latter had not arrived.

que les précautions qu'on a prises pour faire agréer le livre soient précisément ce qui a causé sa disgrâce. Mes chers anges sont très à portée de s'en instruire. On peut parler, ou faire parler à m. le chancelier. Je les conjure de vouloir bien s'éclaircir et m'éclairer. Tout Suisse que je suis je voudrais bien ne pas déplaire en France. Je cherche à me rassurer en me figurant que dans la fermentation où sont les esprits, on ne veut pas s'exposer aux plaintes de la partie du clergé qui persécute les protestants, tandis qu'on a tant de peine à calmer les parlements du royaume. Si ce qu'on propose dans la tolérance est sage, on n'est pas dans un temps assez sage pour l'adopter. Pourvu qu'on ne sache pas mauvais gré à l'auteur.

In brief, between November 1763 and March 1764 the readership of the *Traité* is restricted. More surprising is the intellectual poverty (or political caution) of such responses as we do find to a text which is not only constructed with considerable skill but which also makes the reader the author's accomplice.

The great and the good are uncommunicative. The first recorded response is that of the duc de Choiseul (D11518, 27 November 1763) who, without compromising himself in the slightest, exhibits a mixture of nebulous enthusiasm and considerable caution:[127] 'Mme de Pompadour, Mme de Gramont, tous ceux qui l'ont lu, ou liront le livre de votre prêtre, en ont été enchantés; chacun se dit après l'avoir lu: il faut convenir qu'il a raison, et j'ai toujours pensé de même; je me garde bien de vous dire mon avis sur le fond de la matière (car le livre m'a fait un plaisir infini à lire).' The duc de La Vallière, who expressed similar 'enchantment', was a little more forthcoming. But even his missive, which conveys a greater amount of information, tells us nothing concrete or really interesting about reactions to the main thrust of Voltaire's argument (D11586):

J'ay ouy dire du mal de la tolérance, mais à peu de monde, j'en ay ouy dire beaucoup de bien, et aux gens les plus éclairés. J'ay voulu la lire sans

---

[127] He would demonstrate further caution, and an unwillingness to become too openly involved with the text – at least for the time being – when he refused a request, transmitted by the duc de La Vallière (D11586), to take responsibility for accepting (and then distributing) further copies of the *Traité*.

prévention ny pour l'auteur, ny pour les différentes façons de penser, et j'en ay été enchanté. On veut le trouver très dangereux; je le trouve très édifiant, c'est le rudiment de la morale, de la politique, et de la vertu, et si j'avois des enfans, je les ferois inoculer et leur feroit apprendre ce livre par cœur. Je vous avoue cependant que je me serois fort bien passé de la lettre au père le Tellier. Je ne la crois pas d'une grande utilité, elle ne présente que des tableaux qui sont trop honteux pour l'humanité, et elle ne regarde que des gens qui ne sont plus à craindre, du moins d'icy longtemps.

If to that meagre corpus we add Voltaire's own frequent and trenchant *pro domo* assertions that the great and the good approved highly of the work, this constitutes more or less the sum total of our information concerning the way in which governmental and ministerial circles had responded to the *Traité*.

The information concerning enlightened Paris (perhaps because of the rarity of the text) is even more elusive: Cideville, who had not had the opportunity to read the work, bids us be content with his lapidary: 'on en dit merveilles' (D11692). Fortunately Voltaire's letters to his enlightened intimates (Damilaville and d'Alembert) are more revealing of both his and their approaches to the text. They would have realised of their own accord that the *Traité* was to be construed as 'un ouvrage pour les frères' (D11523, D11568, D11577). All three understood that one of the prime intentions of the work was to discredit religious bigotry: 'je me repose sur le zèle éclairé de mon frère. Nous parviendrons infailliblement au point où nous voulions arriver, qui est d'ôter tout crédit aux fanatiques dans l'esprit des honnêtes gens. C'est bien assez, et c'est tout ce qu'on peut raisonnablement espérer. On réduira la superstition à faire le moindre mal qu'il soit possible.' [128]

[128] The same semi-covert message will be repeated on 16 March 1764 (D11783) when Damilaville will be warned that the numerous footnotes to the *Traité* also had their role to play: 'Vous les [copies of the *Traité*] donnerez à vos amis, qui les prêteraient à leurs amis, cela composerait une centaine de suffrages, qui feraient grand bien à la bonne cause, car, entre nous, les notes qui sont au bas des pages, sont aussi favorables à cette bonne cause que le texte l'est à la tolérance.' See also D11738, where Voltaire says to d'Alembert: 'Il voulait dans son texte inspirer de l'indulgence, et rendre dans ses notes les Juifs exécrables.'

Another helpful letter is addressed to d'Alembert on 13 February 1764, in which Voltaire recounts how he, Moultou and Vernes, in composing the book, had arrived at a consensus (somewhat reluctantly on his part!) concerning its essential thrust in religious matters: 'On a très longtemps examiné [...] s'il fallait s'en tenir à prêcher simplement l'indulgence et la charité, ou si l'on devait ne pas craindre d'inspirer de l'indifférence. On a conclu unanimement qu'on était forcé de dire des choses qui menaient, malgré l'auteur, à cette indifférence fatale, parce qu'on n'obtiendra jamais des hommes qu'ils soient indulgents dans le fanatisme, et qu'il faut leur apprendre à mépriser, à regarder même avec horreur les opinions pour lesquelles ils combattent.'[129] The same preference for *indifference*, or a much heightened sense of the pure relativity of religious belief (as the author of *Zaïre* had established many years before), is announced with the same frankness, one week later, in a letter to Turgot (D11718):

Il paraît que vous avez deviné que la Tolérance était d'un ouvrier qui fait des couteaux à deux tranchants. Les gens qui ont le nez fin pourront soupçonner que le bon prêtre, ami de la tolérance, n'est pas l'ennemi de l'indifférence. J'en ai fait des reproches à ce bon homme; il m'a répondu qu'il était bien fâché, mais qu'il n'avait pu faire autrement; et qu'il était impossible d'amener les successeurs des gentils à être indulgents, si on ne commençait par les rendre indifférents.

Indifference as a means of counterbalancing *enthusiasm* obviously bulks large in Voltaire's thinking. At the same time as he was exchanging views on the matter with d'Alembert and Damilaville, he was making a similar profession of faith in one of a series of letters which he exchanged on the *Traité* with his Swiss friends and neighbours. On 30 December 1763 he explained to Elie Bertrand – who was, of course, a Protestant pastor in Berne – that his critics

---

[129] D11695. Entering into the spirit of the game, d'Alembert replied (D11720), embroidering in even stronger language on 'cette maudite indifférence si raisonnable et si pernicieuse'. The first reference to 'indifference' occurs in a letter to Moultou of 9 January 1763 (D10897).

who had accused him of irreligion in the *Traité* were mistaken: 'Si ce texte, mal entendu peut être, par ceux qui n'en croient que leurs lumières, et à qui la foi manque, inspire malheureusement quelque indifférence, cette indifférence peut produire du moins un très grand bien, car on se lasse de persécuter pour des choses dont on ne se soucie point, et l'indifférence amène la paix' (D11590).

The Swiss, much better placed to procure the *Traité* than the Parisians, have left a marginally better documented record of their reactions to it. The earliest comments date from the beginning of February 1763. They were not favourable. The pastor Etienne Chiron,[130] obviously reporting his conversation with Moultou and Vernes, was perturbed by what he had heard: 'Ces messieurs y ont trouvé des traits bien vifs et bien saillants contre la persécution, des réflexions et des raisonnements admirables, mais beaucoup aussi qui peuvent offenser et aigrir les esprits'. Similar reproachful sentiments, couched in more measured language, were also voiced by Elie Bertrand and François Louis Allamand (D11562, D11576, D11621). Both men — though Bertrand was more direct and less gushingly enthusiastic than Allamand — clearly coming very much from the lineage of Bayle and Locke, were in no doubt that Voltaire, the opponent of revealed religion and the proponent of indifference, was mistaken in his analysis, and that the duty to be tolerant flowed, as Bertrand said, from the Christian's awareness of his fraternal duty towards his fellow-men: 'l'amour fraternel et la charité qui sont les devoirs essentiels de la religion du sauveur, sont aussi les vrais motifs de la tolérance. Ce n'est donc pas le

---

[130] At exactly the same moment, in the Languedoc, the pastor Paul (or Pierre) Encontre, who had somehow been given the opportunity to peruse a manuscript copy, reacted uncompromisingly to its irreligion in a letter to Paul Rabaut: 'J'y ai trouvé bien du bon. Mais que de poison mêlé! Et qu'il est à craindre que le plus grand nombre, jugeant de la valeur de cet ouvrage par l'incrédulité qu'y manifeste son auteur, ne l'improuvent entièrement, et qu'ainsi sans produire aucun bien, il ne produise le mal d'inspirer du mépris pour nos livres saints et pour la religion qui y est enseignée.' This letter, and the letter of Chiron (see above), are quoted in Coquerel, *Histoire des églises du désert*, ii.338-39.

christianisme qui a produit l'esprit de persécution si contraire à cette religion de paix, de douceur, de patience' (D11562). Allamand, no less Christian, no less a defender of inner enlightenment than Bertrand, spends more time engaging in reflections on Voltaire's spirituality. While Bertrand makes two general exhortations,[131] Allamand (D11621) makes two directly personal appeals based on his keen regret that 'cette plume d'Or' is not devoting itself to the task of defending religion, humanity and toleration as a Christian writer 'parce que la Religion & l'Humanité méritent seules une telle plume, & en auraient grand besoin. [...] Je voudrais seulement que vous fussiés aussi bon chrétien que vous mérités de l'être. Croiés moi, Monsieur, il est un Christianisme qui mérite que vous en preniés connaissance. Ne vous fâchés pas, j'appelle, comme les autres, un bon chrétien, celui qui l'est à ma mode, & vrai christianisme, celui que je trouve, moi, dans le N.T.'

There is little doubt that Voltaire could take such well-meant sermonising in his stride. What he was less able to accept was any expression of ingratitude on the part of the Swiss as regards his advocacy of Huguenot civil rights in France and the 'recall' of the Huguenots of the diaspora. We have already seen that innumerable pieces of the mosaic which form the *Traité*, read in conjunction with a considerable number of Voltaire's letters stretching from January 1763 (D10870) to March 1764 (D11738), indicate that one of the major components of the *Traité* – considered as an important political document – is Voltaire's championing of the essential Protestant presence in a reinvigorated France capable of competing with the best in Europe. In fact, on more than one occasion early in 1764, he had managed to demonstrate in a number of small ways that the government

---

[131] 'Rendez tous les hommes de vrais chrétiens, & il n'y aura plus de guerres de religion, ni schisme, ni sectes, ni disputes' (D11562) and 'purgez la terre de ces monstres qui l'ont si souvent désolé, vous vous couvrirez d'une gloire immortelle, mais respectez la révélation, ce système moral si admirable communiqué du ciel aux mortels' (D11576).

could be persuaded to act in a manner that he considered to be worthy of true statesmen. There had been, for example, his successful intercession, in January 1764, with the duc de Choiseul, on behalf of Claude Chaumont, a poor Calvinist cobbler condemned to the galleys on 15 March 1751 (D11637, D11702, D11706, D11730, D11748, D11751). A month later he interceded on behalf of, not one, but twenty-four *galériens* (D11700, D11740). Initially he was unsuccessful (D11750). But in a moment of inspiration, remembering that the duc de Choiseul intended to colonise Guyana, he had the idea of attempting, via Louis Necker, to persuade those same unfortunates to secure their freedom by contracting to help exploit the new territory (D11785-86, D11813). The initiative came to nought because the *galériens* themselves could not be persuaded to take the step. But the generous gesture, which might also have had financial implications for Voltaire himself, had been made.

It was the considerable feats of diplomacy which Voltaire had achieved with the *Traité* on behalf of the Huguenot cause, his continuing advocacy of it in his correspondence, and no less his interventions on behalf of Calvinist *galériens* which incited him to believe that any expression of disapproval levelled at the *Traité* from within Switzerland was *ipso facto* short-sighted, ungrateful, insensitive and dissociative. We must note, however, lest Voltaire be accused of suiting his discourse to his listeners, that his defence of Protestant interests is not an example: 'Nous nous faisons tout à tous, comme L'apôtre' (D10613). Of the twenty-two letters which speak of the much-desired advent of civil toleration, fifteen are addressed to Protestants, while seven are addressed to the d'Argentals, Damilaville or d'Alembert. There is also every reason to believe that the (lost) letters to Choiseul and Praslin broached the same topic. But it is understandable that Voltaire should have been both irritated and incredulous that some of the people, on behalf of whom his humanitarian endeavours had been expended, should have the gall to criticise his advocacy. See, for instance, his letters to Moultou: 'Est-il vrai, mon cher philosophe, que vous aiez rencontré

des gens assez intolérables pour être choqués du livre de la Tolérance? Ces gens là sont pourtant de l'espèce en faveur de laquelle le livre a été écrit, et je serais fâché qu'ils fussent de l'espèce des chiens qui mordent ceux qui leur donnent à manger' (D11571); and Elie Bertrand: 'Mon cher philosophe, tandis que le traitté de la Tolérance trouve grâce devant les catholiques, je serais très affligé qu'il pût déplaire à ceux mêmes en faveur desquels il a été composé. Il y aurait, ce me semble, peu de raison et beaucoup d'ingratitude à eux, de s'élever contre un factum fait uniquement en leur faveur' (D11590).

Reactions to the *Traité*, in France[132] and Switzerland,[133] are meagrely documented, but seem clearly to be more mitigated in the latter, slightly more enthusiastic in the former. What is striking, however, particularly in the case of Paris, is the evident rarity of the work. Documented reactions to it are hence strictly limited, and such as there are tend to retail hear-say judgements (for example, *MS*, ii.7-8). The 'Nouvelles à la main' mention the *Traité* twice, once to report its existence, and once to report that it was extremely rare.[134] Even Grimm had to report that 'grâce aux sages précautions du gouvernement prises contre le *Traité de la tolérance*, le *Portatif*, et d'autres ouvrages pernicieux, les nouveaux livres de philosophie seront bientôt aussi difficiles à trouver à Paris qu'à Constantinople' (*CL*, vi.132; 1 December 1764),

It would appear that official reactions to the *Traité*, despite the support and enthusiasm of enlightened ministers, were ambiguous.

---

[132] There is, for example, no record of Diderot's reaction to the *Traité*. We know that he ordered twenty-five copies from Damilaville towards the beginning of March 1764; we also know that he was well aware of its drift: 'Ils [les exemplaires] sont tous pour les bienveillants de l'homme et de la cause. Leur devise est aussi: Proscrivez l'Infâme' (Roth, no. 317; iv.287).

[133] We should add to the chorus of disapproval in Switzerland the hostile reactions of the Consistoire de Berne (D11575) and of Jacob Vernet (see Graham Gargett, *Jacob Vernet, Geneva and the philosophes*, SVEC 321, 1994).

[134] See François Moureau, *Répertoire des nouvelles à la main* (Oxford 1999), p.300-301.

Though Versailles had been indicating for some ten years that it would welcome a solution to the problems created by the Revocation of the Edict of Nantes and by the Edict of Fontaine-bleau, it consistently took exception to contributions to the debate, which it had not invited and which were formulated in ways which it found to be unacceptable. One of the least ambiguous indications that the authorities were uncomfortable with the Calas case and its aftermath was their inactivity when opposition towards the *Souscription pour l'estampe de la famille Calas* (the engraving by Jean-Baptiste-Joseph de Lafosse of the famous Carmontelle water colour) materialised in August 1765 within the Parlement de Paris.[135]

The manner in which Voltaire's contemporaries reacted to the *Traité* is hence largely an imponderable. It might none the less be helpful to consolidate here the various comments he made to his correspondents during the period in which the *Traité* was being elaborated. On the evidence of these letters – read with an eye to the text itself – we can be sure that Voltaire paid particular attention to form and content. It is clear from a variety of comments (for example, D10885, D10930) that, despite its generic title, the *Traité* was never intended to be a systematic discussion of the problem of tolerance, and the principles underlying it.[136] He set

---

[135] See Grimm, *CL*, vi.343-45, xvi.352-63; *Mémoires secrets*, ii.373-74.

[136] We have here a series of problems. Let us start by saying that there is, in the deliberate choice of the generic term of *Traité*, the possible intention on Voltaire's part either to subvert its meaning or to recuperate its significance: a treatise in the eighteenth century was generally understood to be a vehicle for the transmission of established fact, of consensual or objective truth. However, the uncertainty or fluctuation which he himself (and his correspondents, who were influenced by his own recurring vocabulary) demonstrated as regards the title which the content seemed to justify proves indirectly that Voltaire's usage in this particular instance is – deliberately – unusual. He himself will almost always refer to the work as *La Tolérance*: in no less than *sixty* letters, going from D11209 to D12035, that is his customary denomination for the work. The fluctuations, with their frequency, are: 'traité de la tolérance' (D11498, D11590); 'livre sur la tolérance' (D11633); 'livre de la tolérance' (D11571, D11671, D11711). In only seven letters will he call his work 'traité sur la tolérance' (D11305, D11508, D11553, D11628-29, D11650, D11664). On one

out to produce a piece of writing which was neither abstract (not a repetition of Bayle or Locke) nor like the aggressive declamatory pleading of the Protestant apologists (see D10885). Voltaire knew that his own text had to speak unpretentiously from the heart to the heart about problems of common concern. It had hence not merely to be readable (D10988) but also pleasantly readable (D10597). That pleasantly readable text had further to be a text which was 'très court et un peu salé' (D10885), a 'ragoût' which had been seasoned with a judicious mixture of 'quelques poignées de sel et d'épices',[137] a work in which 'le ridicule' was the companion of 'la raison' (D10897).

The 'mutism' of the readers of 1763-1765 is, for the historian, a matter for considerable regret. But, faced with their silence, we should not succumb to the temptation to make it good. Voltaire's contemporaries did not react to his text in the same ways as his modern readers react; the latter should not therefore impose their own interpretations upon the former. Among numerous examples which could be quoted in support of scholarly caution is Voltaire's treatment of the Jews.[138] The modern reader may react negatively to Voltaire's position, particularly in chapters VIII and XII-XIII, but there is nothing to suggest that his contemporaries saw it as

occasion (D11632), he refers to it as 'un éssai sur la tolérance', a title which is fortuitously echoed in the *Nouvelles à la main* (éd. François Moureau, p.300). Among his correspondents (who unanimously echo his preferred usage), we find, however, the duc de La Vallière calling the work 'Le tolérantisme' (D11512), while Cideville calls it 'un discours sur la tolérance' (D11692). On the question of the title and the problems of interpretation which it creates, see the *mise au point* by Sylvain Menant, 'Le titre et le genre du *Traité sur la tolérance*', in *Etudes*, ed. Cronk, p.136-49.

[137] Under this general rubric we must also place Voltaire's 'pleasantries'. Though they may not have been to everyone's taste – mixing as they did either the burlesque or the flippant with the serious – recorded instances of complaints on this score are rare: they were expressed by the duc de La Vallière (D11586), Elie Bertrand (D11631) and Charles de Brosses (D12277).

[138] See Marie-Hélène Cotoni, 'Ambivalences et ambiguïtés dans le *Traité sur la tolérance*, in *Etudes*, ed. Cronk, p.183-87. Voltaire's deliberate presentation of the Jews as a tolerant people is illuminatingly (if offensively) explained in D11747.

scandalous. In fact, considering various letters written by or to Voltaire which make for painful reading today (D11453, D11695, D11720, D11738, D11747) against the usual advanced, erudite positions which were adopted at that time in Europe, we shall find that Voltaire and his correspondents were in no way exceptional.

Another clear indication of our inability to read the text in the same way as Voltaire's contemporaries is to be found in the fairly standard present-day response to the ending of the *Traité*: after the emotional high point of chapter XXIII (the 'Prière à Dieu'), today's readers see the text as meandering to its conclusion through a series of deliberate, but unfortunate, additions: 'Post-scriptum', 'Suite et conclusion' and 'Article nouvellement ajouté', which (supposedly) add little to the work but combine to marginalise its 'natural' conclusion which is the 'Prière à Dieu'.[139] But this view gives us a false perspective on the work, and perhaps displaces the weight of its impact. In the 'Prière' Voltaire invites us to place our destinies in the hands of a fairly nebulous Being, who might or might not be moved to intervene in human affairs. It is true that the last paragraph of the 'Prière' is an exhortation addressed to men ('Puissent tous les hommes se souvenir qu'ils sont frères'), but the final unassailable vision with which the reader is left is still that of a Being whose 'bonté [...] nous a donné cet instant'.

---

[139] See René Pomeau, in his edition of the *Traité* (Paris 1989, p.25): 'On peut regretter qu'il ait jugé bon d'ajouter après son chapitre vingt-troisième encore trois chapitres de "post-scriptum", pour tenir compte de l'état présent de la polémique et des progrès de l'affaire Calas. En réalité, le *Traité* culmine et conclut avec l'impressionnante "Prière à Dieu".' On the content of this chapter, see René Pomeau's 'La "Prière à Dieu": théisme et tolérance', in *Etudes*, ed. Cronk, p.1-6. In their edition of the *Traité* produced in Geneva [1948], and in recognition of such preferences, Emmanuel Berl and Adrien Lachenal did suppress what comes after the 'Prière à Dieu'. Paradoxically (and in ironic contrast) they remain – if I am not mistaken – the only modern editors to respect the typographical presentation of Voltaire's notes which is as much part of the organic reality of the work as is the additional material which follows the 'Prière'.

If this is the final ending to the work, we have to ask: what becomes of the essential dialogic nature of the *Traité* with its readers? Voltaire has constantly been at pains to identify the problems of intolerance and persecution as man-made, and has just as constantly suggested that the solutions to them will also be man-made. Yet a *Traité* which finished on the 'Prière à Dieu' would be a *Traité* whose global dialogic nature would be nullified. We have only to refer to all the published editions of the work (leading up to the definitive version which was to appear in the *Nouveaux mélanges*) to see that Voltaire was adamant in his assessment that the essential role in man's salvation had to be played by man himself. Immediately preceding what seems to be a 'mirror image' of the 'Prière à Dieu', the untitled 'Prosopopée de la Nature' which was the conclusion to the work between 1763 and 1765, we read an unambiguous indication that the final, considered judgement to the work will insist upon human agency: 'Cet écrit sur la tolérance est une requête que l'humanité présente très humblement au pouvoir et à la prudence. Je sème un grain qui pourra un jour produire une moisson. Attendons tout du temps, de la bonté du roi, de la sagesse de ses ministres, *et de l'esprit de raison qui commence à répandre partout sa lumière.*'[140] Nothing in turn can be less ambiguous than the last paragraph of the Prosopopée itself, with its final ringing *mouvement ternaire*:

Il y a un édifice immense dont j'ai posé le fondement de mes mains: il était solide et simple, tous les hommes pouvaient y entrer en sûreté; ils ont voulu y ajouter les ornements les plus bizarres, les plus grossiers, et les plus inutiles; le bâtiment tombe en ruine de tous les côtés; les hommes en prennent les pierres, et se les jettent à la tête; je leur crie: Arrêtez, écartez ces décombres funestes qui sont votre ouvrage, et demeurez avec moi en paix dans l'édifice inébranlable qui est le mien.

The *Traité*, with its different styles and different tones, is clearly

---

[140] P.261; my italics. We should note that the same type of exhortations which we find being addressed to God in the 'Prière' are now addressed by Nature (in fact God himself) to man, the arbiter of his own destiny.

a text which invites its readers to initiate a dialogue with it. It is a text which is rich and complex, for between the *entrée en matière* and the 'Article nouvellement ajouté', between the problem of the 'crime' supposedly committed by Jean Calas and his rehabilitation, [141] it manages to be all of the following: a defence and illustration of the spirit of mutual understanding, a meditation on the philosophy of history, a subtly constructed argument in favour of the promulgation of an edict of civil toleration, a fundamental attack on *l'infâme*, a passionate plea in favour of the rights of reason, of liberty of expression, [142] and of the purest form of natural religion. It is all those things, and yet it is a work of perfectly coherent unity. But above all, it perhaps illustrates a paradox: human experience in the last two hundred years or more, and continuing human experience, contradict Voltaire's optimistic assessment of human potential, and no less man's ability to exploit it for the good of all. Yet it is his own impassioned fervour which encourages us to hope despite ourselves. The inescapable fact is that the *Traité* – which might qualify as the vehicle for a modern

[141] When we attempt to situate the *Traité* as a historical phenomenon, we have to suggest that the text had – for three reasons – to finish in precisely the manner that it did after the 'Prière à Dieu': Voltaire had to demonstrate to his public(s) that *la philosophie* was not only vigilant, but also that it did not abdicate its responsibilities once it had committed itself. Moreover – second explanation – he had to show (in this age when the keen interest which his public(s) took in 'crime' and criminality is abundantly demonstrated by the equally abundant literature devoted to *les causes célèbres*) how – the very laws of this type of literature demanded it – the vigilance of the judges and sundry investigators had defeated the malice of the wicked and the ill-intentioned, and how innocence had finally triumphed. He had also – given the dialogic nature of his work – to indicate what could be the very fortunate results of a partnership between the most advanced intellectual elements of the nation and Power itself acting in unison for the greater good of all. The 'Article nouvellement ajouté', which provides the logical conclusion to the *affaire Calas*, looks resolutely therefore towards the future.

[142] It is worth noting that the very final word of the *Traité* since 1765, which deliberately condemns 'cette sombre superstition qui porte les âmes faibles à imputer des crimes à quiconque ne pense pas comme elles', has been so imprecisely formulated as to be applicable to any form of intolerance, religious or otherwise.

myth[143] – is above all a genuine masterpiece of eloquence and persuasion. [144]

6. *Editions, extracts and translations*[145]

Although only three editions of the *Traité* date from 1763 it is still not totally clear how a small number of their textual problems are to be resolved. In fact, little of positive value can be gleaned from a concerted examination of both the editions themselves and Voltaire's correspondence since most of the letters which

[143] The extent to which Voltaire knew that he was engaged in such an activity does not concern us here. The reader will however learn with interest that Benjamin Franklin had the following observation to make on the glowing reference to Pennsylvania in chapter IV (D12112): 'I have lately receiv'd a Number of new Pamphlets from England & France, among which is a Piece of Voltaire's on the Subject of Religious Toleration. I will give you a Passage of it, which being read here at a Time when we are torn to Pieces by Faction religious and civil, shows us that while we sit for our Picture to that able Painter, tis no small Advantage to us, that he views us at a favourable Distance.'

[144] When literally every page of the *Traité* is a page for commentary of the highest complexity, it is evident that the question of Voltaire's rhetoric is the fundamental problem which every reader will have to examine. Here the power of the word is to be assimilated to the power of seduction. It was upon that ability to seduce that the abbé Claude-Adrien Nonotte sorrowfully insisted in *Les Erreurs de Voltaire* (6th edn, Lyon 1770, 'Discours préliminaire', i.iv-vi, viii-ix, ix-x, xi, xii, xv, xvi, xviii, xxi, xxii, xxiii, xxvi-xxvii, xxviii, xxix, xxx-xxxi, xxxiii, xxxviii, xlii, xlvi, xlvii, 'Avant-Propos', ii.ii, iii, v, vii, viii, xvi, xxiii, xxxi). It was also that ability to seduce that annoyed Marc Chassaigne in *L'Affaire Calas* (Paris 1929). Using all the effects and strategies of his vast repertory, Voltaire endeavours (successfully) to subjugate the reader to the point where the *je* and the *nous* of the text become synonymous without the reader's being consciously aware of the fact. One of the most fascinating aspects of this text (as it is of the *Lettres philosophiques*) is moreover the temptation – which the reader progressively experiences – to create a composite picture of the *je* of the text considered from the moral angle.

[145] This section was prepared with the assistance of Jeroom Vercruysse. Important supplementary information was provided by Giles Barber and Charles Wirz.

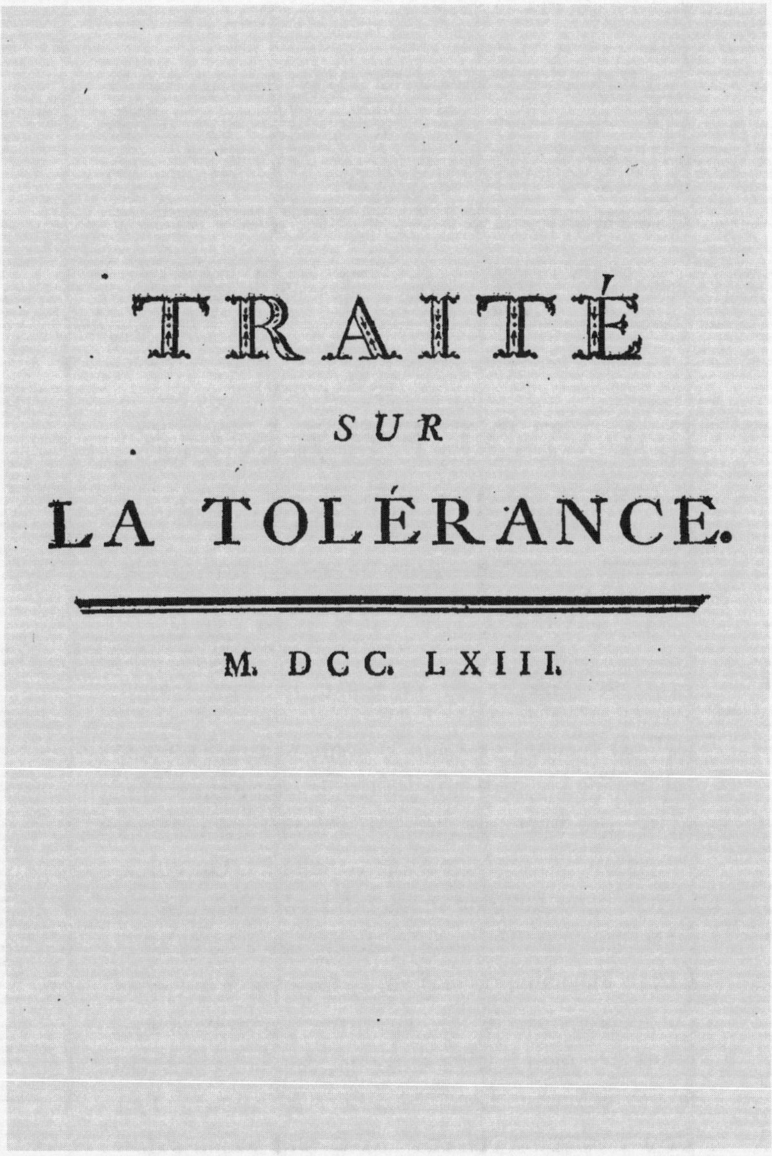

TRAITÉ

SUR

LA TOLÉRANCE.

M. DCC. LXIII.

Figs 1-3: Three pages from an early Cramer edition, 1763

TRAITÉ
SUR
LA TOLÉRANCE,
A l'occafion de la mort de Jean Calas.

CHAPITRE PREMIER.

Hiſtoire abrégée de la mort de Jean Calas.

LE meurtre de *Calas*, commis dans Touloufe avec le glaive de la Juſtice, le 9me Mars 1762, eſt un des plus ſinguliers événements qui méritent l'attention de notre âge & de la poſtérité. On oublie bientôt cette foule de morts qui a péri dans des batailles ſans nombre, non-feulement parce que c'eſt la fatalité inévitable de la guerre, mais parce que ceux qui meurent par le fort des armes, pouvaient auſſi donner la mort à leurs ennemis, & n'ont point péri ſans ſe défendre. Là où le danger & l'avantage ſont égaux, l'étonnement ceſſe, & la pitié même s'affai-

A

92 *Traité fur la Tolérance.* CHAP. XII.

les Juifs adorerent toujours dans le Défert *Moloc*, *Remphan* & *Kium.* *Jérémie* dit expreſſément, que Dieu ne demanda aucun facrifice à leurs peres quand ils fortirent d'Egypte. *St. Etienne*, dans fon Difcours aux Juifs, s'exprime ainſi : " Ils adorerent l'Armée „ du Ciel, ils n'offrirent ni facrifices ni hofties dans „ le Défert pendant quarante ans, ils porterent le Ta-„ bernacle du Dieu *Moloc*, & l'aſtre de leur Dieu „ *Rempham.*

Jérém. Chap. 7, v. 22.

Actes des Ap. Ch. 7, v. 42.

D'autres Critiques inferent du culte de tant de Dieux étrangers, que ces Dieux furent tolérés par *Moïſe*, & ils citent en preuves ces paroles du Deutéronome: *Quand vous ferèz dans la Terre de Canaan, vous ne ferez point comme nous faifons aujourd'hui, où chacun fait ce qui lui femble bon.* (b)

Deutér. Chap. 12, v. 8.

(b) Pluſieurs Ecrivains concluent témérairement de ce paſſage, que le chapitre concernant le Veau d'or (qui n'eſt autre chofe que le Dieu *Apis*) a été ajouté aux livres de *Moïſe*, ainſi que pluſieurs autres Chapitres.

Aben-Ezra fut le premier qui crut prouver que le Pentateuque avait été rédigé du temps des Rois. *Volaſton, Colins, Tindale, Shaftsburi, Bolingbroke*, & beaucoup d'autres ont allégué que l'art de graver fes penfées fur la pierre polie, fur la brique, fur le plomb, ou fur le bois, était la feule maniere d'écrire : ils difent que, du temps de *Moïſe*, les Chaldéens & les Egyptiens n'écrivaient pas autrement, qu'on ne pouvait alors graver que d'une maniere très-abrégée, & en hiéroglyfes, la fubſtance des chofes qu'on

could have thrown light on the unfolding history of the work's preparation for publication are conjecturally dated. The reader can none the less reconstitute a reasonably detailed outline of the first edition of the *Traité* by consulting section 4 of the Introduction, and the Chronology. Probably planned as early as August 1762 (D10652, D10665), and perhaps on the stocks by the end of October 1762 (D10778), a first draft of a complete text was sent to Paul-Claude Moultou on 2 January 1763 (D10877). It is clear that – during the month of January 1763 – Voltaire was still involving both Moultou and Jacob Vernes in the theological aspects of the work (D10885, D10897, D10930). By the end of February 1763 Voltaire was already correcting the third sheet of proofs (D11045), and on 4 March 1763 sent back to Cramer sheets E-G (D11068). It is not at all clear, however, when the work of composition was complete. Although the letters which might have cast some much-needed light on that problem (D11140, D11148) are conjecturally dated, it might not be unreasonable to suggest that the first edition was in existence, either in complete sheet, or made-up, form some time in April 1763. Voltaire did not, however, start to distribute the work (sparingly) until the end of the year.

63A

TRAITÉ/ SUR LA/ TOLÉRANCE./ [*double rule: thick-thin*]/ M.DCC.LXIII. /

Sig. *ij, A-N^8, O^2; pp.iv.211 [i].

The first line is in ornamental type.

Title [i], Table/des/Chapitres [iii]-iv; text in 25 chapters [i blank]-211 with a *Nota Bene* concerning an erroneous reading of *Ezechiel* XXXIX, [and i blank] Errata indicating 10 items for correction : p.19, line 14; p.45, penultimate line; p.52, line 16; p.70, line 10; p.80, line 8; p.96, line 2; p.102, line 15; p.125, line 11; p.141 last line; p.149, lines 17-18.

Printed on various types of mediocre quality paper watermarked:

(1) Auvergne with grapes and dated '1742', (2) Auvergne 'moyen'. The typographical practices and presentation: sheet catchwords and the type of off-centre signatures suggest a French style of workmanship. This is almost certainly the first Cramer edition. The *Journal de la Libraririe*, recording the first official awareness of this work on 1 December 1763, makes explicit reference to the Cramer brothers but, as is equally evident from the text, the police had not yet seen a copy : 'De la Tolérance. Volume in 8° d'environ 160 pages' [could this, however, be a more precise reference to 63C?] 'imprimé à Genève par les frères Cramer. L'auteur M. de Voltaire, en a envoyé trois exemplaires à M. le duc de Choiseul' [see D11512, D11528, D11534: the copies were surely those read by him, the duchesse de Grammont and Madame de Pompadour]. 'Cet ouvrage qu'on dit très fort, est intéressant et bien fait. Il n'est pas encore répandu ici' (Paris, BNF, ms. F22163, f.69v). Voltaire himself possessed three copies of this edition in his library. One of them (BV3802) carries traces of reading and even corrections in the hand of Wagnière.

BNF: 8° Ld^{176} 672; Z Beuchot 862; Paris, Arsenal 8° T 10245; Albi, Bibliothèque Rochegude; Bruxelles, BR FS 229A; IMV D Traité 3/1763/1; BL 1248.d.1; Oxford, Bodley Godw 8° 228(2); National Library of Scotland Ne 777.b.6; US Library of Congress; Harvard University Library; Yale University Library.

63B

TRAITÉ/ SUR LA/ TOLÉRANCE./ [*double rule: thick-thin*]/ M.DCC.LXIII. /

Sig. *ij, A-N^8, O^3; pp.[iv] [ii bl.] 213 [i].

Title [i], Table/Des/Chapitres [iii]-iv, text in 25 chapters [i blank]-213, [and i blank] Errata [this sheet is exactly the same as 63A, but with two slight modifications: the original page 19, line 14 has become p.19, line 12; page 102, line 15 has become page 102, line 11. This shift is explicable by the fact that the running title has been counted as a line]. Despite the reappearance of the Errata, all the original typographical mistakes have been corrected in the text.

Printed on mediocre quality paper watermarked Auvergne with grapes, where the name B MEZ... and also the date '1742' can be read. This edition presents in the same way exactly as 63A with, however, two important cancels, the first on page 39 in chapter IV, the second (comprising nine new paragraphs) on pages 209-11 in chapter XXV. On page 213 the original NB of 63A has disappeared. Given the identical typographical practices and presentation, everything suggests that 63B is a revision and a reissue of 63A, and that it comes from the same press with exactly the same sheet catchwords and off-centre signatures. Certain anomalies are to be seen: signature Liii is numbered Liiij; page 71 is numbered 7. A copy, with traces of reading, is in Voltaire's library (BV3803). This edition, unknown to Bengesco, was first indicated by J. Vercruysse, 'Notes sur les imprimés et les manuscrits de la collection de Launoit', *SVEC* 20 (1962), p.252, and then described in slightly more detail by Th. Besterman, 'Some eighteenth-century Voltaire editions unknown to Bengesco', *SVEC* 64 (1968), p.129 and *SVEC* 111 (1973), p.190. It should be pointed out that this reissue comes in two slightly different forms: the Taylorian copy has the same text exactly as the IMV, but with typographical differences: some of the signatures have moved slightly; the word Traité in the *faux titre* at the beginning of the text is in plain characters (whereas, in the IMV copy, the characters are ornamented); the Table des Chapitres is at the end (whereas, in the IMV copy, it is at the beginning). With this reissue we encounter a problem to which, for the moment, there is no ready answer. On pages 21 and 22, one finds three typographical errors: prèfere; psus (page 21); lès Oliveretto (page 22) and one error of punctuation: dans les esprits et elle finirait [...] (page 21) which appear in 63A in the following forms: préfère; plus; les Oliveretto; dans les esprits, et elle [...]. Since corrected forms necessarily antedate faulty forms, and since it is clear that – in terms of editions – 63A cannot precede 63B, one of the hypothetical explanations for this problem is that Cramer was using uncorrected sheets from an earlier state of 63A. It is not clear when Voltaire had the idea of (or felt the necessity to) modify the text of the *Traité* because the only letter in which he makes clear reference to this edition is conjecturally dated. In D11458 to Gabriel Cramer, *c.*11 October 1763, he writes: 'Je vous supplie de m'envoier deux tolérances, afin que je grifonne quatre cartons sur l'une et que je garde l'autre en témoignage.' The only edition which has cancels important enough to warrant such measures – or which has a number of cancels at all – is this one. It has in fact not four but two significant cancels which are to be found in chapters IV and XXV. The second is the more important, and concerns the way in which the Parlement de Toulouse allowed for the additionality of elements of 'proof' in establishing guilt. The cancel starts with the words: 'J'apprends que le Parlement de Toulouse et quelques autres tribunaux ont une jurisprudence singulière; ils admettent des quarts, des tiers, des sixièmes de preuve. Ainsi, avec six ouï-dire d'un côté, trois de l'autre, et quatre quarts de présomption, ils vous forment trois preuves complètes; et sur cette belle démonstration, ils vous rouent un homme sans miséricorde.' Voltaire had raised this specific problem in similar terms in letters to Végobre on 6 August [1763] and 8 August (D11342, D11347), and had returned to it on 12 September (D11412). This is also the edition read by Benjamin Franklin who, in a letter to Henry Bouquet of 30 September 1764 (D12112) thought that the nine paragraphs in question were one 'of those Pleasantries that mark the Author as strongly as if he had affix'd his name.'

Bruxelles, BR FS 230A; IMV D Traité 3/1763/2; Oxford, Taylorian V 8 1763 (1) et V 8 T 1763 (2); University of London Library; Brotherton Library, University of Leeds.

63C

TRAITÉ / SUR / LA TOLÉRANCE. / [*double rule: thick-thin*] / M.DCC. LXIII. /

Sig. *ij A-L^8, M^4; pp. iv.183 [i bl.].

First line in ornamental type (which will be a feature of 64B). Typographical band p.[1]

Title [i], Table des matières [iii]-iv, text in 25 chapters [1]-183. The NB of 63A has disappeared. All the mistakes of the earlier Errata have been corrected in the text.

Printed on various types of paper watermarked: (1) Auvergne where the name LE GAL (?), the date '1742', and (2) J. SAUVADE can be read. The typographical practices and presentation: sheet catchwords and the off-centre signatures seem to suggest a French type of workmanship. It is not clear whether this is a Cramer edition, but the fact that – on 20 November 1763 – Voltaire himself sent a copy of the *Traité* to the duchess of Saxe-Gotha (D11510), and that this edition in 183 pages is to be found in the Herzögliche Bibliothek in Gotha, seem to point to such a provenance.

BNF: 8° Ld^{176} 672C; Z Bengesco 284; Paris, Arsenal 8° T 10241; Bibliothèque de la Ville de Rouen; Bibliothèque de Versailles; IMV D Traité D/1763/3; Bibliothèque cantonale et universitaire, Lausanne Ava 1204 (1); Gotha, Herzögliche Bibliothek; Oxford, Taylorian V 8 T 1763 (3); Boston Public Library; Yale University Library.

64A (1763)

TRAITE / SUR LA / TOLÉRANCE. / [*typographical ornament*] / [*double rule*: *thick-thin*] / M.DCC. LXIV. /

Sig. []^2, A^8-Q^4 [alternating 8/4]; pp.iv-191 [i blank];.

Title [i], Table des Matières [iii]-iv, text in 25 chapters [i]-191.

Typographical band p.1. Eight different types of typographical ornaments: (1) p.17, 18; (2) p.20, 75 repeating the central motif in the title ornament (a vase); (3) p.26, 126; (4) p.38 (composition); (5) p.84, 151; (6) p.137 (composition); (7) p.141; (8) p.145.

Printed on Anjou moyen paper watermarked with grapes where the name A. LEROT and also the date '1742' can be read. The typographical practices and presentation: sheet catchwords and the type of off-centre signatures confirm that this is a French edition which Bengesco thought was Parisian (and probably therefore the edition printed by Merlin). The clearest pointer which leads us to believe that Voltaire was already in contact with Merlin occurs in D11610 (1 January 1764 to Gabriel Cramer): 'Souvenez vous, je vous en conjure, de recommander à Merlin de mettre Madianite au lieu de Moabite, à la page 109 de la Tolérance.' It may (or may not in this specific instance) be significant that Voltaire had already raised the question of this precise textual correction with Cramer on *c*.5 December 1763 (D11532). Other references to the Merlin edition are to be found in D11673: 'Merlin a été mandé pr la tolérance par le Lieutenant de police.' That letter is tentatively dated January/February 1764.

BNF: 8° Ld^{176} 672E; IMV D Traité 3/1764/2; Yale University Library Hfd. 3. 766; University of Michigan, Ann Arbor.

64B (1764)

TRAITÉ / SUR LA / TOLÉRANCE. / [*ornament*] / [*double rule*] / M.DCC.LXIV. /

Sig. [ ]^2, A-N^8, O; pp.iv. 210.

Title [i], Table des Matières [iii]-iv, text in 25 chapters. This edition includes on p.210 the note on Ezekiel (see above 63A). This edition simply reproduces 63A.

First line in ornamental type. The title ornament is an anonymous woodcut (drapery). Seven different types of ornament: (1) p.18, 54, 161, 195 (ornamental woodcut); (2) p.21, 63, 82, 127, 152, 172; (3) p.28 (ornamental woodcut); (4) p.168 (ornamental woodcut); (5) p.49, 100, 203; (6) p.41; (7) p.141, 182 (ornamental woodcut).

Printed on good quality paper, watermarked with grapes, where the name POMIAIN and also the date '1762' can be read. Sheet catchwords. The off-centre signatures present anomalies: gathering A: Aij, A_3, A_4; gathering E: C_4 for E_4; gathering F: number 2 in italic. Running title on p.91 reads chapitre VIII for chapitre X. This type of presentation points to an example of hasty French workmanship. Bengesco thought that this edition could be either Rouen or Paris.

Although Voltaire quite frequently expressed the wish (which was rather more sincere on this occasion than such expressions normally were) that the *Traité* should not be allowed to fall into the hands of booksellers-publishers and that it should be given only to friends who were discreet (D11561, D11653, D11656, D11679, D11681), copies of a pirate edition were discovered in Paris by the police in the days leading up to 7 April 1763 (D11818, D11879). The police report reads: 'Personne [the *colporteur* in question] a déclaré que P. Machuel, libraire à Rouen, rue Ganterie, lui avait envoyé, il y a environ quinze jours, en 2 différentes fois, par Bordet, commissionnaire des courriers de la poste de Rouen, demeurant rue des Fossés-Saint-Germain, à l'hôtel de Lizieux, 46 exemplaires du livre de la Tolérance, édition contrefaite sur celle de Genève [...].' The scarcity of the work is indicated by the prices which Personne felt bold enough to charge which varied between 4 livres 10 sols, 7 livres 10 sols, and 9 livres (D11818). Voltaire himself was aware of the existence of the pirate edition a week or so later (D11824). See also D12018 for further insights into the arrival of pirate copies.

BNF: 8° Ld^{176} 672A; Z Beuchot 800 (2); Z Beuchot 863; Paris, Arsenal 8° T 10246; Bibliothèque de la Ville de Rouen; Bibliothèque de la Ville de Toulouse; Bruxelles, BR FS.231.A; IMV BE 10 (5); Oxford, Taylorian V 8 T 1764.

64 C (1764)

TRAITÉ / *SUR LA* / TOLÉRANCE, / *AUGMENTÉ* /

D'UNE LETTRE / DE JEAN LOCKE / *SUR LE MEME SUJET.* / [*double rule: thick-thin*] / M.DCC.LXIV. /

Sig. A^2-Z^6; Aa-Cc^6; pp.vi-309 [ii] [i blank].

Title [i], Avertissement [iii]-vi, text in 25 chapters pp.7-208 [with the NB of 63A on p.208], Lettre de Locke pp.209-309, table des matières [ii] [i blank].

Error of pagination: p.152 for 252. Printed on watermarked Auvergne fin paper with grapes where the name C. MISSONIER, and the date '1742' can be read. The typographical practices and presentation: the sheet catchwords and the type of signatures (off-centre arabic numbers) point towards an edition printed in the provinces.

BNF 8° Ld^{176} 672D ['Edition française']; Bordeaux BM S 6388; IMV D Traité 3/1764/3; Cambridge, King's College Library Keynes B. 11. 43; Oxford, Bodley Vet. E5. f. 292; Yale University Library Hfd. 3. 767.

SD (sans date)

TRAITÉ / SUR LA / TOLÉRANCE, / *PAR M^R DE VOLTAIRE.* /

Sig. *2, A-H^8, I^5; pp.iv. 138.

Title [i], Table des matières [iii]-iv, text in 25 chapters [1]-138.

Printed on watermarked Anjou moyen paper with grapes and where the name A. CROIX can be read. The typographical practices and presentation: the sheet catchwords and the type of centred signatures reinforce the hypothesis that this is a French or neighbouring edition. Bengesco thought that it was published in either Amsterdam or The Hague. The *BNF Catalogue* (ccxiv, 1433, n° 3978) opts moreover for the probability that it was published by Marc-Michel Rey.

This edition, which has only a half title, reproduces the text of 63c.

BNF: 8° Ld^{176} 672B; IMV BE 15 (7); Oxford, Christ Church Library a.1.93; Yale University Library Hfd 3. 602. 14.

65A

TRAITÉ / SUR LA / TOLÉRANCE / [*typographical ornament*] / [*double rule: thick-thin*] / M.DCC.LXV. /

Sig. A^2-F^{10} [signatures Avi; Biv; Bvi; Cvi; Dvi; Eiv; Evi; Fvi unnumbered]; pp.139 [i blank] [ii]

Typographical band and running initial letter p.1. Three types of typographical ornaments: (1) p.17; (2) p.126 (composition); (3) p.132 (composition). The first line of every chapter starts with the same ornamental type. Certain things point to French workmanship. No watermark. No catchwords. The type of (off-centre) signatures and some of the typographical features point towards the fact that this dense and elegant edition (which reproduces the text of 63A and 64B) may be French.

BNF: Z Beuchot 864; IMV D Traité 3/1765/1; Oxford, Taylorian V 8 T 1765; Yale University Library.

NM (1765)

TRAITÉ / SUR LA / TOLÉRANCE, / A L'OCCASION DE LA MORT / DE / JEAN CALAS. /

Sig. C-M^8, N^2; pp.27-195.

This edition forms part of volume ii of the *Nouveaux mélanges philosophiques, historiques, critiques &c &c*, s.l. 1765.

BNF: Z 27259, Z 24629, Z 24708, Z Beuchot 21 (24), Z Bengesco 487 (24).

W68 (1771)

[*unequal double rule*] / TRAITÉ SUR LA TOLÉRANCE. / [*rule*] / HISTOIRE ABRÉGÉE DE LA MORT DE JEAN CALAS. / [*Text*].

Sig. Aaa iij-iv, Bbb-Ooo^4; pp.373-484.

This edition (which has chapter headings but no consecutive chapter numbers) forms part of volume iii of the *Nouveaux mélanges philosophiques, littéraires, historiques &c*, Genève 1771 and volume xvi of the *Collection complette des œuvres de Mr de* ***, the 4°, Cramer edition.

BNF: Z Beuchot 1882 (16), Rés. Z 14216-75 (16), 4° Rés. MZ 587 (16); Bruxelles, BR.

W70L (1772)

[*ornamented rule*] / TRAITÉ / SUR LA TOLÉRANCE. / [*rule*] / [*Text*]

Sig. B⁸, C-M⁸, N⁴; pp.30-200.

Text p.30-182; Postscriptum p.183-89; Suite et conclusion p.189-94; Article nouvellement ajouté p.194.

This edition forms part of volume viii of the *Mélanges de philosophie, de morale, et de politique. Par Mr. de Voltaire*, Londres 1773, and volume xxix of the *Collection complette des œuvres de Mr. de Voltaire*, in 8°, Lausanne, Grasset.

Bibliothèque de Bordeaux BM D 31570 (29); Lausanne, BCU AA 185 (29); Oxford, Taylorian V1 1770L (29).

73A

TRAITÉ / SUR / LA TOLÉRANCE, / PAR / Mᴿ. DE VOLTAIRE. / Nᴏᴜᴠᴇʟʟᴇ ÉDITION, CORRIGÉE ET AUG- / MENTÉE PAR L'AUTEUR. / [*ornament*] / *A LAUSANNE*, Chez FRANÇOIS GRASSET & Cᴏᴍᴘ. / Libraires & Impri- / meurs. / [*ornamented rule*] / M. D. CC. LXXIII. /

The *Traité* occupies pages 30-200 of this edition which counts a total of viii.398 pages [ii blank]; sig. *4, A-Z⁸, Aa-Bb⁸. The *Traité* is preceded pp.1-29 by the *Essai sur les dissensions des églises de Pologne*, and is followed pp.201-381 by the *Pièces originales* and associated texts, and on pp.382-398 by *Le Cri des nations*. The first and third lines in ornamental type. The title ornament represents a floral ensemble. Anonymous allegorical band (scientific instruments and industrial implements) p.1.

Geneva, Collection J. D. Candaux.

III

W72P (1773)

[*Band*] / TRAITÉ / SUR LA TOLERANCE. / [*ornament rule*] / [*Text*] /

Sig. Aij-I^{12}, K^7; pp.3-229. Contains the 'Article nouvellement ajouté'.

This edition forms part of volume vi of the *Mélanges* and volume xxi of the *Œuvres de Monsieur de V****. *Mélanges philosophiques, littéraires, historiques, &c. Nouvelle édition, considérablement augmentée, & d'après l'édition in-4°*: Neuchâtel, de l'imprimerie de la Société, 1773, the edition called the Paris, Panckoucke edition. BNF: Z 24816.

W71 (1773)

TRAITÉ / SUR LA TOLERANCE. / [*rule*] / [*Text*]

Sig. S8-12, T-Y12, Z10; pp.424-548.

Forms part of volume iii of the *Mélanges philosophiques, historiques &c*, Genève 1773, and volume xvi of the *Collection complette des œuvres de M. de Voltaire*, known as the Liège edition and produced by Plomteux.

Liège, BU Rés. 2419A (16).

LM (1773)

[*Ornamental rule*] / 'PRIERE A DIEU. / [*Text*]

This edition is to be found on pp.263-264 of the *Loix de Minos*, s.l. 1773.

Title in ornamental characters, preceded on p.262 by an *Avis de l'éditeur*.

Unknown to Bengesco; BNF: Z Beuchot 846.

EJ (1775)

PRIERE A DIEU. / [*Text*].

This edition is to be found in the second part of volume x of
L'Evangile du jour, Londres 1773. *Avis de l'éditeur* p.90.
BNF: D2 5300 (10).

W75G (1775)

[*Frame*] / [*ornamented rule*] / TRAITÉ SUR LA TOLÉRANCE. /
[*rule*] / [*Text*].
Sig. N^{7-8}, $O-V^8$, Y^2; pp.205-339.

This edition forms part of volume iii of the *Mélanges de littérature,
d'histoire et de philosophie*, and of volume xxxv of the Geneva
edition, known as the *encadrée* (s.l. 1775). It is this edition which
provides the base text of the present edition.
BNF: Z 84873.

W75X

[*Frame*] / [*ornamented rule*] / TRAITÉ SUR LA TOLÉRANCE. /
[*rule*] / [*Text*].
Sig. N^{7-8}, $O-V^8$, X^7; pp.205-335.

This edition forms part of volume iii of the *Mélanges de littérature,
d'histoire et de philosophie*, and of volume xxxv of the *Œuvres de Mr.
de Voltaire*, s.l. [Lyon?] 1775, an imitation of W75G.
BNF: Z 24914.

K84

TRAITÉ / SUR / LA TOLERANCE, / A L'OCCASION / DE
LA MORT DE JEAN CALAS. /
Sig. C^{4-8}, $D-M^8$, N^4; pp.39-199.

This edition forms part of volume xxx of the *Œuvres complètes de
Voltaire*, 1785. The first octavo issue of the Kehl edition.
BNF: Rés. p Z 2209 (30).

K12

TRAITÉ / SUR / LA TOLERANCE, / A L'OCCASION / DE
LA MORT DE JEAN CALAS. /

Sig. Y^{3-4}, Z^8, Aa-Gg^4 [alternating 4°/8°] Hh^2; pp.261-363.

This edition forms part of volume ii, *Politique et législation*, and
volume xxxv of the *Œuvres complètes de Voltaire*, Kehl 1785. The
duodecimo printing of the Kehl edition.

Taylor: VF.

Extracts

Histoire abrégée de la mort de Jean Calas, tirée des œuvres de
Voltaire. *See* Lemierre d'Argy (Auguste-Jacques), *Calas, ou le
Fanatisme*, drame en 4 actes, en prose..., [Paris, Palais Royal, 17
décembre 1790], Paris, 1791, in-8.

The *Histoire abrégée*, standing at the head of the play, is composed
of extracts taken from chapters I and XXV of the *Traité*.

BNF: Yf 11283; 8° Yth 2527; Bm: 640. g. 20 (5).

Translations[146]

English

*A treatise upon religious toleration. Tending to shew the advantage of
it to every state. With notes, historical and critical.* By M. De Voltaire.
Translated from the French by T. Smollett, M.D., T. Franklin,
M.A. and others, Dublin, Printed by J. Exshaw, MDCCLXIV.

A Treatise on religious toleration, occasioned by the execution of the

---

[146] See H. B. Evans, 'A provisional bibliography of English editions and
translations of Voltaire', *SVEC* 8 (1959), p.9-121; Jeroom Vercruysse, 'Bibliographie provisoire des traductions néerlandaises et flamandes de Voltaire', *SVEC* 116
(1973), p.52; Th. Besterman, 'A provisional bibliography of Scandinavian and
Finnish editions and translations of Voltaire', *SVEC* 47 (1966), p.53-92;
Th. Besterman, 'A provisional bibliography of Italian editions and translations of
Voltaire', *SVEC* 18 (1961), p.263-310.

unfortunate John Calas unjustly condemned and broken upon the wheel at Toulouse for the supposed murder of his own son. Translated from the French of Mr. de Voltaire, by the translator of *Eloisa, Emilius,* etc. [in all probability Thomas Nugent], London, for T. Becket and P. A. De Hondt, 1764, in-8, iv-248 pages.

A Treatise upon Toleration... Carefully corrected [a different translation], R. Urie, Glasgow, 1765, in-12, 170 pages.

A Treatise on toleration; memorials, letters, &c. relating to persecution; and particularly to the cases of Calas and Sirven. Translated from the French of Mr. de Voltaire, by the Rev. David Williams, London, printed for Fielding and Walker, Paternoster-row, MDCCLXXIX, in-8, iv-224 pages. This seems to be a separate publication springing from the following work:

A Treatise on toleration; The ignorant philosopher; and A commentary on the Marquis of Beccaria's Treatise on crimes and punishments. Translated from the last Geneva edition of Mr. de Voltaire, by the Rev. David Williams, London: Printed for Fielding and Walker, in Pater-noster-row, MDCCLXXIX, in-8, iv-224 pages; iii-86 pages; ii-50 pages.

Dutch

Verhandeling over de verdraagzaamheit in het stuck der religie. Door den Heer De Voltaire. By Abraham Ferwerda. Leeuwarden 1764. iv.259 p.

Italian

Trattato sulla toleranza. By Palmiro Togliatti. Milan [1949]. 131 p.

Swedish

Traktat om toleransen. By G. Aman-Nilsson. 1930, reprinted 1954. 244 p.

7. *Principles of this edition*

The base text is w75G, the 'encadrée', the last edition revised and corrected by Voltaire. Rather surprisingly, however, he did not amend the text of the *Traité*: see Samuel Taylor, 'The definitive text of Voltaire's works: the Leningrad *encadrée*', *SVEC* 124 (1974), p.7-132.

Treatment of the base text

Numbered chapter divisions have been inserted within parentheses.

Typographical and other minor errors have been corrected; they are indicated in the variants by the beta sign.

The punctuation of the base text and the spelling of personal and place-names has been respected.

The use of italic to indicate direct speech has been replaced by inverted commas.

The base text has been modernised with regard to spelling, accentuation and grammar. The characteristics of the base text in these three particulars are as follows:

1. Consonants
   - absence of the consonant *p* in: anabatistes, batême, batisé, long-tems, tems
   - absence of the consonant *t* in final *ents* or *ants* in, for example, châtimens, contens, descendans, différens, documens, éloquens, emportemens, enchantemens, enfans, errans, excrémens, fondemens, etc.
   - doubling of consonants in: appellait, appellé, appercevons, apperçus, complette, Dannemarck, galle, imbécille, indiscrette, jetter, rappellée, sallon, secrette
   - use of a single consonant in: dragonade, falait, falu, poura, pourai, rabin.
   - the use of archaic forms in: bienfaicteur, bled, dissention, échaffaut, entousiasme, essain, fauxbourg, guères, hazard, isle, lèze-majesté, nud, pié, solemnel, solemnité.

2. Vowels
   - the use of *y* instead of *i* in: ayent, ayeule, chymie, croyent, Denys, employe,

employent, envoye, enyvrés, essaye, hayes, payen, renvoye, voye, voyent, yvresse.
- the use of *i* instead of *y* in: Babilone, Babiloniens, Barthelemi, éolipiles, essuia, Libie, Pensilvanie, stile.
- the use of archaic forms in: avanture, conclurais, œconomie, vuide.
- elision in: contr'eux, entr'elles, entr'ouvrir.

3. Accents

The acute accent
- used instead of the grave accent in: cinquantiéme, emménera, entiérement, huitiéme, piéces, quatriéme, quinziéme, seiziéme, siécles, siége, treiziéme, troisiéme, vingtiéme.
- used in: Fénélon, rélation, rélations.
- not used in: Barthelemi, Jehud.

The grave accent
- not used in: déja, hola.

The circonflex accent
- not used in: ame, ames, bucher, chaines, grace, graces, infame, murement, plait, théatre.
- used instead of the grave accent in: anathême, blasphême, emblême, interprête, prophête, systême.
- used instead of the acute accent in: chrêtien, chrêtienne, êtat, mêlange.
- used in: empâler, plûpart, toûjours, vîte.

The dieresis
- used in: Caën, poëtes.
- not used in: inouie.

4. Capitals
- full capitals used in: CHRIST, DIEU, JÉSUS, JÉSUS-CHRIST.
- initial capitals used in: *Auto-da-fe*, Banians, Cannibales, Dieu, Dieux, Divinité, Droit divin, Faunes, Guèbres, Juifs, Juillet, Mai, Mars, Naïades, Octobre, Primitifs, Quakres, Saint, Sylvains, Voyant; and in adjectives denoting nationalities: Espagnol, Grec, Juive, Latin, Latins, Romain, Portugais.
- initial capitals not used in: ancien Testament, la ligue, le grand seigneur, nouveau Testament, Sa hautesse, sainte Ecriture.

5. Points of grammar
- absence of the final *s* in the 2nd person singular of the imperative in: croi, di, fai.

— use of the plural in *x* in: loix.

— numerals as adjectives without agreement in: quatre-vingt juges.

— the numeral *cent* as an adjective invariable in: cinq cent ouvriers, deux cent ans, deux cent hommes, huit cent ans, neuf cent millions, onze cent piéces, quatorze cent ans, sept cent cavaliers, six cent hommes, six cent livres, trois cent années.

6. Various

— use of the ampersand (&).

— the hyphen is used in: à-peu-près, au-lieu, aussi-bien, aussi-tôt, bien-aimés, Charles-Quint, genre-humain, grand-homme, grand-pensionnaire, grand-seigneur, grands-hommes, honnêtes-gens, jusqu'à-ce que, just'au-corps, lettres-patentes, long-tems, non-seulement, Sixte-Quint, tout-d'un-coup.

— the hyphen is missing in: sur le champ, toute puissante.

— italic is used for personal names: *Calas, Jean Calas, Marc-Antoine*.

— 'quarante-une' instead of 'quarante et une'.

CHRONOLOGY

14 September 1761
The pastor Rochette is arrested in Caussade.

15 September 1761
In Caussade and the surrounding countryside armed bands of Catholics and Protestants clash.

6 October 1761
Orders are given for the transfer of Rochette to Toulouse.

13 October 1761
Death of Marc-Antoine Calas.

23 October 1761
Rochette is transferred to Toulouse.

3/4 January 1762
Elisabeth Sirven is discovered dead near her parents' home in Saint-Alby.

January 1762
P. Rabaud and L.-A. de La Beaumelle, *La Calomnie confondue, ou Mémoire dans lequel on réfute une nouvelle accusation intentée aux protestants de la province du Languedoc.*

20 January 1762
Warrant for the arrest of the Sirven family. The family takes flight.

19 February 1762
Execution of Rochette.

8 March 1762
The magistrates in Toulouse condemn *La Calomnie confondue* to be burned in public.

9 March 1762
The Parlement de Toulouse condemns Jean Calas to death.

10 March 1762
Execution of Jean Calas. Pierre Calas is imprisoned; Madame Calas, the servant, and François-Alexandre Gaubert Lavaysse are acquitted *in mitiorem*.

*c.*22 March 1762
Voltaire learns of the execution of Calas (D10382).

17 May 1762
Toulouse magnificently celebrates the bi-centenary of *La Délivrance*, in other words the massacre and the expulsion of the Huguenots from the city in 1562.

28 May 1762
Calas's two daughters are sent by *lettres de cachet* to separate convents in Toulouse.

June 1762
Mme Calas arrives in Paris where she lives under the name of Anne-Rose Dupuys.

4 July 1762
Pierre Calas escapes and makes his way to Geneva.

7 July 1762
A Monseigneur le Chancelier and the *Requête au Roi en son conseil*, pamphlets signed by Donat Calas (but written by Voltaire) are ready.

*c.*10 July 1762
The *Pièces originales concernant la mort des sieurs Calas et le jugement rendu à Toulouse*, accompanied by the two pamphlets signed by Donat Calas, are ready.

mid-July 1762
Voltaire questions Pierre Calas.

22 July 1762
Mémoire de Donat Calas and *Déclaration de Pierre Calas*.

*c.*10 August 1762
Histoire d'Elisabeth Canning et de Jean Calas.

*c.*20 August 1762
Mémoire pour Anne-Rose Cabibel, signed Mariette.

23 August 1762

Mémoire à consulter, signed Elie de Beaumont; *Mémoire pour Donat, Pierre et Louis Calas*, signed Loiseau de Mauléon.

end August 1762

Two letters to Jacob Vernes (D10652 and D10665), his future collaborator (along with Moultou) for the theological aspects of the text, allow us perhaps to think that Voltaire is already contemplating a new initiative.

6 and 13 December 1762

Two letters to Damilaville (D10827, D10837) show that the *Traité* is in progress but that 'on attendra que la révision ait été jugée'.

*c.*30 December 1762

'Préparez vous à quelque autre chose d'intéressant' (D10865, to Cramer).

January 1763

Réflexions pour dame Anne-Rose Cabibel, signed by Mariette. It is on this memorandum that the Calas affair will be judged before the Conseil du Roi on 7 March.

2 January 1763

'J'ai l'honneur de vous envoier [...] L'esquisse sur la tolérance [...]' (D10877, to Moultou).

4 January 1763

The *Traité*, 'auquel il faut ajouter des notes nouvelles', is ready to be printed (D10881-2, to Cramer).

5 January 1763

Voltaire asks Moultou for information for chapter XII (D10885).

9 January 1763

'J'ai beaucoup retravaillé l'ouvrage en question' (D10897, to Moultou).

18 January 1763

'Il conviendrait d'imprimer sans délai le petit Livre sur la tolérance, attendu que l'affaire des Calas doit être jugée avant la fin du mois' (D10924, to Cramer).

20 January 1763
Vernes is a member of the small vetting committee (D10930).

c.21 January 1763
'Si Monsieur Caro peut commencer le traitté de la tolérance, on le lui
enverra sur le champ, on est tout prêt; on y a travaillé avec tout le soin
possible' (D10936, to Cramer).

24 January 1763
'Gardez vous bien d'imputer aux laïques un petit ouvrage sur la
tolérance qui va bientôt paraître' (D10943, to Damilaville).

10-12 February 1763
The *Traité* is being printed (D10992, D10998).

14 February 1763
Voltaire announces the *Traité* for the end of March (D11004).

25 February 1763
Voltaire submits the outline of a new chapter to Moultou (D11043).
About this time he is correcting the third sheet of proofs of the *Traité*
(D11045).

1 March 1763
The Bureau des Cassations rules that the Requête (Petition) submitted
by the Veuve Calas is admissible.

c.1 March 1763
Voltaire is still correcting proofs. 'J'ajoute une correction importante
aux notes judaïques. [...] L'ouvrage sera hardi mais sage' (D11057).

4 March 1763
Voltaire has corrected sheets E-G.

7 March 1763
The Conseil du Roi agrees unanimously that Madame Calas can
appeal against the judgement handed down by the Parlement de
Toulouse. Having corrected sheet L, Voltaire is waiting for sheet M
(D11075).

c.10 March 1763
Voltaire authorises Cramer to print the first two sheets (D11083).

14 March 1763

Voltaire tells Moultou (D11096), Vernes (D11097) and Debrus (D11098) of his concern at the appearance of the *Lettres toulousaines* by Court de Gébelin.

c.15 March 1763

'Je renvoye la lettre L, et le commencem^t d'M corrigées; j'y joins les 20, 21, et 22e chapitres, en attendant un postscriptum' (D11104, to Cramer).

21 March 1763

The Conseil de Genève forbids the booksellers and printers of Geneva to sell the *Lettres toulousaines*.

3 April [?] 1763

Voltaire intends to send copies of the *Traité* – on condition that they keep it secret – 'aux ministres d'état, [...] à mad^e la marquise de Pompadour, à quelques conseillers d'Etat, et à quelques amis discrêts [...]. Le reste des éxemplaires demeurerait enfermé sous la clef' (D11148, to Moultou).

16 May 1763

The *Traité* will not appear before the Parlement de Toulouse has sent to Paris a copy of the trial proceedings (D11211, to Debrus).

c.11 October 1763

Voltaire is correcting the first edition of the *Traité* with a view to producing a new one (D11458, to Gabriel Cramer).

c.25 October 1763

Voltaire asks whether the *Traité* is being distributed in Geneva, sent to Paris, into the provinces and abroad (D11471, to Cramer).

November 1763

Voltaire sends Damilaville a copy of the *Traité* via Turretin, who is also carrying a copy for the d'Argentals (D11498); copies are also sent to the duc de Praslin (D11505), to the duchesse de Saxe-Gotha (D11510), and to the duc de La Vallière (D11512).

8 December 1763

D'Alembert complains that he cannot find a copy (D11541).

13 December 1763
Voltaire sends copies to d'Alembert and the prince de Soubise via Damilaville (D11552).

c.15 December 1763
'J'espère avoir aujourd'hui les douze éxemplaires que j'ai demandés; je ne les envoie qu'à des personnes sûres qui ne les laisseront pas parvenir à des libraires' (D11561, to Cramer).

16 December 1763
A new edition (D11569, to Cramer) meant for Paris (D11610).

31 December 1763
It becomes evident that the authorities have been intercepting (D11544) the parcels which had contained copies of the *Traité* (D11597-8, D11624, D11626, D11628, D11630). Voltaire starts to call his book: 'cette Tolérance non tolérée' (D11628).

11 January 1764
In Paris it is known that the *Traité sur la tolérance* exists, that it is by Voltaire, and that it has been sent to the duc de Choiseul (*Mémoires secrets*, ii.7).

18 January 1764
Voltaire suggests to Cramer that he should 'serrer sous cent clefs vôtre ballot de Paris pendant un mois ou six semaines' (D11652). Likewise he advises the d'Argentals that Damilaville should suppress 'l'ouvrage pour quelques mois, et [...] ne le faire débiter qu'avec la plus grande discrétion' (D11653, 11656).

27 January 1764
'Ce temps cy n'est pas propre à faire paraître le traitté sur la Tolérance' (D11664, to Damilaville).

January/February 1764
'Merlin [Paris publisher and bookseller] a été mandé pr la tolérance par le Lieutenant de police; il parait qu'il faut attendre quelque temps, et user de la plus grande circonspection' (D11673, to Cramer).

11 February 1764
A journalist – writing in Paris – notes that the *Traité* is 'très rare et très recherché' (D11619).

13 February 1764
'Le petit livret de la Tolérance a déjà fait au moins quelque bien. Il a tiré un pauvre diable [Chaumont] des galères, et un autre de prison' (D11695, to d'Alembert).

c.15 February 1764
'La tolérance est plus courue que connue; elle est à Versailles sous la clef. On la mettra en liberté quand la fermentation parlementaire sera un peu calmée' (D11702, to Moultou).

1 March 1764
'Aujourd'hui on est très disposé à permettre que ce livre perce dans le public avec quelque discrétion' (D11738, to d'Alembert).

3 March 1764
Saint-Florentin has issued 'les ordres les plus précis pour faire saisir tous les exemplaires [du *Traité*] qui pourraient [...] arriver [dans Paris]'.

16 March 1764
Sartine, *lieutenant-général de police*, has a stock of copies of the *Traité* (D11783, to Damilaville). Is this the edition printed by Merlin?

20 March 1764
David Hume notes that only a few copies of the *Traité* have reached Paris (*Letters*, i.426).

7 April 1764
Pirate editions of the *Traité* (printed by Machuel, bookseller in Rouen) are discovered in Paris by the police (D11818, D11879).

c.15 April 1764
'on débite sourdement à Paris une autre édition qu'on vend très cher' (D11824, to Cramer).

5 May 1764
The Parlement de Toulouse condemns the Sirven family.

4 June 1764
Arrêt de cassation, by the Conseil du Roi.

17 June 1764

'Les exemplaires de la tolérance se sont repandus dans les provinces' (D11930, to the d'Argentals).

18 June 1764

'Nb. on a fait de jolies éditions de la Tolérance à Liège et en Angleterre' (D11934). Jeanne Viguière leaves Toulouse for Paris.

6 August 1764

'On en est en Hollande à la troisième édition de la Tolérance' (D12035, to Damilaville).

February 1765

In the light of serious complaints laid against him, David de Beaudrigue is stripped of his office by the Conseil du Roi.

9 March 1765

The Conseil du Roi rehabilitates the memory of Jean Calas.

TRAITÉ
SUR LA TOLÉRANCE
À L'OCCASION
DE LA MORT DE JEAN CALAS

[CHAPITRE I]

Histoire abrégée de la mort de Jean Calas.

Le meurtre de Calas, commis dans Toulouse avec le glaive de la justice, le 9me mars 1762, est un des plus singuliers événements qui méritent l'attention de notre âge, et de la postérité. On oublie bientôt cette foule de morts qui a péri dans des batailles sans nombre, non seulement parce que c'est la fatalité inévitable de la guerre, mais parce que ceux qui meurent par le sort des armes, pouvaient aussi donner la mort à leurs ennemis, et n'ont point péri sans se défendre. Là où le danger et l'avantage sont égaux, l'étonnement cesse, et la pitié même s'affaiblit; mais si un père de famille innocent est livré aux mains de l'erreur, ou de la passion, ou du fanatisme, si l'accusé n'a de défense que sa vertu, si les arbitres de sa vie n'ont à risquer en l'égorgeant que de se tromper, s'ils peuvent tuer impunément par un arrêt; alors le cri public s'élève, chacun craint pour soi-même; on voit que personne n'est en sûreté de sa vie devant un tribunal érigé pour veiller sur la vie des citoyens, et toutes les voix se réunissent pour demander vengeance.

Il s'agissait dans cette étrange affaire, de religion, de suicide, de parricide; il s'agissait de savoir si un père et une mère avaient étranglé leur fils pour plaire à Dieu, si un frère avait étranglé son frère, si un ami avait étranglé son ami, et si les juges avaient à se reprocher d'avoir fait mourir sur la roue un père innocent, ou d'avoir épargné une mère, un frère, un ami coupables.

Jean Calas, âgé de soixante et huit ans,[1] exerçait la profession de négociant à Toulouse depuis plus de quarante années, et était reconnu de tous ceux qui ont vécu avec lui pour un bon père. Il était protestant, ainsi que sa femme et tous ses enfants,[2] excepté un, qui

a   NM, β, K: absent
2   64B: le neuvième Mars
    K: le neuf mars

129

avait abjuré l'hérésie, et à qui le père faisait une petite pension. [3] Il paraissait si éloigné de cet absurde fanatisme qui rompt tous les liens de la société, qu'il approuva la conversion de son fils Louis Calas, et qu'il avait depuis trente ans chez lui une servante zélée catholique, [4] laquelle avait élevé tous ses enfants.

Un des fils de Jean Calas, nommé Marc-Antoine, était un homme de lettres: il passait pour un esprit inquiet, sombre et violent. Ce jeune homme ne pouvant réussir ni à entrer dans le négoce, auquel il n'était pas propre, ni à être reçu avocat, parce qu'il fallait des certificats de catholicité qu'il ne put obtenir, résolut de finir sa vie, et fit pressentir ce dessein à un de ses amis; il se confirma dans sa résolution par la lecture de tout ce qu'on a jamais écrit sur le suicide. [5]

Enfin, un jour, ayant perdu son argent au jeu, il choisit ce jour-là même pour exécuter son dessein. Un ami de sa famille, et le sien, nommé Lavaisse, jeune homme de dix-neuf ans, connu par la candeur et la douceur de ses mœurs, fils d'un avocat célèbre de Toulouse, [6] était arrivé (a) de Bordeaux la veille; il soupa par hasard chez les Calas. [7] Le père, la mère, Marc-Antoine leur fils aîné, Pierre leur second fils, mangèrent ensemble. Après le souper on se retira dans un petit salon: Marc-Antoine disparut; enfin, lorsque le jeune Lavaisse voulut partir, Pierre Calas et lui étant descendus, trouvèrent en bas, auprès du magasin, Marc-Antoine en chemise, pendu à une porte, et son habit plié sur le comptoir; sa chemise n'était pas seulement dérangée; ses cheveux étaient bien peignés: il n'avait sur son corps aucune plaie, aucune meurtrissure. (b)

(a) 12 octobre 1761.

(b) On ne lui trouva après le transport du cadavre à l'hôtel de ville, qu'une petite égratignure au bout du nez, et une petite tache sur la poitrine, causée par quelque inadvertance dans le transport du corps.

note (b), 3   65A and K: causées

On passe ici tous les détails dont les avocats ont rendu compte:[8] on ne décrira point la douleur et le désespoir du père et de la mère: leurs cris furent entendus des voisins. Lavaisse et Pierre Calas hors d'eux-mêmes coururent chercher des chirurgiens et la justice.

Pendant qu'ils s'acquittaient de ce devoir, pendant que le père et la mère étaient dans les sanglots et dans les larmes, le peuple de Toulouse s'attroupe autour de la maison. Ce peuple est superstitieux et emporté; il regarde comme des monstres ses frères qui ne sont pas de la même religion que lui. C'est à Toulouse qu'on remercia Dieu solennellement de la mort de Henri III, et qu'on fit serment d'égorger le premier qui parlerait de reconnaître le grand, le bon Henri IV.[9] Cette ville solennise encore tous les ans par une procession et par des feux de joie, le jour où elle massacra quatre mille citoyens hérétiques il y a deux siècles.[10] En vain six arrêts du conseil ont défendu cette odieuse fête,[11] les Toulousains l'ont toujours célébrée comme les jeux floraux.[12]

Quelque fanatique de la populace s'écria que Jean Calas avait pendu son propre fils Marc-Antoine.[13] Ce cri répété fut unanime en un moment; d'autres ajoutèrent que le mort devait le lendemain faire abjuration, que sa famille et le jeune Lavaisse l'avaient étranglé, par haine contre la religion catholique; le moment d'après on n'en douta plus; toute la ville fut persuadée que c'est un point de religion chez les protestants, qu'un père et une mère doivent assassiner leur fils, dès qu'il veut se convertir.[14]

Les esprits une fois émus ne s'arrêtent point. On imagina que les protestants du Languedoc s'étaient assemblés la veille, qu'ils avaient choisi à la pluralité des voix un bourreau de la secte, que le choix était tombé sur le jeune Lavaisse, que ce jeune homme en vingt-quatre heures avait reçu la nouvelle de son élection, et était arrivé de Bordeaux pour aider Jean Calas, sa femme et leur fils Pierre, à étrangler un ami, un fils, un frère.

Le sieur David, capitoul de Toulouse,[15] excité par ces rumeurs, et voulant se faire valoir par une prompte exécution, fit une

55

60

65

70

75

80

85

60   63-w68:   s'attroupait

procédure contre les règles et les ordonnances. [16] La famille Calas, la servante catholique, Lavaisse furent mis aux fers.

On publia un monitoire [17] non moins vicieux que la procédure. On alla plus loin: Marc-Antoine Calas était mort calviniste; et s'il avait attenté sur lui-même, il devait être traîné sur la claie: [18] on l'inhuma avec la plus grande pompe dans l'église Saint-Etienne, malgré le curé qui protestait contre cette profanation. [19]

Il y a dans le Languedoc quatre confréries de pénitents, la blanche, la bleue, la grise, et la noire. Les confrères portent un long capuce avec un masque de drap percé de deux trous pour laisser la vue libre: ils ont voulu engager M. le duc de Fitz-James, commandant de la province, à entrer dans leur corps, et il les a refusés. [20] Les confrères blancs firent à Marc-Antoine Calas un service solennel, comme à un martyr. Jamais aucune Eglise ne célébra la fête d'un martyr véritable avec plus de pompe; mais cette pompe fut terrible. On avait élevé au-dessus d'un magnifique catafalque, un squelette qu'on faisait mouvoir, et qui représentait Marc-Antoine Calas, tenant d'une main une palme, et de l'autre la plume dont il devait signer l'abjuration de l'hérésie, et qui écrivait en effet l'arrêt de mort de son père. [21]

Alors il ne manqua plus au malheureux qui avait attenté sur soi-même que la canonisation; tout le peuple le regardait comme un saint; quelques-uns l'invoquaient, d'autres allaient prier sur sa tombe, d'autres lui demandaient des miracles, d'autres racontaient ceux qu'il avait faits. Un moine lui arracha quelques dents pour avoir des reliques durables. Une dévote un peu sourde, dit qu'elle avait entendu le son des cloches. Un prêtre apoplectique fut guéri après avoir pris de l'émétique. On dressa des verbaux de ces prodiges. [22] Celui qui écrit cette relation, possède une attestation qu'un jeune homme de Toulouse est devenu fou pour avoir prié plusieurs nuits sur le tombeau du nouveau saint, et pour n'avoir pu obtenir un miracle qu'il implorait. [23]

Quelques magistrats étaient de la confrérie des pénitents blancs. Dès ce moment la mort de Jean Calas parut infaillible. [24]

Ce qui surtout prépara son supplice, ce fut l'approche de cette fête singulière que les Toulousains célèbrent tous les ans en mémoire d'un massacre de quatre mille huguenots; l'année 1762 était l'année séculaire. On dressait dans la ville l'appareil de cette solennité: cela même allumait encore l'imagination échauffée du peuple: on disait publiquement que l'échafaud sur lequel on rouerait les Calas serait le plus grand ornement de la fête; on disait que la Providence amenait elle-même ces victimes pour être sacrifiées à notre sainte religion. Vingt personnes ont entendu ces discours, et de plus violents encore. [25] Et c'est de nos jours! et c'est dans un temps où la philosophie a fait tant de progrès! et c'est lorsque cent académies écrivent pour inspirer la douceur des mœurs! [26] Il semble que le fanatisme indigné depuis peu des succès de la raison, se débatte sous elle avec plus de rage.

Treize juges s'assemblèrent tous les jours pour terminer le procès. On n'avait, on ne pouvait avoir aucune preuve contre la famille; mais la religion trompée tenait lieu de preuve. Six juges persistèrent longtemps à condamner Jean Calas, son fils, et Lavaisse à la roue, et la femme de Jean Calas au bûcher. Sept autres plus modérés voulaient au moins qu'on examinât. Les débats furent réitérés et longs. Un des juges, convaincu de l'innocence des accusés, et de l'impossibilité du crime, parla vivement en leur faveur; [27] il opposa le zèle de l'humanité au zèle de la sévérité; il devint l'avocat public des Calas dans toutes les maisons de Toulouse, où les cris continuels de la religion abusée demandaient le sang de ces infortunés. Un autre juge connu par sa violence parlait dans la ville avec autant d'emportement contre les Calas, que le premier montrait d'empressement à les défendre. [28] Enfin l'éclat fut si grand, qu'ils furent obligés de se récuser l'un et l'autre; ils se retirèrent à la campagne.

Mais, par un malheur étrange, le juge favorable aux Calas eut la délicatesse de persister dans sa récusation, [29] et l'autre revint donner sa voix contre ceux qu'il ne devait point juger: [30] ce fut cette voix qui forma la condamnation à la roue; car il y eut huit voix contre cinq, un des six juges opposés ayant à la fin, après bien des contestations, passé au parti le plus sévère. [31]

Il semble que quand il s'agit d'un parricide, et de livrer un père de famille au plus affreux supplice, le jugement devrait être unanime, parce que les preuves d'un crime si inouï (c) devraient être d'une évidence sensible à tout le monde: le moindre doute dans un cas pareil, doit suffire pour faire trembler un juge qui va signer un arrêt de mort. La faiblesse de notre raison, et l'insuffisance de nos lois se font sentir tous les jours; mais dans quelle occasion en découvre-t-on mieux la misère que quand la prépondérance d'une seule voix fait rouer un citoyen? Il fallait dans Athènes cinquante voix au delà de la moitié pour oser prononcer un jugement de mort. Qu'en résulte-t-il? Ce que nous savons très inutilement, que les Grecs étaient plus sages et plus humains que nous.

Il paraissait impossible que Jean Calas, vieillard de soixante-huit ans, qui avait depuis longtemps les jambes enflées et faibles, eût seul étranglé et pendu un fils âgé de vingt-huit ans, qui était d'une force au-dessus de l'ordinaire; il fallait absolument qu'il eût été assisté dans cette exécution par sa femme, par son fils Pierre Calas, par Lavaisse, et par la servante. Ils ne s'étaient pas quittés un seul moment le soir de cette fatale aventure. Mais cette supposition

(c) Je ne connais que deux exemples de pères accusés dans l'histoire d'avoir assassiné leurs fils pour la religion: le premier est du père de sainte Barbara, que nous nommons sainte Barbe. [32] Il avait commandé deux fenêtres dans sa salle de bains: Barbe en son absence en fit une troisième en l'honneur de la sainte Trinité: elle fit *du bout du doigt* le signe de la croix sur des colonnes de marbre, et ce signe se grava profondément dans les colonnes. Son père, en colère, courut après elle l'épée à la main: mais elle s'enfuit à travers une montagne, qui s'ouvrit pour elle. Le père fit le tour de la montagne, et rattrapa sa fille; on la fouetta toute nue, mais Dieu la couvrit d'un nuage blanc; enfin son père lui trancha la tête. Voilà ce que rapporte la *Fleur des saints*. [33]

Le second exemple est du prince Herménégilde. [34] Il se révolta contre le roi son père, lui donna bataille en 584, fut vaincu et tué par un officier: on en a fait un martyr, parce que son père était arien.

était encore aussi absurde que l'autre: car comment une servante
zélée catholique aurait-elle pu souffrir que des huguenots assassi-
nassent un jeune homme élevé par elle, pour le punir d'aimer la
religion de cette servante? Comment Lavaisse serait-il venu exprès   180
de Bordeaux pour étrangler son ami dont il ignorait la conversion
prétendue? Comment une mère tendre aurait-elle mis les mains
sur son fils? Comment tous ensemble auraient-ils pu étrangler un
jeune homme aussi robuste qu'eux tous, sans un combat long et
violent, sans des cris affreux qui auraient appelé tout le voisinage,   185
sans des coups réitérés, sans des meurtrissures, sans des habits
déchirés?

Il était évident que si le parricide avait pu être commis, tous les
accusés étaient également coupables, parce qu'ils ne s'étaient pas
quittés d'un moment; il était évident qu'ils ne l'étaient pas; il était   190
évident que le père seul ne pouvait l'être; et cependant l'arrêt
condamna ce père seul à expirer sur la roue.

Le motif de l'arrêt était aussi inconcevable que tout le reste. Les
juges qui étaient décidés pour le supplice de Jean Calas persua-
dèrent aux autres que ce vieillard faible ne pourrait résister aux   195
tourments, et qu'il avouerait sous les coups des bourreaux son
crime et celui de ses complices. Ils furent confondus, quand ce
vieillard, en mourant sur la roue, prit Dieu à témoin de son
innocence, et le conjura de pardonner à ses juges.

Ils furent obligés de rendre un second arrêt contradictoire avec   200
le premier, d'élargir la mère, son fils Pierre, le jeune Lavaisse et la
servante: mais un des conseillers leur ayant fait sentir que cet arrêt
démentait l'autre, qu'ils se condamnaient eux-mêmes, que tous les
accusés ayant toujours été ensemble dans le temps qu'on supposait
le parricide, l'élargissement de tous les survivants prouvait   205
invinciblement l'innocence du père de famille exécuté. Ils prirent
alors le parti de bannir Pierre Calas son fils. [35] Ce bannissement
semblait aussi inconséquent, aussi absurde que tout le reste: car

206   65A and K: exécuté, ils prirent

Pierre Calas était coupable ou innocent du parricide; s'il était coupable, il fallait le rouer comme son père; s'il était innocent, il ne fallait pas le bannir. Mais les juges effrayés du supplice du père, et de la piété attendrissante avec laquelle il était mort, imaginèrent sauver leur honneur en laissant croire qu'ils faisaient grâce au fils; comme si ce n'eût pas été une prévarication nouvelle de faire grâce; et ils crurent que le bannissement de ce jeune homme pauvre, et sans appui, étant sans conséquence, n'était pas une grande injustice, après celle qu'ils avaient eu le malheur de commettre.

On commença par menacer Pierre Calas dans son cachot, de le traiter comme son père s'il n'abjurait pas sa religion. C'est ce que ce jeune homme (d) atteste par serment.[36]

Pierre Calas, en sortant de la ville, rencontra un abbé convertisseur, qui le fit rentrer dans Toulouse; on l'enferma dans un couvent de dominicains, et là on le contraignit à remplir toutes les fonctions de la catholicité;[37] c'était en partie ce qu'on voulait, c'était le prix du sang de son père; et la religion qu'on avait cru venger, semblait satisfaite.

On enleva les filles à la mère; elles furent enfermées dans un couvent.[38] Cette femme presque arrosée du sang de son mari, ayant tenu son fils aîné mort entre ses bras, voyant l'autre banni, privée de ses filles, dépouillée de tout son bien, était seule dans le monde, sans pain, sans espérance, et mourante de l'excès de son malheur. Quelques personnes ayant examiné mûrement toutes les circonstances de cette aventure horrible, en furent si frappées, qu'elles firent presser la dame Calas, retirée dans une solitude, d'oser venir demander justice aux pieds du trône.[39] Elle ne pouvait pas alors se soutenir, elle s'éteignait; et d'ailleurs étant née Anglaise,[40] transplantée dans une province de France dès son jeune âge, le nom seul de la ville de Paris l'effrayait. Elle s'imaginait que la capitale du royaume devait être encore plus

(d) Un jacobin vint dans mon cachot, et me menaça du même genre de mort, si je n'abjurais pas: c'est ce que j'atteste devant Dieu, 23 juillet 1762. Pierre Calas.

barbare que celle de Toulouse. Enfin le devoir de venger la 240
mémoire de son mari l'emporta sur sa faiblesse. Elle arriva à
Paris prête d'expirer. [41] Elle fut étonnée d'y trouver de l'accueil, des
secours et des larmes. [42]

La raison l'emporte à Paris sur le fanatisme, quelque grand qu'il
puisse être, au lieu qu'en province le fanatisme l'emporte presque 245
toujours sur la raison. [43]

M. de Beaumont, célèbre avocat du parlement de Paris, prit
d'abord sa défense, et dressa une consultation qui fut signée de
quinze avocats. [44] M. Loiseau, [45] non moins éloquent, composa un
mémoire en faveur de la famille. M. Mariette, [46] avocat au conseil, 250
dressa une requête juridique, qui portait la conviction dans tous les
esprits.

Ces trois généreux défenseurs des lois et de l'innocence
abandonnèrent à la veuve le profit des éditions de leurs plaidoyers. (e) Paris et l'Europe entière s'émurent de pitié, et deman- 255
dèrent justice avec cette femme infortunée. L'arrêt fut prononcé
par tout le public longtemps avant qu'il pût être signé par le conseil.

La pitié pénétra jusqu'au ministère, malgré le torrent continuel
des affaires, [47] qui souvent exclut la pitié, et malgré l'habitude de
voir des malheureux, qui peut endurcir le cœur encore davantage. 260
On rendit les filles à la mère. [48] On les vit toutes les trois couvertes
d'un crêpe et baignées de larmes, en faire répandre à leurs juges. [49]

Cependant cette famille eut encore quelques ennemis, car il
s'agissait de religion. Plusieurs personnes, qu'on appelle en France
dévotes, (f) dirent hautement qu'il valait mieux laisser rouer un 265

(e) On les a contrefaits dans plusieurs villes, et la dame Calas a perdu le
fruit de cette générosité. [50]

(f) *Dévot* vient du mot latin *devotus*. Les *devoti* de l'ancienne Rome
étaient ceux qui se dévouaient pour le salut de la république; c'étaient les
Curtius, [51] les Décius. [52]

240 K: du Languedoc.
261 63-w68: toutes trois

vieux calviniste innocent, que d'exposer huit conseillers de Languedoc à convenir qu'ils s'étaient trompés: on se servit même de cette expression: 'Il y a plus de magistrats que de Calas':[53] et on inférait de là que la famille Calas devait être immolée à l'honneur de la magistrature. On ne songeait pas que l'honneur des juges consiste comme celui des autres hommes à réparer leurs fautes. On ne croit pas en France que le pape assisté de ses cardinaux soit infaillible:[54] on pourrait croire de même que huit juges de Toulouse ne le sont pas. Tout le reste des gens sensés et désintéressés disaient que l'arrêt de Toulouse serait cassé dans toute l'Europe, quand même des considérations particulières empêcheraient qu'il fût cassé dans le conseil.

Tel était l'état de cette étonnante aventure, lorsqu'elle a fait naître à des personnes impartiales,[55] mais sensibles, le dessein de présenter au public quelques réflexions sur la tolérance, sur l'indulgence, sur la commisération, que l'abbé Houtteville appelle *dogme monstrueux*,[56] dans sa déclamation ampoulée et erronée sur des faits, et que la raison appelle l'*apanage de la nature*.

Ou les juges de Toulouse entraînés par le fanatisme de la populace ont fait rouer un père de famille innocent, ce qui est sans exemple; ou ce père de famille et sa femme ont étranglé leur fils aîné, aidés dans ce parricide par un autre fils et par un ami, ce qui n'est pas dans la nature. Dans l'un ou dans l'autre cas l'abus de la religion la plus sainte a produit un grand crime. Il est donc de l'intérêt du genre humain d'examiner si la religion doit être charitable ou barbare.

270

275

280

285

290

[CHAPITRE II]

Conséquences du supplice de Jean Calas.

Si les pénitents blancs furent la cause du supplice d'un innocent, de la ruine totale d'une famille, de sa dispersion, et de l'opprobre qui ne devrait être attaché qu'à l'injustice, mais qui l'est au supplice; si cette précipitation des pénitents blancs à célébrer comme un saint, celui qu'on aurait dû traîner sur la claie, a fait rouer un père de famille vertueux; ce malheur doit sans doute les rendre pénitents en effet pour le reste de leur vie: eux et les juges doivent pleurer, mais non pas avec un long habit blanc, et un masque sur le visage qui cacherait leurs larmes.

On respecte toutes les confréries; elles sont édifiantes; mais quelque grand bien qu'elles puissent faire à l'Etat, égale-t-il ce mal affreux qu'elles ont causé? Elles semblent instituées par le zèle qui anime en Languedoc les catholiques contre ceux que nous nommons *huguenots*. [1] On dirait qu'on a fait vœu de haïr ses frères; car nous avons assez de religion pour haïr et persécuter, et nous n'en avons pas assez pour aimer et pour secourir. Et que serait-ce, si ces confréries étaient gouvernées par des enthousiastes, comme l'ont été autrefois quelques congrégations des artisans et des *messieurs*, [2] chez lesquels on réduisait en art et en système l'habitude d'avoir des visions, comme le dit un de nos plus éloquents et savants magistrats? [3] Que serait-ce si on établissait dans les confréries ces chambres obscures, appelées *chambres de méditation*, où l'on faisait peindre des diables armés de cornes et de griffes, des gouffres de flammes, des croix et des poignards, avec le saint nom

5

10

15

20

a NM, β, K: absent
5 K: sur la claie, suivant nos barbares usages, a fait rouer
8-9 63A errata: qui cacherait, *lisez*, qui cacheraient [this correction was incorporated into 63B, 64C, SD and 65A.]

de Jésus au-dessus du tableau? Quel spectacle pour des yeux déjà 25
fascinés, et pour des imaginations aussi enflammées que soumises à
leurs directeurs!

Il y a eu des temps, on ne le sait que trop, où des confréries ont
été dangereuses. [4] Les frérots, [5] les flagellants [6] ont causé des
troubles. La Ligue commença par de telles associations. [7] Pourquoi 30
se distinguer ainsi des autres citoyens? S'en croyait-on plus
parfait? Cela même est une insulte au reste de la nation. Voulait-
on que tous les chrétiens entrassent dans la confrérie? Ce serait un
beau spectacle que l'Europe en capuchon et en masque, avec deux
petits trous ronds au-devant des yeux! Pense-t-on de bonne foi que 35
Dieu préfère cet accoutrement à un justaucorps? Il y a bien plus; cet
habit est un uniforme de controversistes, qui avertit les adversaires
de se mettre sous les armes; il peut exciter une espèce de guerre
civile dans les esprits, et elle finirait peut-être par de funestes excès,
si le roi et ses ministres n'étaient aussi sages que les fanatiques sont 40
insensés.

On sait assez ce qu'il en a coûté depuis que les chrétiens
disputent sur le dogme; le sang a coulé, soit sur les échafauds,
soit dans les batailles, dès le quatrième siècle jusqu'à nos jours.
Bornons-nous ici aux guerres et aux horreurs que les querelles de la 45
réforme ont excitées, et voyons quelle en a été la source en France.
Peut-être un tableau raccourci et fidèle de tant de calamités ouvrira
les yeux de quelques personnes peu instruites, et touchera des
cœurs bien faits.

140

[CHAPITRE III]

Idée de la réforme du seizième siècle.

Lorsqu'à la renaissance des lettres, les esprits commencèrent à s'éclairer, on se plaignit généralement des abus; tout le monde avoue que cette plainte était légitime.

Le pape Alexandre VI avait acheté publiquement la tiare, et ses cinq bâtards en partageaient les avantages. [1] Son fils, le cardinal duc de Borgia, fit périr, de concert avec le pape son père, les Vitelli, les Urbino, les Gravina, les Oliveretto, et cent autres seigneurs, pour ravir leurs domaines. [2] Jules II animé du même esprit, excommunia Louis XII, donna son royaume au premier occupant, et lui-même le casque en tête, et la cuirasse sur le dos, mit à feu et à sang une partie de l'Italie. [3] Léon X, pour payer ses plaisirs, trafiqua des indulgences, comme on vend des denrées dans un marché public. [4] Ceux qui s'élevèrent contre tant de brigandages, n'avaient du moins aucun tort dans la morale; voyons s'ils en avaient contre nous dans la politique.

Ils disaient que Jésus-Christ n'ayant jamais exigé d'annates, [5] ni de réserves, ni vendu des dispenses pour ce monde, et des indulgences pour l'autre, on pouvait se dispenser de payer à un prince étranger le prix de toutes ces choses. Quand les annates, les procès en cour de Rome, et les dispenses qui subsistent encore aujourd'hui, ne nous coûteraient que cinq cent mille francs par an, il est clair que nous avons payé depuis François Ier, en deux cent cinquante années, cent vingt millions; et en évaluant les différents prix du marc d'argent, [6] cette somme en compose une d'environ deux cent cinquante millions d'aujourd'hui. On peut donc convenir sans blasphème, que les hérétiques en proposant l'abolition de ces impôts singuliers, dont la postérité s'étonnera, ne faisaient pas en

a   NM, β, κ: absent

cela un grand mal au royaume, et qu'ils étaient plutôt bons calculateurs que mauvais sujets. Ajoutons qu'ils étaient les seuls qui sussent la langue grecque, et qui connussent l'antiquité.[7] Ne dissimulons point que malgré leurs erreurs, nous leur devons le développement de l'esprit humain, longtemps enseveli dans la plus épaisse barbarie.

Mais comme ils niaient le purgatoire, dont on ne doit pas douter, et qui d'ailleurs rapportait beaucoup aux moines; comme ils ne révéraient pas des reliques qu'on doit révérer, mais qui rapportaient encore davantage; enfin, comme ils attaquaient des dogmes très respectés (a) on ne leur répondit d'abord qu'en les faisant brûler. Le roi qui les protégeait, et les soudoyait en Allemagne, marcha dans Paris à la tête d'une procession, après laquelle on exécuta

(a) Ils renouvelaient le sentiment de Bérenger sur l'Eucharistie;[8] ils niaient qu'un corps pût être en cent mille endroits différents, même par la toute-puissance divine; ils niaient que les attributs pussent subsister sans sujet; ils croyaient qu'il était absolument impossible que ce qui est pain et vin aux yeux, au goût, à l'estomac, fût anéanti dans le moment même qu'il existe; ils soutenaient toutes ces erreurs, condamnées autrefois dans Bérenger. Ils se fondaient sur plusieurs passages des premiers Pères de l'Eglise, et surtout de saint Justin,[9] qui dit expressément dans son dialogue contre Tryphon: 'L'oblation de fine farine est la figure de l'eucharistie que Jésus-Christ nous ordonne de faire en mémoire de sa passion.' καὶ ἡ τῆς σεμιδαλεως &c. τύπος Ἰῶ τοῦ ἄρτοῦ τῆς εὐχαριστία; ὃν εἰς ἀνάμνησιν τοῦ πάθους &c. Ιησοὺς χρισὸς ὁ κύριος ἡμῶν παζέδωκε ποιεῖν.

Ils rappelaient tout ce qu'on avait dit dans les premiers siècles contre le culte des reliques; ils citaient ces paroles de Vigilantius:[10] 'Est-il nécessaire que vous respectiez, ou même que vous adoriez une vile poussière? Les âmes des martyrs animent-elles encore leurs cendres? Les coutumes des idolâtres se sont introduites dans l'Eglise; on commence à

note (a), 9   63-β, κ: Typhon
note (a), 17   63-β, κ: aiment-elles

plusieurs de ces malheureux; et voici quelle fut cette exécution. On les suspendait au bout d'une longue poutre qui jouait en bascule sur un arbre debout; un grand feu était allumé sous eux, on les y plongeait, et on les relevait alternativement; ils éprouvaient les tourments et la mort par degrés, jusqu'à ce qu'ils expirassent par le plus long et le plus affreux supplice que jamais ait inventé la barbarie. [11]   45

Peu de temps avant la mort de François Ier, quelques membres du parlement de Provence, animés par des ecclésiastiques contre les habitants de Mérindol et de Cabrière, demandèrent au roi des troupes pour appuyer l'exécution de dix-neuf personnes de ce pays   50 condamnées par eux; ils en firent égorger six mille, sans pardonner ni au sexe, ni à la vieillesse, ni à l'enfance; [12] ils réduisirent trente bourgs en cendres. Ces peuples, jusqu'alors inconnus, avaient tort sans doute d'être nés Vaudois, [13] c'était leur seule iniquité. Ils étaient établis depuis trois cent ans dans des déserts, et sur des   55 montagnes qu'ils avaient rendu fertiles par un travail incroyable. Leur vie pastorale et tranquille retraçait l'innocence attribuée aux premiers âges du monde. Les villes voisines n'étaient connues

allumer des flambeaux en plein midi; nous pouvons pendant notre vie prier les uns pour les autres; mais après la mort, à quoi servent ces   20 prières?'

Mais ils ne disaient pas combien saint Jérôme s'était élevé contre ces paroles de Vigilantius. Enfin, ils voulaient tout rappeler aux temps apostoliques, et ne voulaient pas convenir que l'Eglise s'étant étendue et fortifiée, il avait fallu nécessairement étendre et fortifier sa discipline: 25 ils condamnaient les richesses, qui semblaient pourtant nécessaires pour soutenir la majesté du culte.

57   64C, 65A: avaient rendues fertiles
     K: avaient rendus fertiles

d'eux que par le trafic des fruits qu'ils allaient vendre; ils ignoraient 60
les procès et la guerre; ils ne se défendirent pas; on les égorgea
comme des animaux fugitifs qu'on tue dans une enceinte. (*b*)

Après la mort de François Ier, prince plus connu cependant par
ses galanteries et par ses malheurs que par ses cruautés, le supplice
de mille hérétiques, surtout celui du conseiller au parlement 65
Dubourg, [14] et enfin, le massacre de Vassy, [15] armèrent les persécutés, dont la secte s'était multipliée à la lueur des bûchers, et sous
le fer des bourreaux; la rage succéda à la patience; ils imitèrent les

(*b*) Le véridique et respectable président de Thou [16] parle ainsi de ces
hommes si innocents et si infortunés: 'Homines esse qui trecentis circiter
abhinc annis asperum et incultum solum vectigale a dominis acceperint,
quod improbo labore et assiduo cultu frugum ferax et aptum pecori
reddiderint; patientissimos eos laboris et inediæ, a litibus abhorrentes, 5
erga egenos munificos, tributa principi et sua jura dominis sedulo et
summa fide pendere; Dei cultum assiduis precibus et morum innocentia
præ se ferre, ceterum raro divorum templa adire, nisi si quando ad vicina
suis finibus oppida mercandi aut negotiorum causa divertant; quo si
quandoque pedem inferant, non Dei, divorumque statuis advolvi, nec 10
cereos eis aut donaria ulla ponere; non sacerdotes ab eis rogari ut pro se,
aut propinquorum manibus rem divinam faciant, non cruce frontem
insigniri uti aliorum moris est: cum cœlum intonat non se lustrali aqua
aspergere, sed sublatis in cœlum oculis Dei opem implorare; non
religionis ergo peregre proficisci, non per vias ante crucium simulacra 15
caput aperire; sacra alio ritu, et populari lingua celebrare; non denique
pontifici aut episcopis honorem deferre, sed quosdam e suo numero
delectos pro antistitibus et doctoribus habere. Hæc uti ad Franciscum
relata VI Eid. feb., anni, etc.'

Mme de Cental, à qui appartenait une partie des terres ravagées, et sur 20
lesquelles on ne voyait plus que les cadavres de ses habitants, demanda
justice au roi Henri II, qui la renvoya au parlement de Paris. L'avocat
général de Provence, nommé Guérin, principal auteur des massacres, fut
seul condamné à perdre la tête; de Thou dit, qu'il porta seul la peine des
autres coupables, *quod aulicorum favore destitueretur*, parce qu'il n'avait 25
pas d'amis à la cour. [17]

144

cruautés de leurs ennemis: neuf guerres civiles[18] remplirent la France de carnage; une paix plus funeste que la guerre produisit la Saint-Barthélemy,[19] dont il n'y avait aucun exemple dans les annales des crimes. 70

La Ligue assassina Henri III et Henri IV, par les mains d'un frère jacobin, et d'un monstre qui avait été frère feuillant.[20] Il y a des gens qui prétendent que l'humanité, l'indulgence, et la liberté de conscience sont des choses horribles; mais en bonne foi, auraient- 75 elles produit des calamités comparables?

[CHAPITRE IV]

Si la tolérance est dangereuse, et chez quels peuples elle est permise?

Quelques-uns ont dit que si l'on usait d'une indulgence paternelle envers nos frères errants qui prient Dieu en mauvais français,[1] ce serait leur mettre les armes à la main, qu'on verrait de nouvelles batailles de Jarnac, de Moncontour, de Coutras, de Dreux, de Saint-Denis etc.[2] C'est ce que j'ignore, parce que je ne suis pas un prophète; mais il me semble que ce n'est pas raisonner conséquemment que de dire: 'Ces hommes se sont soulevés quand je leur ai fait du mal, donc ils se soulèveront quand je leur ferai du bien.'

J'oserais prendre la liberté d'inviter ceux qui sont à la tête du gouvernement, et ceux qui sont destinés aux grandes places, à vouloir bien examiner mûrement, si l'on doit craindre en effet que la douceur produise les mêmes révoltes que la cruauté a fait naître, si ce qui est arrivé dans certaines circonstances doit arriver dans d'autres, si les temps, l'opinion, les mœurs, sont toujours les mêmes?

Les huguenots, sans doute, ont été enivrés de fanatisme, et souillés de sang comme nous: mais la génération présente est-elle aussi barbare que leurs pères? Le temps, la raison qui fait tant de progrès, les bons livres, la douceur de la société, n'ont-ils point pénétré chez ceux qui conduisent l'esprit de ces peuples? Et ne nous apercevons-nous pas que presque toute l'Europe a changé de face depuis environ cinquante années?

Le gouvernement s'est fortifié partout, tandis que les mœurs se sont adoucies. La police générale, soutenue d'armées nombreuses

a   NM, β, κ: absent
c   63-65A: est pratiquée
5-6   63-NM: ne suis pas prophète

146

toujours existantes, ne permet pas d'ailleurs de craindre le retour de   25
ces temps anarchiques, où des paysans calvinistes combattaient des
paysans catholiques, enrégimentés à la hâte entre les semailles et les
moissons.

D'autres temps, d'autres soins. Il serait absurde de décimer
aujourd'hui la Sorbonne, parce qu'elle présenta requête autrefois   30
pour faire brûler la Pucelle d'Orléans; parce qu'elle déclara Henri
III déchu du droit de régner, qu'elle l'excommunia, qu'elle
proscrivit le grand Henri IV. [3] On ne recherchera pas, sans doute,
les autres corps du royaume qui commirent les mêmes excès dans
ces temps de frénésie; cela serait non seulement injuste, mais il y   35
aurait autant de folie qu'à purger tous les habitants de Marseille,
parce qu'ils ont eu la peste en 1720.

Irons-nous saccager Rome, comme firent les troupes de
Charles-Quint, [4] parce que Sixte-Quint en 1585 accorda neuf ans
d'indulgence à tous les Français qui prendraient les armes contre   40
leur souverain? Et n'est-ce pas assez d'empêcher Rome de se porter
jamais à des excès semblables? [5]

La fureur qu'inspirent l'esprit dogmatique et l'abus de la religion
chrétienne mal entendue, a répandu autant de sang, a produit autant
de désastres en Allemagne, en Angleterre, et même en Hollande,   45
qu'en France: cependant aujourd'hui la différence des religions ne
cause aucun trouble dans ces Etats: le juif, le catholique, le grec, le
luthérien, le calviniste, l'anabaptiste, le socinien, le memnoniste, le
morave et tant d'autres, vivent en frères dans ces contrées, et
contribuent également au bien de la société.   50

On ne craint plus en Hollande que les disputes d'un Gomar (a)

(a) François Gomar était un théologien protestant; il soutint contre
Arminius son collègue, que Dieu a destiné de toute éternité la plus grande
partie des hommes à être brûlés éternellement: [6] ce dogme infernal fut
soutenu comme il devait l'être, par la persécution. Le grand pensionnaire
Barneveldt, [7] qui était du parti contraire à Gomar, eut la tête tranchée à   5
l'âge de 72 ans, le 13 mai 1619, 'pour avoir contristé au possible l'Eglise de
Dieu'.

sur la prédestination fassent trancher la tête au grand pensionnaire. On ne craint plus à Londres que les querelles des presbytériens et des épiscopaux, pour une liturgie et pour un surplis, répandent le sang d'un roi[8] sur un échafaud (b). L'Irlande peuplée et enrichie ne verra plus ses citoyens catholiques sacrifier à Dieu pendant deux mois ses citoyens protestants, les enterrer vivants, suspendre les mères à des gibets, attacher les filles au cou de leurs mères, et les voir expirer ensemble; ouvrir le ventre des femmes enceintes, en tirer les enfants à demi formés, et les donner à manger aux porcs et aux chiens; mettre un poignard dans la main de leurs prisonniers garrottés, et conduire leurs bras dans le sein de leurs femmes, de leurs pères, de leurs mères, de leurs filles, s'imaginant en faire mutuellement des parricides, et les damner tous en les exterminant tous. C'est ce que rapporte Rapin-Thoiras, officier en Irlande, presque contemporain;[9] c'est ce que rapportent toutes les annales, toutes les histoires d'Angleterre, et ce qui sans doute ne sera jamais imité. La philosophie, la seule philosophie, cette sœur de la religion, a désarmé des mains que la superstition avait si longtemps

(b) Un déclamateur dans l'apologie de la révocation de l'édit de Nantes,[10] dit en parlant de l'Angleterre: 'Une fausse religion devait produire nécessairement de tels fruits; il en restait un seul à mûrir, ces insulaires le recueillent, c'est le mépris des nations.' Il faut avouer que l'auteur prend mal son temps pour dire que les Anglais sont méprisables et méprisés de toute la terre. Ce n'est pas, ce me semble, lorsqu'une nation signale sa bravoure et sa générosité, lorsqu'elle est victorieuse dans les quatre parties du monde, qu'on est bien reçu à dire qu'elle est méprisable et méprisée. C'est dans un chapitre sur l'intolérance, qu'on trouve ce singulier passage. Ceux qui prêchent l'intolérance méritent d'écrire ainsi. Cet abominable livre, qui semble fait par le fou de Verberies,[11] est d'un homme sans mission; car quel pasteur écrirait ainsi? La fureur est poussée dans ce livre, jusqu'à justifier la Saint-Barthélemy.[12] On croirait qu'un tel ouvrage rempli de si affreux paradoxes devrait être entre les mains de tout le monde, au moins par sa singularité, cependant à peine est-il connu.

ensanglantées; et l'esprit humain au réveil de son ivresse s'est 70
étonné des excès où l'avait emporté le fanatisme.

Nous-mêmes, nous avons en France une province opulente où
le luthéranisme l'emporte sur le catholicisme. L'université d'Alsace est entre les mains des luthériens: ils occupent une partie des
charges municipales; jamais la moindre querelle religieuse n'a 75
dérangé le repos de cette province depuis qu'elle appartient à nos
rois.[13] Pourquoi? C'est qu'on n'y a persécuté personne. Ne
cherchez point à gêner les cœurs, et tous les cœurs seront à vous.

Je ne dis pas que tous ceux qui ne sont point de la religion du
prince doivent partager les places et les honneurs de ceux qui sont 80
de la religion dominante. En Angleterre, les catholiques regardés
comme attachés au parti du prétendant, ne peuvent parvenir aux
emplois; ils payent même double taxe; mais ils jouissent d'ailleurs
de tous les droits des citoyens.[14]

On a soupçonné quelques évêques français de penser qu'il n'est 85
ni de leur honneur, ni de leur intérêt, d'avoir dans leur diocèse des
calvinistes; et que c'est là le plus grand obstacle à la tolérance; je ne
le puis croire. Le corps des évêques en France est composé de
gens de qualité qui pensent et qui agissent avec une noblesse digne
de leur naissance; ils sont charitables et généreux, c'est une justice 90
qu'on doit leur rendre: ils doivent penser que certainement leurs
diocésains fugitifs ne se convertiront pas dans les pays étrangers, et
que, retournés auprès de leurs pasteurs ils pourraient être éclairés
par leurs instructions, et touchés par leurs exemples; il y aurait de
l'honneur à les convertir, le temporel n'y perdrait pas, et plus il y 95
aurait de citoyens, plus les terres des prélats rapporteraient.

Un évêque de Varmie en Pologne avait un anabaptiste pour
fermier, et un socinien pour receveur; on lui proposa de chasser et
de poursuivre l'un, parce qu'il ne croyait pas la consubstantiabilité,
et l'autre parce qu'il ne baptisait son fils qu'à quinze ans; il répondit 100
qu'ils seraient éternellement damnés dans l'autre monde, mais que
dans ce monde-ci ils lui étaient très nécessaires.[15]

Sortons de notre petite sphère, et examinons le reste de notre
globe. Le Grand Seigneur gouverne en paix vingt peuples de

différentes religions; deux cent mille Grecs vivent avec sécurité   10
dans Constantinople; le muphti même nomme et présente à
l'empereur le patriarche grec; on y souffre un patriarche latin.
Le sultan nomme des évêques latins pour quelques îles de la Grèce,
(c) et voici la formule dont il se sert: 'Je lui commande d'aller
résider évêque dans l'île de Chio, selon leur ancienne coutume et   110
leurs vaines cérémonies.' Cet empire est rempli de jacobites, [16] de
nestoriens, [17] de monothélites; [18] il y a des cophtes, [19] des chrétiens
de Saint-Jean, [20] des juifs, des guèbres, [21] des banians. [22] Les annales
turques ne font mention d'aucune révolte excitée par aucune de ces
religions.   115

Allez dans l'Inde, dans la Perse, dans la Tartarie, vous y verrez
la même tolérance et la même tranquillité. Pierre le Grand a
favorisé tous les cultes dans son vaste empire: le commerce et
l'agriculture y ont gagné, et le corps politique n'en a jamais
souffert.   120

Le gouvernement de la Chine n'a jamais adopté, depuis plus de
quatre mille ans qu'il est connu, que le culte des noachides, [23]
l'adoration simple d'un seul Dieu: cependant il tolère les superstitions de Fô, [24] et une multitude de bonzes, [25] qui serait dangereuse,
si la sagesse des tribunaux ne les avait pas toujours contenus.   125

Il est vrai que le grand empereur Yontchin, le plus sage et le
plus magnanime peut-être qu'ait eu la Chine, a chassé les jésuites;
mais ce n'était pas parce qu'il était intolérant, c'était au contraire
parce que les jésuites l'étaient. [26] Ils rapportent eux-mêmes dans
leurs *Lettres curieuses*, les paroles que leur dit ce bon prince: 'Je sais   130
que votre religion est intolérante; je sais ce que vous avez fait aux
Manilles et au Japon; vous avez trompé mon père, n'espérez pas me

(c) Voyez Ricaut. [27]

126   63-NM: Yont-Chin

tromper de même.' [28] Qu'on lise tout le discours qu'il daigna leur tenir, on le trouvera le plus sage et le plus clément des hommes. Pouvait-il, en effet, retenir des physiciens d'Europe, qui sous prétexte de montrer des thermomètres et des éolipyles [29] à la cour, avaient soulevé déjà un prince du sang? Et qu'aurait dit cet empereur s'il avait lu nos histoires, s'il avait connu nos temps de la Ligue, et de la conspiration des poudres? [30]

C'en était assez pour lui d'être informé des querelles indécentes des jésuites, des dominicains, des capucins, des prêtres séculiers envoyés du bout du monde dans ses Etats: ils venaient prêcher la vérité, et ils s'anathématisaient les uns les autres. L'empereur ne fit donc que renvoyer des perturbateurs étrangers: mais avec quelle bonté les renvoya-t-il? Quels soins paternels n'eut-il pas d'eux pour leur voyage, et pour empêcher qu'on ne les insultât sur la route? Leur bannissement même fut un exemple de tolérance et d'humanité.

Les Japonais (d) étaient les plus tolérants de tous les hommes; douze religions paisibles étaient établies dans leur empire: les jésuites vinrent faire la treizième; mais bientôt n'en voulant pas souffrir d'autre, on sait ce qui en résulta; une guerre civile, non moins affreuse que celles de la Ligue, désola ce pays. [31] La religion chrétienne fut noyée enfin dans des flots de sang; les Japonais fermèrent leur empire au reste du monde, [32] et ne nous regardèrent que comme des bêtes farouches, semblables à celles dont les Anglais ont purgé leur île. C'est en vain que le ministre Colbert sentant le besoin que nous avions des Japonais, qui n'ont nul besoin de nous, tenta d'établir un commerce avec leur empire; il les trouva inflexibles. [33]

Ainsi donc notre continent entier nous prouve qu'il ne faut ni annoncer, ni exercer l'intolérance.

(d) Voyez Kempfer et toutes les relations du Japon. [34]

Jetez les yeux sur l'autre hémisphère, voyez la Caroline, dont le sage Locke fut le législateur; il suffit de sept pères de famille pour établir un culte public approuvé par la loi:[35] cette liberté n'a fait naître aucun désordre. Dieu nous préserve de citer cet exemple pour engager la France à l'imiter! On ne le rapporte que pour faire voir que l'excès le plus grand où puisse aller la tolérance, n'a pas été suivi de la plus légère dissension: mais ce qui est très utile et très bon dans une colonie naissante, n'est pas convenable dans un ancien royaume.

Que dirons-nous des primitifs que l'on a nommés *quakers*[36] par dérision, et qui avec des usages peut-être ridicules, ont été si vertueux, et ont enseigné inutilement la paix au reste des hommes? Ils sont en Pensylvanie au nombre de cent mille; la discorde, la controverse sont ignorées dans l'heureuse patrie qu'ils se sont faite: et le nom seul de leur ville de Philadelphie, qui leur rappelle à tout moment que les hommes sont frères, est l'exemple et la honte des peuples qui ne connaissent pas encore la tolérance.[37]

Enfin cette tolérance n'a jamais excité de guerre civile; l'intolérance a couvert la terre de carnage. Qu'on juge maintenant entre ces deux rivales, entre la mère qui veut qu'on égorge son fils, et la mère qui le cède pourvu qu'il vive.[38]

Je ne parle ici que de l'intérêt des nations, et en respectant comme je le dois la théologie, je n'envisage dans cet article que le bien physique et moral de la société. Je supplie tout lecteur impartial de peser ces vérités, de les rectifier et de les étendre.

164-172   63B, 63C, SD, 65A: législateur; tout père de famille qui a sept personnes seulement dans sa maison, peut y établir une religion à son choix, pourvu que ces sept personnes y concourent avec lui. Cette liberté n'a fait naître aucun désordre. Dieu nous préserve de citer cet exemple pour engager chaque maison à se faire un culte particulier: on ne le rapporte que pour faire voir que l'excès le plus grand où puisse aller la tolérance n'a pas été suivi de la plus légère dissension.

Mais que dirons-nous de ces pacifiques primitifs, que

Des lecteurs attentifs qui se communiquent leurs pensées, vont toujours plus loin que l'auteur. (*e*)

(*e*) M. de La Bourdonnaie, intendant de Rouen,[39] dit que la manufacture de chapeaux est tombée à Caudebec et à Neuchâtel par la fuite des réfugiés. M. Foucaut, intendant de Caen,[40] dit que le commerce est tombé de moitié dans la généralité. M. de Maupeou, intendant de Poitiers,[41] dit que la manufacture de droguet est anéantie. M. de Bezons, intendant de Bordeaux,[42] se plaint que le commerce de Clérac et de Nérac ne subsiste presque plus. M. de Miroménil, intendant de Touraine,[43] dit que le commerce de Tours est diminué de dix millions par année; et tout cela par la persécution. Voyez les Mémoires des intendants en 1698.[44] Comptez surtout le nombre des officiers de terre et de mer, et des matelots, qui ont été obligés d'aller servir contre la France, et souvent avec un funeste avantage: et voyez si l'intolérance n'a pas causé quelque mal à l'Etat.[45]

On n'a pas ici la témérité de proposer des vues à des ministres[46] dont on connaît le génie et les grands sentiments, et dont le cœur est aussi noble que la naissance: ils verront assez que le rétablissement de la marine demande quelque indulgence pour les habitants de nos côtes.

note (*e*), 11   63-65A: de matelots

[CHAPITRE V]

Comment la tolérance peut être admise?

J'ose supposer qu'un ministre éclairé et magnanime, un prélat humain et sage, un prince qui sait que son intérêt consiste dans le grand nombre de ses sujets, et sa gloire dans leur bonheur, daigne jeter les yeux sur cet écrit informe et défectueux; il y supplée par ses propres lumières; il se dit à lui-même: Que risquerai-je à voir la terre cultivée et ornée par plus de mains laborieuses, les tributs augmentés, l'Etat plus florissant?

L'Allemagne serait un désert couvert des ossements des catholiques, évangéliques, réformés, anabaptistes, égorgés les uns par les autres, si la paix de Vestphalie n'avait pas procuré enfin la liberté de conscience. [1]

Nous avons des juifs à Bordeaux, à Metz, en Alsace; nous avons des luthériens, des molinistes, des jansénistes; ne pouvons-nous pas souffrir et contenir des calvinistes à peu près aux mêmes conditions que les catholiques sont tolérés à Londres? Plus il y a de sectes, moins chacune est dangereuse; la multiplicité les affaiblit; toutes sont réprimées par de justes lois, qui défendent les assemblées tumultueuses, les injures, les séditions, et qui sont toujours en vigueur par la force coactive.

Nous savons que plusieurs chefs de famille, qui ont élevé de grandes fortunes dans les pays étrangers, sont prêts à retourner dans leur patrie; ils ne demandent que la protection de la loi naturelle, la validité de leurs mariages, la certitude de l'état de leurs enfants, le droit d'hériter de leurs pères, la franchise de leurs personnes; point de temples publics, point de droit aux charges municipales, aux dignités: les catholiques n'en ont ni à Londres, ni

5

10

15

20

25

---

a   NM, β, K: absent
10   63-NM: Westphalie

en plusieurs autres pays. Il ne s'agit plus de donner des privilèges immenses, des places de sûreté à une faction,[2] mais de laisser vivre un peuple paisible, d'adoucir des édits, autrefois peut-être nécessaires, et qui ne le sont plus; ce n'est pas à nous d'indiquer au ministère ce qu'il peut faire; il suffit de l'implorer pour des infortunés.

Que de moyens de les rendre utiles, et d'empêcher qu'ils ne soient jamais dangereux! La prudence du ministère et du conseil, appuyée de la force, trouvera bien aisément ces moyens, que tant d'autres nations emploient si heureusement.

Il y a des fanatiques encore dans la populace calviniste; mais il est constant qu'il y en a davantage dans la populace convulsionnaire. La lie des insensés de Saint-Médard[3] est comptée pour rien dans la nation, celle des prophètes calvinistes est anéantie.[4] Le grand moyen de diminuer le nombre des maniaques, s'il en reste, est d'abandonner cette maladie de l'esprit au régime de la raison, qui éclaire lentement, mais infailliblement, les hommes. Cette raison est douce, elle est humaine, elle inspire l'indulgence, elle étouffe la discorde, elle affermit la vertu, elle rend aimable l'obéissance aux lois, plus encore que la force ne les maintient. Et comptera-t-on pour rien le ridicule attaché aujourd'hui à l'enthousiasme[5] par tous les honnêtes gens? Ce ridicule est une puissante barrière contre les extravagances de tous les sectaires. Les temps passés sont comme s'ils n'avaient jamais été. Il faut toujours partir du point où l'on est, et de celui où les nations sont parvenues.

Il a été un temps où l'on se crut obligé de rendre des arrêts contre ceux qui enseignaient une doctrine contraire aux catégories d'Aristote,[6] à l'horreur du vide,[7] aux quiddités,[8] et à l'universel de la part de la chose.[9] Nous avons en Europe plus de cent volumes de jurisprudence sur la sorcellerie, et sur la manière de distinguer les faux sorciers des véritables.[10] L'excommunication des sauterelles, et des insectes nuisibles aux moissons, a été très en usage, et subsiste encore dans plusieurs rituels;[11] l'usage est passé, on laisse en paix Aristote, les sorciers et les sauterelles. Les exemples de ces graves démences, autrefois si importantes, sont innombrables; il en revient d'autres de temps en temps; mais quand elles ont fait leur effet, quand on en est rassasié, elles s'anéantissent. Si quelqu'un s'avisait aujourd'hui d'être carpocratien,[12] ou eutychéen,[13] ou monothélite,[14] monophysite,[15] nestorien,[16] manichéen[17] etc., qu'arriverait-il? On en rirait, comme d'un homme habillé à l'antique avec une fraise et un pourpoint.

La nation commençait à entr'ouvrir les yeux, lorsque les jésuites Le Tellier[18] et Doucin[19] fabriquèrent la bulle *Unigenitus* qu'ils envoyèrent à Rome; ils crurent être encore dans ces temps d'ignorance, où les peuples adoptaient sans examen les assertions les plus absurdes. Ils osèrent proscrire cette proposition, qui est d'une vérité universelle dans tous les cas et dans tous les temps: 'La crainte d'une excommunication injuste ne doit point empêcher de faire son devoir.' C'était proscrire la raison, les libertés de l'Eglise gallicane, et le fondement de la morale; c'était dire aux hommes: Dieu vous ordonne de ne jamais faire votre devoir, dès que vous craindrez l'injustice. On n'a jamais heurté le sens commun plus effrontément. Les consulteurs de Rome n'y prirent pas garde. On persuada à la cour de Rome que cette bulle était nécessaire, et que la nation la désirait; elle fut signée, scellée et envoyée; on en sait les suites;[20] certainement si on les avait prévues, on aurait mitigé la bulle. Les querelles ont été vives, la prudence et la bonté du roi les ont enfin apaisées.[21]

Il en est de même dans une grande partie des points qui divisent les protestants et nous; il y en a quelques-uns qui ne sont d'aucune conséquence; il y en a d'autres plus graves, mais sur lesquels la fureur de la dispute est tellement amortie, que les protestants eux-mêmes ne prêchent aujourd'hui la controverse en aucune de leurs églises.

C'est donc ce temps de dégoût, de satiété, ou plutôt de raison, qu'on peut saisir comme une époque et un gage de la tranquillité publique. La controverse est une maladie épidémique qui est sur sa

69 63A errata: Doutcin, *lisez*, Doucin [corrected 63B onwards]
83-84 63-β: les a enfin

fin, et cette peste dont on est guéri, ne demande plus qu'un régime doux. Enfin l'intérêt de l'Etat est que des fils expatriés reviennent 95 avec modestie dans la maison de leur père; l'humanité le demande, la raison le conseille, et la politique ne peut s'en effrayer.

[CHAPITRE VI]

Si l'intolérance est de droit naturel et de droit humain?

Le droit naturel est celui que la nature indique à tous les hommes. Vous avez élevé votre enfant; il vous doit du respect comme à son père, de la reconnaissance comme à son bienfaiteur. Vous avez droit aux productions de la terre que vous avez cultivée par vos mains; vous avez donné et reçu une promesse, elle doit être tenue.

Le droit humain ne peut être fondé en aucun cas que sur ce droit de nature; et le grand principe, le principe universel de l'un et de l'autre, est dans toute la terre: 'Ne fais pas ce que tu ne voudrais pas qu'on te fît.' Or on ne voit pas comment, suivant ce principe, un homme pourrait dire à un autre: 'Crois ce que je crois, et ce que tu ne peux croire, ou tu périras.' C'est ce qu'on dit en Portugal, en Espagne, à Goa. On se contente à présent dans quelques autres pays de dire: 'Crois, ou je t'abhorre; crois, ou je te ferai tout le mal que je pourrai; monstre, tu n'as pas ma religion, tu n'as donc point de religion; il faut que tu sois en horreur à tes voisins, à ta ville, à ta province.'

S'il était de droit humain de se conduire ainsi, il faudrait donc que le Japonais détestât le Chinois, qui aurait en exécration le Siamois; celui-ci poursuivrait les Gangarides,[1] qui tomberaient sur les habitants de l'Indus; un Mogol arracherait le cœur au premier Malabare[2] qu'il trouverait; le Malabare pourrait égorger le Persan, qui pourrait massacrer le Turc; et tous ensemble se jetteraient sur les chrétiens, qui se sont si longtemps dévorés les uns les autres.

Le droit de l'intolérance est donc absurde et barbare; c'est le droit des tigres; et il est bien plus horrible, car les tigres ne déchirent que pour manger, et nous nous sommes exterminés pour des paragraphes.

a   NM, β, K: absent

158

[CHAPITRE VII]

Si l'intolérance a été connue des Grecs?

Les peuples dont l'histoire nous a donné quelques faibles connaissances, ont tous regardé leurs différentes religions comme des nœuds qui les unissaient tous ensemble; c'était une association du genre humain. Il y avait une espèce de droit d'hospitalité entre les dieux comme entre les hommes. Un étranger arrivait-il dans une ville, il commençait par adorer les dieux du pays; on ne manquait jamais de vénérer les dieux mêmes de ses ennemis. Les Troyens adressaient des prières aux dieux qui combattaient pour les Grecs. [1]

Alexandre alla consulter dans les déserts de la Libye le dieu Ammon, [2] auquel les Grecs donnèrent le nom de *Zeus*, et les Latins, de *Jupiter*, quoique les uns et les autres eussent leur *Jupiter* et leur *Zeus* chez eux. Lorsqu'on assiégeait une ville, on faisait un sacrifice et des prières aux dieux de la ville, pour se les rendre favorables. Ainsi, au milieu même de la guerre, la religion réunissait les hommes, et adoucissait quelquefois leurs fureurs, si quelquefois elle leur commandait des actions inhumaines et horribles.

Je peux me tromper, mais il me paraît que de tous les anciens peuples policés, aucun n'a gêné la liberté de penser. Tous avaient une religion; mais il me semble qu'ils en usaient avec les hommes comme avec leurs dieux; ils reconnaissaient tous un dieu suprême, mais ils lui associaient une quantité prodigieuse de divinités inférieures; ils n'avaient qu'un culte, mais ils permettaient une foule de systèmes particuliers.

Les Grecs, par exemple, quelque religieux qu'ils fussent, trouvaient bon que les épicuriens niassent la Providence, et l'existence de l'âme. Je ne parle pas des autres sectes, qui toutes

a   NM, β, κ: absent

159

blessaient les idées saines qu'on doit avoir de l'Etre créateur, et qui toutes étaient tolérées.

Socrate qui approcha le plus près de la connaissance du Créateur, en porta, dit-on, la peine, et mourut martyr de la Divinité; c'est le seul que les Grecs aient fait mourir pour ses opinions. [3] Si ce fut en effet la cause de sa condamnation, cela n'est pas à l'honneur de l'intolérance, puisqu'on ne punit que celui qui seul rendit gloire à Dieu, et qu'on honora tous ceux qui donnaient de la Divinité les notions les plus indignes. Les ennemis de la tolérance ne doivent pas, à mon avis, se prévaloir de l'exemple odieux des juges de Socrate.

Il est évident, d'ailleurs, qu'il fut la victime d'un parti furieux animé contre lui. Il s'était fait des ennemis irréconciliables des sophistes, des orateurs, des poètes, qui enseignaient dans les écoles; et même de tous les précepteurs qui avaient soin des enfants de distinction. Il avoue lui-même dans son discours rapporté par Platon, qu'il allait de maison en maison prouver à ces précepteurs qu'ils n'étaient que des ignorants: [4] cette conduite n'était pas digne de celui qu'un oracle avait déclaré le plus sage des hommes. [5] On déchaîna contre lui un prêtre, et un conseiller des cinq-cents, qui l'accusèrent; [6] j'avoue que je ne sais pas précisément de quoi, je ne vois que du vague dans son Apologie; on lui fait dire en général, qu'on lui imputait d'inspirer aux jeunes gens des maximes contre la religion et le gouvernement. C'est ainsi qu'en usent tous les jours les calomniateurs dans le monde: mais il faut dans un tribunal des faits avérés, des chefs d'accusation précis et circonstanciés; c'est ce que le procès de Socrate ne nous fournit point; nous savons seulement qu'il eut d'abord deux cent vingt voix pour lui. Le tribunal des cinq-cents possédait donc deux cent vingt philosophes; c'est beaucoup; je doute qu'on les trouvât ailleurs. Enfin, la pluralité fut pour la ciguë; mais aussi, songeons que les Athéniens, revenus à eux-mêmes eurent les accusateurs et les juges en horreur; que

54   63A, 64B: qu'il eut deux cent vingt voix

63A errata: qu'il eut deux cent vingt voix, *lisez*, qu'il eut d'abord deux cent vingt voix [corrected 63B onwards excluding 64B]

Mélitus, le principal auteur de cet arrêt, fut condamné à mort pour cette injustice; que les autres furent bannis, et qu'on éleva un temple à Socrate. [7] Jamais la philosophie ne fut si bien vengée, ni tant honorée. L'exemple de Socrate est au fond le plus terrible argument qu'on puisse alléguer contre l'intolérance. Les Athéniens avaient un autel dédié aux dieux étrangers, aux dieux qu'ils ne pouvaient connaître. Y a-t-il une plus forte preuve, non seulement d'indulgence pour toutes les nations, mais encore de respect pour leurs cultes?

Un honnête homme qui n'est ennemi ni de la raison, ni de la littérature, ni de la probité, ni de la patrie, en justifiant depuis peu la Saint-Barthélemy, cite la guerre des Phocéens nommée *la guerre sacrée*, comme si cette guerre avait été allumée pour le culte, pour le dogme, pour des arguments de théologie; il s'agissait de savoir à qui appartiendrait un champ: c'est le sujet de toutes les guerres. Des gerbes de blé ne sont pas un symbole de créance; jamais aucune ville grecque ne combattit pour des opinions. D'ailleurs que prétend cet homme modeste et doux? Veut-il que nous fassions une guerre sacrée? [8]

[CHAPITRE VIII]

Si les les Romains ont été tolérants?

Chez les anciens Romains, depuis Romulus jusqu'aux temps où les chrétiens disputèrent avec les prêtres de l'empire, vous ne voyez pas un seul homme persécuté pour ses sentiments. Cicéron douta de tout; Lucrèce nia tout; et on ne leur en fit pas le plus léger reproche: la licence même alla si loin, que Pline le naturaliste commence son livre par nier un Dieu, et par dire que s'il en est un, c'est le soleil.[1] Cicéron dit, en parlant des enfers: '*Non est anus tam excors quæ credat*: il n'y a pas même de vieille assez imbécile pour les croire.'[2] Juvénal dit: '*Nec pueri credunt*:[3] les enfants n'en croient rien.' On chantait sur le théâtre de Rome: '*Post mortem nihil est, ipsaque mors nihil*:[4] Rien n'est après la mort, la mort même n'est rien.' Abhorrons ces maximes, et tout au plus pardonnons-les à un peuple que les évangiles n'éclairaient pas; elles sont fausses, elles sont impies; mais concluons que les Romains étaient très tolérants, puisqu'elles n'excitèrent jamais le moindre murmure.

Le grand principe du sénat et du peuple romain était: '*Deorum offensae diis curae*; c'est aux dieux seuls à se soucier des offenses faites aux dieux.' Ce peuple-roi ne songeait qu'à conquérir, à gouverner, et à policer l'univers. Ils ont été nos législateurs comme nos vainqueurs; et jamais César, qui nous donna des fers, des lois et des jeux, ne voulut nous forcer à quitter nos druides pour lui, tout grand pontife qu'il était d'une nation notre souveraine.

Les Romains ne professaient pas tous les cultes, ils ne donnaient pas à tous la sanction publique, mais ils les permirent tous. Ils n'eurent aucun objet matériel de culte sous Numa, point de

a   NM, β, κ: absent
18   63-β, κ: *offensa diis*

simulacres, point de statues;[5] bientôt ils en élevèrent aux dieux *majorum gentium*, que les Grecs leur firent connaître. La loi des douze tables, *Deos peregrinos ne colunto*, se réduisit à n'accorder le culte public qu'aux divinités supérieures approuvées par le sénat.[6] Isis eut un temple dans Rome, jusqu'au temps où Tibère le démolit, lorsque les prêtres de ce temple corrompus par l'argent de Mundus, le firent coucher dans le temple sous le nom du dieu Anubis avec une femme nommée Pauline. Il est vrai que Josèphe est le seul qui rapporte cette histoire;[7] il n'était pas contemporain, il était crédule et exagérateur. Il y a peu d'apparence que dans un temps aussi éclairé que celui de Tibère, une dame de la première condition eût été assez imbécile pour croire avoir les faveurs du dieu Anubis.

Mais que cette anecdote soit vraie ou fausse, il demeure certain que la superstition égyptienne avait élevé un temple à Rome avec le consentement public. Les Juifs y commerçaient dès le temps de la guerre punique; ils y avaient des synagogues du temps d'Auguste, et ils les conservèrent presque toujours, ainsi que dans Rome moderne. Y a-t-il un plus grand exemple que la tolérance était regardée par les Romains comme la loi la plus sacrée du droit des gens?

On nous dit qu'aussitôt que les chrétiens parurent, ils furent persécutés par ces mêmes Romains qui ne persécutaient personne. Il me paraît évident que ce fait est très faux; je n'en veux pour preuve que saint Paul lui-même. Les *Actes des apôtres* nous apprennent que (*a*) saint Paul étant accusé par les Juifs de vouloir détruire la loi mosaïque par Jésus-Christ, saint Jacques proposa à saint Paul de se faire raser la tête, et d'aller se purifier dans le temple avec quatre Juifs, 'afin que tout le monde sache que tout ce que l'on dit de vous est faux, et que vous continuez à garder la loi de Moïse'.

(*a*) Chap. XXI et XXII.

30   63-NM: divinités supérieures ou inférieures approuvées

Paul chrétien alla donc s'acquitter de toutes les cérémonies judaïques pendant sept jours; mais les sept jours n'étaient pas encore écoulés, quand des Juifs d'Asie le reconnurent; et voyant qu'il était entré dans le temple, non seulement avec des Juifs, mais avec des Gentils, ils crièrent à la profanation: on le saisit, on le mena devant le gouverneur Félix,[8] et ensuite on s'adressa au tribunal de Festus.[9] Les Juifs en foule demandèrent sa mort; Festus leur répondit (b): 'Ce n'est point la coutume des Romains de condamner un homme avant que l'accusé ait ses accusateurs devant lui, et qu'on lui ait donné la liberté de se défendre.'

Ces paroles sont d'autant plus remarquables dans ce magistrat romain, qu'il paraît n'avoir eu nulle considération pour saint Paul, n'avoir senti pour lui que du mépris; trompé par les fausses lumières de sa raison, il le prit pour un fou; il lui dit à lui-même qu'il était en démence (c): *Multæ te litteræ ad insaniam convertunt.* Festus n'écouta donc que l'équité de la loi romaine, en donnant sa protection à un inconnu qu'il ne pouvait estimer.

Voilà le Saint-Esprit lui-même, qui déclare que les Romains n'étaient pas persécuteurs, et qu'ils étaient justes. Ce ne sont pas les Romains qui se soulevèrent contre saint Paul, ce furent les Juifs. Saint Jacques, frère de Jésus, fut lapidé par l'ordre d'un Juif saducéen,[10] et non d'un Romain: les Juifs seuls lapidèrent saint Etienne[11] (d); et lorsque saint Paul gardait les manteaux des exécuteurs,[12] certes il n'agissait pas en citoyen romain.

Les premiers chrétiens n'avaient rien sans doute à démêler avec les Romains; ils n'avaient d'ennemis que les Juifs dont ils

(b) Act. chap. XXV.

(c) Act. chap. XXVI, v. 34.[13]

(d) Quoique les Juifs n'eussent pas le droit du glaive depuis qu'Archélaüs avait été relégué chez les Allobroges,[14] et que la Judée était gouvernée en province de l'empire; cependant les Romains fermaient souvent les yeux quand les Juifs exerçaient le jugement du zèle, c'est-à-dire, quand dans une émeute subite ils lapidaient par zèle celui qu'ils croyaient avoir blasphémé.

commençaient à se séparer. On sait quelle haine implacable portent tous les sectaires à ceux qui abandonnent leur secte. Il y eut sans doute du tumulte dans les synagogues de Rome. Suétone dit, dans la Vie de Claude: *Judæos impulsore Christo assidue tumultuantes, Roma expulit.* [15] Il se trompait, en disant que c'était à l'instigation de Christ: il ne pouvait pas être instruit des détails d'un peuple aussi méprisé à Rome que l'était le peuple juif, mais il ne se trompait pas sur l'occasion de ces querelles. Suétone écrivait sous Adrien dans le second siècle; les chrétiens n'étaient pas alors distingués des Juifs aux yeux des Romains. Le passage de Suétone fait voir que les Romains, loin d'opprimer les premiers chrétiens, réprimaient alors les Juifs qui les persécutaient. Ils voulaient que la synagogue de Rome eût pour ses frères séparés la même indulgence que le sénat avait pour elle; et les Juifs chassés revinrent bientôt après; ils parvinrent même aux honneurs malgré les lois qui les en excluaient: c'est Dion Cassius [16] et Ulpien [17] qui nous l'apprennent. (*e*) Est-il possible qu'après la ruine de Jérusalem les empereurs eussent prodigué des dignités aux Juifs, et qu'ils eussent persécuté, livré aux bourreaux et aux bêtes, des chrétiens qu'on regardait comme une secte de Juifs!

Néron, dit-on, les persécuta. Tacite nous apprend qu'ils furent accusés de l'incendie de Rome, et qu'on les abandonna à la fureur du peuple. [18] S'agissait-il de leur créance dans une telle accusation? Non sans doute. Dirons-nous que les Chinois, que les Hollandais égorgèrent il y a quelques années dans les faubourgs de Batavia, furent immolés à la religion? [19] Quelque envie qu'on ait de se tromper, il est impossible d'attribuer à l'intolérance le désastre

85

90

95

100

105

(*e*) Ulpianus, I.... tit. II. *Eis qui judaïcam superstitionem sequuntur honores adipisci permiserunt etc.*

note (*e*), 2   63:   *adipisci ipermiserunt*

arrivé sous Néron à quelques malheureux demi-juifs et demi-
chrétiens. (*f*)

(*f*) Tacite dit:[20] *Quos per flagitia invisos vulgus christianos appella-
bat.*

Il est bien difficile que le nom de chrétien fût déjà connu à Rome;
Tacite écrivait sous Vespasien et sous Domitien;[21] il parlait des chrétiens
comme on en parlait de son temps. J'oserais dire que ces mots, *odio*   5
humani generis convicti, pourraient bien signifier, dans le style de Tacite,
convaincus d'être haïs du genre humain, autant que *convaincus de haïr le*
genre humain.[22]

En effet que faisaient à Rome ces premiers missionnaires? Ils tâchaient
de gagner quelques âmes; ils leur enseignaient la morale la plus pure; ils   10
ne s'élevaient contre aucune puissance; l'humilité de leur cœur était
extrême comme celle de leur état et de leur situation; à peine étaient-ils
connus, à peine étaient-ils séparés des autres Juifs; comment le genre
humain, qui les ignorait, pouvait-il les haïr? Et comment pouvaient-ils
être convaincus de détester le genre humain?   15

Lorsque Londres brûla,[23] on en accusa les catholiques; mais c'était
après des guerres de religion, c'était après la conspiration des poudres,
dont plusieurs catholiques indignes de l'être avaient été convaincus.

Les premiers chrétiens du temps de Néron ne se trouvaient pas
assurément dans les mêmes termes. Il est très difficile de percer dans   20
les ténèbres de l'histoire; Tacite n'apporte aucune raison du soupçon
qu'on eut que Néron lui-même eût voulu mettre Rome en cendres. On
aurait été bien mieux fondé de soupçonner Charles II d'avoir brûlé
Londres: le sang du roi son père, exécuté sur un échafaud aux yeux du
peuple qui demandait sa mort, pouvait au moins servir d'excuse à   25
Charles II. Mais Néron n'avait ni excuse, ni prétexte, ni intérêt.[24] Ces
rumeurs insensées peuvent être en tout pays le partage du peuple: nous en
avons entendu de nos jours d'aussi folles et d'aussi injustes.

Tacite qui connaît si bien le naturel des princes, devait connaître aussi
celui du peuple, toujours vain, toujours outré dans ses opinions violentes   30
et passagères, incapable de rien voir, et capable de tout dire, de tout
croire, et de tout oublier.

Philon[25] dit que 'Séjan les persécuta sous Tibère; mais qu'après la mort

de Séjan, l'empereur les rétablit dans tous leurs droits.' Ils avaient celui
des citoyens romains, tout méprisés qu'ils étaient des citoyens romains: 35
ils avaient part aux distributions de blé; et même, lorsque la distribution
se faisait un jour de sabbat, on remettait la leur à un autre jour: c'était
probablement en considération des sommes d'argent qu'ils avaient
données à l'Etat; car en tout pays ils ont acheté la tolérance, et se sont
dédommagés bien vite de ce qu'elle avait coûté.   40

Ce passage de Philon explique parfaitement celui de Tacite, qui dit
qu'on envoya quatre mille Juifs ou Egyptiens en Sardaigne, et que si
l'intempérie du climat les eût fait périr, c'eût été une perte légère, *vile
damnum.*[26]

J'ajouterai à cette remarque que Philon regarde Tibère comme un   45
prince sage et juste. Je crois bien qu'il n'était juste qu'autant que cette
justice s'accordait avec ses intérêts; mais le bien que Philon en dit, me fait
un peu douter des horreurs que Tacite et Suétone lui reprochent. Il ne me
paraît point vraisemblable qu'un vieillard infirme de soixante et dix ans
se soit retiré dans l'île de Caprée pour s'y livrer à des débauches   50
recherchées qui sont à peine dans la nature, et qui étaient même
inconnues à la jeunesse de Rome la plus effrénée; ni Tacite, ni Suétone,
n'avaient connu cet empereur; ils recueillaient avec plaisir des bruits
populaires.[27] Octave, Tibère, et leurs successeurs avaient été odieux,
parce qu'ils régnaient sur un peuple qui devait être libre: les historiens se   55
plaisaient à les diffamer et on croyait ces historiens sur leur parole, parce
qu'alors on manquait de mémoires, de journaux du temps, de documents:
aussi les historiens ne citent personne; on ne pouvait les contredire; ils
diffamaient qui ils voulaient, et décidaient à leur gré du jugement de la
postérité. C'est au lecteur sage de voir jusqu'à quel point on doit se défier   60
de la véracité des historiens, quelle créance on doit avoir pour les faits
publics attestés par des auteurs graves, nés dans une nation éclairée, et
quelles bornes on doit mettre à sa crédulité sur des anecdotes que ces
mêmes auteurs rapportent sans aucune preuve.

[CHAPITRE IX]

Des martyrs. [1]

Il y eut dans la suite des martyrs chrétiens. Il est bien difficile de savoir précisément pour quelles raisons ces martyrs furent condamnés: mais j'ose croire qu'aucun ne le fut sous les premiers Césars, pour sa seule religion: on les tolérait toutes; comment aurait-on pu rechercher et poursuivre des hommes obscurs, qui 5 avaient un culte particulier, dans le temps qu'on permettait tous les autres?

Les Titus, les Trajans, les Antonins, les Décius, n'étaient pas des barbares: [2] peut-on imaginer qu'ils auraient privé les seuls chrétiens d'une liberté dont jouissait toute la terre? Les aurait-on seulement 10 osé accuser d'avoir des mystères secrets, tandis que les mystères d'Isis, ceux de Mithras, ceux de la déesse de Syrie, tous étrangers au culte romain, étaient permis sans contradiction? Il faut bien que la persécution ait eu d'autres causes, et que les haines particulières, soutenues par la raison d'Etat, aient répandu le sang des chrétiens. [3] 15

Par exemple, lorsque saint Laurent refuse au préfet de Rome Cornelius Secularis l'argent des chrétiens qu'il avait en sa garde, il est naturel que le préfet et l'empereur soient irrités; ils ne savaient pas que saint Laurent avait distribué cet argent aux pauvres, et qu'il avait fait une œuvre charitable et sainte; ils le regardèrent comme 20 un réfractaire, et le firent périr. [4] (a)

(a) Nous respectons assurément tout ce que l'Eglise rend respectable; nous invoquons les saints martyrs; mais en révérant saint Laurent, ne peut-on pas douter que saint Sixte [5] lui ait dit: *Vous me suivrez dans trois jours*; que dans ce court intervalle le préfet de Rome lui ait fait demander l'argent des chrétiens? Que le diacre Laurent ait eu le temps de faire 5 assembler tous les pauvres de la ville, qu'il ait marché devant le préfet

a   NM, β, K: absent

Considérons le martyre de saint Polyeucte. [6] Le condamna-t-on pour sa religion seule? Il va dans le temple, où l'on rend aux dieux des actions de grâces pour la victoire de l'empereur Décius; il y insulte les sacrificateurs, il renverse et brise les autels et les statues: quel est le pays au monde où l'on pardonnerait un pareil attentat? Le chrétien qui déchira publiquement l'édit de l'empereur Dioclétien, et qui attira sur ses frères la grande persécution, dans les deux dernières années du règne de ce prince, [7] n'avait pas un zèle selon la science; et il était bien malheureux d'être la cause du désastre de son parti. Ce zèle inconsidéré qui éclata souvent, et qui fut même condamné par plusieurs Pères de l'Eglise, a été probablement la source de toutes les persécutions. [8]

Je ne compare point, sans doute, les premiers sacramentaires [9] aux premiers chrétiens; je ne mets point l'erreur à côté de la vérité; mais Farel prédécesseur de Jean Calvin, fit dans Arles la même chose que saint Polyeucte avait faite en Arménie. On portait dans les rues la statue de saint Antoine l'ermite en procession; Farel tombe avec quelques-uns des siens sur les moines qui portaient saint Antoine, les bat, les disperse, et jette saint Antoine dans la rivière. Il méritait la mort qu'il ne reçut pas, parce qu'il eut le temps de s'enfuir. [10] S'il s'était contenté de crier à ces moines, qu'il ne croyait pas qu'un corbeau eût apporté la moitié d'un pain à saint Antoine l'ermite, ni que saint Antoine eût eu des conversations avec des centaures et des satyres, [11] il aurait mérité une forte réprimande, parce qu'il

25

30

35

40

45

---

pour le mener à l'endroit où étaient ces pauvres, qu'on lui ait fait son procès, qu'il ait subi la question, que le préfet ait commandé à un forgeron un gril assez grand pour y rôtir un homme, que le premier magistrat de Rome ait assisté lui-même à cet étrange supplice, que saint Laurent sur ce gril ait dit: 'Je suis assez cuit d'un côté, fais-moi retourner de l'autre, si tu veux me manger?' Ce gril n'est guère dans le génie des Romains; et comment se peut-il faire qu'aucun auteur païen n'ait parlé d'aucune de ces aventures?

10

37   63-β: Polyeucte avait fait

troublait l'ordre; mais si le soir après la procession, il avait examiné paisiblement l'histoire du corbeau, des centaures et des satyres, on n'aurait rien eu à lui reprocher.

Quoi! les Romains auraient souffert que l'infâme Antinoüs[12] fût mis au rang des seconds dieux, et ils auraient déchiré, livré aux bêtes tous ceux auxquels on n'aurait reproché que d'avoir paisiblement adoré un juste! Quoi! ils auraient reconnu un Dieu suprême, (b) un Dieu souverain, maître de tous les dieux secondaires, attesté par cette formule: *Deus optimus maximus*; et ils auraient recherché ceux qui adoraient un Dieu unique!

(b) Il n'y a qu'à ouvrir Virgile pour voir que les Romains reconnaissaient un Dieu suprême, souverain de tous les êtres célestes.

> *O! qui res hominumque deumque*
> *Æternis regis imperiis, et fulmine terres.*[13]
> *O pater, ô hominum divumque æterna potestas etc.*[14]

Horace s'exprime bien plus fortement:

> *Unde nil majus generatur ipso,*
> *Nec viget quidquam simile, aut secundum.*[15]

On ne chantait autre chose que l'unité de Dieu dans les mystères auxquels presque tous les Romains étaient initiés. Voyez la belle hymne d'Orphée,[16] lisez la lettre de Maxime de Madaure à saint Augustin, dans laquelle il dit 'qu'il n'y a que des imbéciles qui puissent ne pas reconnaître un Dieu souverain'.[17] Longinien, étant païen, écrit au même saint Augustin,[18] que Dieu 'est unique, incompréhensible, ineffable'. Lactance lui-même, qu'on ne peut accuser d'être trop indulgent, avoue dans son livre V, que 'les Romains soumettent tous les dieux au Dieu suprême, *illos subjicit et mancipat Deo*'.[19] Tertullien même, dans son *Apologétique*, avoue que tout l'empire reconnaissait un Dieu maître du monde, dont la puissance et la majesté sont infinies, *principem mundi perfectae potentiae et majestatis*.[20] Ouvrez surtout Platon, le maître de Cicéron dans la philosophie, vous y verrez 'qu'il n'y a qu'un Dieu, qu'il faut l'adorer, l'aimer, travailler à lui ressembler par la sainteté et par la justice'.[21] Epictète dans les fers, Marc-Antoine sur le trône, disent la même chose en cent endroits.

Il n'est pas croyable que jamais il y eût une inquisition contre les chrétiens sous les empereurs, c'est-à-dire, qu'on soit venu chez eux les interroger sur leur créance. On ne troubla jamais sur cet article ni Juif, ni Syrien, ni Egyptien, ni bardes, ni druides, ni philosophes. Les martyrs furent donc ceux qui s'élevèrent contre les faux dieux. C'était une chose très sage, très pieuse de n'y pas croire; mais enfin si, non contents d'adorer un Dieu en esprit et en vérité, ils éclatèrent violemment contre le culte reçu, quelque absurde qu'il pût être, on est forcé d'avouer qu'eux-mêmes étaient intolérants. [22]

Tertullien, dans son *Apologétique*, avoue (*c*) qu'on regardait les chrétiens comme des factieux; l'accusation était injuste, mais elle prouvait que ce n'était pas la religion seule des chrétiens, qui excitait le zèle des magistrats. Il avoue (*d*) que les chrétiens refusaient d'orner leurs portes de branches de laurier dans les réjouissances publiques pour les victoires des empereurs: [23] on pouvait aisément prendre cette affectation condamnable pour un crime de lèse-majesté.

La première sévérité juridique exercée contre les chrétiens, fut celle de Domitien; [24] mais elle se borna à un exil qui ne dura pas une année: *Facile caeptum repressit restitutis quos ipse relegaverat*, dit Tertullien. [25] Lactance, dont le style est si emporté, convient que depuis Domitien jusqu'à Décius l'Eglise fut tranquille et florissante. (*e*) Cette longue paix, dit-il, fut interrompue quand cet exécrable animal Décius opprima l'Eglise: *Post multos annos extitit execrabile animal Decius qui vexaret ecclesiam.* [26]

On ne veut point discuter ici le sentiment du savant Dodwell sur le petit nombre des martyrs; [27] mais si les Romains avaient tant persécuté la religion chrétienne, si le sénat avait fait mourir tant

(*c*) Chap. XXXIX.
(*d*) Chap. XXXV.
(*e*) Chap. III.

d'innocents par des supplices inusités, s'ils avaient plongé des chrétiens dans l'huile bouillante, s'ils avaient exposé des filles toutes nues aux bêtes dans le cirque, comment auraient-ils laissé en paix tous les premiers évêques de Rome? Saint Irénée[28] ne compte pour martyr parmi ces évêques que le seul Télesphore, dans l'an 139 de l'ère vulgaire, et on n'a aucune preuve que ce Télesphore ait été mis à mort.[29] Zéphirin gouverna le troupeau de Rome pendant dix-huit années, et mourut paisiblement l'an 219.[30] Il est vrai que, dans les anciens martyrologes, on place presque tous les premiers papes; mais le mot de martyr n'était pris alors que suivant sa véritable signification: *martyre* voulait dire *témoignage*, et non pas *supplice*.[31]

Il est difficile d'accorder cette fureur de persécution avec la liberté qu'eurent les chrétiens d'assembler cinquante-six conciles, que les écrivains ecclésiastiques comptent dans les trois premiers siècles.[32]

Il y eut des persécutions; mais si elles avaient été aussi violentes qu'on le dit, il est vraisemblable que Tertullien, qui écrivit avec tant de force contre le culte reçu, ne serait pas mort dans son lit. On sait bien que les empereurs ne lurent pas son *Apologétique*, qu'un écrit obscur composé en Afrique ne parvient pas à ceux qui sont chargés du gouvernement du monde; mais il devait être connu de ceux qui approchaient le proconsul d'Afrique; il devait attirer beaucoup de haine à l'auteur; cependant il ne souffrit point le martyre.

Origène enseigna publiquement dans Alexandrie, et ne fut point mis à mort. Ce même Origène qui parlait avec tant de liberté aux païens et aux chrétiens, qui annonçait Jésus aux uns, qui niait un Dieu en trois personnes aux autres, avoue expressément dans son troisième livre contre Celse, 'qu'il y a eu très peu de martyrs, et encore de loin à loin; cependant, *dit-il*, les chrétiens ne négligent rien pour faire embrasser leur religion par tout le monde; ils courent dans les villes, dans les bourgs, dans les villages.'[33]

85

90

95

100

105

110

115

92   63A errata: on y place, *lisez*, on place [corrected 63B onwards excluding 64B.]

Il est certain que ces courses continuelles pouvaient être aisément accusées de sédition par les prêtres ennemis, et pourtant ces missions sont tolérées malgré le peuple égyptien, toujours turbulent, séditieux et lâche, peuple qui avait déchiré un Romain pour avoir tué un chat,[34] peuple en tout temps méprisable, quoi qu'en disent les admirateurs des pyramides. (*f*)

120

(*f*) Cette assertion doit être prouvée. Il faut convenir que depuis que l'histoire a succédé à la fable, on ne voit dans les Egyptiens qu'un peuple aussi lâche que superstitieux. Cambyse s'empare de l'Egypte par une seule bataille: Alexandre y donne des lois sans essuyer un seul combat, sans qu'aucune ville ose attendre un siège: les Ptolémées s'en emparent sans coup férir; César et Auguste la subjuguent aussi aisément. Omar prend toute l'Egypte en une seule campagne; les Mameluks, peuple de la Colchide et des environs du mont Caucase, en sont les maîtres après Omar;[35] ce sont eux, et non les Egyptiens, qui défont l'armée de saint Louis,[36] et qui prennent ce roi prisonnier. Enfin, les Mameluks étant devenus Egyptiens, c'est-à-dire, mous, lâches, inappliqués, volages, comme les habitants naturels de ce climat, ils passent en trois mois sous le joug de Sélim Ier,[37] qui fait pendre leur soudan, et qui laisse cette province annexée à l'empire des Turcs, jusqu'à ce que d'autres barbares s'en emparent un jour.

5

10

Hérodote rapporte que dans les temps fabuleux, un roi égyptien nommé Sésostris sortit de son pays dans le dessein formel de conquérir l'univers: il est visible qu'un tel dessein n'est digne que de Picrochole ou de don Quichotte; et sans compter que le nom de Sésostris n'est point égyptien, on peut mettre cet événement, ainsi que tous les faits antérieurs, au rang des *Mille et une nuits*. Rien n'est plus commun chez les peuples conquis, que de débiter des fables sur leur ancienne grandeur, comme dans certains pays, certaines misérables familles se font descendre d'antiques souverains. Les prêtres d'Egypte contèrent à Hérodote que ce roi qu'il appelle Sésostris, était allé subjuguer la Colchide; c'est comme si l'on disait qu'un roi de France partit de la Touraine pour aller subjuguer la Norvège.[38]

15

20

25

On a beau répéter tous ces contes dans mille et mille volumes, ils n'en sont pas plus vraisemblables; il est bien plus naturel que les habitants robustes et féroces du Caucase, les Colchidiens, et les autres Scythes, qui vinrent tant de fois ravager l'Asie, pénétrèrent jusqu'en Egypte: et si les

note (*f*), 29   K: aient pénétré

Qui devait plus soulever contre lui les prêtres et le gouvernement que saint Grégoire Thaumaturge, disciple d'Origène?
Grégoire avait vu pendant la nuit un vieillard envoyé de Dieu,

---

prêtres de Colchos rapportèrent ensuite chez eux la mode de la circonci- 30
sion, ce n'est pas une preuve qu'ils aient été subjugués par les Egyptiens.
Diodore de Sicile rapporte que tous les rois vaincus par Sésostris venaient
tous les ans du fond de leurs royaumes lui apporter leurs tributs, et que
Sésostris se servait d'eux comme de chevaux de carrosse, qu'il les faisait
atteler à son char pour aller au temple. Ces histoires de Gargantua sont tous 35
les jours fidèlement copiées. Assurément ces rois étaient bien bons de venir
de si loin servir ainsi de chevaux. [39]

Quant aux pyramides, et aux autres antiquités, elles ne prouvent autre
chose que l'orgueil, et le mauvais goût des princes d'Egypte, ainsi que
l'esclavage d'un peuple imbécile, employant ses bras qui étaient son seul 40
bien, à satisfaire la grossière ostentation de ses maîtres. Le gouvernement
de ce peuple, dans les temps mêmes que l'on vante si fort, paraît absurde et
tyrannique: on prétend que toutes les terres appartenaient à leurs
monarques. C'était bien à de pareils esclaves à conquérir le monde!

Cette profonde science des prêtres égyptiens est encore un des plus 45
énormes ridicules de l'histoire ancienne, c'est-à-dire de la fable. Des gens
qui prétendaient que dans le cours d'onze mille années le soleil s'était levé
deux fois au couchant, et couché deux fois au levant, en recommençant son
cours, étaient sans doute bien au-dessous de l'auteur de l'*Almanach de
Liège*. [40] La religion de ces prêtres qui gouvernaient l'Etat, n'était pas 50
comparable à celle des peuples les plus sauvages de l'Amérique: on sait
qu'ils adoraient des crocodiles, des singes, des chats, des oignons; et il n'y a
peut-être aujourd'hui dans toute la terre que le culte du grand lama qui soit
aussi absurde.

Leurs arts ne valent guère mieux que leur religion; il n'y a pas une seule 55
ancienne statue égyptienne qui soit supportable, et tout ce qu'ils ont eu de
bon a été fait dans Alexandrie sous les Ptolémées et sous les Césars, par des
artistes de Grèce: ils ont eu besoin d'un Grec pour apprendre la
géométrie. [41]

L'illustre Bossuet s'extasie sur le mérite égyptien, dans son *Discours sur* 60
l'Histoire universelle [42] adressé au fils de Louis XIV. Il peut éblouir un jeune
prince, mais il contente bien peu les savants; c'est une très éloquente

accompagné d'une femme resplendissante de lumière: cette femme 125
était la sainte Vierge, et ce vieillard était saint Jean l'évangéliste.
Saint Jean lui dicta un symbole, que saint Grégoire alla prêcher. Il
passa en allant à Néocésarée, près d'un temple où l'on rendait des
oracles, et où la pluie l'obligea de passer la nuit; il y fit plusieurs
signes de croix. Le lendemain, le grand sacrificateur du temple fut 130
étonné que les démons qui lui répondaient auparavant ne
voulaient plus rendre d'oracles; il les appela; les diables vinrent
pour lui dire qu'ils ne viendraient plus; ils lui apprirent qu'ils ne
pouvaient plus habiter ce temple, parce que Grégoire y avait passé
la nuit, et qu'il y avait fait des signes de croix. Le sacrificateur fit 135
saisir Grégoire, qui lui répondit: 'Je peux chasser les démons d'où
je veux, et les faire entrer où il me plaira. – Faites-les donc rentrer
dans mon temple', dit le sacrificateur. Alors Grégoire déchira un
petit morceau d'un volume qu'il tenait à la main, et y traça ces
paroles: 'Grégoire à Satan, je te commande de rentrer dans ce 140
temple.' On mit ce billet sur l'autel; les démons obéirent, et
rendirent ce jour-là leurs oracles comme à l'ordinaire; après quoi
ils cessèrent, comme on le sait. [43]

C'est saint Grégoire de Nysse [44] qui rapporte ces faits dans la vie
de saint Grégoire Thaumaturge. Les prêtres des idoles devaient 145
sans doute être animés contre Grégoire, et dans leur aveuglement,
le déférer au magistrat; cependant leur plus grand ennemi n'essuya
aucune persécution.

Il est dit dans l'histoire de saint Cyprien, qu'il fut le premier
évêque de Carthage condamné à la mort. [45] Le martyre de saint 150
Cyprien est de l'an 258 de notre ère; donc pendant un très long
temps aucun évêque de Carthage ne fut immolé pour sa religion.
L'histoire ne nous dit point quelles calomnies s'élevèrent contre
saint Cyprien, quels ennemis il avait, pourquoi le proconsul

---

déclamation; mais un historien doit être plus philosophe qu'orateur. Au
reste on ne donne cette réflexion sur les Egyptiens que comme une
conjecture: quel autre nom peut-on donner à tout ce qu'on dit de 65
l'antiquité?

d'Afrique fut irrité contre lui. Saint Cyprien écrit à Cornélius évêque de Rome: 'Il arriva depuis peu une émotion populaire à Carthage, et on cria par deux fois qu'il fallait me jeter aux lions.' Il est bien vraisemblable que les emportements du peuple féroce de Carthage furent enfin cause de la mort de Cyprien; et il est bien sûr que ce ne fut pas l'empereur Gallus[46] qui le condamna de si loin pour sa religion, puisqu'il laissait en paix Corneille qui vivait sous ses yeux.

Tant de causes secrètes se mêlent souvent à la cause apparente, tant de ressorts inconnus servent à persécuter un homme, qu'il est impossible de démêler dans les siècles postérieurs, la source cachée des malheurs des hommes les plus considérables, à plus forte raison celle du supplice d'un particulier qui ne pouvait être connu que par ceux de son parti.

Remarquez que saint Grégoire Thaumaturge, et saint Denis, évêque d'Alexandrie,[47] qui ne furent point suppliciés, vivaient dans le temps de saint Cyprien. Pourquoi étant aussi connus pour le moins que cet évêque de Carthage, demeurèrent-ils paisibles? Et pourquoi saint Cyprien fut-il livré au supplice? N'y a-t-il pas quelque apparence que l'un succomba sous des ennemis personnels et puissants, sous la calomnie, sous le prétexte de la raison d'Etat, qui se joint si souvent à la religion, et que les autres eurent le bonheur d'échapper à la méchanceté des hommes?

Il n'est guère possible que la seule accusation de christianisme ait fait périr saint Ignace,[48] sous le clément et juste Trajan,[49] puisqu'on permit aux chrétiens de l'accompagner et de le consoler quand on le conduisit à Rome. (g) Il y avait eu souvent des séditions dans

(g) On ne révoque point en doute la mort de saint Ignace; mais qu'on lise la relation de son martyre, un homme de bon sens ne sentira-t-il pas quelques doutes s'élever dans son esprit? L'auteur inconnu de cette relation dit, que 'Trajan crut qu'il manquerait quelque chose à sa gloire, s'il ne soumettait à son empire le dieu des chrétiens.' Quelle idée! Trajan était-il un homme qui voulût triompher des dieux? Lorsqu'Ignace parut devant l'empereur, ce prince lui dit: 'Qui es-tu, esprit impur?' Il n'est guère vraisemblable qu'un empereur ait parlé à un prisonnier, et qu'il l'ait

Antioche, ville toujours turbulente, où Ignace était évêque secret
des chrétiens: peut-être ces séditions malignement imputées aux

condamné lui-même; ce n'est pas ainsi que les souverains en usent. Si
Trajan fit venir Ignace devant lui, il ne lui demanda pas: *Qui es-tu?* il le   10
savait bien. Ce mot *esprit impur* a-t-il pu être prononcé par un homme
comme Trajan? Ne voit-on pas que c'est une expression d'exorciste,
qu'un chrétien met dans la bouche d'un empereur? Est-ce là, bon Dieu! le
style de Trajan? [50]

Peut-on imaginer qu'Ignace lui ait répondu qu'il se nommait Théo-   15
phore, parce qu'il portait Jésus dans son cœur, et que Trajan eût disserté
avec lui sur Jésus-Christ? On fait dire à Trajan, à la fin de la conversation:
'Nous ordonnons qu'Ignace, qui se glorifie de porter en lui le crucifié,
sera mis aux fers etc.' Un sophiste ennemi des chrétiens pouvait appeler
Jésus-Christ *le crucifié*; mais il n'est guère probable que dans un arrêt on   20
se fût servi de ce terme. Le supplice de la croix était si usité chez les
Romains, qu'on ne pouvait dans le style des lois désigner par *le crucifié*
l'objet du culte des chrétiens, et ce n'est pas ainsi que les lois et les
empereurs prononcent leurs jugements.

On fait ensuite écrire une longue lettre par saint Ignace aux chrétiens   25
de Rome: [51] 'Je vous écris, dit-il, tout enchaîné que je suis.' Certainement,
s'il lui fut permis d'écrire aux chrétiens de Rome, ces chrétiens n'étaient
donc pas recherchés; Trajan n'avait donc pas dessein de soumettre leur
Dieu à son empire; ou si ces chrétiens étaient sous le fléau de la
persécution, Ignace commettait une très grande imprudence en leur   30
écrivant; c'était les exposer, les livrer, c'était se rendre leur délateur.

Il semble que ceux qui ont rédigé ces actes devaient avoir plus d'égard
aux vraisemblances et aux convenances. Le martyre de saint Polycarpe [52]
fait naître plus de doutes. Il est dit qu'une voix cria du haut du ciel:
Courage, Polycarpe! que les chrétiens l'entendirent, mais que les autres   35
n'entendirent rien: il est dit que quand on eut lié Polycarpe au poteau, et
que le bûcher fut en flammes, ces flammes s'écartèrent de lui et formèrent
un arc au-dessus de sa tête, qu'il en sortit une colombe, que le saint
respecté par le feu exhala une odeur d'aromate qui embauma toute
l'assemblée mais que celui dont le feu n'osait approcher ne put résister au   40
tranchant du glaive. Il faut avouer qu'on doit pardonner à ceux qui
trouvent dans ces histoires plus de piété que de vérité.

note (*g*), 39   63-NM: odeur d'aromates

chrétiens innocents, excitèrent l'attention du gouvernement, qui
fut trompé, comme il est trop souvent arrivé.

189

Saint Siméon, par exemple, fut accusé devant Sapor d'être
l'espion des Romains. L'histoire de son martyre rapporte que le
roi Sapor lui proposa d'adorer le soleil, mais on sait que les Perses
ne rendaient point de culte au soleil, ils le regardaient comme un
emblème du bon principe, d'Oromase, ou Orosmade, du Dieu
créateur qu'ils reconnaissaient.[53]

190

Quelque tolérant que l'on puisse être, on ne peut s'empêcher de
sentir quelque indignation contre ces déclamateurs, qui accusent
Dioclétien d'avoir persécuté les chrétiens, depuis qu'il fut sur le
trône;[54] rapportons-nous-en à Eusèbe de Césarée, son témoignage
ne peut être récusé; le favori, le panégyriste de Constantin,
l'ennemi violent des empereurs précédents, doit être cru quand il
les justifie: voici ses paroles: (h) 'Les empereurs donnèrent longtemps aux chrétiens de grandes marques de bienveillance; ils leur
confièrent des provinces; plusieurs chrétiens demeurèrent dans le
palais; ils épousèrent même des chrétiennes; Dioclétien prit pour
son épouse Prisca, dont la fille fut femme de Maximien Galère
etc.'[55]

195

200

Qu'on apprenne donc de ce témoignage décisif à ne plus
calomnier; qu'on juge si la persécution excitée par Galère après
dix-neuf ans d'un règne de clémence et de bienfaits, ne doit pas
avoir sa source dans quelque intrigue que nous ne connaissons
pas.[56]

205

Qu'on voie combien la fable de la légion thébaine ou thébéenne,
massacrée, dit-on, toute entière pour la religion, est une fable
absurde.[57] Il est ridicule qu'on ait fait venir cette légion d'Asie par
le grand Saint-Bernard; il est impossible qu'on l'eût appelée d'Asie

210

(h) Hist. ecclésiast. liv. VIII.

189-190   63-65A: une emblème
190   63A errata: Doromase, *lisez*, d'Oromase [corrected 63B onwards excluding 64B]

pour venir apaiser une sédition dans les Gaules, un an après que cette sédition avait été réprimée; il n'est pas moins impossible qu'on ait égorgé six mille hommes d'infanterie, et sept cents cavaliers, dans un passage où deux cents hommes pourraient arrêter une armée entière. La relation de cette prétendue boucherie commence par une imposture évidente: 'Quand la terre gémissait sous la tyrannie de Dioclétien, le ciel se peuplait de martyrs.'[58] Or cette aventure, comme on l'a dit, est supposée en 286, temps où Dioclétien favorisait le plus les chrétiens, et où l'empire romain fut le plus heureux. Enfin ce qui devrait épargner toutes ces discussions, c'est qu'il n'y eut jamais de légion thébaine: les Romains étaient trop fiers et trop sensés pour composer une légion de ces Egyptiens qui ne servaient à Rome que d'esclaves, *Verna Canopi*:[59] c'est comme s'ils avaient eu une légion juive. Nous avons les noms des trente-deux légions qui faisaient les principales forces de l'empire romain; assurément la légion thébaine ne s'y trouve pas. Rangeons donc ce conte avec les vers acrostiches des sibylles qui prédisaient les miracles de Jésus-Christ, et avec tant de pièces supposées qu'un faux zèle prodigua pour abuser la crédulité.[60]

[CHAPITRE X]

Du danger des fausses légendes, et de la persécution.

Le mensonge en a trop longtemps imposé aux hommes; il est temps qu'on connaisse le peu de vérités qu'on peut démêler à travers ces nuages de fables qui couvrent l'histoire romaine, depuis Tacite et Suétone, et qui ont presque toujours enveloppé les annales des autres nations anciennes.

Comment peut-on croire, par exemple, que les Romains, ce peuple grave et sévère de qui nous tenons nos lois, aient condamné des vierges chrétiennes, des filles de qualité, à la prostitution? C'est bien mal connaître l'austère dignité de nos législateurs, qui punissaient si sévèrement les faiblesses des vestales. Les *Actes sincères* de Ruinart rapportent ces turpitudes;[1] mais doit-on croire aux *Actes* de Ruinart comme aux *Actes des apôtres?* Ces *Actes sincères* disent, après Bollandus,[2] qu'il y avait dans la ville d'Ancyre sept vierges chrétiennes, d'environ soixante et dix ans chacune, que le gouverneur Théodecte les condamna à passer par les mains des jeunes gens de la ville, mais que ces vierges ayant été épargnées (comme de raison), il les obligea de servir toutes nues aux mystères de Diane; auxquels, pourtant, on n'assista jamais qu'avec un voile. Saint Théodote, qui à la vérité était cabaretier, mais qui n'en était pas moins zélé, pria Dieu ardemment de vouloir bien faire mourir ces saintes filles, de peur qu'elles ne succombassent à la tentation: Dieu l'exauça; le gouverneur les fit jeter dans un lac avec une pierre au cou: elles apparurent aussitôt à Théodote, et le prièrent de ne pas souffrir 'que leurs corps fussent mangés des poissons': ce furent leurs propres paroles.

Le saint cabaretier et ses compagnons allèrent pendant la nuit au bord du lac gardé par des soldats; un flambeau céleste marcha

5

10

15

20

25

a   NM, β, κ: absent

toujours devant eux, et quand ils furent au lieu où étaient les gardes, un cavalier céleste armé de toutes pièces poursuivit ces gardes la lance à la main: saint Théodote retira du lac les corps des vierges: il fut mené devant le gouverneur, et le cavalier céleste n'empêcha pas qu'on ne lui tranchât la tête. Ne cessons de répéter que nous vénérons les vrais martyrs, mais qu'il est difficile de croire cette histoire de Bollandus et de Ruinart.[3]

Faut-il rapporter ici le conte du jeune saint Romain? On le jeta dans le feu, dit Eusèbe,[4] et des Juifs qui étaient présents insultèrent à Jésus-Christ qui laissait brûler ses confesseurs, après que Dieu avait tiré Sidrac, Mizac, et Abdenago de la fournaise ardente.[5] A peine les Juifs eurent-ils parlé, que saint Romain sortit triomphant du bûcher: l'empereur ordonna qu'on lui pardonnât, et dit au juge qu'il ne voulait rien avoir à démêler avec Dieu. (étranges paroles pour Dioclétien!). Le juge, malgré l'indulgence de l'empereur, commanda qu'on coupât la langue à saint Romain; et quoiqu'il eût des bourreaux, il fit faire cette opération par un médecin. Le jeune Romain né bègue, parla avec volubilité dès qu'il eut la langue coupée. Le médecin essuya une réprimande, et pour montrer que l'opération était faite selon les règles de l'art, il prit un passant, et lui coupa juste autant de langue qu'il en avait coupé à saint Romain, de quoi le passant mourut sur-le-champ: *car*, ajoute savamment l'auteur, 'l'anatomie nous apprend qu'un homme sans langue ne saurait vivre'.[6] En vérité, si Eusèbe a écrit de pareilles fadaises, si on ne les a point ajoutées à ses écrits, quel fond peut-on faire sur son histoire?

On nous donne le martyre de sainte Félicité[7] et de ses sept enfants, envoyés, dit-on, à la mort par le sage et pieux Antonin,[8] sans nommer l'auteur de la relation.[9] Il est bien vraisemblable que quelque auteur plus zélé que vrai, a voulu imiter l'histoire des Machabées; c'est ainsi que commence la relation: 'Sainte Félicité était Romaine, elle vivait sous le règne d'Antonin':[10] il est clair par

38   κ: Sidrach, Misach
41-42   κ: avec Dieu; étranges paroles pour Dioclétien!

ces paroles, que l'auteur n'était pas contemporain de sainte Félicité: il dit que le préteur les jugea sur son tribunal dans le champ de Mars; mais le préfet de Rome tenait son tribunal au Capitole, et non au champ de Mars, qui après avoir servi à tenir les comices, servait alors aux revues des soldats, aux courses, aux jeux militaires: cela seul démontre la supposition. [11]

Il est dit encore, qu'après le jugement, l'empereur commit à différents juges le soin de faire exécuter l'arrêt; ce qui est entièrement contraire à toutes les formalités de ces temps-là, et à celles de tous les temps.

Il y a de même un saint Hippolite, [12] que l'on suppose traîné par des chevaux, comme Hippolite fils de Thésée. Ce supplice ne fut jamais connu des anciens Romains, et la seule ressemblance du nom a fait inventer cette fable.

Observez encore que dans les relations des martyres, composées uniquement par les chrétiens mêmes, on voit presque toujours une foule de chrétiens venir librement dans la prison du condamné, le suivre au supplice, recueillir son sang, ensevelir son corps, faire des miracles avec les reliques. Si c'était la religion seule qu'on eût persécutée, n'aurait-on pas immolé ces chrétiens déclarés qui assistaient leurs frères condamnés, et qu'on accusait d'opérer des enchantements avec les restes des corps martyrisés? Ne les aurait-on pas traités comme nous avons traité les vaudois, [13] les albigeois, [14] les hussites, [15] les différentes sectes des protestants? Nous les avons égorgés, brûlés en foule, sans distinction ni d'âge ni de sexe. Y a-t-il, dans les relations avérées des persécutions anciennes, un seul trait qui approche de la Saint-Barthélemy, et des massacres d'Irlande? [16] Y en a-t-il un seul qui ressemble à la fête annuelle qu'on célèbre encore dans Toulouse, fête cruelle, fête abolissable à jamais, dans laquelle un peuple entier remercie Dieu en procession, et se félicite d'avoir égorgé il y a deux cents ans quatre mille de ses concitoyens? [17]

Je le dis avec horreur, mais avec vérité: c'est nous chrétiens, c'est nous qui avons été persécuteurs, bourreaux, assassins! Et de qui? de nos frères. C'est nous qui avons détruit cent villes, le

crucifix, ou la Bible à la main, et qui n'avons cessé de répandre le
sang, et d'allumer des bûchers, depuis le règne de Constantin   95
jusqu'aux fureurs des cannibales qui habitaient les Cévennes;
fureurs, qui, grâces au ciel, ne subsistent plus aujourd'hui.

Nous envoyons encore quelquefois à la potence, de pauvres gens
du Poitou, du Vivarais, de Valence, de Montauban. Nous avons
pendu depuis 1745 huit personnages de ceux qu'on appelle   100
prédicants, ou *ministres de l'Evangile*,[18] qui n'avaient d'autre
crime que d'avoir prié Dieu pour le roi en patois, et d'avoir
donné une goutte de vin et un morceau de pain levé à quelques
paysans imbéciles. On ne sait rien de cela dans Paris, où le plaisir
est la seule chose importante, où l'on ignore tout ce qui se passe en   105
province et chez les étrangers. Ces procès se font en une heure, et
plus vite qu'on ne juge un déserteur. Si le roi en était instruit, il
ferait grâce.

On ne traite ainsi les prêtres catholiques en aucun pays
protestant. Il y a plus de cent prêtres catholiques en Angleterre   110
et en Irlande, on les connaît, on les a laissé vivre très paisiblement
dans la dernière guerre.[19]

Serons-nous toujours les derniers à embrasser les opinions
saines des autres nations? Elles se sont corrigées, quand nous
corrigerons-nous? Il a fallu soixante ans pour nous faire adopter ce   115
que Newton avait démontré;[20] nous commençons à peine à oser
sauver la vie à nos enfants par l'inoculation;[21] nous ne pratiquons
que depuis très peu de temps les vrais principes de l'agriculture;[22]
quand commencerons-nous à pratiquer les vrais principes de
l'humanité? Et de quel front pouvons-nous reprocher aux païens   120
d'avoir fait des martyrs, tandis que nous avons été coupables de la
même cruauté dans les mêmes circonstances?

Accordons que les Romains ont fait mourir une multitude de
chrétiens pour leur seule religion; en ce cas, les Romains ont été
très condamnables. Voudrions-nous commettre la même injustice?   125
Et quand nous leur reprochons d'avoir persécuté, voudrions-nous
être persécuteurs?

S'il se trouvait quelqu'un assez dépourvu de bonne foi, ou assez fanatique, pour me dire ici: Pourquoi venez-vous développer nos erreurs et nos fautes? Pourquoi détruire nos faux miracles et nos fausses légendes? Elles sont l'aliment de la piété de plusieurs personnes; il y a des erreurs nécessaires; n'arrachez pas du corps un ulcère invétéré qui entraînerait avec lui la destruction du corps: voici ce que je lui répondrais.

Tous ces faux miracles par lesquels vous ébranlez la foi qu'on doit aux véritables, toutes ces légendes absurdes que vous ajoutez aux vérités de l'Evangile, éteignent la religion dans les cœurs; trop de personnes qui veulent s'instruire, et qui n'ont pas le temps de s'instruire assez, disent: Les maîtres de ma religion m'ont trompé, il n'y a donc point de religion; il vaut mieux se jeter dans les bras de la nature que dans ceux de l'erreur; j'aime mieux dépendre de la loi naturelle que des inventions des hommes. D'autres ont le malheur d'aller encore plus loin; ils voient que l'imposture leur a mis un frein, et ils ne veulent pas même du frein de la vérité, ils penchent vers l'athéisme; on devient dépravé, parce que d'autres ont été fourbes et cruels.

Voilà certainement les conséquences de toutes les fraudes pieuses, et de toutes les superstitions. Les hommes d'ordinaire ne raisonnent qu'à demi; c'est un très mauvais argument que de dire: Voraginé l'auteur de *la Légende dorée*,[23] et le jésuite Ribadeneira compilateur de *la Fleur des saints*,[24] n'ont dit que des sottises, donc il n'y a point de Dieu: les catholiques ont égorgé un certain nombre d'huguenots, et les huguenots à leur tour ont assassiné un certain nombre de catholiques; donc il n'y a point de Dieu: on s'est servi de la confession, de la communion et de tous les sacrements, pour commettre les crimes les plus horribles, donc il n'y a point de Dieu. Je conclurais au contraire, donc il y a un Dieu, qui après cette vie passagère, dans laquelle nous l'avons tant méconnu, et tant commis de crimes en son nom, daignera nous consoler de tant d'horribles malheurs; car à considérer les guerres de religion, les quarante schismes des papes, qui ont presque tous été sanglants, les

130

13

140

14

15c

15

160

157   63-64C: qu'après

impostures, qui ont presque toutes été funestes, les haines irréconciliables allumées par les différentes opinions, à voir tous les maux qu'a produits le faux zèle, les hommes ont eu longtemps leur enfer dans cette vie.   165

[CHAPITRE XI]

Abus de l'intolérance.

Mais quoi! sera-t-il permis à chaque citoyen de ne croire que sa raison, et de penser ce que cette raison éclairée ou trompée lui dictera? Il le faut bien (*a*), pourvu qu'il ne trouble point l'ordre; car il ne dépend pas de l'homme de croire, ou de ne pas croire; mais il dépend de lui de respecter les usages de sa patrie: et si vous disiez que c'est un crime de ne pas croire à la religion dominante, vous accuseriez donc vous-même les premiers chrétiens vos pères, et vous justifieriez ceux que vous accusez de les avoir livrés aux supplices.

Vous répondez que la différence est grande, que toutes les religions sont les ouvrages des hommes, et que l'Eglise catholique, apostolique et romaine, est seule l'ouvrage de Dieu. Mais en bonne foi, parce que notre religion est divine, doit-elle régner par la haine, par les fureurs, par les exils, par l'enlèvement des biens, les prisons, les tortures, les meurtres, et par les actions de grâces rendues à Dieu pour ces meurtres? Plus la religion chrétienne est divine, moins il appartient à l'homme de la commander; si Dieu l'a faite, Dieu la soutiendra sans vous. Vous savez que l'intolérance ne produit que des hypocrites ou des rebelles; quelle funeste alternative! Enfin, voudriez-vous soutenir par des bourreaux la religion d'un Dieu que des bourreaux ont fait périr, et qui n'a prêché que la douceur et la patience?

Voyez, je vous prie, les conséquences affreuses du droit de l'intolérance. S'il était permis de dépouiller de ses biens, de jeter

5

10

15

20

(*a*) Voyez l'excellente Lettre de Locke sur la tolérance.[1]

a NM, β, κ: absent

dans les cachots, de tuer un citoyen, qui sous un tel degré de ²⁵
latitude, ne professerait pas la religion admise sous ce degré, quelle
exception exempterait les premiers de l'Etat des mêmes peines? La
religion lie également le monarque et les mendiants: aussi, plus de
cinquante docteurs ou moines ont affirmé cette horreur mon-
strueuse, qu'il était permis de déposer, de tuer les souverains qui ne ³⁰
penseraient pas comme l'Eglise dominante, et les parlements du
royaume n'ont cessé de proscrire ces abominables décisions
d'abominables théologiens. (*b*)

(*b*) Le jésuite Busembaum, commenté par le jésuite La Croix,² dit 'qu'il
est permis de tuer un prince excommunié par le pape, dans quelque pays
qu'on trouve ce prince, parce que l'univers appartient au pape, et que
celui qui accepte cette commission fait une œuvre charitable'. C'est cette
proposition inventée dans les petites-maisons de l'enfer, qui a le plus ⁵
soulevé toute la France contre les jésuites. On leur a reproché alors plus
que jamais ce dogme, si souvent enseigné par eux et si souvent désavoué.
Ils ont cru se justifier en montrant à peu près les mêmes décisions dans
saint Thomas et dans plusieurs jacobins.*³ En effet saint Thomas
d'Aquin, docteur angélique, interprète de la volonté divine, (ce sont ses ¹⁰
titres) avance qu'un prince apostat perd son droit à la couronne, et qu'on
ne doit plus lui obéir:** que l'Eglise peut le punir de mort: qu'on n'a toléré
l'empereur Julien que parce qu'on n'était pas le plus fort:† que de droit on
doit tuer tout hérétique:†† que ceux qui délivrent le peuple d'un prince
qui gouverne tyranniquement, sont très louables, etc. etc.⁴ On respecte ¹⁵
fort l'ange de l'école; mais si dans les temps de Jacques Clément son
confrère,⁵ et du feuillant Ravaillac,⁶ il était venu soutenir en France de
telles propositions, comment aurait-on traité l'ange de l'école?
Il faut avouer que Jean Gerson, chancelier de l'Université, alla encore
plus loin que saint Thomas, et le cordelier Jean Petit⁷ infiniment plus ²⁰
loin que Gerson. Plusieurs cordeliers soutinrent les horribles thèses de
Jean Petit. Il faut avouer que cette doctrine diabolique du régicide vient
uniquement de la folle idée où ont été longtemps presque tous les moines,
que le pape est un Dieu en terre, qui peut disposer à son gré du trône et de
la vie des rois. Nous avons été en cela fort au-dessous de ces Tartares qui ²⁵
croient le grand-lama immortel; il leur distribue sa chaise percée; ils font
sécher ces reliques, les enchâssent, et les baisent dévotement. Pour moi,

Le sang de Henri le Grand fumait encore, quand le parlement de Paris donna un arrêt qui établissait l'indépendance de la couronne, comme une loi fondamentale. Le cardinal Duperron, qui devait la pourpre à Henri le Grand, s'éleva dans les états de 1614 contre l'arrêt du parlement, et le fit supprimer.[8] Tous les journaux du temps rapportent les termes dont Duperron se servit dans ses harangues: 'Si un prince se faisait arien,[9] dit-il, on serait bien obligé de le déposer'.[10]

Non assurément, monsieur le cardinal; on veut bien adopter votre supposition chimérique; qu'un de nos rois ayant lu l'histoire des conciles et des pères, frappé d'ailleurs de ces paroles: *Mon père est plus grand que moi*,[11] les prenant trop à la lettre, et balançant entre le concile de Nicée et celui de Constantinople, se déclarât pour Eusèbe de Nicomédie,[12] je n'en obéirai pas moins à mon roi, je ne me croirai pas moins lié par le serment que je lui ai fait; et si vous osiez vous soulever contre lui, et que je fusse un de vos juges, je vous déclarerais criminel de lèse-majesté.

Duperron poussa plus loin la dispute, et je l'abrège. Ce n'est pas ici le lieu d'approfondir ces chimères révoltantes; je me bornerai à dire avec tous les citoyens, que ce n'est point parce que Henri IV fut sacré à Chartres qu'on lui devait obéissance, mais parce que le droit incontestable de la naissance donnait la couronne à ce prince, qui la méritait par son courage et par sa bonté.

---

j'avoue que j'aimerais mieux pour le bien de la paix porter à mon cou de telles reliques, que de croire que le pape ait le moindre droit sur le temporel des rois, ni même sur le mien, en quelque cas que ce puisse être.

* Voyez si vous pouvez la *Lettre d'un homme du monde à un théologien sur saint Thomas*; c'est une brochure de jésuite de 1762.

** Liv. II, part. II, quest. XII.

† *Ibid.*

†† *Ibid.*, quest. XI et XII.

46   63A errata: se déclara, *lisez*, se déclarât [corrected 63B onwards excluding 64B]

Qu'il soit donc permis de dire que tout citoyen doit hériter, par le même droit, des biens de son père, et qu'on ne voit pas qu'il mérite d'en être privé, et d'être traîné au gibet, parce qu'il sera du sentiment de Ratram contre Pascase Ratberg,[13] et de Bérenger contre Scot.[14] 60

On sait que tous nos dogmes n'ont pas toujours été clairement expliqués, et universellement reçus dans notre Eglise. Jésus-Christ ne nous ayant point dit comment procédait le Saint-Esprit, l'Eglise latine crut longtemps avec la grecque, qu'il ne procédait que du 65 Père: enfin elle ajouta au symbole, qu'il procédait aussi du Fils. Je demande, si le lendemain de cette décision, un citoyen qui s'en serait tenu au symbole de la veille eût été digne de mort? La cruauté, l'injustice seraient-elles moins grandes, de punir aujourd'hui celui qui penserait comme on pensait autrefois? 70 Etait-on coupable du temps d'Honorius Ier, de croire que Jésus n'avait pas deux volontés?[15]

Il n'y a pas longtemps que l'immaculée conception est établie:[16] les dominicains n'y croient pas encore. Dans quel temps les dominicains commenceront-ils à mériter des peines dans ce 75 monde et dans l'autre?

Si nous devons apprendre de quelqu'un à nous conduire dans nos disputes interminables, c'est certainement des apôtres et des évangélistes. Il y avait de quoi exciter un schisme violent entre saint Paul et saint Pierre. Paul dit expressément dans son *Epître aux* 80 *Galates* qu'il résista en face à Pierre, parce que Pierre était répréhensible, parce qu'il usait de dissimulation aussi bien que Barnabé, parce qu'ils mangeaient avec les Gentils avant l'arrivée de Jacques, et qu'ensuite ils se retirèrent secrètement, et se séparèrent des Gentils de peur d'offenser les circoncis. 'Je vis, ajoute-t-il, 85 qu'ils ne marchaient pas droit selon l'Evangile: je dis à Céphas: Si vous Juif, vivez comme les Gentils, et non comme les Juifs, pourquoi obligez-vous les Gentils à judaïser?'[17]

C'était là un sujet de querelle violente. Il s'agissait de savoir si les nouveaux chrétiens judaïseraient ou non. Saint Paul alla dans ce 90 temps-là même sacrifier dans le temple de Jérusalem. On sait que les quinze premiers évêques de Jérusalem furent des Juifs circoncis, qui observèrent le sabbat, et qui s'abstinrent des viandes défendues. Un évêque espagnol ou portugais qui se ferait circoncire et qui observerait le sabbat, serait brûlé dans un *auto-da-fé*. Cependant la paix ne fut altérée pour cet objet fondamental ni parmi les apôtres, ni parmi les premiers chrétiens. 95

Si les évangélistes avaient ressemblé aux écrivains modernes, ils avaient un champ bien vaste pour combattre les uns contre les autres. Saint Matthieu compte vingt-huit générations depuis David jusqu'à Jésus; saint Luc en compte quarante-une; et ces générations sont absolument différentes. [18] On ne voit pourtant nulle dissension s'élever entre les disciples sur ces contrariétés apparentes très bien conciliées par plusieurs Pères de l'Eglise. La charité ne fut point blessée, la paix fut conservée. Quelle plus grande leçon de nous tolérer dans nos disputes, et de nous humilier dans tout ce que nous n'entendons pas? 100

Saint Paul dans son *Epître* à quelques juifs de Rome convertis au christianisme, emploie toute la fin du troisième chapitre à dire que la seule foi glorifie, et que les œuvres ne justifient personne. [19] Saint Jacques, au contraire, dans son *Epître* aux douze tribus dispersées par toute la terre, chapitre II, ne cesse de dire qu'on ne peut être sauvé sans les œuvres. [20] Voilà ce qui a séparé deux grandes communions parmi nous, [21] et ce qui ne divisa point les apôtres. 115

Si la persécution contre ceux avec qui nous disputons, était une action sainte, il faut avouer que celui qui aurait fait tuer le plus d'hérétiques, serait le plus grand saint du paradis. Quelle figure y ferait un homme qui se serait contenté de dépouiller ses frères, et de les plonger dans des cachots, auprès d'un zélé qui en aurait massacré des centaines le jour de la Saint-Barthélemy? En voici la preuve. 120

Le successeur de saint Pierre et son consistoire ne peuvent errer; ils approuvèrent, célébrèrent, consacrèrent l'action de la Saint-Barthélemy; [22] donc cette action était très sainte, donc de deux assassins égaux en piété celui qui aurait éventré vingt-quatre 125 femmes grosses huguenotes, doit être élevé en gloire du double de celui qui n'en aura éventré que douze; par la même raison les fanatiques des Cévennes devaient croire qu'ils seraient élevés en gloire à proportion du nombre des prêtres, des religieux, et des femmes catholiques qu'ils auraient égorgés. Ce sont là d'étranges titres pour la gloire éternelle.

130

[CHAPITRE XII]

Si l'intolérance fut de droit divin dans le judaïsme, et si elle fut toujours mise en pratique?

On appelle, je crois, *droit divin*, les préceptes que Dieu a donnés lui-même. Il voulut que les Juifs mangeassent un agneau cuit avec des laitues,[1] et que les convives le mangeassent debout, un bâton à la main, en commémoration du *Phasé*;[2] il ordonna que la consécration du grand prêtre se ferait en mettant du sang à son oreille droite, à sa main droite et à son pied droit;[3] coutumes extraordinaires pour nous, mais non pas pour l'antiquité; il voulut qu'on chargeât le bouc *Hazazel* des iniquités du peuple;[4] il défendit qu'on se nourrît (*a*) de poissons sans écailles, de lièvres, de hérissons, de hiboux, de griffons, d'ixions etc.

Il institua les fêtes, les cérémonies; toutes ces choses qui semblaient arbitraires aux autres nations, et soumises au droit positif, à l'usage, étant commandées par Dieu même, devenaient un droit divin pour les Juifs, comme tout ce que Jésus-Christ fils de Marie, fils de Dieu, nous a commandé, est de droit divin pour nous.

Gardons-nous de rechercher ici pourquoi Dieu a substitué une loi nouvelle, à celle qu'il avait donnée à Moïse, et pourquoi il avait commandé à Moïse plus de choses qu'au patriarche Abraham, et plus à Abraham qu'à Noé.(*b*) Il semble qu'il daigne se proportionner aux temps et à la population du genre humain; c'est une

(*a*) Deutér. chap. XIV.[5]

(*b*) Dans l'idée que nous avons de faire sur cet ouvrage quelques notes utiles, nous remarquerons ici qu'il est dit que Dieu fit une alliance avec Noé; et avec tous les animaux;[6] et cependant, il permet à Noé de, 'manger

a   NM, β, K: absent

7-8   63A errata: le bouc Hazael, *lisez*, le bouc Hazazel [corrected 63B onwards excluding 64B]

9   63-w68:   écailles, de porcs, de lièvres

gradation paternelle; mais ces abîmes sont trop profonds pour notre débile vue. Tenons-nous dans les bornes de notre sujet; voyons d'abord ce qu'était l'intolérance chez les Juifs.

de tout ce qui a vie et mouvement'; [7] il excepte seulement le sang, dont il ne permet pas qu'on se nourrisse. Dieu ajoute 'qu'il tirera vengeance de tous les animaux qui auront répandu le sang de l'homme'. [8]

On peut inférer de ces passages et de plusieurs autres, ce que toute l'antiquité a toujours pensé jusqu'à nos jours, et ce que tous les hommes sensés pensent, que les animaux ont quelques connaissances. Dieu ne fait point un pacte avec les arbres et avec les pierres, qui n'ont point de sentiment; mais il en fait un avec les animaux, qu'il a daigné douer d'un sentiment souvent plus exquis que le nôtre, et de quelques idées nécessairement attachées à ce sentiment. C'est pourquoi il ne veut pas qu'on ait la barbarie de se nourrir de leur sang, parce qu'en effet le sang est la source de la vie, et par conséquent du sentiment. Privez un animal de tout son sang, tous ses organes restent sans action. C'est donc avec très grande raison que l'Ecriture dit en cent endroits, que l'âme, c'est-à-dire, ce qu'on appelait l'*âme sensitive*, est dans le sang; [9] et cette idée si naturelle a été celle de tous les peuples.

C'est sur cette idée qu'est fondée la commisération que nous devons avoir pour les animaux. Des sept préceptes des Noachides, [10] admis chez les Juifs, il y en a un qui défend de manger le membre d'un animal en vie. Ce précepte prouve que les hommes avaient eu la cruauté de mutiler les animaux pour manger leurs membres coupés, et qu'ils les laissaient vivre, pour se nourrir successivement des parties de leurs corps. Cette coutume subsista en effet chez quelques peuples barbares, comme on le voit par les sacrifices de l'île de Chio, à Bacchus Omadios, le mangeur de chair crue. [11] Dieu en permettant que les animaux nous servent de pâture, recommande donc quelque humanité envers eux. Il faut convenir qu'il y a de la barbarie à les faire souffrir, et il n'y a certainement que l'usage qui puisse diminuer en nous l'horreur naturelle d'égorger un animal que nous avons nourri de nos mains. Il y a toujours eu des peuples qui s'en sont fait un grand scrupule: ce scrupule dure encore dans la presqu'île de l'Inde; [12] toute la secte de Pythagore, en Italie et en Grèce, s'abstint constamment de manger de la chair. [13] Porphyre dans son livre de l'*Abstinence* reproche à son disciple de n'avoir quitté sa secte que pour se livrer à son appétit barbare. [14]

Il faut, ce me semble, avoir renoncé à la lumière naturelle, pour oser

Il est vrai que, dans l'Exode, les Nombres, le Lévitique, le Deutéronome, il y a des lois très sévères sur le culte, et des châtiments plus sévères encore. [15] Plusieurs commentateurs ont de la peine à concilier les récits de Moïse avec les passages de Jérémie et d'Amos, et avec le célèbre discours de saint Etienne, rapporté dans les Actes des apôtres. Amos dit (c) que les Juifs adorèrent toujours dans le désert Moloch, Rempham et Kium. Jérémie dit expressément, (d) que Dieu ne demanda aucun sacrifice à leurs pères quand ils sortirent d'Egypte. Saint Etienne dans son discours aux Juifs, s'exprime ainsi: 'Ils adorèrent l'armée du ciel, (e) ils n'offrirent ni sacrifices, ni hosties dans le désert pendant quarante ans, ils portèrent le tabernacle du dieu Moloc, et l'astre de leur dieu Rempham.'

---

avancer que les bêtes ne sont que des machines. Il y a une contradiction manifeste à convenir que Dieu a donné aux bêtes tous les organes du sentiment, et à soutenir qu'il ne leur a point donné de sentiment.

Il me paraît encore qu'il faut n'avoir jamais observé les animaux, pour ne pas distinguer chez eux les différentes voix du besoin, de la souffrance, de la joie, de la crainte, de l'amour, de la colère et de toutes leurs affections; il serait bien étrange qu'ils exprimassent si bien ce qu'ils ne sentiraient pas.

Cette remarque peut fournir beaucoup de réflexions aux esprits exercés, sur le pouvoir et la bonté du Créateur, qui daigne accorder la vie, le sentiment, les idées, la mémoire aux êtres que lui-même a organisés de sa main toute-puissante. Nous ne savons ni comment ces organes se sont formés, ni comment ils se développent, ni comment on reçoit la vie, ni par quelles lois les sentiments, les idées, la mémoire, la volonté sont attachés à cette vie: et dans cette profonde et éternelle ignorance, inhérente à notre nature, nous disputons sans cesse, nous nous persécutons les uns les autres, comme les taureaux qui se battent avec leurs cornes, sans savoir pourquoi et comment ils ont des cornes.

(c) Amos. chap. V. v. 26. [16]

(d) Jérém. chap. VII. v. 12.

(e) Act. chap. VII. v. 42.

note (b), 44   63-β: 'qu'elles exprimassent [...] qu'elles ne'

D'autres critiques infèrent du culte de tant de dieux étrangers, que ces dieux furent tolérés par Moïse, et ils citent en preuves ces paroles du Deutéronome (*f*): 'Quand vous serez dans la terre de Canaan, vous ne ferez point comme nous faisons aujourd'hui, où chacun fait ce qui lui semble bon.' (*g*)

Ils appuient leur sentiment sur ce qu'il n'est point parlé d'aucun

(*f*) Deut. chap. XII. v. 8.

(*g*) Plusieurs écrivains concluent témérairement de ce passage, que le chapitre concernant le veau d'or (qui n'est autre chose que le dieu Apis) a été ajouté aux livres de Moïse, ainsi que plusieurs autres chapitres.

Aben-Esra[17] fut le premier qui crut prouver que le Pentateuque avait été rédigé du temps des rois. Wolaston, Collins, Tindale, Schaftsburi, Bolingbroke, et beaucoup d'autres ont allégué que l'art de graver ses pensées sur la pierre polie, sur la brique, sur le plomb ou sur le bois, était alors la seule manière d'écrire; ils disent que du temps de Moïse, les Chaldéens et les Egyptiens n'écrivaient pas autrement,[18] qu'on ne pouvait alors graver que d'une manière très abrégée, et en hiéroglyphes, la substance des choses qu'on voulait transmettre à la postérité, et non pas des histoires détaillées; qu'il n'était pas possible de graver de gros livres dans un désert où l'on changeait si souvent de demeure, où l'on n'avait personne qui pût ni fournir des vêtements, ni les tailler, ni même raccommoder les sandales, et où Dieu fut obligé de faire un miracle de quarante années[19] pour conserver les vêtements et les chaussures de son peuple. Ils disent qu'il n'est pas vraisemblable qu'on eût tant de graveurs de caractères, lorsqu'on manquait des arts les plus nécessaires, et qu'on ne pouvait même faire du pain: et si on leur dit que les colonnes du tabernacle étaient d'airain, et les chapiteaux d'argent massif, ils répondent que l'ordre a pu en être donné dans le désert, mais qu'il ne fut exécuté que dans des temps plus heureux.

Ils ne peuvent concevoir que ce peuple pauvre ait demandé un veau d'or massif[20] pour l'adorer au pied de la montagne même où Dieu parlait à Moïse, au milieu des foudres et des éclairs que ce peuple voyait,[21] et au son de la trompette céleste qu'il entendait. Ils s'étonnent que la veille du

note (*g*), 5   63-NM: Volaston, Colins, Tindale
         63C: Colins, Tindal, Shaftsbury
         SD and w68:   Colins

acte religieux du peuple dans le désert, point de pâque célébrée, point de pentecôte, nulle mention qu'on ait célébré la fête des

jour même où Moïse descendit de la montagne, tout ce peuple se soit adressé au frère de Moïse pour avoir ce veau d'or massif. Comment Aaron le jeta-t-il en fonte en un seul jour?[22] Comment ensuite Moïse le réduisit-il en poudre? Ils disent qu'il est impossible à tout artiste de faire 30 en moins de trois mois une statue d'or, et que pour la réduire en poudre[23] qu'on puisse avaler, l'art de la chimie la plus savante ne suffit pas; ainsi la prévarication d'Aaron, et l'opération de Moïse auraient été deux miracles.

L'humanité, la bonté de cœur qui les trompe, les empêche de croire que Moïse ait fait égorger vingt-trois mille personnes[24] pour expier ce 35 péché: ils n'imaginent pas que vingt-trois mille hommes se soient ainsi laissés massacrer par des lévites, à moins d'un troisième miracle. Enfin, ils trouvent étrange qu'Aaron, le plus coupable de tous, ait été récompensé du crime dont les autres étaient si horriblement punis, et qu'il ait été fait grand prêtre, tandis que les cadavres de vingt-trois mille de ses frères 40 sanglants, étaient entassés au pied de l'autel où il allait sacrifier.[25]

Ils font les mêmes difficultés sur les vingt-quatre mille Israélites massacrés par l'ordre de Moïse,[26] pour expier la faute d'un seul qu'on avait surpris avec une fille madianite. On voit tant de rois juifs, et surtout Salomon, épouser impunément des étrangères, que ces critiques ne 45 peuvent admettre que l'alliance d'une Madianite ait été un si grand crime: Ruth était Moabite, quoique sa famille fût originaire de Bethléem: la sainte Ecriture l'appelle toujours Ruth la Moabite; cependant elle alla se mettre dans le lit de Booz par le conseil de sa mère, elle en reçut six boisseaux d'orge, l'épousa ensuite, et fut l'aïeule de David. Rahab était non 50 seulement étrangère, mais une femme publique; la Vulgate ne lui donne d'autre titre que celui de *meretrix*;[27] elle épousa Salmon prince de Juda; et c'est encore de ce Salmon que David descend. On regarde même Rahab comme la figure de l'Eglise chrétienne; c'est le sentiment de plusieurs Pères, et surtout d'Origène dans sa septième homélie sur Josué.[28] 55

Betzabé femme d'Urie, de laquelle David eut Salomon, était Ethéenne. Si vous remontez plus haut, le patriarche Juda épousa une femme cananéenne; ses enfants eurent pour femme Thamar, de la race d'Aram: cette femme, avec laquelle Juda commit, sans le savoir, un inceste, n'était

note (*g*), 44   63-65A: une fille Moabite
note (*g*), 46   63-65A: une Moabite

tabernacles, nulle prière publique établie; enfin, la circoncision, ce 45
sceau de l'alliance de Dieu avec Abraham, ne fut point pratiquée.

---

pas de la race d'Israël. 60

Ainsi notre Seigneur Jésus-Christ daigna s'incarner chez les Juifs dans
une famille dont cinq étrangères étaient la tige, pour faire voir que les
nations étrangères auraient part à son héritage.

Le rabbin Aben-Esra fut, comme on l'a dit, le premier qui osa prétendre
que le Pentateuque avait été rédigé longtemps après Moïse: il se fonde sur 65
plusieurs passages. 'Le Cananéen était alors dans ce pays. [29] La montagne
de Moria, [30] appelée la *montagne de Dieu*. Le lit de Og, roi de Bazan, se voit
encore en Rabath, et il appela tout ce pays de Bazan, les villages de Jaïr,
jusqu'aujourd'hui. Il ne s'est jamais vu de prophète en Israël comme Moïse.
Ce sont ici les rois qui ont régné en Edom [31] avant qu'aucun roi régnât sur 70
Israël.' Il prétend que ces passages, où il est parlé de choses arrivées après
Moïse, ne peuvent être de Moïse. On répond à ces objections, que ces
passages sont des notes ajoutées longtemps après par les copistes.

Newton, de qui d'ailleurs on ne doit prononcer le nom qu'avec respect,
mais qui a pu se tromper puisqu'il était homme, attribue dans son 75
introduction à ses Commentaires sur Daniel et sur saint Jean, les livres
de Moïse, de Josué, et des Juges, à des auteurs sacrés très postérieurs; [32] il se
fonde sur le chap. XXXVI de la Genèse, sur quatre chapitres des Juges,
XVII, XVIII, XIX, XXI; sur Samuel chap. VIII; sur les Chroniques,
chap. II; sur le livre de Ruth chap. IV. En effet, si dans le chap. XXXVI de 80
la Genèse il est parlé des rois, s'il en est fait mention dans les livres des
Juges, si dans le livre de Ruth il est parlé de David, il semble que tous ces
livres aient été rédigés du temps des rois. C'est aussi le sentiment de
quelques théologiens, à la tête desquels est le fameux Le Clerc. [33] Mais cette
opinion n'a qu'un petit nombre de sectateurs, dont la curiosité sonde ces 85
abîmes. Cette curiosité, sans doute, n'est pas au rang des devoirs de
l'homme. Lorsque les savants et les ignorants, les princes et les bergers,
paraîtront après cette courte vie devant le Maître de l'éternité, chacun de
nous alors voudra avoir été juste, humain, compatissant, généreux; nul ne
se vantera d'avoir su précisément en quelle année le Pentateuque fut écrit, 90
et d'avoir démêlé le texte des notes qui étaient en usage chez les scribes.
Dieu ne nous demandera pas si nous avons pris parti pour les Massorètes [34]
contre le Talmud, si nous n'avons jamais pris un *caph* pour un *beth*, un *yod*
pour un *vaü*, un *daleth* pour un *res*: [35] certes il nous jugera sur nos actions, et

Ils se prévalent encore de l'histoire de Josué. Ce conquérant dit aux Juifs (*h*): 'L'option vous est donnée, choisissez quel parti il

non sur l'intelligence de la langue hébraïque. Nous nous en tenons fermement à la décision de l'Eglise, selon le devoir raisonnable d'un fidèle.

Finissons cette note par un passage important du Lévitique, livre composé après l'adoration du veau d'or. Il ordonne aux Juifs de ne plus adorer les velus*, 'les boucs, avec lesquels même ils ont commis des abominations infâmes'. On ne sait si cet étrange culte venait d'Egypte, patrie de la superstition et du sortilège; mais on croit que la coutume de nos prétendus sorciers d'aller au sabbat, d'y adorer un bouc, et de s'abandonner avec lui à des turpitudes inconcevables, dont l'idée fait horreur, est venue des anciens Juifs: en effet, ce furent eux qui enseignèrent dans une partie de l'Europe la sorcellerie.[36] Quel peuple! Une si étrange infamie semblait mériter un châtiment pareil à celui que le veau d'or leur attira, et pourtant le législateur se contente de leur faire une simple défense. On ne rapporte ici ce fait que pour faire connaître la nation juive: il faut que la bestialité ait été commune chez elle, puisqu'elle est la seule nation connue, chez qui les lois aient été forcées de prohiber un crime,** qui n'a été soupçonné ailleurs par aucun législateur.

Il est à croire que dans les fatigues et dans la pénurie que les Juifs avaient essuyées dans les déserts de Pharan, d'Oreb, et de Cadès-Barné, l'espèce féminine, plus faible que l'autre, avait succombé. Il faut bien qu'en effet les Juifs manquassent de filles, puisqu'il leur est toujours ordonné, quand ils s'emparent d'un bourg ou d'un village, soit à gauche, soit à droite du lac Asphaltide, de tuer tout, excepté les filles nubiles.[37]

Les Arabes qui habitent encore une partie de ces déserts, stipulent toujours dans les traités qu'ils font avec les caravanes, qu'on leur donnera des filles nubiles. Il est vraisemblable que les jeunes gens dans ce pays affreux poussèrent la dépravation de la nature humaine, jusqu'à s'accoupler avec des chèvres, comme on le dit de quelques bergers de la Calabre.

Il reste maintenant à savoir si ces accouplements avaient produit des monstres, et s'il y a quelque fondement aux anciens contes des satyres, des faunes, des centaures et des minotaures; l'histoire le dit, la physique ne nous a pas encore éclairés sur cet article monstrueux.[38]

* Lévitiq. chap. XVII.[39]
** Lévitiq. chap. XVIII. v. 23.[40]
(*h*) Josué chap. XXIV. v. 15 et suiv.

vous plaira, ou d'adorer les dieux que vous avez servis dans le pays
des Amorrhéens, ou ceux que vous avez reconnus en Mésopota-   50
mie.' Le peuple répond: 'Il n'en sera pas ainsi, nous servirons
Adonaï.' Josué leur répliqua: 'Vous avez choisi vous-mêmes, ôtez
donc du milieu de vous les dieux étrangers.' Ils avaient donc eu
incontestablement d'autres dieux qu'Adonaï sous Moïse.

Il est très inutile de réfuter ici les critiques qui pensent que le   55
Pentateuque ne fut pas écrit par Moïse; tout a été dit dès longtemps
sur cette matière; et quand même quelque petite partie des livres de
Moïse aurait été écrite du temps des juges, ou des pontifes, ils n'en
seraient pas moins inspirés et moins divins.

C'est assez, ce me semble, qu'il soit prouvé par la sainte Ecriture,   60
que malgré la punition extraordinaire attirée aux Juifs par le culte
d'Apis, ils conservèrent longtemps une liberté entière: peut-être
même que le massacre que Moïse fit de vingt-trois mille hommes
pour le veau érigé par son frère, lui fit comprendre qu'on ne gagnait
rien par la rigueur, et qu'il fut obligé de fermer les yeux sur la   65
passion du peuple pour les dieux étrangers.

(i) Lui-même semble bientôt transgresser la loi qu'il a donnée. Il
a défendu tout simulacre, cependant il érige un serpent d'airain. La
même exception à la loi se trouve depuis dans le temple de
Salomon; ce prince fait sculpter douze bœufs[41] qui soutiennent   70
le grand bassin du temple; des chérubins sont posés dans l'arche, ils
ont une tête d'aigle et une tête de veau;[42] et c'est apparemment
cette tête de veau mal faite, trouvée dans le temple par des soldats
romains, qui fit croire longtemps que les Juifs adoraient un âne.[43]

(i) Nomb. chap. XXI. v. 9.

---

58   63-w68:   des Juges, ou des Rois, ou des Pontifes
63   K: que fit Moïse

En vain le culte des dieux étrangers est défendu; Salomon est 75
paisiblement idolâtre. Jéroboam à qui Dieu donna dix parts du
royaume, fait ériger deux veaux d'or, et règne vingt-deux ans, en
réunissant en lui les dignités de monarque et de pontife. [44] Le petit
royaume de Juda dresse sous Roboam des autels étrangers et des
statues. [45] Le saint roi Asa ne détruit point les hauts lieux. (*j*) Le 80
grand prêtre Urias érige dans le temple à la place de l'autel des
holocaustes, un autel du roi de Syrie. On ne voit, en un mot, aucune
contrainte sur la religion. Je sais que la plupart des rois juifs
s'exterminèrent, s'assassinèrent les uns les autres; mais ce fut
toujours pour leur intérêt, et non pour leur créance. 85

(*k*) Il est vrai que parmi les prophètes il y en eut qui intéressèrent
le ciel à leur vengeance. Elie fit descendre le feu céleste pour
consumer les prêtres de Baal. Elisée fit venir des ours pour dévorer
quarante-deux petits enfants qui l'avaient appelé *tête chauve*; [46] mais
ce sont des miracles rares, et des faits qu'il serait un peu dur de 90
vouloir imiter.

On nous objecte encore que le peuple juif fut très ignorant et
très barbare. Il est dit (*l*) que dans la guerre qu'il fit aux Madianites, (*m*) Moïse ordonna de tuer tous les enfants mâles et toutes les
mères, et de partager le butin. Les vainqueurs trouvèrent dans le 95
camp 675,000 brebis, 72,000 bœufs, 61,000 ânes, et 32,000 jeunes
filles; [47] ils en firent le partage, et tuèrent tout le reste. Plusieurs
commentateurs même prétendent que trente-deux filles furent

(*j*) Liv. IV. des Rois chap. XVI. [48]

(*k*) Liv. III. des Rois chap. XVIII v. 38 et 40. [49] Liv. IV. des Rois
chap. II. v. 24.

(*l*) Nomb. chap. XXXI. [50]

(*m*) Madian n'était point compris dans la terre promise: c'est un petit
canton de l'Idumée dans l'Arabie Pétrée; il commence vers le septentrion
au torrent d'Arnon, et finit au torrent de Zared, au milieu des rochers, et
sur le rivage oriental du lac Asphaltide. Ce pays est habité aujourd'hui par
une petite horde d'Arabes: il peut avoir huit lieues ou environ de long, et 5
un peu moins en largeur.

immolées au Seigneur: *Cesserunt in partem Domini triginta duæ animae.* [51]

En effet, les Juifs immolaient des hommes à la Divinité, témoin le sacrifice de Jephté (*n*), témoin le roi Agag (*o*) coupé en morceaux

(*n*) Il est certain par le texte que Jephté immola sa fille. 'Dieu n'approuve pas ces dévouements, dit dom Calmet dans sa Dissertation sur le vœu de Jephté; mais lorsqu'on les a faits, il veut qu'on les exécute, ne fût-ce que pour punir ceux qui les faisaient, ou pour réprimer la légèreté qu'on aurait eue à les faire, si on n'en avait pas craint l'exécution.' [52] Saint Augustin, et presque tous les Pères, condamnent l'action de Jephté: il est vrai que l'Ecriture dit, qu'*il fut rempli de l'esprit de Dieu*; [53] et saint Paul, dans son Epître aux Hébreux, chap. XI. fait l'éloge de Jephté; il le place avec Samuel et David. [54]

Saint Jérôme, dans son Epître à Julien, dit: 'Jephté immola sa fille au Seigneur, et c'est pour cela que l'apôtre le compte parmi les saints.' Voilà de part et d'autre des jugements sur lesquels il ne nous est pas permis de porter le nôtre; on doit craindre même d'avoir un avis.

(*o*) On peut regarder la mort du roi Agag comme un vrai sacrifice. Saül avait fait ce roi des Amalécites prisonnier de guerre, et l'avait reçu à composition; mais le prêtre Samuel lui avait ordonné de ne rien épargner: il lui avait dit en propres mots:* 'Tuez tout, depuis l'homme jusqu'à la femme, jusqu'aux petits enfants, et ceux qui sont encore à la mamelle.'

Samuel coupa le roi Agag en morceaux, devant le Seigneur, à Galgal. [55]

'Le zèle dont ce prophète était animé, dit dom Calmet, lui mit l'épée en main dans cette occasion, pour venger la gloire du Seigneur, et pour confondre Saül.' [56]

On voit dans cette fatale aventure un dévouement, un prêtre, une victime; c'était donc un sacrifice.

Tous les peuples dont nous avons l'histoire, ont sacrifié des hommes à la Divinité, excepté les Chinois. Plutarque [57] rapporte que les Romains mêmes en immolèrent du temps de la république.

On voit, dans les *Commentaires de César*, que les Germains allaient immoler les otages qu'il leur avait donnés, lorsqu'il délivra ces otages par sa victoire. [58]

J'ai remarqué ailleurs que cette violation du droit des gens envers

par le prêtre Samuel. Ezéchiel même leur promet pour les
encourager, qu'ils mangeront de la chair humaine: 'Vous   10
mangerez, dit-il, le cheval et le cavalier; vous boirez le sang des
princes.' Plusieurs commentateurs appliquent deux versets de cette
prophétie aux Juifs mêmes, et les autres aux animaux carnassiers.
On ne trouve dans toute l'histoire de ce peuple aucun trait de

les otages de César, et ces victimes humaines immolées, pour comble   20
d'horreur, par la main des femmes,[59] dément un peu le panégyrique
que Tacite fait des Germains, dans son traité *De moribus Germa-
norum.*[60] Il paraît que, dans ce traité, Tacite songe plus à faire la satire
des Romains, que l'éloge des Germains qu'il ne connaissait pas.

Disons ici en passant que Tacite aimait encore mieux la satire que la   25
vérité. Il veut rendre tout odieux, jusqu'aux actions indifférentes; et sa
malignité nous plaît presque autant que son style, parce que nous
aimons la médisance et l'esprit.

Revenons aux victimes humaines. Nos pères en immolaient aussi bien
que les Germains; c'est le dernier degré de la stupidité de notre nature   30
abandonnée à elle-même, et c'est un des fruits de la faiblesse de notre
jugement. Nous dîmes: Il faut offrir à Dieu ce qu'on a de plus précieux et de
plus beau: nous n'avons rien de plus précieux que nos enfants; il faut donc
choisir les plus beaux et les plus jeunes pour les sacrifier à la Divinité.

Philon dit que dans la terre de Canaan on immolait quelquefois ses   35
enfants[61] avant que Dieu eût ordonné à Abraham de lui sacrifier son fils
unique Isaac, pour éprouver sa foi.

Sanchoniaton cité par Eusèbe, rapporte que les Phéniciens sacrifiaient
dans les grands dangers le plus cher de leurs enfants,[62] et qu'Ilus immola
son fils Jéhud à peu près dans le temps que Dieu mit la foi d'Abraham à   40
l'épreuve. Il est difficile de percer dans les ténèbres de cette antiquité;
mais il n'est que trop vrai que ces horribles sacrifices ont été presque
partout en usage; les peuples ne s'en sont défaits qu'à mesure qu'ils se sont
policés. La politesse amène l'humanité.

* I. Rois chap. XV.   45

103   63-65c: *with note*, Ezech. ch.39 v.18[63]
106-108   63-65t: princes'. On ne trouve[64]
note (*o*), 45   64b: I, Rois XXV
              65a: I, Rois, c.51

générosité, de magnanimité, de bienfaisance; mais il s'échappe toujours dans le nuage de cette barbarie si longue et si affreuse, des rayons d'une tolérance universelle.

Jephté inspiré de Dieu, et qui lui immola sa fille, dit aux Ammonites (*p*): 'Ce que votre dieu Chamos vous a donné ne vous appartient-il pas de droit? Souffrez donc que nous prenions la terre que notre Dieu nous a promise.' Cette déclaration est précise; elle peut mener bien loin; mais au moins, elle est une preuve évidente que Dieu tolérait Chamos. Car la sainte Ecriture ne dit pas: Vous pensez avoir droit sur les terres que vous dites vous avoir été données par le dieu Chamos; elle dit positivement: 'Vous avez droit, *tibi jure debentur*': ce qui est le vrai sens de ces paroles hébraïques: *Otho thirasch.*[65]

L'histoire de Michas et du lévite, rapportée aux XVIIe et XVIIIe chapitres du livre des Juges, est bien encore une preuve incontestable de la tolérance et de la liberté la plus grande, admise alors chez les Juifs. La mère de Michas, femme fort riche d'Ephraïm, avait perdu onze cents pièces d'argent, son fils les lui rendit; elle voua cet argent au Seigneur, et en fit faire des idoles: elle bâtit une petite chapelle; un lévite desservit la chapelle moyennant dix pièces d'argent, une tunique, un manteau par année et sa nourriture; et Michas s'écria (*q*): 'C'est maintenant que Dieu me fera du bien, puisque j'ai chez moi un prêtre de la race de Lévi.'

Cependant, six cents hommes de la tribu de Dan qui cherchaient à s'emparer de quelque village dans le pays, et à s'y établir, mais n'ayant point de prêtre lévite avec eux, et en ayant besoin pour que Dieu favorisât leur entreprise, allèrent chez Michas, et prirent son éphod, ses idoles et son lévite, malgré les remontrances de ce

(*p*) Juges chap. [XI]. v. 24.
(*q*) Juges chap. XVII. vers. dern.

note (*p*)   β and κ: Juges chap. v. 24
124-125   63-65A: admise chez

prêtre, et malgré les cris de Michas et de sa mère. Alors ils allèrent avec assurance attaquer le village nommé Laïs, et y mirent tout à feu et à sang selon leur coutume. Ils donnèrent le nom de Dan à Laïs, en mémoire de leur victoire; ils placèrent l'idole de Michas sur un autel; et ce qui est bien plus remarquable, Jonathan petit-fils de Moïse fut le grand prêtre de ce temple, où l'on adorait le Dieu d'Israël et l'idole de Michas. 66

Après la mort de Gédéon, les Hébreux adorèrent Baal-bérith pendant près de vingt ans, et renoncèrent au culte d'Adonaï, sans qu'aucun chef, aucun juge, aucun prêtre criât vengeance. 67 Leur crime était grand, je l'avoue, mais si cette idolâtrie même fut tolérée, combien les différences dans le vrai culte ont-elles dû l'être?

Quelques-uns donnent pour une preuve d'intolérance que le Seigneur lui-même ayant permis que son arche fût prise par les Philistins dans un combat, il ne punit les Philistins qu'en les frappant d'une maladie secrète ressemblant aux hémorroïdes, en renversant la statue de Dagon, et en envoyant une multitude de rats dans leurs campagnes: mais lorsque les Philistins pour apaiser sa colère eurent renvoyé l'arche attelée de deux vaches qui nourrissaient leurs veaux, et offert à Dieu cinq rats d'or, et cinq anus d'or, le Seigneur fit mourir soixante et dix anciens d'Israël, et cinquante mille hommes du peuple, pour avoir regardé l'arche; on répond que le châtiment du Seigneur ne tombe point sur une créance, sur une différence dans le culte, ni sur aucune idolâtrie. 68

Si le Seigneur avait voulu punir l'idolâtrie, il aurait fait périr tous les Philistins qui osèrent prendre son arche, et qui adoraient Dagon; mais il fit périr cinquante mille et soixante et dix hommes de son peuple, uniquement parce qu'ils avaient regardé son arche qu'ils ne devaient pas regarder: tant les lois, les mœurs de ce temps, l'économie judaïque diffèrent de tout ce que nous connaissons; tant les voies inscrutables de Dieu sont au-dessus des nôtres. 'La rigueur exercée, dit le judicieux dom Calmet, contre ce

164   K: cinquante mille soixante et dix

grand nombre d'hommes, ne paraîtra excessive qu'à ceux qui n'ont 170
pas compris jusqu'à quel point Dieu voulait être craint et respecté
parmi son peuple, et qui ne jugent des vues et des desseins de Dieu
qu'en suivant les faibles lumières de leur raison.'[69]

Dieu ne punit donc pas un culte étranger, mais une profanation
du sien, une curiosité indiscrète, une désobéissance, peut-être 175
même un esprit de révolte. On sent bien que de tels châtiments
n'appartiennent qu'à Dieu dans la théocratie judaïque. On ne peut
trop redire que ces temps et ces mœurs n'ont aucun rapport aux
nôtres.

Enfin, lorsque dans des siècles postérieurs Naaman l'idolâtre 180
demanda à Elisée s'il lui était permis de suivre son roi (r) dans le
temple de Remnon, *et d'y adorer avec lui*, ce même Elisée qui avait
fait dévorer les enfants par les ours, ne lui répondit-il pas: *Allez en
paix?*

Il y bien plus; le Seigneur ordonna à Jérémie de se mettre des 185
cordes au cou, des colliers (s) et des jougs, de les envoyer aux

(r) Liv. IV des Rois chap. XX. v. 25.[70]

(s) Ceux qui sont peu au fait des usages de l'antiquité, et qui ne jugent
que d'après ce qu'ils voient autour d'eux, peuvent être étonnés de ces
singularités; mais il faut songer qu'alors dans l'Egypte, et dans une
grande partie de l'Asie, la plupart des choses s'exprimaient par des
figures, des hiéroglyphes, des signes, des types. 5

Les prophètes, qui s'appelaient les *voyants* chez les Egyptiens et chez les
Juifs, non seulement s'exprimaient en allégories, mais ils figuraient par
des signes les événements qu'ils annonçaient.* Ainsi Isaïe, le premier des
quatre grands prophètes juifs, prend un rouleau, et y écrit: '*Shas bas*,
butinez vite': puis il s'approche de la prophétesse, elle conçoit, et met au 10
monde un fils qu'il appelle Maher-Salas-Has-bas; c'est une figure des
maux que les peuples d'Egypte et d'Assyrie feront aux Juifs.

Ce prophète dit: 'Avant que l'enfant soit en âge de manger du beurre et
du miel, et qu'il sache réprouver le mauvais et choisir le bon, la terre
détestée par vous sera délivrée des deux rois: le Seigneur sifflera aux 15

180 k: dans les siècles
note (s), 11   63-65a: Salal

roitelets, ou melchim, de Moab, d'Ammon, d'Edom, de Tyr, de Sidon; et Jérémie leur fait dire par le Seigneur: 'J'ai donné toutes

mouches d'Egypte, et aux abeilles d'Assur: le Seigneur prendra un rasoir de louage, et en rasera toute la barbe et les poils des pieds du roi d'Assur.' [71]

Cette prophétie des abeilles, de la barbe et du poil des pieds rasés, ne peut être entendue que par ceux qui savent que c'était la coutume d'appeler les essaims au son du flageolet ou de quelque autre instrument champêtre: que le plus grand affront qu'on pût faire à un homme était de lui couper la barbe; qu'on appelait le poil des pieds, le *poil du pubis*; que l'on ne rasait ce poil que dans des maladies immondes, comme celle de la lèpre. Toutes ces figures si étrangères à notre style ne signifient autre chose, sinon, que le Seigneur dans quelques années délivrera son peuple d'oppression.

Le même Isaïe** marche tout nu, pour marquer que le roi d'Assyrie emmènera d'Egypte et d'Ethiopie une foule de captifs qui n'auront pas de quoi couvrir leur nudité.

Ezéchiel*** mange le volume de parchemin qui lui est présenté: ensuite il couvre son pain d'excréments, et demeure couché sur son côté gauche trois cent quatre-vingt-dix jours, et sur le côté droit quarante jours, pour faire entendre que les Juifs manqueront de pain, et pour signifier les années que devait durer la captivité. Il se charge de chaînes, qui figurent celles du peuple; il coupe ses cheveux et sa barbe, et les partage en trois parties; le premier tiers désigne ceux qui doivent périr dans la ville, le second ceux qui seront mis à mort autour des murailles, le troisième ceux qui doivent être emmenés à Babylone.

Le prophète Osée**** s'unit à une femme adultère, qu'il achète quinze pièces d'argent, et un chomer et demi d'orge: 'Vous m'attendrez, lui dit-il, plusieurs jours, et pendant ce temps nul homme n'approchera de vous; c'est l'état où les enfants d'Israël seront longtemps sans rois, sans princes, sans sacrifice, sans autels et sans éphod.' En un mot, les nabi, [72] les voyants, les prophètes, ne prédisent presque jamais sans figurer par un signe la chose prédite.

20

25

30

35

40

45

note (*s*), 18   63-SD: poil des pieds rasé
    note (*s*), 20   63A errata: les essaims, *lisez*, les essains [corrected 63B onwards, excluding 64B and K]
    note (*s*), 43   63-65A: sans sacrifices

vos terres à Nabucodonosor roi de Babylone mon serviteur.' (*t*)
Voilà un roi idolâtre déclaré serviteur de Dieu et son favori.   190

Jérémie ne fait donc que se conformer à l'usage, en se liant de cordes, et
en se mettant des colliers et des jougs sur le dos, pour signifier l'esclavage
de ceux auxquels il envoie ces types. Si on veut y prendre garde, ces
temps-là sont comme ceux d'un ancien monde, qui diffère en tout du
nouveau; la vie civile, les lois, la manière de faire la guerre, les cérémonies   50
de la religion, tout est absolument différent. Il n'y a même qu'à ouvrir
Homère et le premier livre d'Hérodote, pour se convaincre que nous
n'avons aucune ressemblance avec les peuples de la haute antiquité, et
que nous devons nous défier de notre jugement quand nous cherchons à
comparer leurs moeurs avec les nôtres.   55

La nature même n'était pas ce qu'elle est aujourd'hui. Les magiciens
avaient sur elle un pouvoir qu'ils n'ont plus: ils enchantaient les serpents,
ils évoquaient les morts etc. Dieu envoyait des songes, et des hommes les
expliquaient. Le don de prophétie était commun. On voyait des
métamorphoses telles que celles de Nabucodonosor changé en bœuf,   60
de la femme de Loth en statue de sel, de cinq villes en un lac bitumineux.

Il y avait des espèces d'hommes qui n'existent plus. La race des géants
Réphaïm, Emim, Néphilim, Enacim [73] a disparu. Saint Augustin, au
livre V de *la Cité de Dieu*, dit avoir vu la dent d'un ancien géant grosse
comme cent de nos molaires. [74] Ezéchiel parle des pygmées Gamadim,   65
hauts d'une coudée, qui combattaient au siège de Tyr: [75] et en presque
tout cela les auteurs sacrés sont d'accord avec les profanes. Les maladies
et les remèdes n'étaient point les mêmes que de nos jours: les possédés
étaient guéris avec la racine nommée *barad* [76] enchâssée dans un anneau
qu'on leur mettait sous le nez.   70

Enfin tout cet ancien monde était si différent du nôtre, qu'on ne peut en
tirer aucune règle de conduite; et si dans cette antiquité reculée les
hommes s'étaient persécutés et opprimés tour à tour au sujet de leur culte,
on ne devrait pas imiter cette cruauté sous la loi de grâce.

* Isaïe chap. VIII.

** Isaïe chap. XX.

*** Ezéch. chap. IV et suiv.

**** Osée chap. III.

(*t*) Jérém. ch. XXVII. v. 6.

Le même Jérémie que le melk ou roitelet juif Sédécias avait fait mettre au cachot, ayant obtenu son pardon de Sédécias, lui conseille de la part de Dieu de se rendre au roi de Babylone (*u*): 'Si vous allez vous rendre à ses officiers, dit-il, votre âme vivra.' Dieu prend donc enfin le parti d'un roi idolâtre; il lui livre l'arche, dont la seule vue avait coûté la vie à cinquante mille soixante et dix Juifs; il lui livre le Saint des saints, et le reste du temple qui avait coûté à bâtir cent huit mille talents d'or, un million dix-sept mille talents en argent, et dix mille drachmes d'or, laissés par David et ses officiers pour la construction de la maison du Seigneur; ce qui, sans compter les deniers employés par Salomon, monte à la somme de dix-neuf milliards soixante-deux millions, ou environ, au cours de ce jour. Jamais idolâtrie ne fut plus récompensée. Je sais que ce compte est exagéré, qu'il y a probablement erreur de copiste; mais réduisez la somme à la moitié, au quart, au huitième même, elle vous étonnera encore. On n'est guère moins surpris des richesses qu'Hérodote dit avoir vues dans le temple d'Ephèse. [77] Enfin, les trésors ne sont rien aux yeux de Dieu; et le nom de son serviteur, donné à Nabuchodonosor, est le vrai trésor inestimable.

(*v*) Dieu ne favorise pas moins le *Kir*, ou *Koresh*, ou *Kosroès*, que nous appelons *Cyrus*; il l'appelle *son christ, son oint*, quoiqu'il ne fût pas oint, selon la signification commune de ce mot, et qu'il suivît la religion de Zoroastre; il l'appelle *son pasteur*, quoiqu'il fût usurpateur aux yeux des hommes; il n'y a pas dans toute la sainte Ecriture une plus grande marque de prédilection.

Vous voyez dans Malachie [78] que 'du levant au couchant le nom de Dieu est grand dans les nations, et qu'on lui offre partout des oblations pures'. Dieu a soin des Ninivites idolâtres comme des

(*u*) Jérém. chap. XVIII. v. 19.
(*v*) Isaïe chap. XLIV et XLV.

198   63-65A: talents d'argent

Juifs; il les menace, et il leur pardonne. Melchisédec qui n'était point Juif, était sacrificateur de Dieu. Balaam idolâtre était prophète. L'Ecriture nous apprend donc que non seulement Dieu tolérait tous les autres peuples, mais qu'il en avait un soin paternel: et nous osons être intolérants!

220

[CHAPITRE XIII]

Extrême tolérance des juifs.

Ainsi donc, sous Moïse, sous les juges, sous les rois, vous voyez toujours des exemples de tolérance. Il y a bien plus: (*a*) Moïse dit plusieurs fois que 'Dieu punit les pères dans les enfants, jusqu'à la quatrième génération': cette menace était nécessaire à un peuple à qui Dieu n'avait révélé ni l'immortalité de l'âme, ni les peines et les récompenses dans une autre vie. Ces vérités ne lui furent annoncées ni dans le Décalogue, ni dans aucune loi du Lévitique et du Deutéronome. C'étaient les dogmes des Perses, des Babyloniens, des Egyptiens, des Grecs, des Crétois; mais ils ne constituaient nullement la religion des Juifs. Moïse ne dit point: 'Honore ton père et ta mère, si tu veux aller au ciel'; mais: (*b*) 'Honore ton père et ta mère, afin de vivre longtemps sur la terre:'[1] il ne les menace que de maux corporels, de la gale sèche, de la gale purulente, d'ulcères malins dans les genoux et dans les gras des jambes, d'être exposés aux infidélités de leurs femmes, d'emprunter à usure des étrangers, et de ne pouvoir prêter à usure; de périr de famine, et d'être obligés de manger leurs enfants: mais en aucun lieu il ne leur dit que leurs âmes immortelles subiront des tourments après la mort, ou goûteront des félicités. Dieu qui conduisait lui-même son peuple, le punissait ou le récompensait immédiatement après ses bonnes ou ses mauvaises actions. Tout était temporel; et c'est une vérité dont Warburton abuse pour prouver que la loi des Juifs

(*a*) Exode chap. XX. v. 5.
(*b*) Deutér. chap. XXVIII.[2]

a NM, β, K: absent
21-22 63-w68: c'est la preuve que le savant évêque Warburton apporte pour démontrer

était divine;[3] (c) parce que Dieu même étant leur roi, rendant justice immédiatement après la transgression ou l'obéissance, n'avait pas besoin de leur révéler une doctrine qu'il réservait au   25

(c) Il n'y a qu'un seul passage dans les lois de Moïse, d'où l'on pût conclure qu'il était instruit de l'opinion régnante chez les Egyptiens, que l'âme ne meurt point avec le corps; ce passage est très important, c'est dans le chap. XVIII [verset 10-11] du Deutéronome: 'Ne consultez point les devins qui prédisent par l'inspection des nuées, qui enchantent les   5 serpents, qui consultent l'esprit de Python, les voyants, les connaisseurs qui interrogent les morts, et leur demandent la vérité.'

Il paraît par ce passage, que si l'on évoquait les âmes des morts, ce sortilège prétendu supposait la permanence des âmes. Il se peut aussi que les magiciens dont parle Moïse, n'étant que des trompeurs grossiers,   10 n'eussent pas une idée distincte du sortilège qu'ils croyaient opérer. Ils faisaient accroire qu'ils forçaient des morts à parler, qu'ils les remettaient par leur magie dans l'état où ces corps avaient été de leur vivant; sans examiner seulement si l'on pouvait inférer ou non de leurs opérations ridicules le dogme de l'immortalité de l'âme. Les sorciers n'ont jamais été   15 philosophes, ils ont été toujours des jongleurs stupides qui jouaient devant des imbéciles.

On peut remarquer encore qu'il est bien étrange que le mot de *Python* se trouve dans le Deutéronome, longtemps avant que ce mot grec pût être connu des Hébreux: aussi le terme *Python* n'est point dans l'hébreu, dont   20 nous n'avons aucune traduction exacte.[4]

Cette langue a des difficultés insurmontables: c'est un mélange de phénicien, d'égyptien, de syrien, et d'arabe: et cet ancien mélange est très altéré aujourd'hui. L'hébreu n'eut jamais que deux modes aux verbes, le présent et le futur: il faut deviner les autres modes par le sens. Les voyelles   25 différentes étaient souvent exprimées par les mêmes caractères; ou plutôt ils n'exprimaient pas les voyelles; et les inventeurs des points n'ont fait qu'augmenter la difficulté. Chaque adverbe a vingt significations différentes. Le même mot est pris en des sens contraires.

Ajoutez à cet embarras la sécheresse et la pauvreté du langage: les Juifs   30 privés des arts ne pouvaient exprimer ce qu'ils ignoraient. En un mot l'hébreu est au grec ce que le langage d'un paysan est à celui d'un académicien.

temps où il ne gouvernait plus son peuple. Ceux qui par ignorance prétendent que Moïse enseignait l'immortalité de l'âme, ôtent au Nouveau Testament un de ses plus grands avantages sur l'Ancien. Il est constant que la loi de Moïse n'annonçait que des châtiments temporels jusqu'à la quatrième génération. Cependant malgré 30 l'énoncé précis de cette loi, malgré cette déclaration expresse de Dieu, qu'il punirait jusqu'à la quatrième génération, Ezéchiel annonce tout le contraire aux Juifs, et leur dit, (d) que le fils ne portera point l'iniquité de son père: il va même jusqu'à faire dire à Dieu, qu'il leur avait donné (e) 'des préceptes qui n'étaient pas 35 bons' (f).

Le livre d'Ezéchiel n'en fut pas moins inséré dans le canon des auteurs inspirés de Dieu: il est vrai que la synagogue n'en permettait pas la lecture avant l'âge de trente ans, comme nous l'apprend saint Jérôme;[5] mais c'était de peur que la jeunesse 40 n'abusât des peintures trop naïves qu'on trouve dans les chapitres XVI et XXIII du libertinage des deux sœurs Oolla et Ooliba. En

(d) Ezéch. chap. XVIII. v. 20.

(e) Ezéch. chap. XX. v. 25.[6]

(f) Le sentiment d'Ezéchiel prévalut enfin dans la synagogue; mais il y eut des Juifs, qui en croyant aux peines éternelles, croyaient aussi que Dieu poursuivait sur les enfants les iniquités des pères. Aujourd'hui ils sont punis par-delà la cinquantième génération, et ont encore les peines éternelles à craindre. On demande comment les descendants des Juifs qui 5 n'étaient pas complices de la mort de Jésus-Christ, ceux qui étant dans Jérusalem n'y eurent aucune part, et ceux qui étaient répandus sur le reste de la terre, peuvent être temporellement punis dans leurs enfants, aussi innocents que leurs pères? Cette punition temporelle, ou plutôt, cette manière d'exister différente des autres peuples, et de faire le commerce 10 sans avoir de patrie, peut n'être point regardée comme un châtiment en comparaison des peines éternelles qu'ils s'attirent par leur incrédulité, et qu'ils peuvent éviter par une conversion sincère.

26   63: gouvernerait

un mot, son livre fut toujours reçu, malgré sa contradiction formelle avec Moïse.

Enfin, (g) lorsque l'immortalité de l'âme fut un dogme reçu, ce qui probablement avait commencé dès le temps de la captivité de Babylone, la secte des saducéens persista toujours à croire qu'il n'y

45

(g) Ceux qui ont voulu trouver dans le Pentateuque la doctrine de l'enfer et du paradis, tels que nous les concevons, se sont étrangement abusés: leur erreur n'est fondée que sur une vaine dispute de mots; la Vulgate ayant traduit le mot hébreu *sheol*, la fosse, par *infernum*, et le mot latin *infernum* ayant été traduit en français par *enfer*, on s'est servi de cette équivoque pour faire croire que les anciens Hébreux avaient la notion de l'*Adès* et du *Tartare* des Grecs, que les autres nations avaient connus auparavant sous d'autres noms. [7]

Il est rapporté au chapitre XVI des Nombres, [8] que la terre ouvrit sa bouche sous les tentes de Coré, de Dathan et d'Abiron, qu'elle les dévora avec leurs tentes et leur substance, et qu'ils furent précipités vivants dans la sépulture, dans le souterrain: il n'est certainement question dans cet endroit, ni des âmes de ces trois Hébreux, ni des tourments de l'enfer, ni d'une punition éternelle.

Il est étrange que dans le *Dictionnaire encyclopédique* au mot *Enfer*, on dise que les anciens Hébreux *en ont reconnu la réalité*;[9] si cela était, ce serait une contradiction insoutenable dans le Pentateuque. Comment se pourrait-il faire que Moïse eût parlé dans un passage isolé et unique des peines après la mort, et qu'il n'en eût point parlé dans ses lois? On cite le XXXIIe chapitre du Deutéronome, mais on le tronque; le voici entier: 'Ils m'ont provoqué en celui qui n'était pas Dieu, et ils m'ont irrité dans leur vanité; et moi je les provoquerai dans celui qui n'est pas peuple, et je les irriterai dans la nation insensée. Et il s'est allumé un feu dans ma fureur, et il brûlera jusqu'au fond de la terre; il dévorera la terre jusqu'à son germe, et il brûlera les fondements des montagnes; et j'assemblerai sur eux les maux, et je remplirai mes flèches sur eux; ils seront consumés par la faim, les oiseaux les dévoreront par des morsures amères; je lâcherai sur eux les dents des bêtes qui se traînent avec fureur sur la terre, et des serpents.' [10]

Y a-t-il le moindre rapport entre ces expressions, et l'idée des punitions infernales, telles que nous les concevons? Il semble plutôt que ces paroles

213

avait ni peines ni récompenses après la mort, et que la faculté de
sentir et de penser périssait avec nous, comme la force active, le

n'aient été rapportées que pour faire voir évidemment, que notre enfer
était ignoré des anciens Juifs.

L'auteur de cet article cite encore [p.665] le passage de Job, au chap.
XXIV. 'L'œil de l'adultère observe l'obscurité, disant: L'œil ne me verra
point, et il couvrira son visage; il perce les maisons dans les ténèbres
comme il l'avait dit dans le jour, et ils ont ignoré la lumière; si l'aurore
apparaît subitement, ils la croient l'ombre de la mort, et ainsi ils marchent
dans les ténèbres comme dans la lumière: il est léger sur la surface de l'eau;
que sa part soit maudite sur la terre, qu'il ne marche point par la voie de la
vigne, qu'il passe des eaux de neige à une trop grande chaleur: et ils ont
péché jusqu'au tombeau', ou bien, 'le tombeau a dissipé ceux qui pèchent',
ou bien (selon les Septante), 'leur péché a été rappelé en mémoire'. [11]

Je cite les passages entiers, et littéralement, sans quoi il est toujours
impossible de s'en former une idée vraie.

Y a-t-il là, je vous prie, le moindre mot, dont on puisse conclure, que
Moïse avait enseigné aux Juifs la doctrine claire et simple des peines et des
récompenses après la mort?

Le livre de Job n'a nul rapport avec les lois de Moïse. De plus, il est très
vraisemblable que Job n'était point Juif; c'est l'opinion de saint Jérôme
dans ses questions hébraïques sur la Genèse. [12] Le mot *Sathan*, qui est dans
Job, n'était point connu des Juifs, [13] et vous ne le trouvez jamais dans le
Pentateuque. Les Juifs n'apprirent ce nom que dans la Chaldée, ainsi que
les noms de Gabriel et de Raphaël, inconnus avant leur esclavage à
Babylone. Job est donc cité ici très mal à propos.

On rapporte encore le chapitre dernier d'Isaïe: [14] 'Et de mois en mois, et
de sabbat en sabbat, toute chair viendra m'adorer, dit le Seigneur; et ils
sortiront, et ils verront à la voirie les cadavres de ceux qui ont prévariqué;
leur ver ne mourra point, leur feu ne s'éteindra point, et ils seront exposés
aux yeux de toute chair jusqu'à satiété.'

Certainement s'ils sont jetés à la voirie, s'ils sont exposés à la vue des
passants jusqu'à satiété, s'ils sont mangés des vers, cela ne veut pas dire que
Moïse enseigna aux Juifs le dogme de l'immortalité de l'âme; et ces mots:
Le feu ne s'éteindra point, ne signifient pas que des cadavres qui sont exposés
à la vue du peuple subissent les peines éternelles de l'enfer.

Comment peut-on citer un passage d'Isaïe pour prouver que les Juifs du

pouvoir de marcher et de digérer. Ils niaient l'existence des anges. 50
Ils différaient beaucoup plus des autres Juifs, que les protestants ne

---

temps de Moïse avaient reçu le dogme de l'immortalité de l'âme? Isaïe
prophétisait, selon la computation hébraïque, l'an du monde 3380. Moïse
vivait vers l'an 2500; il s'est écoulé huit siècles entre l'un et l'autre. C'est une
insulte au sens commun, ou une pure plaisanterie, que d'abuser ainsi de la 70
permission de citer, et de prétendre prouver qu'un auteur a eu une telle
opinion, par un passage d'un auteur venu huit cents ans après, et qui n'a
point parlé de cette opinion. Il est indubitable que l'immortalité de l'âme,
les peines et les récompenses après la mort, sont annoncées, reconnues,
constatées dans le Nouveau Testament, et il est indubitable qu'elles ne se 75
trouvent en aucun endroit du Pentateuque; et c'est ce que le grand Arnauld
dit nettement et avec force dans son apologie de Port-Royal. [15]

Les Juifs en croyant depuis l'immortalité de l'âme, ne furent point
éclairés sur sa spiritualité; ils pensèrent comme presque toutes les autres
nations, que l'âme est quelque chose de délié, d'aérien, une substance 80
légère, qui retenait quelque apparence du corps qu'elle avait animé; c'est
ce qu'on appellait les *ombres*, les *mânes des corps*. Cette opinion fut celle
de plusieurs Pères de l'Eglise. Tertullien dans son chapitre XXII *de
l'Ame*, s'exprime ainsi: *Definimus animam Dei flatu natam, immortalem,
corporalem, effigiatam, substantia simplicem*; 'Nous définissons l'âme née 85
du souffle de Dieu, immortelle, corporelle, figurée, simple dans sa
substance.'

Saint Irénée dit dans son livre II. ch. XXXIV: [16] *Incorporales sunt
animæ quantum ad comparationem mortalium corporum*. 'Les âmes sont
incorporelles en comparaison des corps mortels.' Il ajoute que 'Jésus- 90
Christ a enseigné que les âmes conservent les images du corps';
caracterem corporum in quo adoptantur etc. On ne voit pas que Jésus-
Christ ait jamais enseigné cette doctrine, et il est difficile de deviner le
sens de saint Irénée.

Saint Hilaire est plus formel et plus positif dans son commentaire sur 95
saint Matthieu: il attribue nettement une substance corporelle à l'âme:
Corpoream naturæ suæ substantiam sortiuntur.

Saint Ambroise, sur Abraham, liv. II. chap. VIII, prétend qu'il n'y a
rien de dégagé de la matière, si ce n'est la substance de la sainte Trinité.

On pourrait reprocher à ces hommes respectables d'avoir une 100

97 β: *Corporam*

215

diffèrent des catholiques; ils n'en demeurèrent pas moins dans la communion de leurs frères: on vit même des grands prêtres de leur secte.[17]

---

mauvaise philosophie; mais il est à croire qu'au fond leur théologie était fort saine, puisque ne connaissant pas la nature incompréhensible de l'âme, ils l'assuraient immortelle, et la voulaient chrétienne.

Nous savons que l'âme est spirituelle, mais nous ne savons point du tout ce que c'est qu'esprit. Nous connaissons très imparfaitement la matière, et il nous est impossible d'avoir une idée distincte de ce qui n'est pas matière. Très peu instruits de ce qui touche nos sens, nous ne pouvons rien connaître par nous-mêmes de ce qui est au-delà des sens. Nous transportons quelques paroles de notre langage ordinaire dans les abîmes de la métaphysique et de la théologie, pour nous donner quelque légère idée des choses que nous ne pouvons ni concevoir ni exprimer; nous cherchons à nous étayer de ces mots, pour soutenir, s'il se peut, notre faible entendement dans ces régions ignorées.

Ainsi nous nous servons du mot *esprit*, qui répond à *souffle*, et *vent*, pour exprimer quelque chose qui n'est pas matière; et ce mot *souffle*, *vent*, *esprit*, nous ramenant malgré nous à l'idée d'une substance déliée et légère, nous en retranchons encore ce que nous pouvons, pour parvenir à concevoir la spiritualité pure; mais nous ne parvenons jamais à une notion distincte: nous ne savons même ce que nous disons quand nous prononçons le mot *substance*; il veut dire, à la lettre, ce qui est dessous; et par cela même il nous avertit qu'il est incompréhensible: car, qu'est-ce en effet que ce qui est dessous? La connaissance des secrets de Dieu n'est pas le partage de cette vie. Plongés ici dans des ténèbres profondes, nous nous battons les uns contre les autres, et nous frappons au hasard au milieu de cette nuit, sans savoir précisément pourquoi nous combattons.

Si on veut bien réfléchir attentivement sur tout cela, il n'y a point d'homme raisonnable qui ne conclue que nous devons avoir de l'indulgence pour les opinions des autres, et en mériter.

Toutes ces remarques ne sont point étrangères au fond de la question, qui consiste à savoir si les hommes doivent se tolérer: car si elles prouvent combien on s'est trompé de part et d'autre dans tous les temps, elles prouvent que les hommes ont dû dans tous les temps se traiter avec indulgence.

105

110

115

120

125

130

132   K: prouvent aussi que

Les pharisiens croyaient à la fatalité[18] (*h*) et à la métempsycose.   55
(*i*) Les esséniens pensaient que les âmes des justes allaient dans les
îles fortunées,[19] (*j*) et celles des méchants dans une espèce de
Tartare. Ils ne faisaient point de sacrifices; ils s'assemblaient entre

(*h*) Le dogme de la fatalité est ancien et universel: vous le trouvez
toujours dans Homère. Jupiter voudrait sauver la vie à son fils Sarpédon;
mais le destin l'a condamné à la mort; Jupiter ne peut qu'obéir. [20] Le destin
était chez les philosophes ou l'enchaînement nécessaire des causes et des
effets nécessairement produits par la nature, ou ce même enchaînement   5
ordonné par la Providence; ce qui est bien plus raisonnable. Tout le
système de la fatalité est contenu dans ce vers d'Anneus Sénèque:
Ducunt volentem fata, nolentem trahunt.[21]
On est toujours convenu que Dieu gouvernerait l'univers par des lois
éternelles, universelles, immuables: cette vérité fut la source de toutes ces   10
disputes inintelligibles sur la liberté, parce qu'on n'a jamais défini la liberté,
jusqu'à ce que le sage Locke soit venu: il a prouvé que la liberté est le
pouvoir d'agir. Dieu donne ce pouvoir; et l'homme agissant librement
selon les ordres éternels de Dieu, est une des roues de la grande machine du
monde. Toute l'antiquité disputa sur la liberté; mais personne ne persécuta   15
sur ce sujet jusqu'à nos jours. Quelle horreur absurde d'avoir emprisonné,
exilé pour cette dispute, un Pompone d'Andilly, un Arnauld, un Sacy, un
Nicole, et tant d'autres qui ont été la lumière de la France![22]
(*i*) Le roman théologique de la métempsycose[23] vient de l'Inde, dont
nous avons reçu beaucoup plus de fables qu'on ne croit communément.
Ce dogme est expliqué dans l'admirable quinzième livre des *Métamor-*
phoses d'Ovide. Il a été reçu presque dans toute la terre: il a été toujours
combattu; mais nous ne voyons point qu'aucun prêtre de l'antiquité ait   5
jamais fait donner une lettre de cachet à un disciple de Pythagore. [24]
(*j*) Ni les anciens Juifs, ni les Egyptiens, ni les Grecs leurs con-
temporains, ne croyaient que l'âme de l'homme allât dans le ciel après sa
mort. Les Juifs pensaient que la lune et le soleil étaient à quelques lieues

note (*h*), 8 63A, 64B: *Ducunt nolentem fata volentem trahunt*
            63A errata: *Ducunt nolentum fata volentem trahunt*, corrigez, *Ducunt*
            volentem fata, nolentem trahunt [corrected 63B on excluding 64B]
note (*h*), 9   63:   gouvernait
note (*h*), 17-18 K: dispute, un Arnaud, un Sacy, un Nicole, et tant d'autres
note (*i*), 3 63-65A: douzième livre

eux dans une synagogue particulière. En un mot, si l'on veut examiner de près le judaïsme, on sera étonné de trouver la plus grande tolérance, au milieu des horreurs les plus barbares. C'est une contradiction, il est vrai; presque tous les peuples se sont gouvernés par des contradictions. Heureuse celle qui amène des mœurs douces, quand on a des lois de sang! 60

---

au-dessus de nous dans le même cercle, et que le firmament était une voûte épaisse et solide, qui soutenait le poids des eaux, lesquelles s'échappaient par quelques ouvertures. Le palais des dieux, chez les anciens Grecs, était sur le mont Olympe. La demeure des héros après la mort, était, du temps d'Homère, dans une île au delà de l'Océan, et c'était l'opinion des esséniens. 5

Depuis Homère, on assigna des planètes aux dieux; mais il n'y avait pas plus de raison aux hommes de placer un dieu dans la lune, qu'aux habitants de la lune de mettre un dieu dans la planète de la terre. Junon et Iris n'eurent d'autre palais que les nuées; il n'y avait pas là où reposer son pied. Chez les Sabéens, chaque dieu eut son étoile; mais une étoile étant un soleil, il n'y a pas moyen d'habiter là, à moins d'être de la nature du feu. [25] C'est donc une question fort inutile de demander ce que les anciens pensaient du ciel; la meilleure réponse est qu'ils ne pensaient pas. 10 15

[CHAPITRE XIV]

Si l'intolérance a été enseignée par Jésus-Christ?

Voyons maintenant si Jésus-Christ a établi des lois sanguinaires, s'il a ordonné l'intolérance, s'il fit bâtir les cachots de l'Inquisition, s'il institua les bourreaux des *auto-da-fé*.

Il n'y a, si je ne me trompe, que peu de passages dans les Evangiles dont l'esprit persécuteur ait pu inférer que l'intolérance, la contrainte sont légitimes. L'un est la parabole dans laquelle le royaume des cieux est comparé à un roi qui invite des convives aux noces de son fils; ce monarque leur fait dire par ses serviteurs (*a*): 'J'ai tué mes bœufs et mes volailles, tout est prêt, venez aux noces.' Les uns, sans se soucier de l'invitation, vont à leurs maisons de campagne, les autres à leur négoce, d'autres outragent les domestiques du roi, et les tuent. Le roi fait marcher ses armées contre ces meurtriers, et détruit leur ville: il envoie sur les grands chemins convier au festin tous ceux qu'on trouve: un d'eux s'étant mis à table sans avoir mis la robe nuptiale, est chargé de fers et jeté dans les ténèbres extérieures.

Il est clair que cette allégorie ne regardant que le royaume des cieux, nul homme, assurément, ne doit en prendre le droit de garrotter, ou de mettre au cachot son voisin qui serait venu souper chez lui sans avoir un habit de noces convenable; et je ne connais dans l'histoire aucun prince qui ait fait pendre un courtisan pour un pareil sujet: il n'est pas non plus à craindre que quand l'empereur ayant tué ses volailles, enverra des pages à des princes de l'empire pour les prier à souper, ces princes tuent ces pages. L'invitation au

(*a*) St. Matth. chap. XXII.

a   NM, β, K: absent
22-23   63-65A: quand l'empereur enverra

festin signifie la prédication du salut; le meurtre des envoyés du   25
prince figure la persécution contre ceux qui prêchent la sagesse et la
vertu.

(b) L'autre parabole est celle d'un particulier qui invite ses amis à
un grand souper; et lorsqu'il est prêt de se mettre à table, il envoie
son domestique les avertir. L'un s'excuse sur ce qu'il a acheté une   30
terre, et qu'il va la visiter; cette excuse ne paraît pas valable, ce n'est
pas pendant la nuit qu'on va voir sa terre. Un autre dit qu'il a acheté
cinq paires de bœufs, et qu'il les doit éprouver; il a le même tort que
l'autre; on n'essaye pas des bœufs à l'heure du souper. Un troisième
répond qu'il vient de se marier, et assurément son excuse est très   35
recevable. Le père de famille en colère fait venir à son festin les
aveugles et les boiteux; et voyant qu'il reste encore des places
vides, il dit à son valet: 'Allez dans les grands chemins, et le long
des haies, et contraignez les gens d'entrer.'

Il est vrai qu'il n'est pas dit expressément que cette parabole soit   40
une figure du royaume des cieux. On n'a que trop abusé de ces
paroles: *Contrains-les d'entrer*;[1] mais il est visible qu'un seul valet ne
peut contraindre par la force tous les gens qu'il rencontre à venir
souper chez son maître; et d'ailleurs, des convives ainsi forcés, ne
rendraient pas le repas fort agréable. *Contrains-les d'entrer*, ne veut   45
dire autre chose, selon les commentateurs les plus accrédités, sinon:
Priez, conjurez, pressez, obtenez. Quel rapport, je vous prie, de
cette prière et de ce souper à la persécution!

Si on prend les choses à la lettre, faudra-t-il être aveugle,
boiteux, et conduit par force, pour être dans le sein de l'Eglise?   50
Jésus dit dans la même parabole: 'Ne donnez à dîner ni à vos amis ni
à vos parents riches':[2] en a-t-on jamais inféré qu'on ne dût point en
effet dîner avec ses parents et ses amis, dès qu'ils ont un peu de
fortune?

Jésus-Christ après la parabole du festin, dit (c): 'Si quelqu'un   55
vient à moi, et ne hait pas son père, sa mère, ses frères, ses sœurs, et

(b) St. Luc chap. XIV.
(c) St. Luc chap. XIV. v. 26 et suiv.

même sa propre âme, il ne peut être mon disciple etc. Car qui est celui d'entre vous qui voulant bâtir une tour, ne suppute pas auparavant la dépense?' Y a-t-il quelqu'un dans le monde assez dénaturé pour conclure qu'il faut haïr son père et sa mère? Et ne comprend-on pas aisément que ces paroles signifient: Ne balancez pas entre moi et vos plus chères affections?

On cite le passage de saint Matthieu (*d*): 'Qui n'écoute point l'Eglise, soit comme un païen et comme un receveur de la douane'. Cela ne dit pas assurément qu'on doive persécuter les païens et les fermiers des droits du roi; ils sont maudits, il est vrai, mais ils ne sont point livrés au bras séculier. Loin d'ôter à ces fermiers aucune prérogative de citoyen, on leur a donné les plus grands privilèges; c'est la seule profession qui soit condamnée dans l'Ecriture, et c'est la plus favorisée par les gouvernements. Pourquoi donc n'aurions-nous pas pour nos frères errants autant d'indulgence que nous prodiguons de considération à nos frères les traitants?

Un autre passage dont on a fait un abus grossier est celui de saint Matthieu et de saint Marc,[3] où il est dit que Jésus ayant faim le matin, approcha d'un figuier où il ne trouva que des feuilles, car ce n'était pas le temps des figues: il maudit le figuier, qui se sécha aussitôt.

On donne plusieurs explications différentes de ce miracle:[4] mais y en a-t-il une seule qui puisse autoriser la persécution? Un figuier n'a pu donner des figues vers le commencement de mars, on l'a séché: est-ce une raison pour faire sécher nos frères de douleur dans tous les temps de l'année? Respectons dans l'Ecriture tout ce qui peut faire naître des difficultés dans nos esprits curieux et vains, mais n'en abusons pas pour être durs et implacables.

L'esprit persécuteur, qui abuse de tout, cherche encore sa justification dans l'expulsion des marchands chassés du temple,[5] et dans la légion de démons envoyée du corps d'un possédé dans le corps de deux mille animaux immondes.[6] Mais qui ne voit que ces deux exemples ne sont autre chose qu'une justice que Dieu daigne

(*d*) St. Matth. chap. VIII. v. 17.

faire lui-même d'une contravention à la loi? C'était manquer de 90
respect à la maison du Seigneur, que de changer son parvis en une
boutique de marchands. En vain le sanhédrin[7] et les prêtres
permettaient ce négoce pour la commodité des sacrifices; le Dieu
auquel on sacrifiait pouvait sans doute, quoique caché sous la figure
humaine, détruire cette profanation: il pouvait de même punir ceux 95
qui introduisaient dans le pays des troupeaux entiers, défendus par
une loi dont il daignait lui-même être l'observateur. Ces exemples
n'ont pas le moindre rapport aux persécutions sur le dogme. Il faut
que l'esprit d'intolérance soit appuyé sur de bien mauvaises
raisons, puisqu'il cherche partout les plus vains prétextes. 100

Presque tout le reste des paroles et des actions de Jésus-Christ
prêche la douceur, la patience, l'indulgence. C'est le père de famille
qui reçoit l'enfant prodigue;[8] c'est l'ouvrier qui vient à la dernière
heure,[9] et qui est payé comme les autres; c'est le samaritain
charitable;[10] lui-même justifie ses disciples de ne pas jeûner;[11] il 105
pardonne à la pécheresse;[12] il se contente de recommander la
fidélité à la femme adultère:[13] il daigne même condescendre à
l'innocente joie des convives de Cana,[14] qui étant déjà échauffés de
vin en demandent encore, il veut bien faire un miracle en leur
faveur, il change pour eux l'eau en vin. 110

Il n'éclate pas même contre Judas qui doit le trahir;[15] il ordonne
à Pierre de ne se jamais servir de l'épée;[16] il réprimande les enfants
de Zébédée, qui à l'exemple d'Elie voulaient faire descendre le feu
du ciel sur une ville qui n'avait pas voulu le loger.[17]

Enfin il meurt victime de l'envie. Si l'on ose comparer le sacré 115
avec le profane, et un Dieu avec un homme, sa mort, humainement
parlant, a beaucoup de rapport avec celle de Socrate. Le philosophe
grec périt par la haine des sophistes, des prêtres, et des premiers du
peuple:[18] le législateur des chrétiens succomba sous la haine des
scribes, des pharisiens, et des prêtres. Socrate pouvait éviter la 120
mort, et il ne le voulut pas: Jésus-Christ s'offrit volontairement. Le

97   63A errata: ces exem, *lisez*, ces exem-
98   63A errata: persécution, *lisez*, persécutions [corrected 63B onwards]

philosophe grec pardonna non seulement à ses calomniateurs et à ses juges iniques, mais il les pria de traiter un jour ses enfants comme lui-même, s'ils étaient assez heureux pour mériter leur haine comme lui: le législateur des chrétiens, infiniment supérieur, pria son père de pardonner à ses ennemis. [19]

Si Jésus-Christ sembla craindre la mort, si l'angoisse qu'il ressentit fut si extrême qu'il en eut une sueur mêlée de sang, [20] ce qui est le symptôme le plus violent et le plus rare, [21] c'est qu'il daigna s'abaisser à toute la faiblesse du corps humain qu'il avait revêtu. Son corps tremblait, et son âme était inébranlable; il nous apprenait que la vraie force, la vraie grandeur consistent à supporter des maux sous lesquels notre nature succombe. Il y a un extrême courage à courir à la mort en la redoutant.

Socrate avait traité les sophistes d'ignorants, et les avait convaincus de mauvaise foi: Jésus usant de ses droits divins, traita les scribes (e) et les pharisiens d'hypocrites, d'insensés, d'aveugles, de méchants, de serpents, de race de vipère.

Socrate ne fut point accusé de vouloir fonder une secte nouvelle: on n'accusa point Jésus-Christ d'en avoir voulu introduire une. (f) Il est dit que les princes des prêtres, et tout le conseil, cherchaient un faux témoignage contre Jésus pour le faire périr.

Or, s'ils cherchaient un faux témoignage, ils ne lui reprochaient donc pas d'avoir prêché publiquement contre la loi. Il fut en effet soumis à la loi de Moïse depuis son enfance jusqu'à sa mort: on le circoncit le huitième jour comme tous les autres enfants. S'il fut depuis baptisé dans le Jourdain, c'était une cérémonie consacrée chez les Juifs, comme chez tous les peuples de l'Orient. Toutes les souillures légales se nettoyaient par le baptême; c'est ainsi qu'on consacrait les prêtres; on se plongeait dans l'eau à la fête de l'expiation solennelle, on baptisait les prosélytes.

Jésus observa tous les points de la loi; il fêta tous les jours de sabbat; il s'abstint des viandes défendues; il célébra toutes les fêtes,

125

130

135

140

145

150

(e) St. Matth. chap. XXIII.
(f) St. Matth. chap. XXVI.

et même avant sa mort il avait célébré la pâque; on ne l'accusa ni d'aucune opinion nouvelle, ni d'avoir observé aucun rite étranger. Né Israélite, il vécut constamment en Israélite. 155

Deux témoins qui se présentèrent, l'accusèrent d'avoir dit (g) 'qu'il pourrait détruire le temple et le rebâtir en trois jours'. Un tel discours était incompréhensible pour les Juifs charnels, mais ce n'était pas une accusation de vouloir fonder une nouvelle secte. 160

Le grand prêtre l'interrogea, et lui dit: 'Je vous commande par le Dieu vivant, de nous dire, si vous êtes le Christ fils de Dieu.'[22] On ne nous apprend point ce que le grand prêtre entendait par fils de Dieu. On se servait quelquefois de cette expression pour signifier un juste, (h) comme on employait les mots de *fils de Bélial*, pour 165 signifier un méchant. Les Juifs grossiers n'avaient aucune idée du mystère sacré d'un fils de Dieu, Dieu lui-même, venant sur la terre.

Jésus lui répondit: 'Vous l'avez dit; mais je vous dis que vous verrez bientôt le fils de l'homme assis à la droite de la vertu de Dieu, venant sur les nuées du ciel.'[23] 170

Cette réponse fut regardée, par le sanhédrin irrité, comme un blasphème. Le sanhédrin n'avait plus le droit du glaive;[24] ils traduisirent Jésus devant le gouverneur romain de la province, et l'accusèrent calomnieusement d'être un perturbateur du repos

(g) St. Matth. chap. XXVI. v. 61.

(h) Il était, en effet, très difficile aux Juifs, pour ne pas dire impossible, de comprendre sans une révélation particulière ce mystère ineffable de l'incarnation du Fils de Dieu, Dieu lui-même. La Genèse (chap. VI.) appelle 'fils de Dieu' les fils des hommes puissants:[25] de même les grands cèdres dans les psaumes sont appelés les 'cèdres de Dieu'.[26] Samuel dit 5 qu'une frayeur de Dieu tomba sur le peuple,[27] c'est-à-dire une grande frayeur; un grand vent, un vent de Dieu;[28] la maladie de Saül, mélancolie de Dieu.[29] Cependant il paraît que les Juifs entendirent à la lettre, que Jésus se dit fils de Dieu dans le sens propre; mais s'ils regardèrent ces mots comme un blasphème, c'est peut-être encore une preuve de l'ignorance 10 où ils étaient du mystère de l'incarnation, et de Dieu, fils de Dieu, envoyé sur la terre pour le salut des hommes.

public, qui disait qu'il ne fallait pas payer le tribut à César, et qui de   175
plus se disait roi des Juifs. Il est donc de la plus grande évidence
qu'il fut accusé d'un crime d'Etat.

Le gouverneur Pilate ayant appris qu'il était Galiléen, le
renvoya d'abord à Hérode, tétrarque de Galilée. Hérode crut
qu'il était impossible que Jésus pût aspirer à se faire chef de parti, et   180
prétendre à la royauté; il le traita avec mépris, et le renvoya à Pilate,
qui eut l'indigne faiblesse de le condamner, pour apaiser le tumulte
excité contre lui-même; d'autant plus qu'il avait essuyé déjà une
révolte des Juifs, à ce que nous apprend Josèphe. [30] Pilate n'eut pas
la même générosité qu'eut depuis le gouverneur Festus. [31]   185

Je demande à présent, si c'est la tolérance, ou l'intolérance qui
est de droit divin? Si vous voulez ressembler à Jésus-Christ, soyez
martyrs, et non pas bourreaux.

[CHAPITRE XV]

Témoignages contre l'intolérance.[1]

C'est une impiété d'ôter, en matière de religion, la liberté aux hommes, d'empêcher qu'ils ne fassent choix d'une divinité; aucun homme, aucun dieu ne voudrait d'un service forcé. (*Apologétique*, ch. XXIV.)

Si on usait de violence pour la défense de la foi, les évêques s'y opposeraient. (Saint Hilaire, liv. I.)

La religion forcée n'est plus religion; il faut persuader et non contraindre. La religion ne se commande point. (Lactance, liv. III.)

C'est une exécrable hérésie de vouloir attirer par la force, par les coups, par les emprisonnements, ceux qu'on n'a pu convaincre par la raison. (Saint Athanase, liv. I.)

Rien n'est plus contraire à la religion que la contrainte. (Saint Justin martyr, liv. V.)

Persécuterons-nous ceux que Dieu tolère? dit saint Augustin, avant que sa querelle avec les donatistes l'eût rendu trop sévère.

Qu'on ne fasse aucune violence aux Juifs. (*4ᵐᵉ concile de Tolède*, 56ᵐᵉ canon.)

Conseillez et ne forcez pas. (*Lettres de saint Bernard.*)

Nous ne prétendons point détruire les erreurs par la violence. (*Discours du clergé de France à Louis XIII.*)

Nous avons toujours désapprouvé les voies de rigueur. (*Assemblée du clergé*, 11ᵐᵉ. Aoust 1560.)

Nous savons que la foi se persuade, et ne se commande point. (Fléchier, évêque de Nîmes, *lettre* 19.)

a   NM, β, κ: absent
9   63-β: vouloir tirer par

226

On ne doit pas même user de termes insultants. (L'évêque Du   25
Belley, dans une *Instruction pastorale*.)

Souvenez-vous que les maladies de l'âme ne se guérissent point
par contrainte et par violence. (Le cardinal Le Camus, *Instruction
pastorale* de 1688.)

Accordez à tous la tolérance civile. (Fénélon, archevêque de   30
Cambrai, au duc de Bourgogne.)

L'exaction forcée d'une religion est une preuve évidente que
l'esprit qui la conduit est un esprit ennemi de la vérité. (Dirois,
docteur de Sorbonne, liv. VI, chap. IV.)

La violence peut faire des hypocrites; on ne persuade point   35
quand on fait retentir partout les menaces. (Tillemont, *Hist. eccl.*,
tom. VI.)

Il nous a paru conforme à l'équité et à la droite raison, de
marcher sur les traces de l'ancienne Eglise, qui n'a point usé de
violence pour établir et étendre la religion. (*Remontr. du parlement*   40
de Paris à Henri II.)

L'expérience nous apprend que la violence est plus capable
d'irriter que de guérir un mal qui a sa racine dans l'esprit etc. (De
Thou, *Epître dédicatoire à Henri IV*.)

La foi ne s'inspire pas à coups d'épée. (Cérisier, *Sur les règnes de*   45
Henri IV et de Louis XIII.)

C'est un zèle barbare que celui qui prétend planter la religion
dans les cœurs, comme si la persuasion pouvait être l'effet de la
contrainte. (Boulainvilliers, *État de la France*.)

Il en est de la religion comme de l'amour, le commandement n'y   50
peut rien, la contrainte encore moins; rien de plus indépendant que
d'aimer et de croire. (Amelot de La Houssaie, sur les *Lettres du
cardinal d'Ossat*.)

Si le ciel vous a assez aimé pour vous faire voir la vérité, il vous a
fait une grande grâce; mais est-ce à ceux qui ont l'héritage de leur
père, de haïr ceux qui ne l'ont pas? (*Esprit des lois*, liv. XXV.)   55

On pourrait faire un livre énorme, tout composé de pareils
passages. Nos histoires, nos discours, nos sermons, nos ouvrages
de morale, nos catéchismes, respirent tous, enseignent tous

aujourd'hui ce devoir sacré de l'indulgence. Par quelle fatalité, par   60
quelle inconséquence démentirions-nous dans la pratique une
théorie que nous annonçons tous les jours? Quand nos actions
démentent notre morale, c'est que nous croyons qu'il y a quelque
avantage pour nous à faire le contraire de ce que nous enseignons;
mais certainement il n'y a aucun avantage à persécuter ceux qui ne   65
sont pas de notre avis, et à nous en faire haïr. Il y a donc, encore une
fois, de l'absurdité dans l'intolérance. Mais, dira-t-on, ceux qui ont
intérêt à gêner les consciences ne sont point absurdes. C'est à eux
que s'adresse le petit dialogue ci-après.

69   63-65A: le petit chapitre suivant

[CHAPITRE XVI]

Dialogue entre un mourant et un homme qui se porte bien.[1]

Un citoyen était à l'agonie dans une ville de province; un homme en bonne santé vint insulter à ses derniers moments, et lui dit;

Misérable! pense comme moi tout à l'heure, signe cet écrit, confesse que cinq propositions sont dans un livre que ni toi ni moi n'avons jamais lu;[2] sois tout à l'heure du sentiment de Lamfran contre Bérenger,[3] de saint Thomas contre saint Bonaventure;[4] embrasse le second concile de Nicée contre le concile de Francfort;[5] explique-moi dans l'instant, comment ces paroles: 'Mon Père est plus grand que moi'[6] signifient expressément: 'Je suis aussi grand que lui.'

Dis-moi comment le Père communique tout au Fils, excepté la paternité; ou je vais faire jeter ton corps à la voirie; tes enfants n'hériteront point de toi, ta femme sera privée de sa dot, et ta famille mendiera du pain que mes pareils ne lui donneront pas.

LE MOURANT.

J'entends à peine ce que vous me dites; les menaces que vous me faites parviennent confusément à mon oreille, elles troublent mon âme, elles rendent ma mort affreuse. Au nom de Dieu, ayez pitié de moi!

LE BARBARE.

De la pitié! je n'en puis avoir si tu n'es pas de mon avis en tout.

LE MOURANT.

Hélas! vous sentez qu'à ces derniers moments tous mes sens sont

---

a   NM, β, K: absent
5   K: Lanfranc
13   63-65A: n'hériteront point, ta femme

flétris, toutes les portes de mon entendement sont fermées, mes idées s'enfuient, ma pensée s'éteint. Suis-je en état de disputer?

LE BARBARE.

Eh bien, si tu ne peux pas croire ce que je veux, dis que tu le crois, et cela me suffit.

LE MOURANT.

Comment puis-je me parjurer pour vous plaire? Je vais paraître 25 dans un moment devant le Dieu qui punit le parjure.

LE BARBARE.

N'importe; tu auras le plaisir d'être enterré dans un cimetière, et ta femme, tes enfants, auront de quoi vivre. Meurs en hypocrite: l'hypocrisie est une bonne chose; c'est, comme on dit, un hommage que le vice rend à la vertu. [7] Un peu d'hypocrisie, mon ami, qu'est- 30 ce que cela coûte?

LE MOURANT.

Hélas! vous méprisez Dieu, ou vous ne le reconnaissez pas, puisque vous me demandez un mensonge à l'article de la mort, vous qui devez bientôt recevoir votre jugement de lui, et qui répondrez de ce mensonge. 35

LE BARBARE.

Comment, insolent! je ne reconnais point de Dieu?

LE MOURANT.

Pardon, mon frère, je crains que vous n'en connaissiez pas. Celui que j'adore ranime en ce moment mes forces pour vous dire d'une voix mourante, que si vous croyez en Dieu, vous devez user envers moi de charité. Il m'a donné ma femme et mes enfants, ne les faites 40 pas périr de misère. Pour mon corps, faites-en ce que vous voudrez, je vous l'abandonne; mais croyez en Dieu, je vous en conjure.

42 63-NM: conjure!

LE BARBARE.

Fais, sans raisonner, ce que je t'ai dit; je le veux, je l'ordonne.

LE MOURANT.

Et quel intérêt avez-vous à me tant tourmenter?

LE BARBARE.

Comment! quel intérêt? Si j'ai ta signature, elle me vaudra un bon 45
canonicat.

LE MOURANT.

Ah! mon frère! voici mon dernier moment; je meurs; je vais prier
Dieu qu'il vous touche et qu'il vous convertisse.

LE BARBARE.

Au diable soit l'impertinent qui n'a point signé! Je vais signer pour
lui, et contrefaire son écriture.[8]   50

La lettre suivante est une confirmation de la même morale.

[CHAPITRE XVII]

Lettre écrite au jésuite Le Tellier, [1] par un bénéficier, le 6 mai 1714. (a)

Mon révérend père,

J'obéis aux ordres que Votre Révérence m'a donnés de lui présenter les moyens les plus propres de délivrer Jésus et sa compagnie de leurs ennemis. Je crois qu'il ne reste plus que cinq cent mille huguenots dans le royaume, quelques-uns disent un million, d'autres quinze cent mille; mais en quelque nombre qu'ils soient, voici mon avis, que je soumets très humblement au vôtre, comme je le dois.

1° Il est aisé d'attraper en un jour tous les prédicants, et de les pendre tous à la fois dans une même place, non seulement pour l'édification publique, mais pour la beauté du spectacle.

2° Je ferais assassiner dans leurs lits tous les pères et mères, parce que si on les tuait dans les rues, cela pourrait causer quelque tumulte; plusieurs même pourraient se sauver, ce qu'il faut éviter, sur toute chose. Cette exécution est un corollaire nécessaire de nos principes; car s'il faut tuer un hérétique, comme tant de grands théologiens le prouvent, il est évident qu'il faut les tuer tous.

(a) Lorsqu'on écrivait ainsi, en 1762, l'ordre des jésuites n'était pas aboli en France. S'ils avaient été malheureux, l'auteur les aurait assurément respectés. Mais qu'on se souvienne à jamais qu'ils n'ont été persécutés que parce qu'ils avaient été persécuteurs; et que leur exemple fasse trembler ceux qui étant plus intolérants que les jésuites, voudraient opprimer un jour leurs concitoyens qui n'embrasseraient pas leurs opinions dures et absurdes.

a NM, β, κ: absent
note (a) 63-65A: absent

232

3° Je marierais le lendemain toutes les filles à de bons catholiques, attendu qu'il ne faut pas dépeupler trop l'Etat après la dernière guerre;[2] mais à l'égard des garçons de quatorze et quinze ans, déjà imbus de mauvais principes, qu'on ne peut se flatter de détruire, mon opinion est qu'il faut les châtrer tous, afin que cette engeance ne soit jamais reproduite. Pour les autres petits garçons; ils seront élevés dans vos collèges, et on les fouettera jusqu'à ce qu'ils sachent par cœur les ouvrages de Sanchez[3] et de Molina.[4]

4° Je pense, sauf correction, qu'il en faut faire autant à tous les luthériens d'Alsace, attendu que dans l'année 1704, j'aperçus deux vieilles de ce pays-là qui riaient le jour de la bataille d'Hochstet.[5]

5° L'article des jansénistes paraîtra peut-être un peu plus embarrassant: je les crois au nombre de six millions, au moins; mais un esprit tel que le vôtre ne doit pas s'en effrayer. Je comprends parmi les jansénistes tous les parlements, qui soutiennent si indignement les libertés de l'Eglise gallicane. C'est à Votre Révérence de peser avec sa prudence ordinaire les moyens de vous soumettre tous ces esprits revêches. La conspiration des poudres n'eut pas le succès désiré, parce qu'un des conjurés eut l'indiscrétion de vouloir sauver la vie à son ami: mais comme vous n'avez point d'ami, le même inconvénient n'est point à craindre; il vous sera fort aisé de faire sauter tous les parlements du royaume avec cette invention du moine Shwartz, qu'on appelle *pulvis pyrius*.[6] Je calcule qu'il faut, l'un portant l'autre, trente-six tonneaux de poudre pour chaque parlement; et ainsi, en multipliant douze parlements[7] par trente-six tonneaux, cela ne compose que quatre cent trente-deux tonneaux, qui, à cent écus pièce, font la somme de cent vingt-neuf mille six cents livres; c'est une bagatelle pour le révérend père général.

Les parlements une fois sautés, vous donnerez leurs charges à vos congréganistes, qui sont parfaitement instruits des lois du royaume.

6° Il sera aisé d'empoisonner M. le cardinal de Noailles,[8] qui est un homme simple, et qui ne se défie de rien.

Votre Révérence emploiera les mêmes moyens de conversion auprès de quelques évêques rénitents:[9] leurs évêchés seront mis entre les mains des jésuites, moyennant un bref du pape: alors tous les évêques étant du parti de la bonne cause, et tous les curés étant habilement choisis par les évêques, voici ce que je conseille, sous le bon plaisir de Votre Révérence.

7º Comme on dit que les jansénistes communient au moins à Pâques, il ne serait pas mal de saupoudrer les hosties, de la drogue dont on se servit pour faire justice de l'empereur Henri VII.[10] Quelque critique me dira peut-être, qu'on risquerait, dans cette opération, de donner aussi de la mort-aux-rats aux molinistes;[11] cette objection est forte; mais il n'y a point de projet qui ne menace ruine par quelque endroit. Si on était arrêté par ces petites difficultés, on ne viendrait jamais à bout de rien: et d'ailleurs, comme il s'agit de procurer le plus grand bien qu'il soit possible, il ne faut pas se scandaliser si ce grand bien entraîne après lui quelques mauvaises suites, qui ne sont de nulle considération.

Nous n'avons rien à nous reprocher: il est démontré que tous les prétendus réformés, tous les jansénistes sont dévolus à l'enfer; ainsi nous ne faisons que hâter le moment où ils doivent entrer en possession.

Il n'est pas moins clair que le paradis appartient de droit aux molinistes; donc en les faisant périr par mégarde, et sans aucune mauvaise intention, nous accélérons leur joie: nous sommes dans l'un et l'autre cas les ministres de la Providence.

Quant à ceux qui pourraient être un peu effarouchés du nombre, Votre Paternité pourra leur faire remarquer, que depuis les jours florissants de l'Eglise jusqu'à 1707,[12] c'est-à-dire depuis environ quatorze cents ans, la théologie a procuré le massacre de plus de cinquante millions d'hommes; et que je ne propose d'en étrangler, ou égorger, ou empoisonner, qu'environ six millions cinq cent mille.

On nous objectera peut-être encore que mon compte n'est pas juste, et que je viole la règle de trois;[13] car, dira-t-on, si en quatorze cents ans il n'a péri que cinquante millions d'hommes pour des distinctions, des dilemmes, et des antilemmes[14] théologiques, cela ne fait par année que trente-cinq mille sept cent quatorze personnes avec fraction, et qu'ainsi je tue six millions soixante-quatre mille deux cent quatre-vingt-cinq personnes de trop, avec fraction, pour la présente année. Mais, en vérité, cette chicane est bien puérile; on peut même dire qu'elle est impie: car ne voit-on pas, par mon procédé, que je sauve la vie à tous les catholiques jusqu'à la fin du monde? On n'aurait jamais fait si on voulait répondre à toutes les critiques. Je suis avec un profond respect, de Votre Paternité,

Le très humble, très dévot et très doux R. . . . natif d'Angoulême, préfet de la Congrégation.[15]

Ce projet ne put être exécuté, parce que le père Le Tellier y trouva quelques difficultés, et que Sa Paternité fut exilée l'année suivante.[16] Mais comme il faut examiner le pour et le contre, il est bon de rechercher dans quels cas on pourrait légitimement suivre en partie les vues du correspondant du père Le Tellier. Il paraît qu'il serait dur d'exécuter ce projet dans tous ses points; mais il faut voir dans quelles occasions on doit rouer, ou pendre, ou mettre aux galères les gens qui ne sont pas de notre avis; c'est l'objet de l'article suivant.

88   63-65A: antimêmes
        SD: anthimêmes
106-107   63-65A: du chapitre suivant

[CHAPITRE XVIII]

Seuls cas où l'intolérance est de droit humain.^a

Pour qu'un gouvernement ne soit pas en droit de punir les erreurs des hommes, il est nécessaire que ces erreurs ne soient pas des crimes; elles ne sont des crimes que quand elles troublent la société; elles troublent cette société, dès qu'elles inspirent le fanatisme; il faut donc que les hommes commencent par n'être pas fanatiques   5 pour mériter la tolérance.

Si quelques jeunes jésuites, sachant que l'Eglise a les réprouvés en horreur, que les jansénistes sont condamnés par une bulle, qu'ainsi les jansénistes sont réprouvés, s'en vont brûler une maison des Pères de l'Oratoire[1] parce que Quesnel[2] l'oratorien était   10 janséniste; il est clair qu'on sera bien obligé de punir ces jésuites.

De même, s'ils ont débité des maximes coupables, si leur institut est contraire aux lois du royaume, on ne peut s'empêcher de dissoudre leur compagnie, et d'abolir les jésuites pour en faire des citoyens: ce qui au fond est un mal imaginaire, et un bien réel pour   15 eux; car où est le mal de porter un habit court au lieu d'une soutane, et d'être libre au lieu d'être esclave? On réforme à la paix des régiments entiers, qui ne se plaignent pas: pourquoi les jésuites poussent-ils de si hauts cris, quand on les réforme pour avoir la paix?[3]   20

Que les cordeliers transportés d'un saint zèle pour la vierge Marie, aillent démolir l'église des jacobins, qui pensent que Marie est née dans le péché originel;[4] on sera obligé alors de traiter les cordeliers à peu près comme les jésuites.

On en dira autant des luthériens et des calvinistes; ils auront   25 beau dire, Nous suivons les mouvements de notre conscience, il

---

a   NM, β, K: absent

vaut mieux obéir à Dieu qu'aux hommes,[5] nous sommes le vrai troupeau, nous devons exterminer les loups. Il est évident qu'alors ils sont loups eux-mêmes.

Un des plus étonnants exemples de fanatisme a été une petite secte en Dannemarck, dont le principe était le meilleur du monde.[6] Ces gens-là voulaient procurer le salut éternel à leurs frères; mais les conséquences de ce principe étaient singulières. Ils savaient que tous les petits enfants qui meurent sans baptême sont damnés, et que ceux qui ont le bonheur de mourir immédiatement après avoir reçu le baptême, jouissent de la gloire éternelle: ils allaient égorgeant les garçons et les filles nouvellement baptisés, qu'ils pouvaient rencontrer; c'était sans doute leur faire le plus grand bien qu'on pût leur procurer: on les préservait à la fois du péché, des misères de cette vie, et de l'enfer; on les envoyait infailliblement au ciel. Mais ces gens charitables ne considéraient pas qu'il n'est pas permis de faire un petit mal pour un grand bien; qu'ils n'avaient aucun droit sur la vie de ces petits enfants; que la plupart des pères et mères sont assez charnels pour aimer mieux avoir auprès d'eux leurs fils et leurs filles que de les voir égorger pour aller en paradis; et qu'en un mot, le magistrat doit punir l'homicide, quoiqu'il soit fait à bonne intention.

Les Juifs sembleraient avoir plus de droit que personne de nous voler et de nous tuer. Car bien qu'il y ait cent exemples de tolérance dans l'Ancien Testament, cependant il y a aussi quelques exemples et quelques lois de rigueur. Dieu leur a ordonné quelquefois de tuer les idolâtres, et de ne réserver que les filles nubiles: ils nous regardent comme idolâtres; et quoique nous les tolérions aujourd'hui, ils pourraient bien, s'ils étaient les maîtres, ne laisser au monde que nos filles.

Ils seraient surtout dans l'obligation indispensable d'assassiner tous les Turcs; cela va sans difficulté; car les Turcs possèdent le pays des Hétéens, des Jébuséens, des Amorrhéens, Jerséneens, Hévéens, Aracéens, Cinéens, Hamatéens, Samaréens:[7] tous ces peuples furent dévoués à l'anathème; leur pays, qui était de plus de vingt-cinq lieues de long, fut donné aux Juifs par plusieurs pactes consécutifs; ils doivent rentrer dans leur bien; les mahométans en sont les usurpateurs depuis plus de mille ans.

Si les Juifs raisonnaient ainsi aujourd'hui, il est clair qu'il n'y aurait d'autre réponse à leur faire que de les empaler.

Ce sont à peu près les seuls cas où l'intolérance paraît raisonnable.

65

65   κ: que de les mettre aux galères.

[CHAPITRE XIX]

Relation d'une dispute de controverse à la Chine.

Dans les premières années du règne du grand empereur Cam-hi,[1] un mandarin de la ville de Kanton entendit de sa maison un grand bruit qu'on faisait dans la maison voisine; il s'informa si l'on ne tuait personne; on lui dit que c'était l'aumônier de la compagnie danoise, un chapelain de Batavia,[2] et un jésuite qui disputaient; il les fit venir, leur fit servir du thé et des confitures, et leur demanda pourquoi ils se querellaient?

Le jésuite lui répondit qu'il était bien douloureux pour lui, qui avait toujours raison, d'avoir à faire à des gens qui avaient toujours tort; que d'abord il avait argumenté avec la plus grande retenue, mais qu'enfin la patience lui avait échappé.

Le mandarin leur fit sentir, avec toute la discrétion possible, combien la politesse est nécessaire dans la dispute, leur dit qu'on ne se fâchait jamais à la Chine, et leur demanda de quoi il s'agissait?

Le jésuite lui répondit, Monseigneur, je vous en fais juge; ces deux messieurs refusent de se soumettre aux décisions du concile de Trente.[3]

Cela m'étonne, dit le mandarin. Puis se tournant vers les deux réfractaires, Il me paraît, leur dit-il, messieurs, que vous devriez respecter les avis d'une grande assemblée; je ne sais pas ce que c'est que le concile de Trente, mais plusieurs personnes sont toujours plus instruites qu'une seule. Nul ne doit croire qu'il en sait plus que les autres, et que la raison n'habite que dans sa tête; c'est ainsi que l'enseigne notre grand Confucius; et si vous m'en croyez, vous ferez très bien de vous en rapporter au concile de Trente.

a   NM, β, K: absent
1   63-NM: Kam-hi

Le Danois prit alors la parole, et dit: Monseigneur parle avec la plus grande sagesse; nous respectons les grandes assemblées comme nous le devons; aussi sommes-nous entièrement de l'avis de plusieurs assemblées qui se sont tenues avant celle de Trente.

Oh! si cela est ainsi, dit le mandarin, je vous demande pardon, vous pourriez bien avoir raison. Çà, vous êtes donc du même avis, ce Hollandais et vous, contre ce pauvre jésuite?

Point du tout, dit le Hollandais; cet homme-ci a des opinions presque aussi extravagantes que celles de ce jésuite, qui fait ici le doucereux avec vous; il n'y a pas moyen d'y tenir.

Je ne vous conçois pas, dit le mandarin; n'êtes-vous pas tous trois chrétiens? Ne venez-vous pas tous trois enseigner le christianisme dans notre empire? Et ne devez-vous pas par conséquent avoir les mêmes dogmes?

Vous voyez, monseigneur, dit le jésuite: ces deux gens-ci sont ennemis mortels, et disputent tous deux contre moi; il est donc évident qu'ils ont tous les deux tort, et que la raison n'est que de mon côté.

Cela n'est pas si évident, dit le mandarin; il se pourrait faire à toute force que vous eussiez tort tous trois; je serais curieux de vous entendre l'un après l'autre.

Le jésuite fit alors un assez long discours, pendant lequel le Danois et le Hollandais levaient les épaules; le mandarin n'y comprit rien. Le Danois parla à son tour; ses deux adversaires le regardèrent en pitié, et le mandarin n'y comprit pas davantage. Le Hollandais eut le même sort. Enfin, ils parlèrent tous trois ensemble, ils se dirent de grosses injures. L'honnête mandarin eut bien de la peine à mettre le holà, et leur dit: Si vous voulez qu'on tolère ici votre doctrine, commencez par n'être ni intolérants, ni intolérables.

Au sortir de l'audience, le jésuite rencontra un missionnaire jacobin; il lui apprit qu'il avait gagné sa cause, l'assurant que la vérité triomphait toujours. Le jacobin lui dit: Si j'avais été là, vous ne l'auriez pas gagnée; je vous aurais convaincu de mensonge et d'idolâtrie. La querelle s'échauffa; le jacobin et le jésuite se prirent aux cheveux. Le mandarin informé du scandale les envoya tous deux en prison. Un sous-mandarin dit au juge, Combien de temps Votre Excellence veut-elle qu'ils soient aux arrêts? Jusqu'à ce qu'ils soient d'accord, dit le juge. Ah! dit le sous-mandarin, ils seront donc en prison toute leur vie. Eh bien, dit le juge, jusqu'à ce qu'ils se pardonnent. Ils ne se pardonneront jamais, dit l'autre; je les connais. Eh bien donc, dit le mandarin, jusqu'à ce qu'ils fassent semblant de se pardonner.

65

[CHAPITRE XX]

S'il est utile d'entretenir le peuple dans la superstition ?[1]

Telle est la faiblesse du genre humain, et telle sa perversité, qu'il vaut mieux sans doute pour lui d'être subjugué par toutes les superstitions possibles, pourvu qu'elles ne soient point meurtrières, que de vivre sans religion. L'homme a toujours eu besoin d'un frein; et quoiqu'il fût ridicule de sacrifier aux faunes,   5 aux sylvains, aux naïades, il était bien plus raisonnable et plus utile d'adorer ces images fantastiques de la Divinité, que de se livrer à l'athéisme. Un athée qui serait raisonneur, violent et puissant, serait un fléau aussi funeste qu'un superstitieux sanguinaire.[2]

Quand les hommes n'ont pas de notions saines de la Divinité, les   10 idées fausses y suppléent, comme dans les temps malheureux on trafique avec de la mauvaise monnaie, quand on n'en a pas de bonne. Le païen craignait de commettre un crime de peur d'être puni par les faux dieux. Le Malabare craint d'être puni par sa pagode.[3] Partout où il y a une société établie, une religion est   15 nécessaire; les lois veillent sur les crimes commis, et la religion sur les crimes secrets.

Mais lorsqu'une fois les hommes sont parvenus à embrasser une religion pure et sainte, la superstition devient, non seulement inutile, mais très dangereuse. On ne doit pas chercher à nourrir de   20 gland ceux que Dieu daigne nourrir de pain.[4]

La superstition est à la religion ce que l'astrologie est à l'astronomie, la fille très folle d'une mère très sage. Ces deux filles ont longtemps subjugué toute la terre.

Lorsque, dans nos siècles de barbarie, il y avait à peine deux   25 seigneurs féodaux qui eussent chez eux un Nouveau Testament, il pouvait être pardonnable de présenter des fables au vulgaire, c'est-

a   NM, β, K: absent

à-dire à ces seigneurs féodaux, à leurs femmes imbéciles, et aux brutes leurs vassaux: on leur faisait croire que saint Christophe avait porté l'enfant Jésus du bord d'une rivière à l'autre;[5] on les 30 repaissait d'histoires de sorciers et de possédés: ils imaginaient aisément que saint Genou guérissait de la goutte,[6] et que sainte Claire guérissait les yeux malades.[7] Les enfants croyaient au loup-garou, et les pères au cordon de saint François.[8] Le nombre des reliques était innombrable. 35

La rouille de tant de superstitions a subsisté encore quelque temps chez les peuples, lors même qu'enfin la religion fut épurée. On sait que quand M. de Noailles, évêque de Châlons, fit enlever et jeter au feu la prétendue relique du saint nombril de Jésus-Christ, toute la ville de Châlons lui fit un procès;[9] mais il eut autant de 40 courage que de piété, et il parvint bientôt à faire croire aux Champenois, qu'on pouvait adorer Jésus-Christ en esprit et en vérité, sans avoir son nombril dans une église.

Ceux qu'on appelait *jansénistes*, ne contribuèrent pas peu à déraciner insensiblement dans l'esprit de la nation, la plupart des 45 fausses idées qui déshonoraient la religion chrétienne. On cessa de croire qu'il suffisait de réciter l'oraison des trente jours à la vierge Marie, pour obtenir tout ce qu'on voulait, et pour pécher impunément.

Enfin, la bourgeoisie a commencé à soupçonner que ce n'était pas 50 sainte Geneviève qui donnait ou arrêtait la pluie,[10] mais que c'était Dieu lui-même qui disposait des éléments. Les moines ont été étonnés que leurs saints ne fissent plus de miracles; et si les écrivains de la *Vie de saint François Xavier* revenaient au monde,[11] ils n'oseraient pas écrire que ce saint ressuscita neuf morts, qu'il se 55 trouva en même temps sur mer et sur terre, et que son crucifix étant tombé dans la mer, un cancre vint le lui rapporter.[12]

Il en a été de même des excommunications. Nos historiens nous disent que lorsque le roi Robert eut été excommunié par le pape Grégoire V, pour avoir épousé la princesse Berthe sa commère, ses 60 domestiques jetaient par les fenêtres les viandes qu'on avait servies au roi, et que la reine Berthe accoucha d'une oie en punition de ce mariage incestueux.[13] On doute aujourd'hui que les maîtres d'hôtel d'un roi de France excommunié jetassent son dîner par la fenêtre, et que la reine mît au monde un oison en pareil cas.   65

S'il y a quelques convulsionnaires dans un coin d'un faubourg,[14] c'est une maladie pédiculaire, dont il n'y a que la plus vile populace qui soit attaquée. Chaque jour la raison pénètre en France dans les boutiques des marchands, comme dans les hôtels des seigneurs. Il faut donc cultiver les fruits de cette raison, d'autant plus qu'il est   70 impossible de les empêcher d'éclore. On ne peut gouverner la France après qu'elle a été éclairée par les Pascal, les Nicole, les Arnauld, les Bossuet, les Descartes, les Gassendi, les Bayle, les Fontenelle, etc., comme on la gouvernait du temps des Garasse[15] et des Menot.[16]   75

Si les maîtres d'erreurs, je dis les grands maîtres, si longtemps payés et honorés pour abrutir l'espèce humaine, ordonnaient aujourd'hui de croire que le grain doit pourrir pour germer,[17] que la terre est immobile sur ses fondements, qu'elle ne tourne point autour du soleil, que les marées ne sont pas un effet naturel de   80 la gravitation, que l'arc-en-ciel n'est pas formé par la réfraction et la réflexion des rayons de la lumière etc., et s'ils se fondaient sur des passages mal entendus de la sainte Ecriture pour appuyer leurs ordonnances, comment seraient-ils regardés par tous les hommes instruits? Le terme de *bêtes* serait-il trop fort? Et si ces sages maîtres   85 se servaient de la force et de la persécution pour faire régner leur ignorance insolente, le terme de *bêtes farouches* serait-il déplacé?

Plus les superstitions des moines sont méprisées, plus les évêques sont respectés, et les curés considérés; ils ne font que du bien, et les superstitions monacales ultramontaines feraient beau-   90 coup de mal. Mais de toutes les superstitions la plus dangereuse, n'est-ce pas celle de haïr son prochain pour ses opinions? Et n'est-il pas évident qu'il serait encore plus raisonnable d'adorer le saint nombril, le saint prépuce, le lait et la robe de la vierge Marie, que de détester et de persécuter son frère?   95

72-75   63-K: all names in the plural form except Menot

[CHAPITRE XXI]

Vertu vaut mieux que science.

Moins de dogmes, moins de disputes; et moins de disputes, moins de malheurs: si cela n'est pas vrai, j'ai tort.

La religion est instituée pour nous rendre heureux dans cette vie et dans l'autre. Que faut-il pour être heureux dans la vie à venir? Etre juste.

Pour être heureux dans celle-ci, autant que le permet la misère de notre nature, que faut-il? Etre indulgent.

Ce serait le comble de la folie, de prétendre amener tous les hommes à penser d'une manière uniforme sur la métaphysique. On pourrait beaucoup plus aisément subjuguer l'univers entier par les armes, que de subjuguer tous les esprits d'une seule ville.

Euclide est venu aisément à bout de persuader à tous les hommes les vérités de la géométrie; pourquoi? parce qu'il n'y en a pas une qui ne soit un corollaire évident de ce petit axiome: *deux et deux font quatre*. Il n'en est pas tout à fait de même dans le mélange de la métaphysique et de la théologie.

Lorsque l'évêque Alexandre, et le prêtre Arios[1] ou Arius, commencèrent à disputer sur la manière dont le *Logos* était une émanation du Père, l'empereur Constantin leur écrivit d'abord ces paroles rapportées par Eusèbe,[2] et par Socrate:[3] 'Vous êtes de grands fous de disputer sur des choses que vous ne pouvez entendre.'[4]

Si les deux partis avaient été assez sages pour convenir que l'empereur avait raison, le monde chrétien n'aurait pas été ensanglanté pendant trois cents années.

Qu'y a-t-il en effet de plus fou et de plus horrible que de dire aux hommes: 'Mes amis, ce n'est pas assez d'être des sujets fidèles, des

5

10

15

20

25

---

a   NM, β, κ: absent

enfants soumis, des pères tendres, des voisins équitables, de
pratiquer toutes les vertus, de cultiver l'amitié, de fuir l'ingratitude,
d'adorer Jésus-Christ en paix; il faut encore que vous sachiez   30
comment on est engendré de toute éternité; et si vous ne savez pas
distinguer l'*omousion* dans l'hypostase, [5] nous vous dénonçons que
vous serez brûlés à jamais; et, en attendant, nous allons commencer
par vous égorger?'

Si on avait présenté une telle décision à un Archimède, à un   35
Possidonius, à un Varron, à un Caton, à un Cicéron, [6] qu'auraient-
ils répondu?

Constantin ne persévéra point dans la résolution d'imposer
silence aux deux partis; il pouvait faire venir les chefs de
l'ergotisme dans son palais; il pouvait leur demander par quelle   40
autorité ils troublaient le monde: 'Avez-vous les titres de la famille
divine? Que vous importe que le *Logos* soit fait ou engendré,
pourvu qu'on lui soit fidèle, pourvu qu'on prêche une bonne
morale, et qu'on la pratique si on peut? J'ai commis bien des fautes
dans ma vie, et vous aussi: vous êtes ambitieux, et moi aussi: 45
l'empire m'a coûté des fourberies et des cruautés; j'ai assassiné
presque tous mes proches, je m'en repens; je veux expier mes
crimes en rendant l'empire romain tranquille; ne m'empêchez pas
de faire le seul bien qui puisse faire oublier mes anciennes
barbaries; aidez-moi à finir mes jours en paix.' Peut-être n'au-   50
rait-il rien gagné sur les disputeurs, peut-être fut-il flatté de présider
à un concile, en long habit rouge, la tête chargée de pierreries. [7]

Voilà pourtant ce qui ouvrit la porte à tous ces fléaux qui vinrent
de l'Asie inonder l'Occident. Il sortit de chaque verset contesté une
furie armée d'un sophisme et d'un poignard, qui rendit tous les   55
hommes insensés et cruels. Les Huns, les Hérules, les Goths et les
Vandales [8] qui survinrent, firent infiniment moins de mal; et le plus
grand qu'ils firent, fut de se prêter enfin eux-mêmes à ces disputes
fatales.

31   63-w68:   engendré de toute éternité, sans être fait de toute éternité; et si vous

[CHAPITRE XXII]

De la tolérance universelle.

Il ne faut pas un grand art, une éloquence bien recherchée, pour prouver que des chrétiens doivent se tolérer les uns les autres. Je vais plus loin; je vous dis, qu'il faut regarder tous les hommes comme nos frères.[1] Quoi! mon frère le Turc? mon frère le Chinois? le Juif? le Siamois? Oui, sans doute; ne sommes-nous pas tous enfants du même père, et créatures du même Dieu?

Mais ces peuples nous méprisent; mais ils nous traitent d'idolâtres! Eh bien! je leur dirai qu'ils ont grand tort. Il me semble que je pourrais étonner au moins l'orgueilleuse opiniâtreté d'un iman[2] ou d'un talapoin[3], si je leur parlais à peu près ainsi.

Ce petit globe, qui n'est qu'un point, roule dans l'espace, ainsi que tant d'autres globes; nous sommes perdus dans cette immensité. L'homme, haut d'environ cinq pieds, est assurément peu de chose dans la création. Un de ces êtres imperceptibles dit à quelques-uns de ses voisins, dans l'Arabie, ou dans la Cafrerie: 'Ecoutez-moi, car le Dieu de tous ces mondes m'a éclairé; il y a neuf cents millions de petites fourmis comme nous sur la terre, mais il n'y a que ma fourmilière qui soit chère à Dieu, toutes les autres lui sont en horreur de toute éternité; elle sera seule heureuse, et toutes les autres seront éternellement infortunées.'

Ils m'arrêteraient alors, et me demanderaient, quel est le fou qui a dit cette sottise? Je serais obligé de leur répondre: 'C'est vous-mêmes.' Je tâcherais ensuite de les adoucir, mais ce serait bien difficile.

Je parlerai maintenant aux chrétiens, et j'oserais dire, par exemple, à un dominicain inquisiteur pour la foi: 'Mon frère, vous savez que chaque province d'Italie a son jargon, et qu'on ne

a   NM, β, κ: absent
23   63-65A: mais cela serait

parle point à Venise et à Bergame comme à Florence. L'Académie de la Crusca a fixé la langue; son dictionnaire est une règle dont on ne doit pas s'écarter,[4] et la Grammaire de Buon Matei est un guide infaillible qu'il faut suivre: mais croyez-vous que le consul de l'Académie, et en son absence Buon Matei,[5] auraient pu en conscience faire couper la langue à tous les Vénitiens et à tous les Bergamasques qui auraient persisté dans leur patois?'

L'inquisiteur me répond: 'Il y a bien de la différence; il s'agit ici du salut de votre âme; c'est pour votre bien que le directoire de l'Inquisition ordonne qu'on vous saisisse sur la déposition d'une seule personne, fût-elle infâme et reprise de justice; que vous n'ayez point d'avocat pour vous défendre, que le nom de votre accusateur ne vous soit pas seulement connu; que l'inquisiteur vous promette grâce, et ensuite vous condamne; qu'il vous applique à cinq tortures différentes, et qu'ensuite vous soyez ou fouetté, ou mis aux galères, ou brûlé en cérémonie (a). Le P. Ivonet, le docteur Chucalon, Zanchinus, Campegius, Royas, Telinus, Gomarus, Diabarus, Gemelinus,[6] y sont formels, et cette pieuse pratique ne peut souffrir de contradiction.'

Je prendrais la liberté de lui répondre: 'Mon frère, peut-être avez-vous raison; je suis convaincu du bien que vous voulez me faire, mais ne pourrais-je pas être sauvé sans tout cela?'

Il est vrai que ces horreurs absurdes ne souillent pas tous les jours la face de la terre; mais elles ont été fréquentes, et on en composerait aisément un volume beaucoup plus gros que les évangiles qui les réprouvent. Non seulement il est bien cruel de persécuter dans cette courte vie, ceux qui ne pensent pas comme nous; mais je ne sais s'il n'est pas bien hardi de prononcer leur damnation éternelle. Il me semble qu'il n'appartient guère à des atomes d'un moment tels que nous sommes, de prévenir ainsi les arrêts du Créateur. Je suis bien loin de combattre cette sentence:

(a) Voyez l'excellent livre, intitulé, *le Manuel de l'Inquisition.*[7]

44   63-NM: Felinus

'Hors de l'Eglise point de salut': [8] je la respecte, ainsi que tout ce qu'elle enseigne; mais en vérité, connaissons-nous toutes les voies de Dieu, et toute l'étendue de ses miséricordes? N'est-il pas permis d'espérer en lui autant que de le craindre? N'est-ce pas assez d'être fidèles à l'Eglise? Faudra-t-il que chaque particulier usurpe les droits de la Divinité, et décide avant elle du sort éternel de tous les hommes?

Quand nous portons le deuil d'un roi de Suède, ou de Dannemarck, ou d'Angleterre, ou de Prusse, disons-nous que nous portons le deuil d'un réprouvé qui brûle éternellement en enfer? Il y a dans l'Europe quarante millions d'habitants qui ne sont pas de l'Eglise de Rome: dirons-nous à chacun d'eux: 'Monsieur, attendu que vous êtes infailliblement damné, je ne veux ni manger, ni contracter, ni converser avec vous?'

Quel est l'ambassadeur de France, qui étant présenté à l'audience du Grand Seigneur, [9] se dira dans le fond de son cœur: Sa Hautesse sera infailliblement brûlée pendant toute l'éternité, parce qu'elle s'est soumise à la circoncision? S'il croyait réellement que le Grand Seigneur est l'ennemi mortel de Dieu, et l'objet de sa vengeance, pourrait-il lui parler? Devrait-il être envoyé vers lui? Avec quel homme pourrait-on commercer? Quel devoir de la vie civile pourrait-on jamais remplir, si en effet on était convaincu de cette idée que l'on converse avec des réprouvés?

O sectateurs d'un Dieu clément! si vous aviez un cœur cruel, si en adorant celui dont toute la loi consistait en ces paroles: 'Aimez Dieu et votre prochain', [10] vous aviez surchargé cette loi pure et sainte, de sophismes et de disputes incompréhensibles; si vous aviez allumé la discorde, tantôt pour un mot nouveau, tantôt pour une seule lettre de l'alphabet; si vous aviez attaché des peines éternelles à l'omission de quelques paroles, de quelques cérémonies que d'autres peuples ne pouvaient connaître; je vous dirais en répandant des larmes sur le genre humain: 'Transportez-vous avec moi au jour où tous les hommes seront jugés, et où Dieu rendra à chacun selon ses œuvres.'

'Je vois tous les morts des siècles passés et du nôtre comparaître en sa présence. Etes-vous bien sûrs que notre Créateur et notre Père dira au sage et vertueux Confucius, au législateur Solon, à Pythagore, à Zaleucus, à Socrate, à Platon, aux divins Antonins, au bon Trajan, à Titus les délices du genre humain, à Epictète,[11] à tant d'autres hommes, les modèles des hommes: Allez, monstres! allez subir des châtiments infinis en intensité et en durée; que votre supplice soit éternel comme moi! Et vous, mes biens-aimés, Jean Châtel, Ravaillac, Damiens, Cartouche,[12] etc. qui êtes morts avec les formules prescrites, partagez à jamais à ma droite mon empire et ma félicité?'

Vous reculez d'horreur à ces paroles, et après qu'elles me sont échappées, je n'ai plus rien à vous dire.

[CHAPITRE XXIII]

Prière à dieu.

Ce n'est donc plus aux hommes que je m'adresse, c'est à toi, Dieu de tous les êtres, de tous les mondes et de tous les temps, s'il est permis à de faibles créatures perdues dans l'immensité, et imperceptibles au reste de l'univers, d'oser te demander quelque chose, à toi qui as tout donné, à toi dont les décrets sont immuables comme éternels. Daigne regarder en pitié les erreurs attachées à notre nature: que ces erreurs ne fassent point nos calamités! Tu ne nous as point donné un cœur pour nous haïr, et des mains pour nous égorger; fais que nous nous aidions mutuellement à supporter le fardeau d'une vie pénible et passagère; que les petites différences entre les vêtements qui couvrent nos débiles corps, entre tous nos langages insuffisants, entre tous nos usages ridicules, entre toutes nos lois imparfaites, entre toutes nos opinions insensées, entre toutes nos conditions si disproportionnées à nos yeux, et si égales devant toi; que toutes ces petites nuances qui distinguent les atomes appelés *hommes*, ne soient pas des signaux de haine et de persécution; que ceux qui allument des cierges en plein midi pour te célébrer, supportent ceux qui se contentent de la lumière de ton soleil! que ceux qui couvrent leur robe d'une toile blanche pour dire qu'il faut t'aimer, ne détestent pas ceux qui disent la même chose sous un manteau de laine noire; qu'il soit égal de t'adorer dans un jargon formé d'une ancienne langue, ou dans un jargon plus nouveau; que ceux dont l'habit est teint en rouge ou en violet,

5

10

15

20

---

a   NM, β, K: absent
10   63-65A: passagère!
17   63-65A: persécution!
21   63-65A: laine noire!
23   63-65A: nouveau!

qui dominent sur une petite parcelle d'un petit tas de la boue de ce monde, et qui possèdent quelques fragments arrondis d'un certain métal, jouissent sans orgueil de ce qu'ils appellent *grandeur* et *richesse*, et que les autres les voient sans envie; car tu sais qu'il n'y a dans ces vanités ni de quoi envier, ni de quoi s'enorgueillir. 25

Puissent tous les hommes se souvenir qu'ils sont frères! qu'ils aient en horreur la tyrannie exercée sur les âmes, comme ils ont en exécration le brigandage, qui ravit par la force le fruit du travail et de l'industrie paisible! Si les fléaux de la guerre sont inévitables, ne nous haïssons pas, ne nous déchirons pas les uns les autres dans le sein de la paix, et employons l'instant de notre existence à bénir également en mille langages divers, depuis Siam jusqu'à la Californie, ta bonté qui nous a donné cet instant! 30 35

[CHAPITRE XXIV]

Post-scriptum.

Tandis qu'on travaillait à cet ouvrage, dans l'unique dessein de rendre les hommes plus compatissants et plus doux, un autre homme écrivait dans un dessein tout contraire; car chacun a son opinion. Cet homme faisait imprimer un petit code de persécution, intitulé, l'*Accord de la religion et de l'humanité*: (c'est une faute de l'imprimeur, lisez *de l'inhumanité*).[1]

L'auteur de ce saint libelle s'appuie sur saint Augustin[2] qui, après avoir prêché la douceur, prêcha enfin la persécution, attendu qu'il était alors le plus fort, et qu'il changeait souvent d'avis. Il cite aussi l'évêque de Meaux Bossuet, qui persécuta le célèbre Fénelon archevêque de Cambrai,[3] coupable d'avoir imprimé que Dieu vaut bien la peine qu'on l'aime pour lui-même.

Bossuet était éloquent, je l'avoue; l'évêque d'Hippone, quelquefois inconséquent, était plus disert que ne sont les autres Africains, je l'avoue encore; mais je prendrai la liberté de leur dire avec Armande, dans les *Femmes savantes*:

Quand sur une personne on prétend se régler,
C'est par les beaux côtés qu'il faut lui ressembler.

Je dirai à l'évêque d'Hippone: Monseigneur, vous avez changé d'avis, permettez-moi de m'en tenir à votre première opinion; en vérité, je la crois la meilleure.

Je dirais à l'évêque de Meaux: Monseigneur, vous êtes un grand homme, je vous trouve aussi savant, pour le moins, que saint Augustin, et beaucoup plus éloquent; mais pourquoi tant tour-

5

10

15

20

---

a   NM, β, K: absent
19   63-64C, SD: Je dirais à l'évêque d'Hippone
22   K: Je dirai à l'évêque de Meaux

menter votre confrère, qui était aussi éloquent que vous dans un 25
autre genre, et qui était plus aimable?

L'auteur du saint libelle sur l'inhumanité n'est ni un Bossuet ni
un Augustin; il me paraît tout propre à faire un excellent
inquisiteur; je voudrais qu'il fût à Goa à la tête de ce beau tribunal.
Il est de plus homme d'Etat, et il étale de grands principes de 30
politique. 'S'il y a chez vous, dit-il, beaucoup d'hétérodoxes,
ménagez-les, persuadez-les; s'il n'y en a qu'un petit nombre,
mettez en usage la potence et les galères, et vous vous en trouverez
fort bien'. C'est ce qu'il conseille, à la page 89 et 90. [4]

Dieu merci, je suis bon catholique, je n'ai point à craindre ce que 35
les huguenots appellent *le martyre*: mais si cet homme est jamais
premier ministre, comme il paraît s'en flatter dans son libelle, [5] je
l'avertis que je pars pour l'Angleterre, le jour qu'il aura ses lettres
patentes.

En attendant, je ne puis que remercier la Providence de ce 40
qu'elle permet que les gens de son espèce soient toujours de
mauvais raisonneurs. Il va jusqu'à citer Bayle parmi les partisans de
l'intolérance; [6] cela est sensé et adroit: et de ce que Bayle accorde
qu'il faut punir les factieux et les fripons, notre homme en conclut,
qu'il faut persécuter à feu et à sang les gens de bonne foi qui sont 45
paisibles.

Presque tout son livre est une imitation de l'*Apologie de la Saint-
Barthélemy*. [7] C'est cet apologiste ou son écho. Dans l'un ou dans
l'autre cas, il faut espérer que ni le maître ni le disciple ne
gouverneront l'Etat. 50

Mais s'il arrive qu'ils en soient les maîtres, je leur présente de
loin cette requête, au sujet de deux lignes de la page 93 du saint
libelle:

'Faut-il sacrifier au bonheur du vingtième de la nation, le
bonheur de la nation entière?' [8] 55

Supposé qu'en effet il y ait vingt catholiques romains en France

46 63-NM: paisibles. page 98

contre un huguenot, je ne prétends point que le huguenot mange les vingt catholiques; mais aussi, pourquoi ces vingt catholiques mangeraient-ils ce huguenot, et pourquoi empêcher ce huguenot de se marier? N'y a-t-il pas des évêques, des abbés, des moines qui ont des terres en Dauphiné, dans le Gévaudan, devers Agde, devers Carcassonne? Ces évêques, ces abbés, ces moines, n'ont-ils pas des fermiers qui ont le malheur de ne pas croire à la transsubstantiation? N'est-il pas de l'intérêt des évêques, des abbés, des moines, et du public, que ces fermiers aient de nombreuses familles? N'y aura-t-il que ceux qui communieront sous une seule espèce à qui il sera permis de faire des enfants? En vérité, cela n'est ni juste ni honnête. [9]

'La révocation de l'édit de Nantes n'a point autant produit d'inconvénients qu'on lui en attribue', dit l'auteur. [10]

Si en effet on lui en attribue plus qu'elle n'en a produit, on exagère; et le tort de presque tous les historiens est d'exagérer; mais c'est aussi le tort de tous les controversistes de réduire à rien le mal qu'on leur reproche. N'en croyons ni les docteurs de Paris, ni les prédicateurs d'Amsterdam.

Prenons pour juge M. le comte d'Avaux, ambassadeur en Hollande [11] depuis 1685 jusqu'en 1688. Il dit, page 181. Tom. V. qu'un seul homme avait offert de découvrir plus de vingt millions, que les persécutés faisaient sortir de France. [12] Louis XIV répond à M. d'Avaux: 'Les avis que je reçois tous les jours d'un nombre infini de conversions, ne me laissent plus douter que les plus opiniâtres ne suivent l'exemple des autres.' [13]

On voit, par cette lettre de Louis XIV, qu'il était de très bonne foi sur l'étendue de son pouvoir. On lui disait tous les matins: Sire, vous êtes le plus grand roi de l'univers; tout l'univers fera gloire de penser comme vous dès que vous aurez parlé. Pellisson qui s'était enrichi dans la place de premier commis des finances, Pellisson qui avait été trois ans à la Bastille comme complice de Fouquet, Pellisson qui de calviniste était devenu diacre et bénéficier, qui

74-75   63-NM: de Paris ni les prédicants d'Amsterdam

faisait imprimer des prières pour la messe et des bouquets à Iris, qui 90
avait obtenu la place des économats, et de convertisseur; Pellisson,
dis-je, apportait tous les trois mois une grande liste d'abjurations à
sept ou huit écus la pièce, et faisait accroire à son roi, que quand il
voudrait, il convertirait tous les Turcs au même prix. On se relayait
pour le tromper; pouvait-il résister à la séduction?[14] 95

Cependant, le même M. d'Avaux mande au roi qu'un nommé
Vincent maintient plus de cinq cents ouvriers auprès d'Angoulême,
et que sa sortie causera du préjudice. pag. 194. Tom. V.[15]

Le même M. d'Avaux parle de deux régiments que le prince
d'Orange fait déjà lever par les officiers français réfugiés:[16] il parle 100
de matelots qui désertèrent de trois vaisseaux pour servir sur ceux
du prince d'Orange.[17] Outre ces deux régiments, le prince
d'Orange forme encore une compagnie de cadets réfugiés,
commandés par deux capitaines, pag. 240.[18] Cet ambassadeur
écrit encore le 9 mai 1686 à M. de Seignelay, 'qu'il ne peut lui 105
dissimuler la peine qu'il a de voir les manufactures de France
s'établir en Hollande, d'où elles ne sortiront jamais'.[19]

Joignez à tous ces témoignages ceux de tous les intendants du
royaume en 1698, et jugez si la révocation de l'édit de Nantes n'a
pas produit plus de mal que de bien, malgré l'opinion du 110
respectable auteur de l'*Accord de la religion et de l'inhumanité*.[20]

Un maréchal de France connu par son esprit supérieur, disait, il y
a quelques années: 'Je ne sais pas si la dragonnade a été nécessaire,
mais il est nécessaire de n'en plus faire.'[21]

J'avoue que j'ai cru aller un peu trop loin, quand j'ai rendu 115
publique la lettre du correspondant du Père Le Tellier, dans
laquelle ce congréganiste propose des tonneaux de poudre.[22] Je
me disais à moi-même: On ne m'en croira pas, on regardera cette
lettre comme une pièce supposée: mes scrupules heureusement ont
été levés, quand j'ai lu dans l'*Accord de la religion et de l'inhumanité*, 120
pag. 149, ces douces paroles:

'L'extinction totale des protestants en France, n'affaiblirait pas
plus la France, qu'une saignée n'affaiblit un malade bien consti-
tué.'[23]

Ce chrétien compatissant, qui a dit tout à l'heure que les protestants composent le vingtième de la nation, veut donc qu'on répande le sang de cette vingtième partie, et ne regarde cette opération que comme une saignée d'une palette! Dieu nous préserve avec lui des trois vingtièmes![24]   125

Si donc cet honnête homme propose de tuer le vingtième de la nation, pourquoi l'ami du Père Le Tellier n'aurait-il pas proposé de faire sauter en l'air, d'égorger et d'empoisonner le tiers? Il est donc très vraisemblable que la lettre au Père Le Tellier a été réellement écrite.[25]   130

Le saint auteur finit enfin par conclure que l'intolérance est une chose excellente, 'parce qu'elle n'a pas été, dit-il, condamnée expressément par Jésus-Christ'.[26] Mais Jésus-Christ n'a pas condamné non plus ceux qui mettraient le feu aux quatre coins de Paris; est-ce une raison pour canoniser les incendiaires?   135

Ainsi donc, quand la nature fait entendre d'un côté sa voix douce et bienfaisante, le fanatisme, cet ennemi de la nature, pousse des hurlements; et lorsque la paix se présente aux hommes, l'intolérance forge ses armes. O vous, arbitres des nations, qui avez donné la paix à l'Europe, décidez entre l'esprit pacifique, et l'esprit meurtrier![27]   140

  145

144-145   63-NM: l'esprit meurtrier.

[CHAPITRE XXV]

Suite et conclusion.

Nous apprenons que le 7 mars 1763, tout le conseil d'Etat assemblé à Versailles, les ministres d'Etat y assistant, le chancelier y présidant,[1] M. de Crosne,[2] maître des requêtes, rapporta l'affaire des Calas avec l'impartialité d'un juge, l'exactitude d'un homme parfaitement instruit, et l'éloquence simple et vraie d'un orateur homme d'Etat, la seule qui convienne dans une telle assemblée.[3] Une foule prodigieuse de personnes de tout rang attendait dans la galerie du château la décision du conseil.[4] On annonça bientôt au roi que toutes les voix,[5] sans en excepter une, avaient ordonné que le parlement de Toulouse enverrait au conseil les pièces du procès, et les motifs de son arrêt, qui avait fait expirer Jean Calas sur la roue. Sa Majesté approuva le jugement du conseil.

Il y a donc de l'humanité et de la justice chez les hommes, et principalement dans le conseil d'un roi aimé, et digne de l'être. L'affaire d'une malheureuse famille de citoyens obscurs a occupé Sa Majesté, ses ministres, le chancelier, et tout le conseil, et a été discutée avec un examen aussi réfléchi que les plus grands objets de la guerre et de la paix peuvent l'être. L'amour de l'équité, l'intérêt du genre humain ont conduit tous les juges. Grâces en soient rendues à ce Dieu de clémence, qui seul inspire l'équité et toutes les vertus!

Nous attestons que nous n'avons jamais connu ni cet infortuné Calas que les huit juges de Toulouse firent périr sur les indices les plus faibles, contre les ordonnances de nos rois, et contre les lois de toutes les nations; ni son fils Marc-Antoine, dont la mort étrange a jeté ces huit juges dans l'erreur; ni la mère, aussi respectable que

a NM, β, K: absent
22 63-65A: Nous l'attestons

malheureuse; ni ses innocentes filles, qui sont venues avec elle de deux cents lieues mettre leur désastre et leur vertu au pied du trône. [6]

Ce Dieu sait que nous n'avons été animés que d'un esprit de justice, de vérité et de paix, quand nous avons écrit ce que nous pensons de la tolérance, à l'occasion de Jean Calas, que l'esprit d'intolérance a fait mourir.

Nous n'avons pas cru offenser les huit juges de Toulouse, en disant qu'ils se sont trompés, ainsi que tout le conseil l'a présumé: au contraire, nous leur avons ouvert une voie de se justifier devant l'Europe entière: cette voie est d'avouer que des indices équivoques, et les cris d'une multitude insensée, [7] ont surpris leur justice; de demander pardon à la veuve, et de réparer autant qu'il est en eux la ruine entière d'une famille innocente en se joignant à ceux qui la secourent dans son affliction. Ils ont fait mourir le père injustement, c'est à eux de tenir lieu de père aux enfants, [8] supposé que ces orphelins veuillent bien recevoir d'eux une faible marque d'un très juste repentir. Il sera beau aux juges de l'offrir, et à la famille de le refuser.

C'est surtout au sieur David capitoul de Toulouse, s'il a été le premier persécuteur de l'innocence, à donner l'exemple des remords. Il insulta un père de famille mourant sur l'échafaud. [9] Cette cruauté est bien inouïe; mais puisque Dieu pardonne, les hommes doivent aussi pardonner à qui répare ses injustices.

On m'a écrit du Languedoc cette lettre du 20 février 1763:

. . . .

'Votre ouvrage sur la tolérance me paraît plein d'humanité, et de vérité; mais je crains qu'il ne fasse plus de mal que de bien à la famille des Calas. Il peut ulcérer les huit juges qui ont opiné à la roue; ils demanderont au parlement qu'on brûle votre livre; et les fanatiques, car il y en a toujours, répondront par des cris de fureur à la voix de la raison etc.' [10]

Voici ma réponse:

46-47   63-β: de remords.

'Les huit juges de Toulouse peuvent faire brûler mon livre, s'il est bon; il n'y a rien de plus aisé: on a bien brûlé les *Lettres provinciales*, qui valaient sans doute beaucoup mieux: chacun peut brûler chez lui les livres et papiers qui lui déplaisent. 60

'Mon ouvrage ne peut faire ni bien ni mal aux Calas que je ne connais point. Le conseil du roi impartial et ferme, juge suivant les lois, suivant l'équité, sur les pièces, sur les procédures, et non sur un écrit qui n'est point juridique, et dont le fond est absolument étranger à l'affaire qu'il juge. 65

'On aurait beau imprimer des in-folio pour ou contre les huit juges de Toulouse, et pour ou contre la tolérance, ni le conseil, ni aucun tribunal ne regardera ces livres comme des pièces du procès. 70

70-71   63B, 63C, SD and 65A: procès. ¶Je conviens qu'il y a des fanatiques qui crieront, mais je maintiens qu'il y a beaucoup de lecteurs sages qui raisonneront. ¶J'apprends que le Parlement de Toulouse et quelques autres tribunaux ont une jurisprudence singulière; ils admettent des quarts, des tiers, des sixièmes de preuve. Ainsi, avec six ouï-dire d'un côté, trois de l'autre, et quatre quarts de présomption, ils 5 forment trois preuves complètes; et sur cette belle démonstration, ils vous rouent un homme sans miséricorde. Une légère connaissance de l'art de raisonner suffirait pour leur faire prendre une autre méthode. Ce qu'on appelle une demi-preuve ne peut être qu'un soupçon. Il n'y a point à la rigueur de demi-preuve; ou une chose est prouvée, ou elle ne l'est pas; il n'y a point de milieu. ¶Cent mille soupçons réunis ne peuvent 10 pas plus établir une preuve, que cent mille zéros ne peuvent composer un nombre. ¶Il y a des quarts de ton dans la musique, encore ne les peut-on exécuter; mais il n'y a ni quart de vérité, ni quart de raisonnement. ¶Deux témoins qui soutiennent leur déposition sont censés faire une preuve; mais ce n'est point assez; il faut que ces deux témoins soient sans passion, sans préjugés, et surtout, que ce qu'ils disent ne choque 15 point la raison. ¶Quatre personnages des plus graves auraient beau dire qu'ils ont vu un vieillard infirme saisir au collet un jeune homme vigoureux, et le jeter par une fenêtre à quarante pas; il est clair qu'il faudrait mettre ces quatre témoins aux petites maisons. ¶Or, les huit juges de Toulouse ont condamné Jean Calas sur une accusation beaucoup plus improbable, car il n'y a point eu de témoin oculaire, qui 20 ait dit avoir vu un vieillard infirme de soixante et huit ans pendre tout seul un jeune homme de vingt-huit ans, extrêmement robuste. ¶Des fanatiques ont dit seulement que d'autres fanatiques leur avaient dit qu'ils avaient entendu dire à d'autres fanatiques que Jean Calas, par une force surnaturelle, avait pendu son fils. On a donc rendu un jugement absurde, sur des accusations absurdes. ¶Il n'y a d'autre 25 remède à une telle jurisprudence, sinon que ceux qui achètent le droit de juger les hommes, fassent dorénavant de meilleures études. [11]

'Cet écrit sur la tolérance est une requête que l'humanité présente très humblement au pouvoir et à la prudence. Je sème un grain qui pourra un jour produire une moisson. Attendons tout du temps, de la bonté du roi, de la sagesse de ses ministres, et de l'esprit de raison qui commence à répandre partout sa lumière. 75

'La nature dit à tous les hommes: Je vous ai tous fait naître faibles et ignorants, pour végéter quelques minutes sur la terre, et pour l'engraisser de vos cadavres. Puisque vous êtes faibles, secourez-vous; puisque vous êtes ignorants, éclairez-vous et supportez-vous. Quand vous seriez tous du même avis, ce qui 80 certainement n'arrivera jamais, quand il n'y aurait qu'un seul homme d'un avis contraire, vous devriez lui pardonner; car c'est moi qui le fais penser comme il pense. Je vous ai donné des bras pour cultiver la terre, et une petite lueur de raison pour vous conduire: j'ai mis dans vos cœurs un germe de compassion pour 85 vous aider les uns les autres à supporter la vie. N'étouffez pas ce germe; ne le corrompez pas: apprenez qu'il est divin; et ne substituez pas les misérables fureurs de l'école à la voix de la nature.

'C'est moi seule qui vous unis encore malgré vous par vos besoins mutuels, au milieu même de vos guerres cruelles si 90 légèrement entreprises, théâtre éternel des fautes, des hasards et des malheurs. C'est moi seule qui dans une nation arrête les suites funestes de la division interminable entre la noblesse et la magistrature, entre ces deux corps et celui du clergé, entre le bourgeois même et le cultivateur. Ils ignorent tous les bornes de 95 leurs droits; mais ils écoutent tous malgré eux à la longue ma voix qui parle à leur cœur. Moi seule, je conserve l'équité dans les tribunaux, où tout serait livré sans moi à l'indécision et aux caprices, au milieu d'un amas confus de lois faites souvent au hasard, et pour un besoin passager, différentes entre elles de 100 province en province, de ville en ville, et presque toujours contradictoires entre elles dans le même lieu. Seule je peux inspirer la justice, quand les lois n'inspirent que la chicane: celui qui m'écoute, juge toujours bien: et celui qui ne cherche qu'à concilier des opinions qui se contredisent, est celui qui s'égare. 105

261

'Il y a un édifice immense dont j'ai posé le fondement de mes mains; il était solide et simple, tous les hommes pouvaient y entrer en sûreté; ils ont voulu y ajouter les ornements les plus bizarres, les plus grossiers et les plus inutiles; le bâtiment tombe en ruine de tous les côtés; les hommes en prennent les pierres, et se les jettent à la tête; je leur crie: Arrêtez, écartez ces décombres funestes qui sont votre ouvrage, et demeurez avec moi en paix dans l'édifice inébranlable qui est le mien.'

---

113   63A, 64B, 64C: le mien.'

FIN

N.B. On croit s'être trompé à la page 118. où l'on cite le 39me chapitre d'*Ezéchiel*, qui promet qu'*on mangera le cheval et le cavalier, et qu'on boira le sang des princes.* Cette promesse est faite par le prophète aux animaux carnassiers. Dieu lui ordonne d'abord de dire à tous les oiseaux et aux bêtes des champs, *Accourez aux victimes que je vous immole,* etc. Il y a quatre versets dans lesquels le prophète promet cette nourriture de sang et de carnage. [12] Les deux derniers versets, c'est-à-dire, le 19. et le 20. peuvent s'adresser aux Juifs comme aux vautours et aux loups; mais les commentateurs les appliquent seulement aux animaux carnassiers. [13]

ARTICLE NOUVELLEMENT AJOUTE,

Dans lequel on rend compte du dernier arrêt rendu en faveur de la famille Calas.

Depuis le 7 mars 1763 jusqu'au jugement définitif,[1] il se passa encore deux années; tant il est facile au fanatisme d'arracher la vie à l'innocence, et difficile à la raison de lui faire rendre justice. Il fallut essuyer des longueurs inévitables, nécessairement attachées aux formalités. Moins ces formalités avaient été observées dans la   5
condamnation de Calas, plus elles devaient l'être rigoureusement par le conseil d'Etat. Une année entière ne suffit pas pour forcer le parlement de Toulouse à faire parvenir au conseil toute la procédure, pour en faire l'examen pour le rapporter. M. de Crosne fut encore chargé de ce travail pénible. Une assemblée   10
de près de quatre-vingts juges cassa l'arrêt de Toulouse, et ordonna la révision entière du procès.[2]

D'autres affaires importantes occupaient alors presque tous les tribunaux du royaume. On chassait les jésuites; on abolissait leur société en France: ils avaient été intolérants et persécuteurs, ils   15
furent persécutés à leur tour.[3]

L'extravagance des billets de confession[4] dont on les crut les auteurs secrets, et dont ils étaient publiquement les partisans, avait déjà ranimé contre eux la haine de la nation. Une banqueroute immense d'un de leurs missionnaires, banqueroute qu'on crut en   20
partie frauduleuse, acheva de les perdre.[5] Ces seuls mots de *missionnaires* et de *banqueroutiers*, si peu faits pour être joints ensemble, portèrent dans tous les esprits l'arrêt de leur condamnation. Enfin les ruines de Port-Royal, et les ossements de tant d'hommes célèbres insultés par eux dans leurs sépultures et   25
exhumés au commencement du siècle par des ordres que les

a-122   63-65A: absent

jésuites seuls avaient dictés,[6] s'élevèrent tous contre leur crédit expirant. On peut voir l'histoire de leur proscription dans l'excellent livre intitulé *la Destruction des jésuites en France*, ouvrage impartial parce qu'il est d'un philosophe, écrit avec la finesse et l'éloquence de Pascal, et surtout avec une supériorité de lumières qui n'est pas offusquée [comme] dans Pascal par des préjugés qui ont quelquefois séduit des grands hommes.[7]

Cette grande affaire, dans laquelle quelques partisans des jésuites disaient que la religion était outragée, et où le plus grand nombre la croyait vengée, fit pendant plusieurs mois perdre de vue au public le procès des Calas.[8] Mais le roi ayant attribué au tribunal qu'on appelle *les Requêtes de l'hôtel* le jugement définitif, le même public, qui aime à passer d'une scène à l'autre, oublia les jésuites, et les Calas saisirent toute son attention.

La chambre des requêtes de l'hôtel est une cour souveraine composée de maîtres des requêtes, pour juger les procès entre les officiers de la cour, et les causes que le roi leur renvoie. On ne pouvait choisir un tribunal plus instruit de l'affaire. C'étaient précisément les mêmes magistrats qui avaient jugé deux fois les préliminaires de la révision, et qui étaient parfaitement instruits du fond et de la forme.[9] La veuve de Jean Calas, son fils, et le sieur de Lavaisse se remirent en prison:[10] on fit venir du fond du Languedoc cette vieille servante catholique qui n'avait pas quitté un moment ses maîtres et sa maîtresse,[11] dans le temps qu'on supposait contre toute vraisemblance qu'ils étranglaient leur fils et leur frère. On délibéra enfin sur les mêmes pièces qui avaient servi à condamner Jean Calas à la roue, et son fils Pierre au bannissement.

Ce fut alors que parut un nouveau mémoire de l'éloquent M. de Beaumont,[12] et un autre du jeune M. de Lavaisse[13] si injustement impliqué dans cette procédure criminelle par les juges de Toulouse, qui pour comble de contradiction ne l'avaient pas déclaré absous. Ce jeune homme fit lui-même un factum qui fut jugé digne par tout

33 K: séduit de grands hommes.

le monde de paraître à côté de celui de M. de Beaumont. Il avait le 60
double avantage de parler pour lui-même et pour une famille dont
il avait partagé les fers. Il n'avait tenu qu'à lui de briser les siens et
de sortir des prisons de Toulouse, s'il avait voulu seulement dire
qu'il avait quitté un moment les Calas, dans le temps qu'on
prétendait que le père et la mère avaient assassiné leur fils. On 65
l'avait menacé du supplice; la question et la mort avaient été
présentées à ses yeux: un mot lui aurait pu rendre sa liberté; il aima
mieux s'exposer au supplice que de prononcer ce mot qui aurait été
un mensonge. Il exposa tout ce détail dans son factum avec une
candeur si noble, si simple, si éloignée de toute ostentation, [14] qu'il 70
toucha tous ceux qu'il ne voulait que convaincre, et qu'il se fit
admirer sans prétendre à la réputation.

Son père fameux avocat n'eut aucune part à cet ouvrage, et il se
vit tout d'un coup égalé par son fils qui n'avait jamais suivi le
barreau. [15] 75

Cependant les personnes de la plus grande considération
venaient en foule dans la prison de Mme Calas, où ses filles
s'étaient renfermées avec elle. [16] On s'y attendrissait jusqu'aux
larmes. L'humanité, la générosité leur prodiguaient des secours.
Ce qu'on appelle la *charité* ne leur en donnait aucun. La charité qui 80
d'ailleurs est si souvent mesquine et insultante, est le partage des
dévots, et les dévots tenaient encore contre les Calas.

Le jour arriva où l'innocence triompha pleinement. M. de
Baquancourt [17] ayant rapporté toute la procédure, et ayant instruit
l'affaire jusque dans les moindres circonstances, tous les juges 85
d'une voix unanime déclarèrent la famille innocente, tortionnaire-
ment et abusivement jugée par le parlement de Toulouse. Ils
réhabilitèrent la mémoire du père. Ils permirent à la famille de se
pourvoir devant qui il appartiendrait pour prendre ses juges à
partie, et pour obtenir les dépens, dommages et intérêts que les 90
magistrats toulousains auraient dû offrir d'eux-mêmes. [18]

Ce fut dans Paris une joie universelle: on s'attroupait dans les
places publiques, dans les promenades: on accourait pour voir cette
famille si malheureuse et si bien justifiée; on battait des mains en

voyant passer les juges, on les comblait de bénédictions. Ce qui 95
rendait encore ce spectacle plus touchant, c'est que ce jour,
neuvième mars, était le jour même où Calas avait péri par le plus
cruel supplice. [19]

Messieurs les maîtres des requêtes avaient rendu à la famille
Calas une justice complète, et en cela ils n'avaient fait que leur 100
devoir. Il est un autre devoir, celui de la bienfaisance, plus rarement
rempli par les tribunaux, qui semblent se croire faits pour être
seulement équitables. Les maîtres des requêtes arrêtèrent qu'ils
écriraient en corps à Sa Majesté, pour la supplier de réparer par ses
dons la ruine de la famille. La lettre fut écrite. [20] Le roi y répondit en 105
faisant délivrer trente-six mille livres à la mère et aux enfants; et de
ces trente-six mille livres, il y en eut trois mille pour cette servante
vertueuse qui avait constamment défendu la vérité en défendant ses
maîtres. [21]

Le roi par cette bonté mérita, comme par tant d'autres actions, le 110
surnom que l'amour de la nation lui a donné. [22] Puisse cet exemple
servir à inspirer aux hommes la tolérance, sans laquelle le fanatisme
désolerait la terre, ou du moins l'attristerait toujours! Nous savons
qu'il ne s'agit ici que d'une seule famille, et que la rage des sectes en
a fait périr des milliers; mais aujourd'hui qu'une ombre de paix 115
laisse reposer toutes les sociétés chrétiennes, après des siècles de
carnage, c'est dans ce temps de tranquillité que le malheur des
Calas doit faire une plus grande impression, à peu près comme le
tonnerre qui tombe dans la sérénité d'un beau jour. Ces cas sont
rares, mais ils arrivent, et ils sont l'effet de cette sombre super- 120
stition qui porte les âmes faibles à imputer des crimes à quiconque
ne pense pas comme elles.

APPENDIX I

Tolérance

This text is reproduced from Moland (xx.517-18), with a note by Beuchot saying that it was first printed by him in 1821 'd'après une copie que je tenais de feu M. Decroix, l'un des éditeurs de Kehl'. As printed in Moland it forms section I of an article 'Tolérance' in five sections, of which the others later formed part of articles on the same subject in the *Dictionnaire philosophique* and the *Questions sur l'Encyclopédie*.

J'ai vu dans les histoires tant d'horribles exemples du fanatisme, depuis les divisions des athanasiens et des ariens jusqu'à l'assassinat de Henri le Grand et au massacre des Cévennes; j'ai vu de mes yeux tant de calamités publiques et particulières causées par cette fureur de parti, et par cette rage d'enthousiasme, depuis la tyrannie du 5 jésuite Le Tellier jusqu'à la démence des convulsionnaires et des billets de confession, que je me suis demandé souvent à moi-même: *La tolérance serait-elle un aussi grand mal que l'intolérance? Et la liberté de conscience est-elle un fléau aussi barbare que les bûchers de l'Inquisition?* 10

C'est à regret que je parle des Juifs: cette nation est, à bien des égards, la plus détestable qui ait jamais souillé la terre. Mais tout absurde et atroce qu'elle était, la secte des saducéens fut paisible et honorée, quoiqu'elle ne crût point l'immortalité de l'âme, pendant que les pharisiens la croyaient. La secte d'Epicure ne fut jamais 15 persécutée chez les Grecs. Quant à la mort injuste de Socrate, je n'en ai jamais pu trouver le motif que dans la haine des pédants. Il avoue lui-même qu'il avait passé sa vie à leur montrer qu'ils étaient des gens absurdes; il offensa leur amour-propre; ils se vengèrent par la ciguë. Les Athéniens lui demandèrent pardon après l'avoir empoisonné, et lui érigèrent une chapelle. C'est un fait unique qui n'a aucun rapport avec l'intolérance. 20

Quand les Romains furent maîtres de la plus belle partie du monde, on sait qu'ils en tolérèrent toutes les religions, s'ils ne les admirent pas; et il me paraît démontré que c'est à la faveur de cette tolérance que le christianisme s'établit, car les premiers chrétiens étaient presque tous Juifs. Les Juifs avaient, comme aujourd'hui, des synagogues à Rome et dans la plupart des villes commerçantes. Les chrétiens, tirés de leur corps, profitèrent d'abord de la liberté dont les Juifs jouissaient. 25 30

Je n'examine pas ici les causes des persécutions qu'ils souffrirent ensuite: il suffit de se souvenir que si de tant de religions les Romains n'en ont enfin voulu proscrire qu'une seule, ils n'étaient pas certainement persécuteurs.

Il faut avouer, au contraire, que parmi nous toute Eglise a voulu exterminer toute Eglise d'une opinion contraire à la sienne. Le sang a coulé longtemps pour des arguments théologiques, et la tolérance seule a pu étancher le sang qui coulait d'un bout de l'Europe à l'autre. 35

APPENDIX II

Avertissement, 64C

This edition of the Traité reprints Locke's *Letter concerning toleration* ('Lettre de Locke', p.209-309). The Avertissement (p.iii-vi) gives every appearance of being from Voltaire's pen.

Il est un très-grand nombre de personnes que les lumieres de la saine Philosophie n'ont point encore éclairées; les unes parce que les préjugés qu'on leur a pour ainsi dire fait succer avec le lait, enveloppent leur esprit des plus épaisses ténebres de l'erreur; les autres parce qu'elles ont intérêt de se faire illusion à elle-mêmes pour se maintenir dans l'état que la simplicité de nos pères semble leur avoir assuré. On ne seroit point surpris de voir ces aveugles, après la lecture de cet ouvrage, s'écrier 'tolle, tolle', et sur son Auteur et sur son Editeur.

Il y a à peine cinquante ans qu'on n'auroit pas osé, dans un pays où la Religion Catholique est dominante, prononcer le seul mot de TOLERANCE; mais graces à la sagesse de la plupart des Gouvernements de nos jours, et à l'exemple utile qu'en a donné le Monarque Philosophe du Nord, le mot et la chose même n'effrayent plus aujourd'hui. Puisse cette même Philosophie faire d'assez rapides progrès pour apprendre à ceux qui se disent les envoyés de Dieu pour convertir les autres, à les traiter en freres et non en ennemis implacables; puisse la voie de la persuasion prendre la place de la persécution, et substituer aux bourreaux, aux supplices, la douceur et les bons traitemens envers les créatures du même Dieu; puisse enfin la vérité paroissant dans tout son éclat, terrasser l'erreur et le fanatisme, et apprendre aux hommes jusqu'où ils doivent porter les uns envers les autres cet amour fraternel, inséparable de la Tolérance mutuelle; l'humanité y trouvera son compte, et chaque particulier étant sûr de rencontrer en son voisin un ami et un frere, sera lui-même frere, ami et bon citoyen. Les Rois régneront tranquillement à l'ombre de la concorde, et leur vrai trône se trouvera dans les cœurs unis de leurs sujets.

Pour appuyer l'utilité de la Tolérance universelle, on a cru qu'il ne seroit pas inutile de joindre à ce Traité une Lettre du célebre John Locke sur le même sujet.

On espere que la force et la solidité de cet écrit persuaderont que ce n'est pas d'aujourd'hui que l'intolérance est en horreur à tous les hommes instruits, et ne contribueront pas peu à faire revenir les plus intolérants du préjugé qui les attache à un systême que l'Evangile désapprouve, et que le zele mal entendu de la Religion a enfanté.

Cette Lettre est extraite d'un volume des œuvres diverses de Locke, dans lequel on trouve un Discours *sur la conduite de l'esprit dans la recherche de la vérité*, et un autre *sur les miracles*. La lecture de tels ouvrages instruiroit mieux que celle de *la Gazette Ecclésiastique*, du *Journal Chrétien*, des *Feuilles de Jean Freron*, etc. etc. etc.

NOTES

Chapter I

[1] Jean Calas (born 1698 at La Cabarède, near Castres) was 64 years old at the time of the tragedy. By a curious and perhaps significant coincidence it was Voltaire himself who was 68.

[2] Anne-Rose Cabibel, whom Calas married in 1731, bore six children: Marc-Antoine, Pierre, Louis, Anne-Rose, Anne and Donat.

[3] Louis Calas (born 11 October 1739) converted to Catholicism in 1757, and as a *nouveau converti* was entitled to a maintenance allowance from his father. See note 13 below.

[4] Jeanne Viguier, often referred to as Jeanne Viguière. The law required Protestants to employ domestics who were Catholic.

[5] From the interrogation of Mme Calas it transpired that Marc-Antoine had been in the habit of reading the discussions on suicide that are to be found in Seneca, Plutarch and Montaigne. Gaubert Lavaysse (see note 7 below) added that his friend often declaimed not only Hamlet's well known monologue, but also the extracts from Gresset's *Sidney* which glorified suicide.

[6] David Lavaysse (born 16 November 1695 in Caraman) had (despite his religion) been received *avocat* in 1715. In 1723 he married Antoinette Faure, of Castres, and fathered a large number of children, six of whom – three boys, three girls – survived. At the beginning of his first *Mémoire* (1762, p.5), Pierre Mariette describes Lavaysse in the following terms: 'non moins distingué par sa probité et la noblesse de ses sentiments que par son érudition et sa profonde capacité dans les affaires'.

[7] François-Alexandre-Gaubert Lavaysse (born 24 October 1741), training for a career in the merchant navy, had been following a *cours de pilotage* in Bordeaux. He had arrived home to discover that his parents were spending the legal holidays in their country home near Caraman. He stayed overnight with friends. The following afternoon – learning that he was still having difficulty in getting to Caraman – Jean Calas invited the young family friend to supper.

[8] The earliest *mémoires* in favour of the defendants – six in all – were produced in Toulouse. Théodore Sudre, the legal representative of the Calas, is the author of three of them: *Mémoire pour le sieur Jean Calas, négociant de cette ville, dame Anne-Rose Cabibel son épouse; et le sieur Jean Pierre Calas un de leurs enfans* (Toulouse 1762, 104 pages); *Suite pour les sieurs et demoiselle Calas* (Toulouse 1762, 56 pages); *Réflexions pour les sieurs et demoiselle Calas* (Toulouse 1762, 8 pages). La Salle (or Lassalle), using the name Duroux *fils* (a colleague of his), wrote the *Observations pour le sieur Jean Calas, la dame de Cabibel, son épouse, et le sieur Pierre Calas, leur fils* (n.p.

1762, 72 pages). David Lavaysse presented the facts on behalf of his son in the *Mémoire de M. David Lavaysse, avocat en la Cour, pour le sieur François-Alexandre-Gaubert Lavaysse, son troisième fils* (Toulouse n.d., 52 pages). For those *mémoires* which were produced when the case reached Paris and wider public attention, see notes 44-46 below.

⁹ Voltaire could have found these details in Claude de Vic's *Histoire générale de la province de Languedoc* (Paris 1730-1745; BV2935) which he had requested on a number of occasions (D10835, D10860, D10902, D10957, D11068). It is worth noting that he already had these details at his finger-tips on 7 August 1762, when he wrote in almost verbatim fashion to the d'Argentals: 'Je voudrais que quelque bonne âme pût dire au roi, *Sire, voyez à quel point vous devez aimer ce parlement*, ce fut lui qui le premier remercia dieu de l'assassinat de Henri 3, et ordonna une procession annuelle pour célébrer la mémoire de st Jacques Clément, en ajoutant la clause, qu'on pendrait, sans forme de procès, quiconque parlerait jamais de reconnaître pour roi, votre aïeul Henri 4' (D10636).

¹⁰ On 17 May 1562, after a battle provoked by Catholic adversaries, the Protestant combatants took refuge in the Hôtel de Ville from which they could not be dislodged. A truce was negotiated and the Protestants agreed to lay down their arms in return for safe conduct. The bargain was not respected and between 3 and 5 thousand Protestants were killed in what became a generalised massacre, thereafter known to Catholic Toulouse as *la Délivrance*. The Parlement de Toulouse instituted in perpetuity an annual, sumptuous festival to commemorate the event. Pope Pius IV issued a Bull (1564) authorising annual commemorative processions and religious services, granting also special indulgences and benedictions for the occasion: see Jean Raynal, *Histoire de la ville de Toulouse* (Toulouse 1759), p.242.

¹¹ Although the provenance of this information is not clear, the most probable source is the rare, anonymous *mémoire*, produced in Toulouse in 1762 (by La Beaumelle), to which Voltaire refers in his two letters of 9 January 1763 (D10953, D10954). It had been sent to him by Lavaysse (D10954). In this *mémoire* (lines 147-150: see *OC*, vol. 56B, *Pièces originales*, Appendice II), we read: 'Le peuple ignorant est tellement enclin aux fureurs de l'enthousiasme que six arrêts du Conseil n'ont pu y supprimer une fête annuelle pour y solenniser une espèce de St Barthelemy.' Voltaire uses other items of information from this *mémoire* (see notes 22 and 25).

¹² A facile but understandable attempt to link one subject of contempt with another. Voltaire's references to the Jeux Floraux, though infrequent, are uniformly disparaging: 'Les Jeux floraux n'ont guère contribué qu'à perpétuer dans Toulouse le mauvais goût' (D13481); see also D10630, D10896, D11211.

¹³ It is not possible to determine whether this accusation was made immediately (see note 14). What does seem probable is that the neighbours (who were well informed about Calas family business) were ready to believe the worst of Jean Calas on account of his dealings (real and supposed) with Louis. As a *nouveau converti* (1757), the latter had been entitled – by the royal declaration of 17 June 1681 – to a maintenance allowance from his father. The financially straitened Calas *père* had,

however, provided only small and irregular sums. In 1760 Louis created unpleasant-ness when he demanded the regular and prompt payment of an adequate pension, and to this end enlisted the help of the authorities who successfully brought pressure to bear on the reluctant Jean Calas. In parallel, Louis also spread extravagant tales about his family's religious 'fanaticism' and the 'sufferings' inflicted on him, particularly by his 'violent' father. We need not take his tales seriously for, by all accounts, Catholic and Protestant alike had little good to say about the young man.

14 The sequence of events such as the archives allow us to glimpse them (see David Bien, *The Calas affair: persecution, toleration and heresy in eighteenth-century Toulouse*, Princeton, N.J. 1960, p.132-33) does not seem to justify this interpretation. Not until the following day was it suggested that the family was implicated in a murder for which there was a religious motive. It would seem that the idea was floated by the authorities themselves, and then fleshed out, firstly through the *brief intendit* (see note 16) and later through the *monitoire* (see note 17). But who suggested the possibility of a 'religious murder' in the first place? Voltaire probably asked himself this question, and concluded that ill-intentioned neighbours were responsi-ble. The belief in a Protestant justice which demanded the ritual murder of apostates did, however, emerge explicitly or implicitly from many of the statements made by witnesses. Those who believed this proposition could turn to Calvin's *Institution chrétienne*, book 2, chapter VIII, section 36: 'Tous ceux qui violent l'authorité paternelle, ou par mespris ou par rébellion, sont monstres et non pas hommes. Pourtant (c'est pourquoi) nostre Seigneur commande de mettre à mort tous ceux qui sont désobéissants à père et à mère: et ce à bonne cause. Car puisqu'ils ne recognoissent point ceux, par les moyens desquels ils sont venus en ceste vie, ils sont certes indignes de vivre. Or il appert par plusieurs passages de la loy ce que nous avons dict estre vray: ascavoir que l'honneur dont il est ici parlé ha trois parties: Revérence, obeïssance et amour, procedant de la recognoissance des bienfaicts. La première est commandée de Dieu, quand il commande de mettre à mort celuy qui aura détracté de père et de mère, car en celà il punit tout contemnement et mespris. La seconde en ce qu'il a ordonné que l'enfant rebelle et désobeïssant fust aussi mis à mort.' News of the accusation (see D10382) evoked an angry response from Paul Rabaut (*La Calomnie confondue*) and also, at the request of Sudre, a solemn denial from the Vénérable Compagnie des Pasteurs et Professeurs de l'Eglise et de l'Académie de Genève (29 January 1762).

15 François-Raymond David de Beaudrigue (?-1765), elected capitoul in 1747, 1748, 1749, 1750, 1751, 1755 and again for the years 1759-1765, seems to have been an over-weening and not overly intelligent man. Insights into his character can be gleaned from the *Pièces justificatives* (published by Coquerel). Beaudrigue's handling of the Calas case, and other administrative blunders, brought him increasingly to the attention of the authorities whose anger and embarrassment grew proportionately. He was to be dismissed by an *arrêt du conseil* of 12 February 1765.

16 The *insouciance* of David de Beaudrigue is striking. He acted in a manner which was not untypical of the *capitouls*, usurpers of legal powers which they did not

always fully understand. (As early as the sixteenth century, Jean de Coras, the celebrated jurist and *Conseiller au Parlement de Toulouse*, had spoken out against their dangerous encroachments: *Opera*, ii.648). This particular *capitoul*, in contravention of the *Ordonnance criminelle* of 1670 (predominantly Title IV, articles 1 and 2), made six serious procedural errors: i) he did not undertake a proper examination of the *locus delicti*; ii) he did not take away the presumed instrument of death from the *locus delicti*; iii) he did not draw up his report *in loco delicti*, but did so the following day, at the Hôtel de Ville; iv) he did not require the surgeons, either to give a complete examination of the body or to draw up their own report *in loco delicti* (Title V, article 1); v) he omitted to put *scellés* (or, failing that, an immediate and trustworthy guard) on the *locus delicti* which was soon invaded by curious neighbours; vi) he arrested the six suspects without a warrant, though this procedure was legal only in cases of *flagrant délit* (Title X, article 9). We must add that David de Beaudrigue obtained evidence from (and against) the Calas family by means of a *brief intendit*, despite the fact that such a system had been abolished in 1670. A *brief intendit* – in strict contravention of Title VI, article 10 of the *Ordonnance criminelle* – was a list of predetermined questions which could (and did) suit the examining magistrate's purpose, i.e. to find proof of a guilt in which he already believed. In fact, aggravating the case, no witnesses (known to be) favourable to Calas were called. The pernicious nature of the *brief intendit* used against Calas may be judged from the extract quoted by Coquerel, p.349-50.

[17] A letter emanating from an ecclesiastical judge which was read out by the parish priest (and/or placarded) warning the faithful that they must reveal to the secular authorities all information that they might have pertaining to a particular (criminal) incident. When a *monitoire* was fulminated, non-compliance on the part of people with information meant that they were *ipso facto* excommunicated and open to criminal proceedings themselves. The details concerning the Calas *monitoire* (the text of which can be found in Coquerel, p.94-95) are disturbing because it also showed disregard for the *Ordonnance criminelle* (Title VII, articles 1, 3 and 4): in the absence of the archbishop (Arthur-Richard Dillon) the *monitoire* was authorised, not by the *Official*, but by the abbé de Cambon, the *vicaire général*; moreover its nine injunctions (the text of which had been composed to the satisfaction of the *capitouls* and David de Beaudrigue) shamelessly sought to elicit confirmation of precise 'information' concerning Marc-Antoine Calas and hence – by implication – sought to elicit incriminating evidence against Jean Calas himself. The *monitoire* was read from the pulpits of Toulouse on Sunday 18 October 1761, again on 25 October, 8 November and 13 December. Given the lack of spectacular success, fulmination of the *monitoire* was decreed (on Friday 18 December) for Sunday 20 December.

[18] Suicide was a crime covered by the *Ordonnance criminelle* (Title XXII, article 1): the deceased, either in person or in effigy, was put on trial and, if found guilty, was condemned to be dragged through the streets on a hurdle, face down and naked, before being deposited in a hole in unconsecrated ground.

[19] This statement is misleading. It would seem that the *capitouls* invited the *curé* of

Saint-Etienne (the parish in which the Calas family was domiciled) to give Marc-Antoine a Catholic burial. Therewith, the abbé Cazalès – *curé* of the parish of Taur (the parish in which lay the Hôtel de Ville, where Marc-Antoine's body had been taken) – appealed (8 November 1761) against this decision requesting that Marc-Antoine be given provisional burial in non-consecrated ground. Another version (Coquerel, p.105) has the two parishes quarrelling over the body and the honour of burying it.

[20] Charles, duc de Fitz-James (1712-1787), second son of the maréchal de Berwick, had a distinguished military career during the War of the Austrian Succession and – as a lieutenant-general – had fought in Germany during the Seven Years War. He was Governor of the Limousin (1734) and later of the Languedoc (1761), of the Béarn, Navarre and Guienne (1766), and of Brittany (1776). Fitz-James himself experienced difficulties with the Parlement de Toulouse. Following a conflict over taxation, the Parlement issued a writ for his arrest (17 December 1763). This slighting (and unenforceable) decision quickly came to the attention of the Parlement de Paris and the Royal Council, whose anger may have helped to speed the revision of the Calas case. Detailed accounts of the Fitz-James affair are given by the vicomte de Bastard-d'Estang, *Les Parlements de France* (Paris 1858), ii.212-363 and M. Dubédat, *Histoire du Parlement de Toulouse* (Paris 1885), ii.457-514.

[21] Requiem Mass was sung in the church of Saint-Etienne on Sunday 8 November, Marc-Antoine's body being accompanied by White Penitents, who a few days later organised a ceremony in their chapel 'pour l'âme du martyr'. What Voltaire says about the theatricality of the occasion is all too true: see Coquerel, p.105-11.

[22] Although the source for these miracles might have been [La Salle], *Observations pour le sieur Jean Calas*, p.66, it is almost certain that Voltaire is copying from the anonymous *mémoire* of 1762 (see *OC*, vol. 56B, 'Au roi', lines 308, 322-326): 'un moine lui arracha les dents [...]. Il ne manquait plus à Marc-Antoine que de faire des miracles, il en fit, il en fit d'éclatants, et il en fit tous les jours. Il guérit une dévote d'une surdité, un prêtre d'une apoplexie. On dressa des verbaux de ces prodiges, on fit des neuvaines au tombeau du nouveau saint.'

[23] Some of the details Voltaire had gleaned from La Salle's brochure, some of which had evidently amused him: 'On m'a mandé de Toulouse, qu'un jeune homme qui allait prier tous les jours à St Etienne sur le tombeau du St martir Marc Antoine Calas, est devenu fou, pour n'avoir pas obtenu de lui le miracle qu'il lui demandait, et ce miracle c'était de l'argent' (D10885). Voltaire omitted the final comment from the *Traité*, perhaps remembering d'Alembert's criticism of the 'levity' of a certain anecdote which had marred the *Histoire d'Elisabeth Canning* (see D10697 and n.5) and which Voltaire erased from subsequent editions.

[24] It has not proved possible to check the veracity of this assertion from which Voltaire never wavered (e.g. D10389, D10391, D10402). It seems improbable, however, that the *magistrats* (whether *capitouls* or *parlementaires*) belonged to the White Penitents: the oldest and most prestigious of these four lay brotherhoods in

Toulouse was the Blue Penitents, and it was to the latter that members of robe and sword belonged.

[25] It is probable that Voltaire was thinking of the following detail (lines 150-153) to be found in the anonymous *mémoire* (p.216): 'Déjà l'année centenaire de cette fête approchait, tous les esprits étaient échauffés et la plupart demandait qu'on réservât les prisonniers jusqu'à ce grand jour pour les offrir à Dieu en holocauste.' In the manuscript, this passage is highlighted by a vertical penstroke in the margin.

[26] The role played by the provincial academies in popularising the humanitarian ideas and the ideals of the Enlightenment needs no demonstration: see, for example, Daniel Roche, *Le Siècle des Lumières en province* (Paris 1973).

[27] The reference is to Joseph-Mathieu de La Salle, *conseiller au Parlement de Toulouse*. Voltaire fails to mention the fact that La Salle was not alone in his belief that Marc-Antoine had committed suicide, and that – hence – Calas had no case to answer. Another *conseiller au Parlement*, M. de La Mothe, also believed Calas to be innocent, although he was not courageous enough to make a stand on his behalf. The two successive *rapporteurs* to the *capitoulat* on the Calas case, Maître Monyer and Maître Carbonnel, had previously advised that Calas was innocent.

[28] The reference is to La Bordes (also written Laborde).

[29] It is true that La Salle, having publicly pronounced on the case, withdrew from the proceedings. This decision was not, however, a matter of delicacy. He was obliged to do so by the terms of Title XXV of the *Ordonnance criminelle* of 1670. On the question of *récusation en matière criminelle*, see Muyart de Vouglans, *Institutes au droit criminel* (Paris 1757), p.126-29.

[30] Voltaire himself does not note that La Bordes acted illegally in returning to take part in the deliberations. The fact that he had clearly and publicly shown *haine* and *prévention* towards the accused made him *ipso facto* incompetent to pass a verdict. Sometimes Voltaire blamed the absent La Salle for the sentence of death (e.g. D10899), sometimes the shameless La Bordes.

[31] Seven judges voted for immediate death; three were for torture in the first instance, with the reserved right to pass a capital sentence if warranted; two were for further verification of the impossibility or otherwise of Marc-Antoine's having hanged himself; one judge was for acquittal. But, as Voltaire says, a sentence of death required a two-thirds majority. It is believed that, after lengthy discussion, M. de Bojal (who had been considered favourable to Calas) voted with the other seven.

[32] Virgin and martyr of Nicomedia in Asia Minor, executed *c.*235 A.D. by her pagan father, Dioscorus, after he had failed to persuade her to renounce Christianity. Her legend, which includes the story of the three windows, was first told in Greek by Metaphrastes in the tenth century (with other versions in Latin and Syriac). The version given by Voltaire is from the *Légende dorée* and Ribadeneyra (see next note).

[33] Pedro de Ribadeneyra (1527-1611), *Flos Sanctorum, o libro de las vidas de los santos* (Madrid 1599 and 1610). Voltaire owned the translation by René Gautier, *Les Nouvelles fleurs de la vie des saints* (Paris 1673-1686; BV2970), which was reprinted (and updated) on numerous occasions in the seventeenth and eighteenth centuries.

[34] Son of Leuvigild, king of the Visigoths, who made him ruler of Andalusia in 573. He renounced Arianism at the instigation of his wife and became a Catholic. Refusing to obey his father's orders that he return to Toledo and re-embrace his original faith, he twice took up arms against him, was taken prisoner and was formally called upon to renounce Catholicism or die. He refused to abjure and suffered the penalty.

[35] When Calas, under torture, did not vindicate his judges' suspicions that all his supposed accomplices were guilty they had no option but to set all four suspects free. The incongruity of this outcome was not, however, lost upon them. And it was then – 18 March 1762 – that a cosmetic compromise (Voltaire's 'second arrêt contra-dictoire') was elaborated: Mme Calas, Gaubert Lavaysse and Jeanne Viguier were set 'hors de cour et de procès', while Pierre Calas was to be banished for life. Ten of the judges accepted this solution; but three (La Bordes, Cassan-Clairac and Senaux) opposed it. The public immediately saw the cruel significance of the second judgement. The following epigram (quoted by Coquerel, p.207, n.1) illustrates the point: 'Nos seigneurs de la cour, par leur second arrêt, / Ceci soit dit sans ironie / Ont *confondu la calomnie* / Bien mieux que Paul Rabaut n'a fait.' For the sense of the allusion to Rabaut, see note 14.

[36] It would appear that Pierre Calas either did or promised to abjure Protestant-ism during his imprisonment. The following document from the Geneva Consistory testifies to that effect: 'A comparû Jean Pierre fils de feu Jean Calas de Toulouse, sur la permission qui luy en a été accordée par Mr le modérateur, né de Parens Protestans, mais baptisé dans l'Eglise Romaine, auquel mr le modérateur a représenté la faute qu'il avoit faite de promettre d'embrasser la Religion Catholique Romaine; sur quoi ledit Calas a témoigné son Regret et que c'étoit l'horrible circonstance où il s'est rencontré dans le mois de novembre 1761 qui l'avoit engagé à faire cette promesse. [...] Après quoi il a été interrogé sur divers points qui nous séparent d'avec l'Eglise Romaine, et ayant parû instruit et renoncé aux erreurs du Papisme, et il a été reçeu membre de notre Communion' (D10830 commentary).

[37] In the case of Pierre, the judges further mollified their consciences by a show of 'mercy'. Instead of being banished, he was symbolically conducted to the city gates by the public executioner, re-arrested and taken by the *abbé convertisseur*, the Père Bourges, to the Dominican monastery. He escaped from there on 4 July 1762 and made his way to Geneva where Voltaire saw and questioned him on 26 July (D10605).

[38] After the execution of their father the two sisters sought refuge in Montauban, where their mother joined them on her release from prison, doubtless after 18 March 1762. On 28 May 1762 they were taken into custody by virtue of *lettres de cachet*. Anne-Rose Calas the elder was placed in the convent of Notre-Dame de la rue du Sac, Anne Calas in the convent of the Visitation.

[39] We do not know who these people were, but since Voltaire identified himself as being one of them (D11004), it is reasonable to infer that the others were Végobre and Moultou. They were keen on two accounts that Mme Calas should go to Paris. In

the first instance, only she could institute an appeal. They were also afraid (see D10564) that the authorities in Toulouse might intern her in order to make an approach to the Conseil du roi impossible.

[40] From the *acte de sépulture* following her death on 29 April 1792 (see Coquerel, p.371-72), we learn that Mme Calas was born in London.

[41] Mme Calas arrived in Paris some time in June 1762. Her business address was with the bankers Dufour and Mallet, in the rue Montmartre (D10561, D10573); in reality she lived under the name of Mme Anne-Rose Dupuys (D10582), chez M. Caron, Quai des Morfondus (see Coquerel, p.226).

[42] The list of people, in France alone, who helped Mme Calas in one way or another is impressive: the d'Argentals, the comte de Choiseul (later duc de Praslin), the duc de Choiseul, the duc de Villars, la duchesse d'Anville, le maréchal de Richelieu, le duc de La Vallière, Mme de Pompadour, le Président de Nicolaï, le duc d'Harcourt, la duchesse de Grammont, Maurepas, l'abbé de Chauvelin, l'abbé Mignot.

[43] This sentence is found almost verbatim in D10862 (Voltaire to Mme Calas, 29 décembre 1762): 'Vous avez vu qu'à Paris on est plus éclairé, et plus humain qu'à Toulouse, et que la raison l'emporte sur le fanatisme, au lieu qu'en province, le fanatisme l'emporte sur la raison.'

[44] Jean-Baptiste-Jacques Elie de Beaumont (1732-1786), *Mémoire à consulter, et Consultation pour la Dame Anne-Rose Cabibel, veuve Calas, et pour ses enfants* (Paris, 23 August 1762, 71 pages; BV1208). The fifteen lawyers who signed this *mémoire* were Huart, L'Herminier, Gillot, Boys de Maisonneuve, Cellier, de Lambon, Boucher d'Argis, Duchasteau, Bigot de Sainte-Croix, Moreau, Dandasne, Reymond, Thevenot-Dessaule, Doillot and Mallard.

[45] Alexandre-Jérôme Loiseau de Mauléon (1728-1771), *Mémoire pour Donat, Pierre et Louis Calas* (Paris 1762, 63 pages).

[46] *Mémoire pour Dame Anne-Rose Cabibel, veuve du Sieur Jean Calas; Louis et Louis-Donat Calas, leurs fils, et Anne-Rose et Anne Calas, leurs filles, demandeurs en cassation d'un Arrêt du Parlement de Toulouse du 9 Mars 1762* (Paris 1762, 136 pages). Despite his momentary notoriety, Pierre Mariette has left no trace of who he was, and what his career had been. Even H. Moulin (*Les Défenseurs des Calas et des Sirven. Elie de Beaumont et Loiseau de Mauléon, avocats au Parlement. P. Mariette, avocat aux Conseils du roi*, Cherbourg 1883) provides no biographical details. The only apparent mention of him is in the *Almanach royal* for 1763, p.119: '1753 [the date of his appointment], Mariette, rue Simon le Franc'.

[47] The duc de Praslin, *ministre des affaires étrangères*, who was attempting to put an end to the Seven Years War. Voltaire is also saying obliquely that other matters – starting with the expulsion of the Jesuits – were serious competitors for government attention. For a further comment on that competition, see below, 'Article nouvellement ajouté', note 8.

[48] Anne-Rose and Anne Calas were allowed to join their mother in Paris at the end of 1762 (D10829, D10838, D10856, D10860, D10862, D10863) and had arrived there by January 1763 (D10923). They were instructed to live with the Dame

Dumas, rue Neuve, paroisse Saint-Eustache who in turn was instructed (8 December 1762) to keep both girls with her until further notice: see Coquerel, p.288, n.2. On 30 June 1763 Saint-Florentin, writing to the duchesse d'Anville, agreed to turn a blind eye to his own instructions and allowed Mme Calas to have her daughters in her own care 'pourvu que d'ailleurs la dame Calas se comporte avec circonspection et ne les produise pas dans le monde avec trop d'éclat' (Coquerel, p.290).

[49] Voltaire uses the same expression in D10890 (7 January 1763, to Philippe Debrus): 'la vue d'une mère et de deux filles en crêpe et en larmes redemandant le sang d'un époux et d'un père, porteront la pitié dans tous les cœurs.'

[50] Such generosity (though independent confirmation is lacking) seems plausible. We should note also that the three lawyers did not charge a fee for their services in representing the Calas family (D10762, D11046), and the fact that Voltaire himself donated considerable sums of money both to Mme Calas and to the campaign (D10542, D10553, D10568, D10573, D10585, D10595, D10628, D10672, D10686, D10692, D10762, D10864).

[51] Marcus Curtius laid down his life for the Republic (393 B.C.) after an earthquake, when a chasm opened in the Forum which the seers declared would never close until Rome's most valuable possession was thrown into it. Marcus Curtius solved the riddle, and bravely leaped into the chasm, which closed upon him.

[52] The military tribune Decius Mus sacrificed himself in order to ensure victory for the Republic in battle with the Latins (340 B.C.). He had a dream which told him that victory would go to the army whose leader laid down his own life. Animated by this knowledge, he threw himself into the fray, was hacked to pieces, but thereby guaranteed a Roman victory.

[53] The same story and the same expressions occur verbatim in a letter from d'Alembert to Voltaire (D10906, 12 January 1763). Voltaire repeated them back to d'Alembert (D10992, 18 January 1763) and on the same day used them in a letter to Philippe Debrus (D10925).

[54] The notion of infallibility (but only in so far as the Councils of the Church were concerned) gained ground from the time of Augustine. The crucial question was whether the Councils themselves were infallible or whether their decisions were infallible only if sanctioned by the pope, which was tantamount to saying that the pope himself was infallible. In France the Ultramontanes exalted the notion.

[55] The plural formulation must be taken seriously. It is conceivable that Voltaire, Végobre and Moultou – in planning to appeal and in obtaining support for that appeal – came to the conclusion that a statement on toleration could advantageously figure alongside the legal *mémoires*. That was Voltaire's initial (though short-lived) intention. On the other hand, it may be his discreet way of associating Moultou and Vernes with the venture, since both men (particularly the former) had given him much help on points of detail.

[56] Alexandre-Claude-François Houtteville's apologetic work *La Religion chrétienne prouvée par les faits* (nouv. éd. 1749; BV1684). Towards the end of October 1762 Voltaire requested Damilaville to send him a copy of this work (D10778) since

its content doubtless had some connection with the preparatory work for the *Traité*. By 28 November he had received it: 'Je vous remercie, mon cher frère, de l'ouvrage odieux que je vous avais demandé, et dont j'ai reçu le premier volume. Je ne l'avais parcouru autrefois qu'avec mépris, je ne le lis aujourd'hui qu'avec horreur. Ce scélérat hypocrite appelle dans sa préface la tolérance, *système monstrueux*. Je ne connais de monstrueux que le livre de ce misérable, et sa conduite digne de son livre' (D10813).

Chapter II

¹ The etymology of this word was for long a subject of debate (Diodati, Tavanes, Duverdier, Pasquier, Th. de Bèze, Mézeray and others). It is now generally accepted that it derives from the German term *Eidgenossen* (confederates bound by oath: *eyguenot* in Genevan French) which had originally designated the Genevan supporters of the Reformation in their struggle against the duc de Savoie. It immediately became a term of abuse, and is even to this day, in the *langue d'oc* of the Catholic Massif Central, an expression of broad disdain for any type of nonconformist or miscreant.

² Title given to the members of a sovereign court in *ancien régime* France: see *Dictionnaire de l'Académie française*: 'Monsieur. Au pluriel, *Messieurs* (Messieurs du Parlement. Messieurs de la Cour des Aides).'

³ Probably a reference to d'Aguesseau, whom Voltaire praises in the *Siècle de Louis XIV* (*Catalogue des écrivains*): 'le plus savant magistrat que jamais la France ait eu, possédant la moitié des langues modernes de l'Europe [...] très instruit dans l'histoire, profond dans la jurisprudence, et, ce qui est plus rare, éloquent. Il fut le premier au barreau qui parla avec force et pureté à la fois.'

⁴ Voltaire is evidently alluding to those *confréries* which had pursued avowedly politico-religious ends as, for example, during the Wars of Religion, did the Confrérie du Cordon and the Confrérie du Chapelet which had been composed of fanatical *Ligueurs*.

⁵ Perhaps the Fraticelle or Fraticelli: see *Dictionnaire de Trévoux* (Paris 1752; BV870), iii.1868: 'Nom de secte *Fraticellus*. Ce mot, qui est un diminutif Italien qui signifie la même chose qu'en François frérot, ou petit frère [Moréri, ii.640, les appelle Frérots ou Bisoches] se donne à la fin du XIIIe siécle à une secte d'hérétiques qui s'éleva dans la Marche d'Ancone vers l'an 1294 & il leur fut donné parce que c'étoient presque tous des Moines Apostats.'

⁶ Given the following reference to la Ligue, the Flagellants in question may be those who re-appeared in France in the sixteenth century and who owed their growing popularity to the fact que Henri III joined the self-flagellating Confrérie des Blancs-battus in Avignon (1574) and then, in 1583, formed the Pénitents de l'Annonciation de Notre-Dame (another self-flagellating order).

⁷ The origins of the Ligue are indeed to be found in the gradual confederation of

those Catholic associations which had been formed as a defence against Calvinists. It became active after the death of the duc d'Anjou (1584) and the resultant prospect (Henri III being unlikely to produce an heir) of the throne passing to Henri de Navarre. It was both religious and political in nature (it became the tool of the Guises in the furtherance of their own dynastic pretentions) and Voltaire always spoke of it with horror.

Chapter III

[1] Roderigo-Lenzuolo Borja or Borgia (1431-1503), successively archbishop of Valencia, cardinal and vice-chancellor of the church, and then, after the death of Innocent VIII (1492), Pope Alexander VI.

[2] Caesar Borgia (1476-1507) – Alexander's second son, archbishop of Pamplona, archbishop of Valencia (1492) and cardinal (1493) – was released from Holy Orders (August 1498) so that he could embark upon secular politics. Preoccupied with temporal dominion, he set about reducing the patrician families of central Italy who stood in the way of the dynastic aggrandisement of the Borgias and of his own intention of carving out a principality for himself in Romagna. He was Machiavelli's political hero: see ch.7 of *Il Principe*.

[3] Julius II (Giuliano della Rovere, 1445-1513) was a worthy successor (1503-1513) to Alexander VI. He was elected pope because he had promised the cardinals to re-establish the honour of the Holy See and to free Italy from foreign domination. So concerned was he to recover church lands and to combat French influence in the region that, in 1511, he formed the Holy League, excommunicated the whole of France, raised troops and commanded them in battle.

[4] Leo X (Giovanni de' Medici, 1475-1521) succeeded Julius II in 1513. The sale of indulgences was progressively discredited by the actions of both Alexander VI and Julius II.

[5] Annates were not abolished in France until the Revolution (4 August 1789). *Réserves* (known also as *réserves apostoliques*), the ultimate authority claimed by the papacy over all nominations to vacant benefices, were abolished in France by the Concordat between Leo X and François I.

[6] The *marc* was an old measure (equivalent to 8 Paris ounces or 244.5 grammes), used for weighing precious metals. Moland corrects Voltaire's arithmetic to a total paid of 125 million.

[7] Perhaps a broad reference to the phenomenon that saw the Humanists of the Renaissance and the leaders of the 'Protestant' Reformation going hand in hand. If Voltaire is talking more narrowly, he is alluding above all to scholars such as Budé, Estienne, Lefèvre d'Etaples, Amyot, Berquin, Briçonnet, Fichet, Farel, Gaguin (not all of whom were Protestants). The printing of Greek books began in Paris in 1507.

[8] Berengarius denied transsubstantiation and the real presence, and opined that the Eucharist was but a pure symbol, by which he meant that the bread and the wine

were not Christ's body in truth (perceptible to the senses), but in a figure. This rationalist interpretation caused a dispute with Lanfranc who appealed to the judgement of Leo IX. The latter issued the first condemnation of the doctrine (on two occasions in 1050) which was repeatedly denounced by his successors.

⁹ They doubtless quoted the same authorities as Berengarius, namely St Justin, St Ambrose, St Jerome and St Augustine.

¹⁰ The doctrine of Vigilance is known only through the refutation by St Jerome (*Contra Vigiliantium*, 406 A.D.) which alleged that besides teaching that no honour should be rendered to the relics of the Holy Martyrs, Vigilance treated the miracles which were performed at their tombs as illusory and taxed those who believed in relics and associated miracles with being idolaters.

¹¹ François I, together with Jean Du Bellay, archbishop of Paris, organised this ceremony – which culminated in the execution of six heretics – as a demonstration to the Vatican of his firmness towards the reformers after the *affaire des placards* in 1534.

¹² At the instigation of François I, the Parlement d'Aix ordered the execution of eight of these heretics (18 November 1540), and the destruction of Mérindol and their *places fortes*. The edict was eventually carried out in 1545, when twenty-four villages and hamlets were destroyed with the loss of some 8000 lives. Voltaire devoted an article to this atrocity ('Conspiration contre Mérindol') in his *Conspirations contre les peuples* (M.xxvi.8-10).

¹³ Followers of Pierre Valdo (Valdus) who formed a sect (*c.*1179) which sought to revive primitive Christian purity. The Vaudois also came to reject the pope along with various rites and doctrines such as Purgatory; indulgences; invocations to the saints; icons and relics. They were excommunicated during the reign of Philippe II, and frequently persecuted thereafter.

¹⁴ Anne Dubourg (*c.*1520-1559), appointed a *conseiller-clerc* in the Parlement de Paris (1557). He was put on trial because of his outspoken Protestant principles and executed in 1559.

¹⁵ In March 1562 François de Guise, arriving in Vassy-sur-Blaise (Haute-Marne) with a large military escort, attempted to prevent the local Huguenot community from worshipping in the barn which served as their temple, whereupon the latter barricaded themselves in, and met force with force. The ensuing battle left 60 dead and more than 200 seriously wounded.

¹⁶ Jacques-Auguste de Thou (1553-1617), author of the *Historia sui temporis*, which was published in five parts between 1604 and 1620. The first eighteen books were put on the Index in 1609.

¹⁷ Mme de Cental, as the principal injured party in the destruction of property, demanded justice from François I, but it was Henri II who appointed the judges (1547). The main defendant was the baron d'Oppède, who argued successfully that he had been merely 'obeying orders'. His lieutenant, the président de Guérin, was not so fortunate: for having *inter alia* given the troops too much freedom of action in Mérindol, he lost his head in the Place de Grève.

[18] Seven civil wars is the number usually acknowledged: July 1562-March 1563 (the Peace of Amboise); September 1567-March 1568 (the Peace of Longjumeau); August 1568-August 1570 (the Peace of Saint-Germain); August 1572-June 1573 (the Peace of La Rochelle); February 1574-May 1576 (the Edict of Beaulieu or the *Paix de Monsieur*); March 1577-September 1577 (the Peace of Bergerac); and November 1579-November 1580 (the Peace of Fleix). The eighth and ninth must be the renewed war(s) which followed the death of the duc d'Anjou (1584), the last brother of the childless Henri III, which left Henri de Navarre as heir to the throne of France. In the *Essai sur les mœurs*, ch.173, Voltaire refers to the war which broke out between Henri III and Henri de Navarre in 1586 as 'la neuvième guerre civile depuis la mort de François II'.

[19] The Peace of Saint-Germain (15 August 1570). This interpretation has survived for nearly four centuries in the (mainly anti-Catholic) historiography of the Saint-Barthélemy. Voltaire believed (*Histoire du Parlement de Paris*, ch.28) that Catherine de Médicis and Charles IX – plotting a general massacre – had engineered a peace favourable to the Huguenots in order to lull them into a false sense of security.

[20] Henri III was stabbed on 1 August 1589 in his quarters at Saint-Cloud by Jacques Clément, a Dominican friar. Clément was killed on the spot, and the king died on 2 August. Henri IV was assassinated by François Ravaillac on 14 May 1610; Ravaillac was executed on 27 May. Voltaire was always at pains to link Ravaillac with organised religious orders whom he could accuse of treasonable militancy. Although for a short time a *frère convers* (i.e. a domestic) with the Feuillants, Ravaillac had been required to leave the order because of his 'visionary' temperament. Given Voltaire's obsession with the murder of Henri IV, it is not surprising that Ravaillac's name (or his act) occurs several times in the coming pages: see chapter XI, note 6; chapter XVII, note 15; chapter XXII, note 12.

Chapter IV

[1] One of Voltaire's circumlocutions for designating the Huguenots: see *Le Siècle de Louis XIV*, ch.26 (*Œuvres historiques*, p.1049); see also D10478, 31 May 1762.

[2] These battles were among the most decisive of the Civil Wars. Jarnac (13 March 1569) was a Protestant defeat, and saw the death of Condé; Moncontour (3 October 1569) was another defeat for Coligny and the Protestants; Coutras (20 October 1587) was a Protestant victory, and was marked by the death of Joyeuse; Dreux (19 December 1562), the first major battle of the first Civil War, was a Protestant defeat (the opposing chiefs – Condé and the connétable de Montmorency – were both taken prisoner); Saint-Denis (10 November 1567) was a Protestant victory; the connétable de Montmorency was killed on this field.

[3] On 26 May 1430 the Sorbonne requested the duke of Burgundy to hand over Joan of Arc either to the chief inquisitor or to the bishop of Beauvais in whose

diocese she had been taken. After the two mortal blows struck at the duc and the cardinal de Guise (23 and 24 December 1588) the Sorbonne pronounced Henri III's deposition and called upon his subjects to take up arms against him in defence of the Catholic religion.

[4] The imperial army sacked Rome in May 1527.

[5] A staunch ally of the Guises, Pope Sixtus V took the side of the *Ligue* and excommunicated Henri de Navarre and Condé (September 1585). It was not until after the assassination of Henri de Guise and the cardinal de Guise (December 1588) that Sixtus V excommunicated Henri III and absolved his subjects from their allegiance to him.

[6] François Gomar (1565-1641), professor of theology in Leyden, was a follower of the doctrine of grace and predestination which was almost universally accepted in Holland when Arminius (1560-1609) affirmed the reality of human liberty and moved in the direction of the Catholic Church. Appointed to a chair of theology in Leyden (1603), he found there a bitter adversary in Gomar. Their public disputes (e.g. The Hague, 1608 and 1610; Delft, 1612; Rotterdam, 1615) led to considerable social and political upheaval in which the Gomarists displayed much intolerance.

[7] Johan Van Olden Barnevelt (1547-1619), architect of the twelve-year truce (1609) between the Netherlands and Spain. His policy of appeasement earned him the enmity in particular of Maurice of Nassau, who had Barnevelt imprisoned in July 1617 and executed for high treason in 1619.

[8] To say that Charles I lost his head (1649) for these reasons might seem far-fetched, but the background to the Civil War justifies the comment. Charles's desire for religious conformity throughout England, Scotland and Wales, and his attempt to reinforce Episcopalianism in Scotland eventually led him to recall Parliament in 1640 after nearly eleven years of personal rule. The stage was then set for the confrontation which provoked the Civil War.

[9] Paul de Rapin-Thoyras (1661-1713) wrote in retirement his *Histoire d'Angleterre* (La Haye 1724-1725; BV2475) which Voltaire praised for its 'impartiality'. It must be said, however, that Voltaire's vivid description of the beginning of the Great Rebellion in Ireland (1641) has little in common with Rapin's sober style which eschews such local colour. In reality his source is John Temple (see chapter X, note 16).

[10] The abbé Jean Novi de Caveirac (1713-1782), in whose *Apologie de Louis XIV et de son conseil sur la révocation de l'édit de Nantes* [...] *avec une dissertation sur la Saint-Barthélemy* (1758; BV2593) we find almost verbatim (p.362) the passage which Voltaire goes on to quote. Caveirac was a ferocious opponent of the *philosophes*. It is only fair to place his comment about England within the context (p.361-62) of the section entitled 'L'intolérance civile et rigoureuse est-elle contraire à la raison, à l'humanité, à la politique et à la religion?': 'De la nécessité d'un culte, suit l'obligation de le conserver. La plus fâcheuse des révolutions est celle qui se fait dans un état par le changement de religion, quand il est le pur ouvrage des hommes.'

[11] Voltaire mentions the 'fou de Verberie' (Jacques Ringuet) in the *Questions sur*

l'Encyclopédie (article 'Supplices I', M.xx.457-58), in the *Méprise d'Arras* (M.xxviii.425-36) and also in D10895 (9 January 1763).

¹² The *Dissertation sur la journée de la saint Barthélemi* figures as an appendix to the *Apologie de Louis XIV*. According to Caveirac, the massacre was the work of Charles IX and Catherine de Médicis who had taken the unpremeditated decision to protect the monarchy against the treasonable activities of the Protestant leadership, animated by Coligny, who were plotting their demise. This work provoked Diderot to respond in a short article entitled 'Journée de la Saint-Barthélemi' for the *Encyclopédie* (viii.898), in which he excoriated both the plot which had been two years in the planning, and the priest who had dared to 'entreprendre l'apologie de cette *journée*'.

¹³ The religious tranquillity of Alsace is explicable by the fact that the revocation of the Edict of Nantes did not apply to this province because the Treaty of Westphalia, by which it had been ceded to France, had guaranteed its religious freedom and because the king of Sweden had, in 1685, exacted from Louis XIV a promise that he would respect the terms of that treaty. See chapter V, and note 1.

¹⁴ The Test Act (1673) required persons holding civil or military office, and positions of trust under the Crown, to take the oath of allegiance and supremacy, to receive Holy Communion according to the usage of the Church of England, and to abjure belief in transsubstantiation. Voltaire is referring to the Young Pretender, the grandson of James II, Charles Edward Stuart (1720-1788), 'Bonnie Prince Charlie'.

¹⁵ It has not proved possible to identify this bishop. Could Voltaire have borrowed the anecdote from a previous Protestant writer (examples of such borrowing occur elsewhere in his *Traité*), or invented it? See also chapter XXIV and note 9.

¹⁶ The members of the Syrian Monophysite Church were known as Jacobites after the reorganiser of Syrian Monophysitism, Jacob Baradaeus, bishop of Edessa (d. 578). For *monophysite*, see chapter V, note 15.

¹⁷ Disciples of the heresiarch Nestorius, patriarch of Constantinople (428 A.D.) who was condemned by the Council of Ephesus (431) for having maintained that, in Jesus Christ, a divine person (the Logos) and a human person were joined in perfect harmony of action but not in the unity of a single individual.

¹⁸ A sect in the Eastern Empire, in the early decades of the seventh century, which held that Christ had but one will. The Council of Constantinople condemned the Monothelitic position as heretical (680).

¹⁹ Members of the national church of Egypt which was founded as a reaction against the Creed of Chalcedon or the 'Chalcedonian definition' (451 A.D.); like the Jacobites, they embraced Monophysitism but in all other respects their beliefs differ little from those of the Orthodox Church.

²⁰ So called after St John the Evangelist, these second-century Christians espoused the theory of the Logos elaborated by Alexandrian Judaism. This doctrine was concerned with Christ and his relationship with God, whereas in Pauline

theology it is the work of our Saviour and his relationship with man which are paramount.

21 Zoroastrians whose religion is a dualism teaching that Ormazd, the Lord of Light and Goodness, carries on a ceaseless war against Ahriman and the hosts of evil spirits that dwell in darkness.

22 Hindus of a Brahmin sect.

23 Literally descendants of Noah or, as here, more properly adherents of the Noachian Laws, the seven biblical laws given before the revelation on Sinai.

24 The name given in China to the Buddha. Voltaire is referring either to meditation as a means of achieving detachment from the world or, more probably, to the belief in reincarnation.

25 Portuguese *bonʒo*, from the Japanese *boʒu*, priest or religious person. A Buddhist monk.

26 Young-tching (1677-1735), a Chinese emperor of the Manchu dynasty, reigned with moderation, wisdom, and solicitude. No ruler did more to encourage the people to fulfil their duties, and to ensure their well-being, particularly through his indefatigable encouragement of agriculture. Voltaire writes warmly of him in *Le Siècle de Louis XIV*, ch.39. The incessant squabbling among the missionaries of the different orders led the Court of Rites to forbid the practice of Christianity (10 January 1724). Young-tching confirmed the judgement and ordered that the missionaries be sent back to Macao; see also the *Essai sur les mœurs*, ch.195.

27 Paul Rycaut (1628-1700), *The Present state of the Greek and Armenian Churches, Anno Christi 1678* (London 1679), translated into French by M. de Rosemonde in 1692 (BV2104). Its preface shows plainly Rycaut's tolerance in religious matters. In chapter 19 (p.337-64) he discusses the Greek islands in the Aegean and the 'division there between the Greek and Latin churches'; but the formula which Voltaire goes on to quote is found in chapter 3, where Rycaut quotes part of the *Baratʒ* or 'commission' which had been given to Andrea Soffiano when he was appointed Latin bishop of Scio (p.109-10): 'And moreover, I command that he go and be Bishop of the Christians of the aforesaid Rite, inhabiting that Island, according to the usual and ancient Custom, and vain and unprofitable Ceremonies.'

28 The publication of the *Lettres édifiantes et curieuses écrites des missions étrangères* (BV1808) was finally completed in 1781 with a monumental 43 volumes which contain much fascinating information, not merely on the progress of Christianity, but also on the mores and diverse peculiarities of so many different peoples in so many different parts of the world which had been evangelised by the different missionary orders. A longer version of the words of dismissal pronounced by Young-tching, including the same words of reproach, are to be found in the *Essai sur les mœurs*, ch.195 and the *Relation du bannissement des jésuites de la Chine*.

29 A pneumatic instrument, invented by Hero, who lived in Alexandria c.120 B.C., consisting essentially of a central closed globe or cylinder, provided with two tubes bent back around the diameter in opposite directions. Steam escaping from the cylinder causes the globe to spin around its axis.

³⁰ In 1605 a small group of Catholic gentry, doubtless with the connivence of Henry Garnet (the Jesuit Superior in England), plotted to blow up James I and his Parliament and re-establish Catholicism in England. The plot was discovered (5 November), and seven of the conspirators were sentenced to death for high treason.

³¹ A first Jesuit mission arrived in 1549 on the island of Kiou-shiou under the leadership of St François Xavier and proved to be particularly successful. But the ambition and intolerance of the Jesuits gave the Shoguns pause for thought. Having learned that some of his more anarchic vassals had written to Rome recognising the pope's supremacy, the emperor determined to annihilate Christianity in Japan. Moréri, *Grand dictionnaire historique* (Paris 1699), iii.230, claims that the persecution was the result of commercial rivalry and a deliberate attempt on the part of the Dutch to undermine the Portuguese by undermining their Japanese Christian customers.

³² After 1640 Japan remained in self-imposed isolation until 1853 when Commodore Perry forced the Shogun Yeoshi to open the empire to foreign trade.

³³ Jean-Baptiste Colbert (1619-1683) reorganised, or created, the Compagnie des Indes occidentales, the Compagnie des Grandes Indes, and both the Compagnie du Sénégal and the Compagnie du Nord. On Colbert and Japan, see the *Essai sur les mœurs*, ch.196 (M.xiii.172).

³⁴ Engelbert Kämpfer (1651-1716), *History of Japan giving an account of the ancient and present state and government of that empire, of its temples, palaces, castles and other buildings, of its metals, minerals, trees, plants, animals, birds and fishes* (London 1727-1728, 2 vol. in-fol.), translated from German into English by Schweitzer (1727), and from English into French by Desmaizeaux in 1729 (BV1771). It was the most popular work on Japan available to an eighteenth-century audience.

³⁵ The Fundamental Constitution of Carolina, composed by John Locke in 1669 in an attempt to create a permanent feudal aristocracy, was designed to manage the affairs of government within a pseudo-democratic structure. Article 97 states: 'Therefore any seven or more persons, agreeing in any religion, shall constitute a church or profession, to which they shall give some name to distinguish it from others.' The colonists resisted the implementation of the Constitution. It was long held in abeyance, and was finally abandoned in 1698.

³⁶ Members of the self-styled Society of Friends, founded in England by George Fox in 1648-1650.

³⁷ William Penn founded the city of Philadelphia (1681), named from the Greek words meaning 'friend and brother' in order to monumentalise the perfect union of the inhabitants of the colony. Benjamin Franklin (writing from Philadelphia on 30 September 1764 to Henry Bouquet: D12112) remarked: 'I have lately receiv'd a Number of new Pamphlets from England & France, among which is a Piece of Voltaire's on the Subject of Religious Toleration. I will give you a Passage of it, which being read here at a Time when we are torn to Pieces by Faction religious and civil, shows us that while we sit for our Picture to that able Painter, tis no small Advantage to us, that he views us at a favourable Distance.'

[38] I Kings iii.16-27 for the judgement of Solomon.

[39] Yves-Marie de La Bourdonnaye (1653-1726), former *conseiller au parlement de Bretagne*, *maître des requêtes* in 1689, *intendant* at Poitiers in September 1689, at Rouen from 1695 to 1700, and at Bordeaux from 27 August 1700. In this and the following four notes Voltaire is using and abusing the work of Antoine Court in *Le Patriote français*: see Anne-Marie Mercier-Faivre, 'Voltaire dans les pas d'Antoine Court: La tolérance et son écriture', in *Entre Désert et Europe. Le pasteur Antoine Court (1695-1760)* (Paris 1998), p.303-305.

[40] Nicolas-Joseph Foucault (1643-1721), *intendant* at Caen 1689-1706.

[41] Gilles-François de Maupeou d'Ableiges (1647-1727), *intendant* at Poitiers 1695-1702.

[42] Louis Bazin de Bezons (?-1700), *intendant* at Bordeaux 1686-1700.

[43] Thomas Hue de Miromesnil (?-1702), *intendant* at Touraine 1689-1694. He could not have been there in 1698 as Voltaire seems to imply.

[44] It is still a commonplace to blame the Revocation of the Edict of Nantes and religious persecution for the stagnation of the years 1684-1717, although the causes of the decline were infinitely more complex: see for example, Warren C. Scoville, *The Persecution of Huguenots and French economic development 1680-1720* (University of California 1960).

[45] In his *Mémoire pour le rappel des Huguenots* (1689; revised 1691 and 1693), Vauban estimated that the flight of the Huguenots had provided enemy forces with 8-9000 able seamen (from ports such as La Rochelle), 5-6000 army officers, and 10-12000 soldiers. On the question of the merchant marine – to which Voltaire attached considerable importance – see Scoville, p.281-86.

[46] The ministers to whom Voltaire is addressing this appeal are the duc de Choiseul (1719-1785), prime minister in all but name and, among other things, *ministre de la marine*, and his cousin the duc de Praslin (1712-1785), *ministre des affaires étrangères*. Both men, whom Voltaire knew to be sympathetic to his argument, were among the first to receive advance copies of the *Traité* in November 1763 (D11505, D11528, D11544).

Chapter V

[1] One of the essential problems addressed by the Peace of Westphalia (1648) was the exercise of their religion by those subjects who professed a faith different from that of their territorial sovereign. In general terms the declaration recognised equality between Catholics and Protestants. That equality was, however, restricted by the addition of the words: 'in so far as is in accordance with the constitution and laws of the Empire' and also by the necessity to reconcile that equality with the right of the sovereign to determine the religion of his territory which had been granted by the Religious Peace of Augsburg (1555). This meant that – whatever transpired elsewhere – toleration did not obtain when it came to the subjects of the emperor of

Austria, who with few exceptions insisted that nowhere in his dominions was any exercise of their religion allowed to Protestants.

2 The Edict of Nantes – to which Voltaire is referring – consisted of two documents which cumulatively guaranteed Protestants freedom of conscience and the right to conduct services wherever they had publicly worshipped in 1577 or in 1596-1597. They had full civil rights and could hold public office under the Crown, were eligible for public assistance, and could attend any school, college or university without let or hindrance, and were accorded four seminaries of their own. In addition to the Edict Henri IV also signed two *brevets* pertaining to the rights and responsibilities of Protestant pastors, making provision also for *chambres mi-parties* for the resolution of disputes in the Parlements of Paris, Rouen, Grenoble, Bordeaux and Castres (for Toulouse), and allowing Huguenots to keep and fortify certain *places de sûreté* (La Rochelle; Montpellier; Montauban).

3 The *convulsions de Saint-Médard* were witnessed in the cemetery of Saint-Médard at the tomb of the *diacre* François de Pâris, a saintly man with Jansenist convictions who had died on 1 May 1727. Within months pilgrims to the tomb were claiming miracles and the *cimetière Saint-Médard* became a Jansenist 'holy place' and the scene for all manner of phenomena which, though repressed by the government, continued in private well into the 1760s. On the *convulsionnaires*, Voltaire could have consulted Louis-Basile Carré de Montgeron, *La Vérité des miracles opérés à l'intercession de M. de Pâris* (Paris 1737-1741; BV2502). See also chapter XX, note 14.

4 The prime targets of Louis XIV's anti-Huguenot policy after 1685 were the Protestant pastors. Deprived of guidance (1686-1715), Protestant communities, particularly in the south, witnessed a phenomenon which is well-documented in David-Augustin de Brueys, *Histoire du fanatisme de notre tems et le dessein que l'on avait de soulever en France les mécontens des Calvinistes* (Paris 1692; nouv. éd. 1755; BV553). Various 'natural' leaders sprang up to fill the void. This situation prevailed (in progressively attenuated form after 1715) until Antoine Court succeeded in re-establishing order.

5 In religious vocabulary *enthousiame* signified a state of religious fervour. In a wider religious context it commonly meant intense commitment to personal beliefs and necessarily, among the *philosophes*, it came to signify mindless intensity or fanaticism. See *Encyclopédie*, 'Enthousiasme', by Cahusac, v.719-22, esp. p.719, and 'Enthousiaste', by the abbé Mallet, p.722.

6 Aristotle's ten Categories are an integral part of Scholasticism: 'Les dix catégories sont la substance, la quantité, la qualité, la relation, le lieu, le temps, la situation, avoir, agir, pâtir' (Destutt de Tracy, quoted by Littré).

7 Certain Ancients (e.g. the Pythagoreans, the Epicureans and the Atomists) maintained that the *vacuum coacervatum* could and did exist. Scholastic philosophy and Cartesianism denied such a possibility.

8 In Scholasticism a quiddity is the real nature or the essence of a thing, that which makes a thing what it is. By Voltaire's day the term had come to mean a captious nicety.

9 The 'translation' of this formula must be 'the universal as a part of the

particulars in which it exists'. The Scholastic dispute (Ockham versus Burley) revolved around the necessity of determining whether or not the universal can exist without the particular. Voltaire did not stay for an answer.

[10] It is not clear which books Voltaire has in mind; the authorities usually quoted were Jean Bodin, *La Démonomanie des sorciers* (1580; BV431) and Peter Binsfeld, *Commentarius.* [...] *de maleficis* (1591).

[11] Voltaire is perhaps thinking of the jurist Barthélemy de Chasseneuz or Chassanée (1480-1541) who had treated this question in his *De excommunicatione animalium insectorum* (1531) with particular reference to *hurebers* – from the Hebrew *arbeth* – which were Voltaire's *sauterelles*: see J.-Henri Pignot, *Barthélemy de Chasseneuz* [...] *Sa vie et ses œuvres* (Geneva 1970), p.212-28. Although this practice, found in both Catholic and Protestant rituals, was in retreat well over a century before Voltaire was writing it was still not entirely obsolete.

[12] Disciples of Carpocrates of Alexandria, a Gnostic of the second century, who recognised the existence of a universal principle, but refused to ascribe to it the creation of an imperfect world, holding this to be the work of hostile, inferior spirits.

[13] Disciples of Eutychius or Eutyches (*c.*378-454 A.D.), a keen opponent of Nestorianism, who held that the divine and the human in the person of Christ were blended so that Christ is *of* two natures, but not *in* two natures.

[14] See chapter IV, note 19.

[15] Those who, in opposition to the Creed of Chalcedon, maintained that there was but one single nature in Christ or that the human and the divine in Jesus Christ constituted but one composite Divine nature. The Monophysites formed a large party in the ancient church, and are now represented by the Armenian, Coptic, Syrian, Jacobite and Abyssinian churches.

[16] See chapter IV note 18.

[17] Believers in the doctrines of Manes or Manichaeus (*c.*216-276 A.D.) who taught a system compounded of Zoroastrian dualism and Christian salvation. According to this doctrine, man's soul – sprung from the Kingdom of Light – seeks escape from the Kingdom of Darkness, the body. Release comes through wisdom which is imparted by a Saviour, and must be attained through severe ascetic renunciation of everything material or sensual.

[18] Michel Le Tellier (1643-1719), confessor of Louis XIV. His hostility to Jansenism is already visible in 1685 in his *Observations sur la nouvelle défense de la version française du Nouveau Testament, imprimé à Mons*, and becomes plain in three publications dating from 1691: *Réflexions sur le libelle intitulé Véritables sentiments des jésuites*; *L'Erreur du péché philosophique combattue par les jésuites*; and *Avis à M. Arnauld sur sa quatrième dénonciation*. Le Tellier was an opponent of Quesnel (*Le Père Quesnel séditieux et hérétique*, 1705) and in 1710 had a hand in the hostile treatment given to Quesnel's *Réflexions morales* by the bishops of Luçon and La Rochelle. See also chapter XVII, note 1.

[19] Louis Doucin (1652-1726) was closely involved in the controversies caused by Quesnel's *Réflexions morales* and the Bull *Unigenitus*. His activity which led, behind

the scenes, to the publication of the latter was considerable, but was less decisive than Voltaire claims. In the *Histoire du Parlement de Paris* (ch.58 and 62), Voltaire talks of three Jesuits having fabricated the Bull, and elsewhere names the third as Jacques-Philippe Lallemant.

[20] The repercussions of *Unigenitus* were far-reaching. The immediate result was that the Parlements – for the first time since the Fronde – refused to register the royal edict which enforced acceptance of the Bull, a championing of the rights of the Gallican church which troubled the next fifty years. The problem was further complicated by the *convulsions de Saint-Médard* (see note 3 above), and onto this was grafted the struggle over the *billets de confession*, the work of Christophe de Beaumont who became archbishop of Paris in 1746. A partisan of the Jesuits and of the Bull, Beaumont excommunicated and deprived of the last sacraments all those who could not exhibit a document proving that they had confessed to a priest who accepted the Bull. The Parlements retaliated by arresting priests who refused the sacraments to suspected Jansenists. See below, 'Article nouvellement ajouté', note 4.

[21] This statement can only refer to the expulsion of the Jesuits (1762) which was in no way the work of Louis XV; all the above problems started to solve themselves of their own accord only when the major troublemaker was forced off the stage.

Chapter VI

[1] An ancient Indian people who lived along both banks of the Ganges and around its mouth: present day Bengal around Calcutta.

[2] Malabars inhabited the far south-western coast of India, between Cape Comorin in the South and Chandraghiri in the North: Kerala and Travancore.

Chapter VII

[1] See *Iliad* (VI, 4) where Hecuba offers prayers and presents to the goddess Athena Minerva in order to obtain the salvation of Troy. The gods who favoured the Greeks were Minerva, Juno, Neptune, Mercury and Vulcan (while Mars, Apollo, Diana and Venus favoured the Trojans).

[2] Alexander the Great consulted the oracle of the god Amon in his temple at Siwah about the prospects for his conquest of Asia (331 B.C.).

[3] Socrates was indicted for 'impiety' in 399 B.C. Two heads to the accusation were levelled against him: 'corruption of the young' and 'neglect of the gods whom the city worships, and the practice of religious novelties'.

[4] Plato recounts (*Apology*, ch.6-9) how Socrates interrogated those of his contemporaries who had a reputation for high wisdom. He discovered that the people with the highest reputations were well nigh the most ignorant.

[5] In the *Apology* (ch.5) Plato recounts how Chaerephos, a friend of Socrates,

asked the Delphic Oracle whether any man was wiser than Socrates. To which the priestess replied 'No'.

[6] Socrates was attacked by three accusers, Melitus on behalf of the poets, Anytus on behalf of the artisans and politicians, and Lycon on behalf of the orators.

[7] Voltaire's account of the death of Melitus is standard for the eighteenth century. Modern historians of Ancient Greece, however, tell us that the Athenians showed no remorse for the death of Socrates. The story quoted by Voltaire surfaced many years later with Diodorus, Plutarch, Themistius, Libanius, Tertullian, Origen and St Augustine.

[8] Beuchot and successive editors did scholarship a disservice when they claimed that this 'honnête homme' was 'l'abbé de Malvaux, qui publia en 1762, l'*Accord de la religion et de l'humanité sur l'intolérance*'. There is no reference to the 'guerre des Phocéens' in the *Accord de la religion*. Voltaire is alluding to the abbé de Caveirac (see chapter IV, note 9) who spoke of the 'guerre des Phocéens' in his *Apologie de Louis XIV* (1758), p.375-76.

Chapter VIII

[1] Towards the beginning of his *Naturalis historiae* (but in Book II) Pliny expounds his philosophical creed in which his view of nature is pantheistic: 'Mundum [. . .] sacer est, aeternus, immensus, totus in toto, immo uero ipse totum, infinitus ac finito similis, omnium rerum certus et similis incerto, extra intra cuncta complexus in se, idemque rerum naturae opus et rerum ipsa natura.' (The world [. . .] is sacred, eternal, immense, totally held within the whole, or rather it is itself the whole; infinite and seemingly finite, determinate in all things and yet indeterminate; within as without embracing all within itself, it is at once the work of nature and nature itself.) It is in Book IV that Pliny says that the sun is the soul and spirit of the whole world.

[2] *De natura deorum* (II, 2): 'Quis enim hippocentaurum fuisse, aut chimaeram putat? quaeve anus tam excors inveniri potest, quae illa, quae quondam credebantur, apud inferos portenta extimescat?' (Who supposes that a Hippocentaurus or Chimaera ever existed, or what old woman can [now] be found foolish enough to tremble at those horrors in the world of the dead which used once to be believed in?)

[3] *Satires*, II.v.152. 'Esse aliquos manes et subterranea regna, et contum et stygio ranas in gurgite nigras, atque una transire vadum tot millia cymba, nec pueri credunt, nisi qui nondum aere lavantur.' (That there exist certain ghosts and underground kingdoms, and a punt-pole and black frogs in the Stygian whirlpool, and that so many thousands pass over the waters in a single bark, not even boys believe unless it be those who are not yet washed for money [children admitted to the public baths free].

[4] Seneca, *Troades*, line 397.

[5] Voltaire's statement is misleading. Numa Pompilius, successor to Romulus as

king of Rome (715-672 B.C.), is credited with the formulation of nearly all the early religious institutions, some of which clearly relied on what Voltaire is denying. Moréri (BV2523) amply confirms this (iv.50).

⁶ No complete text has survived of the Duodecim tabulae, the body of Roman laws framed in 450-449 B.C, which codified existing customary secular law, and applied to patricians and plebeians alike; it is known only from some 200 quotations and references but it would seem that religious rules and sanctions were secondary. See *Essai sur les mœurs*, Introduction: Des Romains (M.xi.147).

⁷ Anubis, the Ancient Egyptian jackal-headed god associated with death, was responsible for embalming and for protecting tombs, for weighing the hearts of the dead in the Hall of Judgement and for determining thereby their access to the afterlife. It is thought that the worship of Isis had established itself in southern Italy early in the 2nd century B.C., and that it had numerous adepts in Rome *c*.42 B.C., when the triumvirs erected a temple of Isis (Dion Cassius XLIII.27; XLVII.15). The story outlined by Voltaire is told by Josephus (*Antiquitates Iudicae*, XVIII, 65-80), and by Moréri (iv.140). The date of the supposed destruction of the temple of Isis is not recorded but, following Josephus, it probably occurred in 19 A.D.

⁸ Paul was sent before Felix, proconsul of Judea (53-60 A.D.) by Claudius Lysias who had twice rescued him from the Jews who were intent upon putting him to death (Acts xxi.31-39; xxiii.10-31). Felix kept Paul imprisoned for two years in the hope of obtaining a bribe and of pleasing the Jews (Acts xxiv.1-22).

⁹ Porcius Festus was sent by Nero as proconsul of Judea (60-62 A.D.) in succession to Felix. He refused the request of the High Priest and the elders of the Jews that Paul be tried in Jerusalem before the Sanhedrin, but yielded to Paul's argument (Acts, xxv.10-12) that – standing as he was at the judgement seat of Caesar (Nero) – he should be tried in Rome.

¹⁰ James, the 'Lord's brother' on the authority of Galatians i.19, was an increasingly important leader in the Jerusalem church. Josephus reports that he was put to death (62 A.D.) by stoning at the instigation of the aristocratic party of Sadducees, as opposed to the more legendary account of St Hegesippus (found in Eusebius of Caesarea, *Historia ecclesiastica*, ii.23) that he was cast down from the pinnacle of the Temple by the Pharisees (66 A.D.) and then clubbed to death.

¹¹ St Stephen, a Christian of Hellenistic origin (Acts vi.1), earned the hatred of certain members of the Synagogue of the Libertines, Cyrenians and Alexandrians because they could not match his wisdom (vi.9-10). Brought before the Sanhedrin, he was condemned to death, taken out and stoned.

¹² A reference to Paul before his conversion (Acts vii.58).

¹³ Acts xxvi.24. Voltaire's use of the word *démence* is sanctioned by Calmet (*Commentaire littéral sur tous les livres de l'ancien et du nouveau testament*; BV613) who explains: 'Il le prit pour un homme à qui la trop grande application auroit gâté l'esprit [...]. Aristote remarque que les gens d'esprit qui s'appliquent avec trop d'opiniâtreté à l'étude, en contractent une habitude de mélancolie, qui les jette quelquefois dans la phrénésie, & dans la manie' (viii.1025).

[14] Archelaus, successor to Herod the Great, was exiled to Vienne, in Gaul, by Caesar Augustus and died there (among the Allobroges) probably before 18 A.D.

[15] Suetonius, *Divus Claudius*, XXV: 'Since the Jews – at the instigation of a certain Christos – were continually in a state of revolt, he expelled them from Rome.' As regards the formula *impulsore Christo*, Henri Ailloud (Suetonius, *Vie des douze Césars*, Paris 1932, ii.210) writes: 'Il est fort possible qu'il s'agisse ici du Christ, comme l'ont prétendu beaucoup de savants anciens et modernes, car tous les écrivains profanes des Ier et IIe siècles de notre ère écrivaient régulièrement *Chrestus* et *Chrestiani;* quant à l'inexactitude du mot *impulsore*, toujours appliqué à des personnages vivants, elle s'expliquerait par l'ignorance de Suétone, qui avait trouvé dans sa source le nom de Chrestos, inconnu pour lui, et avait cru qu'il s'agissait d'un Juif contemporain de Claude.'

[16] Dion Cassius Cocceianus (*c*.150-*c*.235 A.D.) was persuaded by Septimius Severus to write a history of Rome from the earliest times. Although many of its 80 books have been lost, from the 36th to the 60th book it is more or less complete and remains a rich collection of documents on the last years of the Republic and the first two centuries of the Empire.

[17] Domitius Ulpianus (?-228 A.D.), a Roman jurist whose writings supplied one-third of the total content of Justinian's *Digest*.

[18] Nero Claudius Caesar (37-68 A.D.) became emperor in 54 A.D. He was blamed for the Great Fire of 18 July 64 A.D. which broke out in the Circus Maximus and which destroyed half of Rome. Rumour quickly had it that he was not only responsible for the fire, but that he had taken delight in the spectacle at which – from the vantage point of the Tower of Maecenas – he had sung verses relating the sack of Ilium (Suetonius, *Nero*, XXXVIII.ii). Tacitus (*Annals*, XV, 44) tells us that Nero turned the blame on the Christians and that many were cruelly done to death. Tacitus (XV, 38-41) reserves his judgement on Nero's guilt, although (XV, 50) he does record the words of the tribune Subrius Flavus who accused Nero himself of ordering the arson. Other authors – for example Pliny the Elder, Suetonius, Statius, Dion Cassius – say that Nero was the guilty party. There is no proof that the Christians were 'abandonnés à la fureur du peuple'. Perhaps Voltaire is alluding to the fury of the multitude of onlookers (probably in the first days of August 64 A.D.) to whom Nero offered the spectacle, in the amphitheatre of the Vatican Circus, of mass executions of the most appalling sort.

[19] In the Spring of 1740 the Dutch East Indies Company uncovered a scandal in Batavia (now Djakarta on the island of Java) concerning the massive sale of *permissie-briefjes* (residence permits) by Company servants to the Chinese sugar plantations. This led to the radical plan for the deportation of Chinese labourers to Ceylon, and to a revolt on the part of the Chinese who lived in the surrounding countryside, who attacked Batavia and set the southern suburbs on fire. Fearing that the Chinese living within the city would betray them, the Dutch initiated a massacre which continued for three days, in which 10,000 Chinese – almost the totality of the

urban population – were killed. See Leonard Blussé, 'Batavia 1619-1740: the rise and fall of a Chinese colonial town', *Journal of Southeast Asian studies* 12 (1981), p.159-78.

[20] *Annals*, XV, 44.

[21] Titus Flavius Vespasianus (7-79 A.D.) became emperor in 69 A.D. following the death of Galba, while Titus Flavius Sabinus Domitianus (51-96 A.D.), second son of Vespasian, became so in 81 A.D. following the death of Titus. Voltaire's statement is mysterious because it had for some time been believed that Tacitus composed the *Annals* at least fifteen years after the death of Domitian: see, for example, Bayle's *Dictionnaire historique et critique* (Rotterdam 1697; BV292), ii.1116, 'Tacite', note D.

[22] *Annals*, XV, 44: 'Igitur primum correpti qui fatebantur, deinde indicio eorum multitudo ingens haud proinde in crimine incendii quam odio humani generis convicti sunt.' (They started therefore to lay hold on those who made confession and then – following their disclosures – on a greater multitude, and they were found guilty, less for arson than for their hatred of the human race.) Tertullian, *Apologeticus*, XXXVII, 8, opted for the latter interpretation.

[23] The best contemporary source on the Great Fire of London (1666) is the *Diary of Samuel Pepys*, ed. Robert Latham and William Matthews (London 1970-1983, vii.275-79). The suspects were the French and the Dutch, the Dissenters (particularly those who regretted the Commonwealth), and above all the Catholics, both English and French. Although a House of Commons Committee of Enquiry concluded, in January 1667, that the Fire had been planned and executed by the French Catholics, the Jesuits and the duke of York, the government decided to ascribe all to the hand of Providence.

[24] Suetonius claims, however (*Nero*, XXX.viii.1), that Nero set fire to Rome because he was shocked by the ugliness of the buildings, and the narrow streets. His statement may well have grown out of the suggestion found in Tacitus (*Annals*, XV, 40) that Nero had wished to create an entirely new town which would bear his name. The step from there to suggesting that he had deliberately destroyed the old city is obviously small.

[25] Philo Judaeus (*c.*13 B.C.-*c.*45-50 A.D.), a Platonic philosopher. In *c.*40 A.D. he led a deputation to Caligula (described in his *Legatione ad Caium*) to plead for certain Jewish civil and political rights in Alexandria, and to protest against the decree which had ordered the worship of Caligula's statue as a god. Aelianus Sejanus (*c.*20 B.C.-31 A.D.) Prefect or Commander of the Praetorian Guard (14 A.D.), gained the confidence of Tiberius to such an extent that he conceived the plan of supplanting – or at least of succeeding – him. Over a period of six years he worked to consolidate his power in Rome and to undermine the emperor's family. It was only *c.*30 A.D. that Tiberius began to suspect his designs and set about plotting his demise. Sejanus was denounced to the Senate by imperial brief, arrested and condemned to death. His downfall is energetically described by Juvenal (*Satires*, X).

[26] A faithful gloss of *Annals*, II, 85. Josephus, *Antiquitates Iudicae*, XVIII, 81, ascribes Tiberius's punitive order to the activities of four Jewish embezzlers in Rome

who under cover of religious proselytism had robbed Fulvia, a woman of high rank, and were denounced by her husband who was a friend of the emperor. Therewith, according to Josephus, Tiberius ordered the whole Jewish community to leave Rome.

²⁷ Tiberius Claudius Nero (42 B.C.-3 7 A.D.) succeeded Augustus in 14 A.D. and withdrew to Capri in 26 A.D. where, according to Suetonius (*Tiberius*, 41-45), he indulged in all manner of sexual depravity. Tacitus had already talked about his shameful lubricity though with greater restraint (*Annals*, VI, 7).

Chapter IX

¹ Voltaire sums up the thrust of this chapter in a letter to Paul-Claude Moultou (D10885, 5 January 1763): 'Plus je relis les actes des martirs, plus je les trouve semblables aux mille et une nuits, et je suis tenté de croire qu'il n'y a jamais eu que les chrétiens qui aient été persécuteurs, pour la seule cause de la religion.'

² The traditional list of the great emperors of Rome in Christian times constantly quoted by the *philosophes*. It is strange to find Voltaire citing Decius (emperor 249-251 A.D.) in such company in view of his reputation as a persecutor of the Christians. A fourth emperor usually included in this enumeration but omitted here is Marcus Aurelius. See, for example: 'Si l'idée d'un Dieu auquel nos âmes peuvent se joindre a fait des Titus, des Trajan, des Antonins, des Marc-Aurèle' (*De la nécessité de croire à un être suprême*, M.xviii.380).

³ On nine occasions in this chapter, Voltaire suggests that the Christians were the victims not of state intolerance but of personal hatreds which they had aroused among representatives of rival religions. There are indications in Roman history that the Christians had on occasion, over a long period, been the victims of malicious denunciation (often by Orthodox Jews). See, for example, the letter from Trajan to Pliny the Younger (*Epistularum libri decem*, Oxford 1963), letter 97 written *c.*112 A.D. (see note 49).

⁴ According to St Ambrose, St Augustine and Prudentius, St Lawrence was a deacon to Pope Sixtus II, and was prominent in alms-giving. The legend of the grid-iron (Ambrose, *De officiis*, i.41) is now thought to be unhistorical.

⁵ The supposed conversation between Sixtus and Lawrence is recounted by St Ambrose (*De officiis*, i.41).

⁶ The *Acts* of Polyeucte, a Roman officer of Greek origin, as given by Simeon Metaphrastes, recount that in 250 A.D. he defied an imperial edict of Decius ordering all citizens to perform a religious sacrifice in the presence of appointed commissioners. After he had declared himself a Christian, following the example of his fellow-soldier Nearchus, Polyeucte showed his contempt for paganism by smashing the idols, was arrested and required to renounce Christ. Resisting all entreaties, he grew firmer in his resolve for martyrdom and received the death sentence with joy.

⁷ Early in 303 A.D. Diocletian's edict aimed at coercing Christians into

compliance with the demands of the state was posted up in the Forum at Nicomedia. According to Lactantius (*De mortibus persecutorum*) it was torn down by a Christian who was seized and put to death. The Syrian Martyrology (ed. F. Nau, *Patrologia orientalis*, x.13) tells us that he was called Evethius. Voltaire's account of the defiant gesture of Evethius and its consequences, which also figures in the article *De Dioclétien* (M.xviii.387) is somewhat tendentious (see note 57 on Diocletian).

⁸ The early church was divided on the value of voluntary martyrdom. There were those, like Tertullian, who saw it as expiatory, the only sure means of salvation, and therefore to be provoked by the Christians. There were those, like Eusebius and Clement of Alexandria, who opposed these 'athletes of death' and who maintained that martyrdom should not be deliberately courted.

⁹ From the Latin *sacramantarius*. Attested in French in 1535, this was the term applied by the Roman Catholic Church to all heretics of the Reformed faith who taught false doctrines concerning the Eucharist, denying either the real presence of Christ in the sacrament or transubstantiation. It was used particularly to describe Anabaptists, Calvinists and Zwinglians (*Dictionnaire de Trévoux*, vi.1172).

¹⁰ Guillaume Farel (1489-1565) brought the Reformation to French-speaking Switzerland. A dispute with Erasmus brought about his banishment from Basel and he settled in Aigle (1526-1530), then turned to Neuchâtel and, in 1532, to Geneva which declared for the Reformation in 1536, and where, in July 1536, Farel persuaded Calvin to remain as his assistant. Calvin became Farel's colleague in 1538 and thereafter progressively obscured his former master. Farel left a body of written work, but has come down to posterity as a vigorous evangeliser who was spoken of with awe by his contemporaries (Bédrot, Bucer, Calvin, etc.). He was a man of action with a solid reputation for iconoclasm and violence. The incident at Arles is described by Bayle: 'Un jour de procession Farel arracha des mains d'un prêtre le simulacre de saint Antoine, et le jeta du pont en bas de la rivière. Il aurait été assommé si Dieu n'avait mis ordre par une terreur panique qui saisit la population.'

¹¹ St Antony of Egypt (*c.*251-*c.*356 A.D.) retired into the desert (286-306 A.D.) where the Devil assailed him with all manner of temptations. In 303 A.D., he returned to guide disciples. Though he now had uplifting visions and gained fame as a performer of miracles, he was still subject to violent and bizarre encounters with Satan and his helpers. Our knowledge of St Antony comes mainly from the Life written by St Athanasius (*c.*357 A.D.), translated into Latin by Evagrius of Antioch in two versions, *Vita Antonii* and *Vita Sancti Antonii eremitae*. According to the latter text, only one of the happenings which Voltaire recounts (seeing the centaur) is recorded by Athanasius.

¹² A native of Claudiopolis in Bithynia, Antinoüs was the favourite of the Emperor Hadrian whom he accompanied everywhere. When Antinoüs drowned in the Nile (130 A.D.), the distraught Hadrian deified him, had temples built for his worship all over the Roman world, statues erected to him and medals struck with his effigy.

NOTES TO CHAPTER IX

¹³ *Aeneid*, I, 229-230. 'Oh thou [Jupiter] who dost govern the fate of men and gods with eternal laws and who makes them fear thy bolt.'

¹⁴ *Aeneid*, X, 18: 'Oh father, oh the eternal power which rules men and gods.'

¹⁵ *Odes*, I.xii.17-18: 'from him nothing is born greater than himself, nor has he any equal nor even any proximate.'

¹⁶ It is not clear to which hymn Voltaire is referring. In the article 'Emblème' (M.xviii.521) he quotes one text, on the authority of Clement of Alexandria, while in the articles 'Idole, Idolâtre, Idolâtrie' (M.xix.414) and 'Oraison' (M.xx.148) he quotes another. It would seem that he is thinking of the most important of the so-called Orphic *Fragments* (which is to be found, with variants, in Clement of Alexandria and Eusebius of Caesarea, and which was probably composed by Alexandrian philosophers three centuries after Christ).

¹⁷ Maximus, a teacher of grammar and rhetoric in Madaura where Augustine went to school, is said (despite his being a Platonist) to have been a life-long friend of Augustine. The letter to which Voltaire is referring (*Maximi epistola ad Augustinum* in *Corpus scriptorum ecclesiasticorum*, Vienna 1895, xxxiv.37-39) was written c.389-390 A.D. Voltaire quotes the translated text in the article 'Dieu, dieux' (M.xviii.361-62) and repeats its essential content in the article 'Idole, idolâtre, idolâtrie' (M.xix.414). It can also be found, with minor modifications, in the dialogue *Sophronime et Adélos. Traduit de Maxime de Madaure* (M.xxv.460-61).

¹⁸ Longinianus, like Maximus of Madaura, was a Platonist. When Augustine wrote to him asking him for his opinions on the role of Christ he replied, quoting himself as a Platonist and a believer in God who discounted Christ's mediation, because for him the approach to God – the one ineffable creator – was through righteous acts and words, and through the lesser divinities whom the church calls angels.

¹⁹ *Institutiones divinae*, V, 3: 'Affirmas Deos esse, & illos tamen subjicis, & mancipas ei Deo.' The apologist Lactantius (c.240-c.320 A.D.) was a teacher of rhetoric in Nicomedia where he was converted to Christianity, probably as a result of witnessing the courage of the Christian martyrs. His *De mortibus persecutorum*, which describes how God was moved to anger against the persecutors of Christianity, is a fundamental work for any study of the Great Persecution.

²⁰ *Apologeticus*, XXIV, 3. The Carthaginian Tertullianus (c.155-c.220 A.D.), one of the great defenders of the faith, came to be known as the 'father of Latin theology'. He was converted to Christianity, probably in Rome (c.193 A.D.), and like Lactantius after him, probably by the heroism demonstrated by Christians in time of persecution.

²¹ The nearest approximation to these words is to be found in a statement made by Socrates in the *Theaetetus*, 176B. Plato himself did, however, make such an assumption in various texts where the term *theos* has a broad range of applications, and where, on occasion, it may have the clear resonances of a monotheistic stance. It would seem that Voltaire is using a much later Platonist interpretation (or rather recuperation) of his thought for Christian purposes.

298

²² The Kehl edition (xxx.100-101) adds the following note: 'S'ils s'étaient contentés d'écrire et de prêcher, il est vraisemblable qu'on les eût laissés tranquilles; mais le refus de prêter les serments les rendit suspects dans une constitution où l'on faisait un grand usage des serments. Le refus de prendre une part publique aux fêtes en l'honneur des empereurs était une espèce de crime dans un temps où l'empire était sans cesse agité par des révolutions. Les insultes qu'ils commettaient contre le culte reçu étaient punies avec sévérité, et avec barbarie, dans des siècles où les mœurs étaient féroces, où l'humanité n'était point respectée, où l'administration des lois était irrégulière et violente.'

²³ *Apologeticus*, ch.39: 'Edam iam nunc ego ipse negotia Christianae factionis, ut, qui mala refutaverim, bona ostendam, si etiam veritatem revelaverim.' (Now I myself shall explain what are the activities of the Christian faction, so that – having once proved that they are not bad – I can demonstrate that they are good even if, in so doing, I reveal the truth.) Tertullian devotes this chapter to demonstrating how absurd is any such notion of factionalism. The second 'admission' of 'factionalism' (ch.35) is more forceful: 'Cur die laeto non laureis postes obumbramus nec lucernis diem infringimus? Honesta res est, solemnitate publica exigente, induere domui tuae habitum alicuius novi lupanaris!' (Why, on the day of rejoicing, do we not decorate our doors with laurel and make day grow pale with the light of our lamps? Is it an honest practice – when a public festival demands it – to give to your house the outward appearance of some new brothel!)

²⁴ Titus Flavius Domitianus (51-96 A.D.) became emperor on the death of his brother Titus (81 A.D.). He is cited by many Christian writers and historians as the author of the Second Persecution (95-96 A.D.), which had more to do with money than religious belief in that it resulted from the refusal of the Christians to pay a new tax levied on the Jews (Suetonius, *Domitianus*, XII).

²⁵ Tertullian, *Apologeticus*, ch.5: 'He quickly renounced that course of action, recalling those whom he had banished.'

²⁶ *De mortibus persecutorum*, ch.4: 'Indeed many years later that abominable creature Decius emerged to torment the Church.'

²⁷ The twelfth of the *Dissertationes Cyprianicae* produced by Henry Dodwell the Elder (1641-1711) set out to prove that the number of martyrs of the Early Church was much smaller than was generally supposed. This text, read by Voltaire (D10857), provoked a rebuttal from Dom Thierry Ruinart in his frequently reprinted *Acta primorum martyrum sincera et selecta*. [...] *His praemittitur praefatio generalis in qua refellitur Dissertatio*. [...] *H. Dodwelli de paucitate martyrum &c.* (1689; Paris 1708, BV 2599). In the article 'Ruinart (Thierry)', in the *Siècle de Louis XIV* Voltaire noted: 'Il a soutenu contre Dodwell l'opinion que *l'Eglise eut dans les premiers temps une foule prodigieuse de martyrs*. Peut-être n'a-t-il pas assez distingué les martyrs et les morts ordinaires; les persécutions pour cause de religion et les persécutions politiques' (*Œuvres historiques*, ed. R. Pomeau, Paris 1957, p.1201).

²⁸ St Irenaeus (*c.*130-*c.*200 A.D.) was sent to Gaul as a missionary by Polycarp, according to Gregory of Tours. He was a successful Christianiser from his base in

the Graeco-Gaulish church in Lyon (where he was bishop in about 178 A.D.) He is chiefly remembered for being the first great ecclesiastical writer of the West and perhaps above all for being the scourge of the Gnostics (*Adversus haereses*).

²⁹ Telesphorus, seventh bishop of Rome, succeeded Sixtus I in 127 A.D. Both Irenaeus (*Adversus haereses*, III, 3) and Eusebius (*Historia ecclesiastica*, IV.x.1) singled him out as the first Roman bishop to have been honoured with martyrdom (137 or 138 A.D.). His sainthood, and hence his cult, were suppressed in 1969.

³⁰ Zephyrinus (?-217 A.D.) succeeded Victor as pope in August 201 A.D. Little is known about him apart from one or two passages in Eusebius, and the perhaps questionable information supplied by his adversary, the Roman priest Hippolytus (*Philosophumena*, IX, 2). For long he was believed to have been a victim of the persecution (202-203 A.D.) exercised by Septimius Severus and was therefore honoured as a martyr. His cult was suppressed in 1969.

³¹ Voltaire is quoting from the *Encyclopédie*, x.167: 'Le mot *martyr* est grec [. . .] & signifie proprement *témoin*. On le donne par excellence à tous ceux qui souffrent la mort pour la vérité de l'Evangile. Autrefois ceux qui étoient exilés pour la foi, & qui mouroient dans les guerres de religion étoient tenus pour *martyrs*. Au tems de S. Augustin & de S. Epiphane, on donnoit le titre de *martyrs* aux confesseurs qui avoient souffert quelques tourmens pour Jésus-Christ, encore qu'on ne leur eût pas ôté la vie.'

³² Voltaire's source may be the *Dictionnaire portatif des conciles* compiled by Pons-Augustin Alletz (Paris 1758; BV53). See D10860 (to Damilaville, 26 December [1762]): 'Mon cher frère voudrait-il me faire avoir *presto, presto*, un petit dictionnaire des conciles qui a paru, je crois, l'année passée. Cela cadrerait fort bien avec mon dictionnaire d'hérésies [*Dictionnaire philosophique*]. La théologie m'amuse: la folie de l'esprit humain y est dans toute sa plénitude.'

³³ *Contra Celsum*, III, 8, 9 : 'For a few, whose number could be easily enumerated, have died occasionally for the sake of the Christian religion by way of reminder to men that when they see a few striving for piety they may become more steadfast and may despise death. [. . .] as far as they are able Christians leave no stone unturned to spread the faith in all parts of the world. Some, in fact, have done the work of going round not only cities but even villages and country cottages to make others also pious towards God.' Celsus (?-c.178 A.D.) was an eclectic Platonist and the most revealing representative of the pagan reaction against Christianity. His main concern in *Alethes logos* is that Christianity is a break with the cultural and religious tradition of humanity from time immemorial and that the ancient gods of Rome may not continue to be propitious. Origen (Origenes Adamantius, c.185-c.254 A.D.) was the most influential theologian of the early Greek church. His vindication of Christianity against pagan attack, *Contra Celsum*, is one of the main sources for the educated pagan's view of second-century Christianity as well as being a classic formulation of the early Christian reply. It is true that Origen was not put to death during the persecution of Decius. He lived, however, according to the tenets of his own

Exhortatio ad martyrum. As a man devoted to the ideals of Christian heroism, he had in fact to be restrained from rushing to a voluntary death.

34 Diodorus Siculus (see note 39), *Bibiotheke historike*, i.83.5-6 and i.83.9: 'And whoever intentionally kills one of these animals [cats, ichneumons, dogs, hawks, ibises, wolves, crocodiles] is put to death [...]. When one of the Romans killed a cat and the multitude rushed in a crowd to his house, neither the officials sent by the king [...] nor the fear of Rome [...] were enough to save the man from punishment, even though his act had been an accident.'

35 Cambyses II, king of the Medes and the Persians, subdued Egypt in 525 B.C. Alexander the Great met no resistance in 331 B.C., and at his death Ptolemy received Egypt, Libya, and various parts of Arabia and Syria. After the battle of Pharsalus Julius Caesar pursued Pompey to Alexandria where Pompey lost his life (49 B.C.). After the death of Cleopatra (30 B.C.) Octavius (Caesar Augustus) destroyed the Ptolemaic domination. Egypt then became a mere Roman province until 640 A.D. The next conqueror, Omar I (Abu Assa Ibn al Kaattab) subjugated Egypt (642 A.D.). The Mamelukes – a body of mercenaries recruited from slaves taken in the region of the Caucasus – were introduced into Egypt in 1227. They seized power in 1250 A.D. and held sway through their sultans until 1517, when they were destroyed by Selim (see note 37). Voltaire expresses the same contempt for Egyptian passivity or military apathy, in almost the same terms, in the *Philosophie de l'histoire* (*OC*, vol.59, p.161).

36 Louis IX (1215-1270) left France on 28 August 1248, making for Cyprus which he intended to use as a springboard for the conquest of Egypt. The expedition was not a success, and some weeks after the disaster at Manssourah where his brother Robert, comte d'Artois, was killed Louis was taken prisoner (5 April 1250).

37 The Ottoman Emperor Selim I (Selim the Grim, 1467-1520) seized his father's throne in 1512, embarked upon war with Persia (1514) and then turned his attention upon the Mamelukes in Syria. After his victory over them at Mardjdabik (1516), he took Gaza and Rudaria, and went on to subjugate Egypt (1517).

38 Voltaire had long expressed doubts as regards the reputation of Herodotus who struck him as far too credulous when dealing with orally transmitted accounts of past glories (see, e.g., *Des mensonges imprimés*, 1749, ch.2, *OC*, vol.31B, p.308-83). An even greater problem for Voltaire was Sesostris, a legendary king of Egypt who, according to Herodotus, Diodorus Siculus and Strabo, conquered the whole of Asia. During the Middle Kingdom (2052-1786 B.C.) three kings bore this name: Sesostris I, Sesostris II and Sesostris III, under whom the dynasty attained the height of its prestige and prosperity. The legend of the heroic 'Sesostris', embodying memories of a later and greater age of empire-builders, the 18th dynasty (1554-1075 B.C.) which accounted for the Asiatic conquests, was perhaps fostered – as Voltaire believed – by a people who, at the hands of the Assyrians and the Persians, had suffered humiliation and defeat. Voltaire frequently ridicules the legend (*Essai sur les mœurs*; *Dictionnaire philosophique*; *Défense de mon oncle*; *Le Pyrrhonisme de l'histoire*;

Questions sur l'Encyclopédie; Fragments sur l'Histoire générale; Un Chrétien contre six juifs) and on occasion goes so far as to suggest that Sesostris never existed.

[39] Diodorus Siculus seems to have been gathering material for his *Bibliotheke historike* in around 60-56 B.C., during which time he visited Egypt. Diodorus calls Sesostris Sesoös, and comments on his power: 'The kings whom he had allowed to continue their rule over the peoples which he had subdued [...] would present themselves in Egypt at specified times, bringing him gifts and the king would welcome them and [...] show them honour and special preferment; but whenever he intended to visit a temple or city he would remove the horses from his four-horse chariot and in their place yoke the kings and other potentates, taking them four at a time, in this way showing to all men, as he thought, that, having conquered the mightiest of other kings and those most renowned for their excellence, he now had no one who could compete with him for the prize of excellence.'

[40] The *Almanach de Liège* was first produced by Mathieu Laensberg in 1635. It was notorious for its astrological prophecies and predictions about the political and social happenings of the coming year. Its name had long been synonymous with superstition.

[41] Geometry was part of the Egyptians' legendary wisdom in which Voltaire did not believe. For certain practical calculations – such as areas of land, volumes of masonry, or the distribution of rations among workers – the Egyptians used formulae which could be roughly described as geometric, but which were neither explicitly stated nor proved as geometrical propositions.

[42] Bossuet characterised the Egyptians as a 'nation grave et sérieuse [qui] connut d'abord la vraie fin de la politique, qui est de rendre la vie commode et les peuples heureux' (*Discours sur l'histoire universelle* in *Œuvres*, ed. l'abbé Velat and Yvonne Champailler, Paris 1961, p.956). This view was shared by men such as Rollin, Calmet, Condillac and Benoît de Maillet, but was not accepted by the author (Diderot) of the article 'Egyptiens (Philosophie des)' in the *Encyclopédie* (v.434-38), which is more contemptuous than anything that Voltaire wrote on the subject, and which insisted on the priest-led nature of the national affairs of Ancient Egypt. For different reasons the *Dictionnaire de Trévoux*, iii.583-84, is also dismissive of both the (pretentious) Ancient and the (superstitious and hypocritical) Modern Egyptians.

[43] St Gregory Thaumaturgos (*c*.213-*c*.270 A.D.) was converted to Christianity, probably in 238 A.D., by Origen, and elected bishop of Neocaesarea in 240 A.D. When the persecution of Decius broke out Gregory advised his flock to hide rather than to expose themselves to the living death of apostasy. Apart from a small number of casual allusions to him in the writings of Basil, Jerome and Eusebius, we know little about this saint. The panegyric of him by St Gregory of Nyssa recounts many extraordinary happenings or miraculous deeds (hence his name in Greek, Thaumaturgos = Wonder-worker).

[44] St Gregory of Nyssa (*c*.330-*c*.395 A.D.), the younger brother of St Basil, became bishop of Nyssa, on the confines of Lower Armenia, in *c*.371 A.D. His chief

claim to fame as a theologian is his writings against Arianism, which was the scourge of his diocese.

[45] Cyprian (Thascius Caecilius Cyprianus, c.200-258 A.D.) was converted to Christianity in about 245 A.D. and elected bishop of Carthage in 249 A.D. Under the persecution of Valerian he was exiled to Curubis on the Gulf of Hammamet, and then at a second trial – which took place before the Proconsul Galerius Maximus – was condemned to death and executed (according to the *Acta proconsularia*, 3-4) as a member of a conspiracy which was enemy to the gods and the religion of Rome.

[46] This reference to Vibius Trebonianus Gallus is either badly phrased or erroneous. St Cyprian was martyred in 258 A.D., whereas, as Moréri, iii.12, makes plain, Gallus had been murdered by his own soldiers four years previously. Gallus, who succeeded Decius, was emperor for just over two years (251-254 A.D.).

[47] St Denis (c.200-265 A.D.) became bishop, or Patriarch in Alexandria in 248 A.D. Under the persecutions of Decius and Valerian he took refuge in the Libyan desert and was eventually restored by the Emperor Gallienus (260 A.D.).

[48] St Ignatius of Antioch (c.35-c.107 A.D.), was according to legend appointed and consecrated bishop of Antioch by St Peter himself. He was arrested during the persecution of the Emperor Trajan and sent to Rome for execution. A detailed description of that trip to Rome, *Ignatii martyrium*, first edited by Archbishop Ussher (London 1647), is provided by his two deacons St Agathopus (or Agathopodes) and St Philo of Antioch who accompanied him.

[49] Marcus Ulpinus Trajanus (53-117 A.D.) became emperor in 96 A.D. His administration was firm, humane and progressive. As regards his treatment of the Christians, Voltaire may be thinking of two letters in the *Epistularum libri decem*: letter 96 from Pliny the Younger, requesting advice about the procedure to be respected in trials of Christians; and letter 97 which is Trajan's reply underlining his belief (see note 3) that so long as the Christians did not disturb public order or engage in conspiracy they were not to be treated like common criminals.

[50] Neither Eusebius nor St John Chrysostom refers to imperial intervention, even less to an interview with the emperor (which modern scholarship discounts as a fabrication). According to the *Martyrium Colbertinum* Ignatius was interviewed in Antioch (which historically would be impossible). The account to be found in the *Martyrium Vaticanum* is even more fanciful: taken to Rome, Ignatius is supposed to have appeared before the emperor and the Senate where Trajan offered – on condition that Ignatius sacrifice to the gods – to make him High Priest of Jupiter.

[51] On his journey from Antioch to Rome Ignatius wrote seven letters which make him a significant witness to Christianity in sub-Apostolic times. The seventh letter, to the Christians in Rome, entreats them to do nothing to prevent him from winning the crown of martyrdom. There was, he thought, some danger that the more influential would try to obtain a mitigation of his sentence. His alarm was not ill-founded. Christians at this date had made converts in high places, starting with the cousin of the emperor, Flavius Clemens.

[52] St Polycarp (c.69-155 A.D.) became bishop of Smyrna c.96 A.D. According to

Eusebius he was arrested at the age of 86, refused to sacrifice to the gods or acknowledge the divinity of Marcus Aurelius, and was condemned to be burned at the stake. Voltaire is referring to the *Martyrium Polycarpi*, written in the name of the church at Smyrna less than a year after the event.

⁵³ Sapor II, usually called 'the Great' (310-379 A.D.), reverted to the policy of intolerance towards the Christians in Persia and attempted to enforce Zoroastrian orthodoxy. During this persecution Simeon, archbishop of Seleucia and Ctesiphon, was accused of having betrayed religion and the state. According to the *Patrologia Syriaca* and the *Acta martyrum orientalium*, after being forced to witness the decapitation of some hundred of his fellow Christians Simeon was himself beheaded (*c*.341 A.D.).

⁵⁴ See e.g. Moréri, ii.410. Voltaire believed Diocletian (Caius Valerius Diocletianus, *c*.245-313 A.D.) to have been the victim of calumniatory attacks. He defended him in a variety of writings, characterising him as 'le vaillant et sage Dioclétien', 'aussi grand prince que brave soldat', and insisted that, for the first eighteen or nineteen years of his reign, Diocletian – far from being the persecutor of Christians – had proved himself to be a tolerant (and even an indulgent) emperor.

⁵⁵ Eusebius's *Historia ecclesiastica* (BV1250) is the chief primary source for the history of the church up to 324 A.D. He describes the reversal of the situation after the Great Persecution, and shows how the church – triumphant under Constantine – had vindicated her cause against heathens and heretics. Eusebius claims (*De vita Constantini*, i.28-30) that Constantine (Flavius Valerius Constantinus, *c*.285-337 A.D., the first Christian emperor) told him that he had been converted to Christianity in 312 A.D., during the march on Rome when he had seen a vision of the Cross of Christ outlined against the sun, and beneath it the Greek words 'under this sign conquer'. Eusebius's panegyric *De vita Constantini* is not without historical value.

⁵⁶ Galerius Valerius Maximianus (?–311 A.D.) was made Caesar (March 293 A.D.), by Diocletian in order to assist him in the government of the East. When Diocletian abdicated (May 305 A.D.) Galerius replaced him as Augustus and maintained the persecution of Christianity. During the winter of 310-311 he fell victim to a severe illness which he feared was the vengeance of the Christian God. In an attempt to placate that God he issued an edict of toleration, but his death shortly afterwards was greeted as an act of divine retribution: see Lactantius, *De mortibus persecutorum*, ch.33. Voltaire constantly claimed that Galerius was the prime mover behind the Great Persecution. His reasons for this claim vary: 'raisons d'état' (*Essai sur les mœurs*, M.xi.227), 'sedition' (*Examen important de milord Bolingbroke*, *OC*, vol.62, p.303), insubordination in the army ('De Dioclétien', M.xviii.386). In the *Histoire de l'établissement du Christianisme* (M.xxxi.85), he suggests that the sparking-off point was Galerius's outrage at a supposed personal affront.

⁵⁷ 'La légion thébaine' was another minor intellectual irritant. Voltaire periodically examined, ridiculed and rejected the authenticity of the so-called massacre – supposedly ordered by Maximian (the *Augustus* of the West) – said to have taken

place at St Maurice in the Valais. Modern contributions to the debate are D. van Berchem, 'Le martyre de la légion thébaine. Essai sur la formation d'une légende', *Schweizerische Beiträge zur Altertumswissenschaft*, fasc. 8 (Basle 1956), and L. Dupraz, 'Les passions de S. Maurice d'Agaune', *Studia Friburgensia*, n.s. 27 (Fribourg 1961).

[58] It it is likely that this quotation comes from one of the following sources (none of which, however, appears in the catalogue of Voltaire's library): Gregory of Tours, *Historiae Francorum libri decem in quibus non solum Francorum res gestae, sed etiam martyrum* (1561); St Eucher of Lyon, *D. Mauricius, Thebaeae legionis dux et signifer* (1617); Jean Dubourdieu, *Dissertation historique et critique sur le martyre de la légion thébéenne* (1705).

[59] Egyptian slaves. Canopus was a city in Lower Egypt, and came to denote Lower Egypt itself (Virgil) or Egypt generally (Juvenal).

[60] The early Christian apologists, in particular Athenagoras, Tertullian, Clement of Alexandria, Theophilus of Antioch and Lactantius, placed great store by the testimony of the Sibyls and their *Oracula Sibyllina* (and various Hermetic tracts) as irrefutable evidence of the veracity of the Christian religion and of the miracles of Christ. The core of the collection, however (twelve hexameter-poems), was probably composed during the Early Empire.

Chapter X

[1] Dom Thierry Ruinart, *Acta primorum martyrum sincera et selecta* (1689). Voltaire owned a free translation by Jean-Baptiste Drouet de Maupertuy, *Les Véritables actes des martyrs* (Paris 1708; BV3052). His accounts here seem to oscillate between Ruinart's Latin text and its translation.

[2] The account given by Ruinart of SS Theodotus, Thecusa and her companions is described by him as being 'Ex tomo 4. Maii Bollandiani'. Jean Bolland (1596-1665) was the prime mover behind a small group of Jesuit scholars in Antwerp who worked together on the *Acta sanctorum* (Antwerp 1643-1681).

[3] In Ancyra in Galatia, during the Great Persecution, Thecusa and her six companions (Alexandra, Claudia, Phaina, Euphrasia, Matrona and Julitta) were – as Ruinart recounts (p.341-45) – subjected to the indignities of the *lupanaria*, where nonetheless their virginity remained intact. On their refusal to wear the garlands and the robes of Artemis and Athene on the occasion of the annual feast they were drowned in the pond in which the statues of the goddesses were ritually washed. Voltaire's account of the Seven Virgins and the actions of St Theodotus is taken verbatim from Ruinart (p.336) who, following Bolland, claims total veracity for the account: 'auctore Nilo teste oculato'.

[4] According to Eusebius (*Historia ecclesiastica: De martyribus Palestinae*, II, 1-5), Romanus, a deacon at Antioch, was arrested for having exhorted Christian prisoners to disregard orders that they sacrifice to the gods of Rome. He was condemned to

death by burning, but a heavy rainstorm doused the flames. His tongue was then cut out, but he still spoke.

⁵ This reference is once again taken from Ruinart's text (p.359). The story of Shadrach, Meshach and Abednego is recounted in Daniel iii.1-30.

⁶ Voltaire is referring not to Eusebius himself, who makes no mention of this anatomical *Lapalissade*, but to the account left by Ruinart (p.358-60), cf. Drouet de Maupertuy's translation: 'L'anatomie nous apprend, et l'expérience le confirme, qu'un homme à qui l'on a coupé la langue, ne sauroit vivre.'

⁷ St Felicity was beheaded after having been forced to witness the death of her seven sons, known to hagiography as the Seven Brothers. The legend was perhaps inspired (as Voltaire and modern scholarship believe) by a desire to find a Christian equivalent of the story of the martyrdom of the Maccabees and their mother.

⁸ The age of the Antonines runs from the death of Domitian (96 A.D.) to the death of Marcus Aurelius (180 A.D.). Certain hagiographers identify the emperor at the time of the martyrdom of Felicity as Antoninus, emperor in 138 A.D, while others – placing the event in 165 A.D. – say that it must therefore be Marcus Aurelius. All the accounts of the reign of Antoninus Pius, which was remarkable for peace and prosperity, considered him to have been without reproach.

⁹ Contrary to Ruinart's usual practice of itemising his sources, he is content to say at the head of his article: 'Passio Sanctae Felicitatis & septem Filiorum ejus', p.26-27: *Ex compluribus codd. mss. & editis.*

¹⁰ The Latin text of Ruinart's *Acta* (p.26) does not make this statement: 'Temporibus Antonini Imperatoris orta est seditio Pontificum, & Felicitas illustris femina cum septem filiis suis Christianissimis tenta est.' Cf. Drouet de Maupertuy who starts the article with: 'Sainte Félicité étoit Romaine; elle vivoit sous l'empire d'Antonin.'

¹¹ Voltaire is referring to the *praetor urbanus*, who had the duty, and the executive authority, to keep order in the city. The erroneous reference to the Champ de Mars is found not in Ruinart's Latin text but in Drouet de Maupertuy's translation.

¹² St Hippolytus, a Roman priest, was banished under the persecution of the Emperor Maximinus to Sardinia, where he died (*c.*235 A.D.). In his *Hymnus de martyrio sancti Hippolyti*, hymnus XI, Prudentius confused (even fused) his Hippolytus with Hippolytus (Martyrology on 13 August), named in St Lawrence's *Acta* as the officer in charge of the imprisoned Lawrence, who – converted by Lawrence himself – was brought before the emperor for having attended Lawrence's funeral, and was torn apart by horses.

¹³ See Chapter III, note 13.

¹⁴ Condemned by Rome for a host of turpitudes – for example, denial of the utility of the sacraments, denial of the Resurrection, Hell and Purgatory – the Albigensians were first condemned by the Council of Lombez in 1176, but were reduced only by a series of crusades and wars (1210-1228).

¹⁵ Followers of the Bohemian religious reformer John Huss, burned at the stake on 6 July 1416. The rage of his followers in Bohemia led to the bloody Hussite wars.

[16] Voltaire possessed certain works which would have allowed him to quantify the upper and lower limits of the claimed losses in the Great Irish Rebellion of 1641: John Temple, *The Irish Rebellion* (Dublin 1724; BV3254); Paul de Rapin-Thoyras, *Abrégé de l'histoire d'Angleterre* (La Haye 1730; BV2871); David Hume, *Histoire de la maison de Stuart* (London 1760; BV1701), and Henry Brooke, *The Tryal of the Roman catholics of Ireland* (London 1764; BV545). Temple quotes 300,000 Protestant victims of all sorts; Rapin-Thoyras twice mentions the figure of 40,000 dead, an upper limit supported by Hume and agreed by Brooke. In the article 'Conspirations contre les peuples' (M.xxvi.11) Voltaire quotes Brooke's estimate of 40,000, which he repeats in his *Fragment sur l'Histoire générale* (M.xxix.275).

[17] The reference is to the festival of *La Délivrance*. See chapter I, notes 10 and 11.

[18] It is not clear how Voltaire arrived at his total of eight (unless he is copying from Antoine Court, *Le Patriote français*, i.259). Protestant sources account for six *prédicants* put to death in France between 1745 and the time of 1762: Louis Ranc (March 1745, in Die); Jacques Roger (May 1745, in Grenoble); Matthieu Majal, also known as Majal Desubas (February 1746, in Montpellier); François Bénézet (March 1752, in Montpellier); Etienne Teissier, *dit* Lafage (August 1754, in Montpellier); François Rochette (February 1762, in Toulouse). See Charles Coquerel, *Histoire des églises du désert* (Paris 1841), i.507-509.

[19] During the Seven Years War clerics and patriots, automatically suspecting Catholic priests and their flocks of disloyalty, invoked state intervention, but there is no record that any steps were taken to give satisfaction to the complainants. On the contrary, there is ample evidence to show that both the clergy and the laity who feared Catholicism knew that the existing anti-papist legislation was not likely to be enforced (see M. D. R. Leys, *Catholics in England 1559-1829: a social history*, Harlow 1961, p.124, 130-31; 133). On the penal code in force (though rarely in operation) against Roman Catholics in Britain and Ireland, see George Clark, *The Later Stuarts* (Oxford 1952), p.309-15, and Basil William, *The Whig Supremacy* (Oxford 1955), p.66-75.

[20] In saying 'soixante ans', Voltaire is not exaggerating: see the first two sections of the introduction to *Eléments de la philosophie de Newton* (*OC*, vol.15, Oxford 1992), ed. Robert L. Walters and William H. Barber, which constitute a prodigious general survey and synthesis of the best studies available. Much additional information, pointing in the same direction, is to be found in David Beeson's *Maupertuis: an intellectual biography* (*SVEC* 299, 1992).

[21] A strong attack was being mounted against inoculation in mid-1763. As Beuchot says in a note to *Omer Joly de Fleury étant entré*: 'Le 8 juin 1763, sur le réquisitoire d'Omer de Fleury, le parlement de Paris avait rendu un arrêt qui ordonne que les facultés de théologie et de médecine donneront leur avis sur la pratique de l'inoculation de la petite vérole; et, par provision, fait défense de pratiquer l'inoculation dans les villes et faubourgs du ressort de la cour' (M.xxiv.467). A useful account (by Théodore Tronchin) of inoculation and of the battle for its acceptance in France is to be found in the *Encyclopédie*, viii.755-71.

²² It is not clear what Voltaire means by 'les vrais principes de l'agriculture'. In the light of comments which he made during the period 1758-1764 (*Epître à madame Denis, sur l'agriculture*, dated 14 March 1761; D7446, D7951, D9358, D9723, D10735, D11699), it seems that he subscribed to the tenets of the article 'Agriculture' of the *Encyclopédie* (i.183-90), which examines the best ways of cultivating according to the methods of Jethro Tull (1674-1741) whose lessons Voltaire followed (D9723). At the risk of caricaturing Voltaire's belief in the function of agriculture, we may perhaps say that its 'true principles' were to ensure the greatest happiness of the greatest number deriving from the maximum return on the minimum outlay in the greatest possible exploitable area.

²³ Jacques de Voragine (Jacopo da Varazze, or da Voraggio, *c.*1230-1298) was a Dominican and archbishop of Genoa (1292). He is particularly known for his compilation of the *Legenda sanctorum, sive historia lombardica* (Argentinae *c.*1472-1474), known as the *Legenda aurea*. The work first appeared in France in 1475 (first French translation 1477) and was reprinted across Europe more than fifty times over the next 200 years.

²⁴ Pedro de Ribadeneyra (1527-1611) (see also chapter I, note 33) is generally mocked by Voltaire who dubbed his *Flos sanctorum*, known in France in the translation by René Gautier, *Fleur des saints*, a 'compilation extravagante' (M.x.130). He is also mocked in a note to *Le Marseillois et le lion* (*OC*, t.66, p.759) and in the article 'Dormants (les sept)' of the *Questions sur l'Encyclopédie* (M.xviii.422-23).

Chapter XI

¹ John Locke's *Epistola de tolerantia* (published anonymously, 1689) insists upon the importance of personal judgement and on the separation of church and state. There is no doubt that Voltaire attached considerable importance to the work: when the *Lettre* (reprinted in 1710 and 1732) re-appeared, it was in a 1764 edition of the *Traité* alongside a spirited 'Avertissement' which can only be Voltaire's own.

² The *Medulla theologiae moralis* (1645) by Hermann Busenbaum (1600-1668) went through more than fifty editions. Claude Lacroix (1652-1714) composed a *Commentary* on the *Medulla* (Cologne 1719) which made the two works into a two-volume publication. The 1757 edition, coinciding with the attempt of Damiens on the life of Louis XV, drew close attention to it and the Parlement de Toulouse condemned it and ordered that it be burned (9 September 1757). Inevitably, *Medulla* and *Commentary* were powerful weapons in the campaign leading up to the suppression of the Society in 1764. Voltaire, who had mocked and vilified Busenbaum and Lacroix in the *Relation de la maladie [...] du jésuite Berthier*, had already spoken of their views on homicide and regicide in the *Essai sur les mœurs*, ch.174 (M.xii.559).

³ See asterisked note. *Lettre d'un homme du monde à un théologien, sur les calomnies qu'on prétend avoir été avancées contre St. Thomas* (s.l. 1762). Voltaire's copy

(BV2090) bears the marginal note: *s^t thomas / regicide*, against the following passage: '[St. Thomas] commence par dire, que *tout gouvernement tyrannique, est un gouvernement injuste*: De-là, il tire cette conclusion étrange; donc tout ce qui se fait *pour renverser une domination pareille, ne mérite pas le nom odieux de sédition*: Il va plus loin, non-seulement il livre le Tyran à la fureur populaire; mais il le charge encore de toutes les horreurs du crime que renferme une entreprise aussi noire; et il dit, *que ce n'est qu'à lui seul qu'est dûe la qualification de séditieux*' (*CN*, v.334-35).

⁴ In the *Honnêtetés littéraires* of 1767 (M.xxiv.126), Voltaire elaborates on such departures from sound political sense although quoting a different source: 'Tout cela se trouve, avec beaucoup d'autres choses également édifiantes, dans *L'Appel à la raison.*' The *Appel à la raison des écrits et libelles publiés par la passion contre les jésuites de France* (Brussels 1762) is attributed to the Père Balbani. A new, augmented édition (1762), entitled *Nouvel Appel à la raison* [...] appeared shortly after and the Parlement condemned Caveirac as its author.

⁵ Jacques Clément (b.1567), the assassin of Henri III, was – like Aquinas – a Dominican.

⁶ On the claim that François Ravaillac (b.1578), the assassin of Henri IV, was a member of the Feuillant religious community, see chapter III, note 20.

⁷ Professor of theology at the University of Paris, Jean Petit defended, in his *Plaidoyer*, Jean sans Peur, the assassin in 1407 of Louis, duc d'Orléans, brother of Charles VI: 'il est permis à toute personne et même louable et méritoire de tuer un tyran'. Jean Charlier de Gerson, reforming Chancelier de l'Université (1395), was opposed to Petit's propositions, obtained their condemnation (1414), and attacked the duke himself. Gerson was not, however, totally opposed to the doctrine that it is permissible to murder tyrants who cannot otherwise be removed from power.

⁸ Voltaire had explained this incident in slightly different terms in the *Essai sur les mœurs* (M.xii.574): at the Etats Généraux, held in 1614, the Tiers Etat had demanded legal recognition for the proposal that no temporal or spiritual power could dispense subjects from their oath of allegiance to the king, and that regicide was impious. Duperron threatened the supporters of these sentiments with excommunication. Although the Nobility agreed with the Tiers Etat that nothing justified murder, deposition was nevertheless permissible. In the middle of this 'étrange dispute', says Voltaire, the 'parlement rendit un arrêt [2 January 1615] qui déclarait l'*indépendance absolue du trône, loi fondamentale du royaume*'. The royal Court did not support the Tiers Etat and the Parlement, but gave in to the cardinal Duperron, the clergy and Rome. Voltaire recounts the whole episode in greater detail in the *Histoire du Parlement de Paris* (M.xvi.12-14).

⁹ The teaching of Arius (*c.*250-336 A.D.), a source of bitter controversy for some seventy years, is mainly known from the reports of his adversaries, and from early documents relating to the controversy. In wishing to combat Manicheism and Sabellianism, Arius was to fall into the opposing trap of tritheism which sees the Father, the Son and the Holy Spirit as three separate and distinct Gods.

¹⁰ Jacques Davy Duperron (1556-1618) who arrived in Paris from Switzerland

(1576) with a considerable reputation for scholarship. Presented to Henri III, he quickly gained royal favour and, abjuring Calvinism, took Holy Orders with a view – it would seem – to advancement. Appointed bishop of Evreux (1591) by Henri IV, he had been one of the divines whom the king had chosen to instruct him in the Catholic faith. Between 1600 and 1618 Duperron's influence in the theological disputes of the day was considerable; he became cardinal in 1604.

[11] John xiv.28.

[12] Eusebius of Nicomedia (?-342 A.D.), bishop of Berytus, then (c.318) of Nicomedia, and finally (339) of Constantinople, was perhaps the most influential defender of Arianism.

[13] Voltaire had already outlined the disagreement between Ratramnus (who died c.860 A.D.) and Paschasius Radbertus in the *Essai sur les mœurs* (M.xi.381-82). Ratramnus's *De corpore et sanguine Domini* (partially a reply to the *De corpore et sanguine Christi* by Paschasius) – provoked the Eucharistic controversy.

[14] On Berengarius and Scotus, see chapter III, note 8. It is difficult to understand what Voltaire means when he says 'Bérenger contre Scot' since there is no record of Berengarius having had any doctrinal disagreement with the writings of his predecessor.

[15] Pope Honorius I (625-638) was condemned by the Third Council of Constantinople for the conciliatory policy he had adopted in the Monothelite controversy. The dispute arose from the attempt, on the part of the Emperor Heraclius, to win back for the Church the Monophysites (see chapter V, note 15).

[16] The term 'immaculate conception' designates the belief that the Virgin Mary was free from the taint of original sin from the moment of her conception. This way of envisaging the Virgin was unknown to the earliest Church Fathers but by the eighth century the belief that her holiness was flawless was firmly established throughout the Byzantine world. In the West the question did not fully surface until later under the influence of the Franciscan, Duns Scotus (c.1264-1308). The matter was not without controversy, but the Councils of Basle (1439) and Trent (1546) openly favoured the view, and by the end of the seventeenth century it had become – as Voltaire says – established among Catholics.

[17] Galatians ii.11-21. St Paul's mission was to preach the 'gospel of the uncircumcision' (hence among the Gentiles) while St Peter's was to preach 'that of the circumcision' (hence among the Jews). The confrontation, which occurred in Jerusalem, was not due to jealousy on the part of Paul, nor to a desire to resist Peter's authority. Paul, though criticising Peter for having behaved duplicitously, did so from a concern to strengthen the unity of the Church in truth, as Peter himself should have been doing according to the Lord's command to him (Luke xxii.31-32). The essential thrust of Paul's message is that Jews and Gentiles alike are saved by faith in Christ and not by works (ii.16). The reference to Cephas (i.e. Peter) is at ii.14.

[18] Matthew i.1-17, who works forwards chronologically from David, says: 'So [...] from David until the carrying away into Babylon are fourteen generations; and

from the carrying away into Babylon unto Christ are fourteen generations.' Luke iii.23-38, working backwards through Nathan, computes Christ's genealogy at forty-one generations. If the Bible is taken literally, of the individual forebears of Christ quoted by Matthew and Luke only David is common to both. Voltaire often returns to this problem. Here, where he wishes to point up the ability of the Evangelists and the early Christians not to be distracted by such reasons for dispute, he refrains from sarcasm. In the article 'Généalogie' (*Questions sur l'Encyclopédie*, M.xix.217), however, he pokes fun at Calmet's attempt to reconcile the disparate accounts ('Dissertation où l'on essaye de concilier Saint Matthieu avec Saint Luc sur la généalogie de Jésus-Christ', in *Commentaire littéral*, viii.381-88).

[19] Romans iii.21-31, esp. 28-31.

[20] James ii.1-26.

[21] A reference to the essential doctrinal difference separating Catholic from Protestant.

[22] In the *Histoire du Parlement de Paris* (M.xv.528-29), Voltaire recounts how news of the massacre was greeted with rejoicing.

Chapter XII

[1] Exodus xii.8.

[2] *Phase* or *Phasé* (Hebrew word signifying *passage*), the Feast of the Passover commemorating the departure of the Children of Israel out of Egypt.

[3] The anointing of Aaron, the High Priest, and the ancestor of the priestly class of the Jews, is recounted in Leviticus viii.23. The description of the consecration of both Aaron and his sons is recounted almost verbatim from Exodus xxix.20.

[4] Leviticus xvi.21. Widely interpreted as the scapegoat itself, Hazazel was identified by other commentators as Satan or a fallen angel to whom the scapegoat was sent.

[5] The list of prohibited beasts found in Deuteronomy xiv.4-8, 10-19, 21, is repeated in Leviticus, xi.4-8,10-20. It is clear from the reference to the *hérisson* that Voltaire is quoting from Calmet's *Commentaire littéral*, v.704.

[6] Genesis ix.2-16.

[7] Genesis ix.3.

[8] Genesis ix.5.

[9] This sentiment is expressed in a number of different books of the Old Testament. Voltaire's marginal notes to his copy of Calmet's *Commentaire littéral* read *ame / dans / le / sang* against Deuteronomy xii.23 and *anima / in / sangui / ne* against Leviticus, xvii.13-14 (*CN*, ii.26 and 53).

[10] See also chapter IV, note 23.

[11] Omadios was the name given to Bacchus on the island of Khios where human sacrifices were made in his honour. Cf. one of Voltaire's notes to *Les Lois de Minos*, 1771 (M.iv.177, n.2) where he states that on the island of Crete the priests ate human

flesh at their nocturnal festivals dedicated to Bacchus, and that in several of these ancient ceremonies Bacchus was known as the *mangeur de chair crue*.

¹² Voltaire could be referring to the essential tenets of Hinduism, or possibly to Buddhist beliefs which respect absolutely all forms of life without exception.

¹³ Pythagoras settled in Crotone (*c.*530 B.C.), in Southern Italy, where he established a religious community. Pythagoreanism was a way of life rather than a philosophy, emphasising moral asceticism, purification, and the kinship of all living things. The Pythagoreans would therefore eat no meat. See also chapter XIII.

¹⁴ In the *De abstentia ab animalibus necandi* in which Porphyry (234-*c.*305 A.D.), the great Neoplatonist adversary of Christianity, maintains that sacrifices cannot honour the gods but merely appease the evil demons; and that the philosopher, as a priest of the supreme (pagan) God, should refrain from these practices. Voltaire quotes from the opening lines of the *exordium* in which Porphyry admonishes his friend Firmus for having abandoned vegetarianism for meat.

¹⁵ The laws, statutes and ordinances given to the Israelites are enunciated in Exodus xx-xxiii; Leviticus i-vii, x-xxvii; Numbers v-vi, xviii-xix, xxvii-xxx, and Deuteronomy iv-vii, x-xxviii.

¹⁶ The text of Amos in the version of Le Maistre de Sacy – as in the version found in Calmet's *Commentaire littéral*, vii.867 – makes no mention of the god Rempham. St Stephen, however, quotes Amos in Acts vii.43 and it is he who mentions 'l'astre de votre dieu Rempham'.

¹⁷ The Spanish rabbi Aben-Ezra (*c.*1119-1174) was known above all for his commentaries on the Old Testament which were considered to be very bold. Cf. the *Lettres à S.A. Mgr le Prince de* *****(1767), where Voltaire says that Aben-Ezra 'fut chez les Juifs le fondateur de la raison' (M.xxvi.516).

¹⁸ English rationalist critics of the Bible. William Wollaston (1660-1724) was the author of the *Religion of nature delineated* (privately printed in 1722, published in 1724; Havens and Torrey 3257). Anthony Collins (1676-1729), 'un des plus terribles ennemis de la religion chrétienne' (M.xxvi.485), was the author of the *Discourse of freethinkers* (1713; BV816) and the *Discourse on the grounds and reasons of the Christian religion* (1724; BV818) described by Warburton as one of the most plausible attacks ever made against Christianity. Matthew Tindal (1657-1733), 'constamment le plus intrépide soutien de la religion naturelle' (M.xxvi.484), who was reputed to have renounced all belief in Christianity, was the author of *Christianity as old as the Creation* (1730; BV3302), an effective statement of the rationalist creed. Anthony Ashley Cooper, third earl of Shaftesbury (1671-1751), whose 'mépris pour la religion chrétienne éclate trop ouvertement' (M.xxvi.482), was the author of the *Character-istics of men* (2nd edn 1714) which gave unmistakable indications of religious scepticism (Havens and Torrey 2699). Of all these, Henry Saint-John, Viscount Bolingbroke (1678-1751) was best known to Voltaire, who devoted to him his *Défense de Milord Bolingbroke* (1752; M.xxii.547-54), and who quotes him extensively in *La Bible enfin expliquée* (1776; M.xxx.4-316). Bolingbroke had the most to

say on the chronology of the Bible, which is in question here (particularly in *The Philosophical works*; BV457, and the *Lettres sur l'histoire*; BV455).

[19] Deuteronomy viii.4.

[20] Exodus xxxii.1. Aaron made the golden calf (verse 4) from the ear-rings which he commanded the menfolk to take from their wives, their sons and their daughters.

[21] Exodus xix.18-19.

[22] Exodus xxxii.4: The text does not mention 'un seul jour', although the inference may be made since Moses descended from Mount Sinai the day after the making of the golden calf.

[23] Exodus xxxii.20.

[24] Exodus xxxii.28.

[25] But as Exodus xxxiii.19 says: ' je ferai miséricorde à qui je voudrais, et j'userai de clémence envers qui il me plaira.' See also Leviticus vii.31-35; viii.2-13.

[26] Numbers xxv.9. On 21 July 1762, Voltaire wrote to Isaac Pinto: 'Restez juif, puisque vous l'êtes, vous n'égorgerez point quarante deux mille hommes pour n'avoir pas bien prononcé shibboleth, ni vingt quatre mille pour avoir couché avec des Madianites' (D10600).

[27] Joshua vi.17. Rahab is mentioned many times, but only once more is she qualified as *meretrix* (Joshua vi.25). Elsewhere, for example (Joshua, ii.8), she is treated as *mulier*. Calmet says that though St Jerome and others interpret the Hebrew word *ʒona* as applied to her as meaning *femme débauchée*, others believe that she was 'simplement hôtelliére, & que c'est la vraye signification du terme de l'Original' (*Dictionnaire de la Bible*, nouv. éd., Paris 1730; BV615, iii.615).

[28] Origen, *Homiliae in Jesu Nave, Homilia* vii.5.

[29] Genesis xii.6. Calmet has the following observation: 'Chananaeus autem tunc erat in terra. *Les Cananéens occupoient alors ce pays-là*. Pourquoi cette remarque en cet endroit? Moïse a-t-il dit ailleurs que les Cananéens n'ayent pas toûjours été dans ce pays? Ou n'y étoient-ils plus lorsqu'il écrivoit? Plusieurs croyent que ce passage est une glose qui a passé de la marge dans le texte de Moïse, & qu'elle y a été ajoutée dans le tems que les Juifs étoient maîtres de ce pays [...]. D'autres assûrent que ceci a été remarqué exprès par Moïse [...] qui crût fermement aux promesses qu'on lui fit de le rendre maître d'une terre occupée par des nations si puissantes & si nombreuses, malgré le peu d'apparence qu'il y eût alors d'en voir l'accomplissement. Abenezra croit que Moïse a voulu dire que les Cananéens avoient déjà conquis cette terre sur quelque autre peuple qui la possédait auparavant; ou bien que ce passage a été ajoûté ici depuis Moïse' (*Commentaire littéral*, i.130).

[30] Genesis xxii.14.

[31] Genesis xxxvi.31.

[32] Newton's *Observations upon the prophecies of Holy Writ, particularly the prophecies of Daniel and the Apocalypse of St John* (London 1733). Although judging from this paragraph Voltaire seems to have known this poshumous publication intimately, it does not figure in the catalogue of his library.

[33] The theologian, critic and scholar Jean Leclerc (1657-1736), minister at the

Eglise Wallonne in London (1682), went to teach at the seminary of the Arminian Church in Amsterdam where he founded the *Bibliothèque universelle et historique* (according to Voltaire his most significant achievement) to which John Locke contributed an abridgement of his *Essay concerning human understanding*. It is not possible to identify the work which Voltaire has in mind, perhaps *Genesis, sive Mosis prophetae liber primus, ex translatione J. Clerici, cum paraphrasi perpetua*.

34 Hebrew scholars learned in the Masorah, an early Hebrew philological tradition, or an apparatus built up around the text of the Old Testament. The Masoretes themselves were Aramaic-speaking Jews of Babylon or Palestine, who worked (*c*.700-1100 A.D.) to ensure the integrity of transmission of the sacred text in Hebrew which was already a dead language.

35 The three pairs of letters that Voltaire quotes are remarkably similar in appearance. The cursory eye (or the careless pen) can easily confuse *caph* and *beth*, *yod* and *vaü*, or *daleth* and *res*. These are respectively כ and ב, י and ו, ד and ר.

36 This seems to be the first time that Voltaire states that the witches' sabbath came into Europe through the Ancient Jews. He repeats the claim in *La Philosophie de l'histoire*, ch.35 (*OC*, t.59, p.209), in an abridged form in *La Bible enfin expliquée* (M.xxx.95-96, n.1), and in greater detail in both *La Défense de mon oncle*, ch.7 (*OC*, t.64, p.208-210), and the article 'Bouc' of the *Questions sur l'Encyclopédie* (M.xviii.20-24). It is not clear how Voltaire arrived at this conclusion, but see José-Michel Moureaux in *La Défense de mon oncle* (p.304). The second accusation, that it was the Jews who had taught witchcraft (the 'partie de l'Europe' mentioned is doubtless Rome), is unclear in origin. It is unfortunate that in a work devoted to eradicating mindless prejudice Voltaire should have demonstrated his own with such clarity.

37 The wilderness of Paran, a desert stretching from Mount Sinai in the south to Kadesh-Barnea in the north, in which the Israelites lived for forty years (Numbers x.12, xii.16, xiii.3). Oreb or Horeb is the name given to the desert of Sinai in the Deuteronomic history and in the Deuteronomic redaction of the Book of Kings. Kadesh-Barnea, which marks an important phase of the Exodus (Deuteronomy i.2; i.19, i.46, ii.14, ix. 23) was the principal oasis in the northern part of the Sinai (Numbers xiii.26; xxxiii.36), on the southern borders of Canaan or the Promised Land, which served as a springboard for exploration. Voltaire's lac Asphaltide is the *lacus Asphaltites* of Pliny, the Dead Sea. As regards the exhortation to the Israelites to put their enemies to the sword, sparing only the 'filles nubiles', see for example Numbers xxxi.17-18.

38 The *Corpus des notes marginales* shows that in consulting Calmet's *Commentaire littéral*, Voltaire was struck by the aberration of bestiality. Against Exodus xxii.19 he noted 'bestialite / punie de mort' (ii.50); against Leviticus xviii.23 he put 'bestialité' (ii.53), and against Leviticus xx.15-16 we can almost hear his exasperated comment 'bestialit[é] / encore bestialité' (ii.54). See also chapter 7 (De la bestialité, et du bouc du sabbat) of *La Défense de mon oncle* (*OC*, vol.64, p.208-210 and notes).

39 Leviticus xvii.7; see also Leviticus xx.15-16.

40 The lengthy note (*g*) much irritated the abbé Antoine Guénée (1717-1803),

who responded to it in his *Lettre du rabbin Aaron Mathathaï à Guillaume Vadé, traduite du hollandais par le lévite Joseph Ben-Jonathan, et accompagnée de notes plus utiles* (Amsterdam 1765). Guénée, theologian and member of the Académie des inscriptions, was for twenty years professor of rhetoric at the Collège du Plessis. In 1769 he published his *Lettres de quelques Juifs portugais, allemands et polonais à M. de Voltaire* as a response to Voltaire's attacks over some ten years on the Bible in general and on the Hebrews in particular.

[41] II Chronicles iv.3.

[42] The cherubim are described in I Kings vi.23-28 and II Chronicles iii.10-13, but in a rudimentary fashion. Not even Calmet, *Commentaire littéral*, iv.119, pays any attention to their facial appearance (in his commentary, i.592-93, on Exodus xxxii.4, he attempts to establish that they had no determinate face at all). In the closest source (John, Apocalypse iv.6-7), one figured a lion, the second a calf, the third a man, and the fourth an eagle.

[43] Neither Josephus (*De bello judaico*, vi.373-80) nor Tacitus (*Historiae*, v) make any such claim. It was, however, widely believed in the Ancient World (see Diodorus Siculus) that an ass or an ass's head was an object of Jewish worship. Josephus talks, however, of the supposed theft by an Edomite of a golden ass's head from the Temple (*Contra Apionem*, ii.112-20).

[44] I Kings xii.28. The reference to 'dix parts du royaume' underlines the fact that ten of the twelve Tribes of Israel declared for Jeroboam, while only the tribes of Judah and Benjamin remained faithful to Rehoboam.

[45] Voltaire's statement could be misleading. Judah (as opposed to Israel, the kingdom of the ten tribes) was noteworthy for having remained faithful to the true religion and the ceremonies of the Law. However, it is true that the kingdom of Rehoboam did experience a momentary aberration since, after three years (II Chronicles, xi.17), it abandoned 'la loi du Seigneur' (xii.1).

[46] II Kings ii.23-24.

[47] Numbers xxxi.32-35.

[48] II Kings xvi.9-16.

[49] I Kings xviii. [36-]38, 40.

[50] Numbers xxxi.32-35.

[51] Numbers xxxi.40. Calmet (ii.340) makes no comment on the formula 'in partem Domini'.

[52] Calmet's *Dissertation sur le vœu de Jephté* is to be found in his *Commentaire littéral*, iii.158-61. Despite his quotation marks, Voltaire is paraphrasing. What Calmet says is: 'Dieu n'ordonne pas ces dévouements, il les a toléré [*sic*], mais aussitôt qu'un homme a fait ces promesses, s'il les execute à la lettre, il n'y a rien en cela d'injuste de la part de Dieu. Dieu tolère le divorce, le talion, les eaux de jalousie, la polygamie, la vengeance: est-ce à dire qu'il approuve ou qu'il exige toutes ces choses? Ainsi s'il y a du mal, de l'impiété, de la cruauté à faire des dévouements & à les exécuter, tout le mal retombe sur ceux qui les font, & non pas sur le Seigneur, qui ne les approuve, ni ne les demande pas.'

53 Judges xi.29.

54 Hebrews xi.32-33.

55 I Samuel xv.33.

56 Calmet, *Commentaire littéral*, iii.422. The quotation is accurate.

57 In his *Quaestiones Romanae* lxxxiii, Plutarch recounts that the barbarian tribe called the Bletonesii, the inhabitants of Bletisa in Spain, had sacrificed a man to their gods and that the Romans had admonished them. He adds: 'But is it not absurd that they should blame barbarians and call them impious when they themselves, not many years earlier, had buried alive in the cattle-market two men and two women, two being Greek, two being Gauls.' The source is Livy, XXII.lvii.6.

58 Caesar, *De bello gallico*, i.47.

59 This may be an echo of what Voltaire had said in the *Essai sur les mœurs* (M.xi.160), where the women who sacrifice their tribe's victims are the *druidesses* of Gaul. Alternatively it may be an unwarranted inference from Caesar (*De bello gallico*, i.53) who tells us that it was the women among the Germani who consulted the fates (i.50), and that Procillus (one of the hostages) had recounted how, 'on three occasions, before his very eyes, the women had consulted the fates to decide whether he should be burned on the spot or kept for another occasion'.

60 Voltaire is talking about Tacitus's insistence (particularly in ch.6-27) that the Germans have reached a remarkable stage of development. See also Voltaire's criticism of Tacitus in the *Essai sur les mœurs* (M.xi.43, 161-62) and in *A M.** sur les anecdotes* (M.xxix.408). For the problems raised by Voltaire in these asides, see Catherine Volpilhac-Auger, *Tacite en France de Montesquieu à Chateaubriand*, *SVEC* 313 (1993), and particularly section II: 'Tacite source historique', p.165-283.

61 Both Philo of Byblos (1st century A.D.) and Philo Judaeus, otherwise known as Philo of Alexandria (*c.*30 B.C.-*c.*40 A.D.), made such a comment: the former as the translator of *Sanchoniathonis historiarum Phœniciae*, the latter as author of innumerable works of scholarship on Jewish history and scripture (*Œuvres*; BV2717). Voltaire may be quoting Calmet, *Dictionnaire de la Bible*, article 'Sacrifice' (iv.25): 'L'idée naturelle que nous avons tous, que l'on doit offrir à Dieu tout ce qu'on a de plus cher, & de plus excellent, a porté plusieurs peuples à immoler des victimes humaines. [. . .] Philon le Juif [Philo. *lib de Abraham*] insinuë que la coutûme de faire de pareils sacrifices étoit connuë dans la Terre de Chanaan avant Abraham.' If this is indeed Voltaire's source, the shift in vocabulary from Calmet's 'insinue' to his own 'dit' is worth noting.

62 See the extensive glosses provided by José-Michel Moureaux in his edition of *La Défense de mon oncle*, ch.21, Seconde diatribe (*OC*, vol.64, p.402-409, 411-13). Voltaire has already dealt at some length with Sanchoniatho and the prodigious 'antiquity' of his writings in Section xiii of the Introduction to the *Essai sur les mœurs* (M.xi.38-42). Later, *Les Lois de Minos* contains a long note (M.vii.180-184) on human sacrifices in the course of which Voltaire quotes the sentiments of Sanchoniatho, translated by Philo of Byblos, and repeated by Eusebius in his *Preparatio evangelica*, Book I.

63 See chapter XXV, variant to line 113. The quotation in the text covers verses 20 and 18.

64 The inclusion of the sentence in NM-K is explicable by the final NB of the original edition.

65 See D10885, to Paul Claude Moultou, 5 January 1763: 'J'ai encor une autre grâce à vous demander, comme à un Docteur hébraïque, qui est pourtant un Français très aimable, c'est de vouloir bien m'écrire en caractères chrétiens, ces mots de la Vulgate, *tibi jure debentur*. C'est à l'occasion du Dieu Chamos, vous sçavez ce que c'est; il ne sera pas mal de mettre cet hébreu en marge, pour affraier les ignorants qui prétendraient que ce passage est un argument ad hominem, et qu'il ne veut dire autre chose, sinon, *vous pensez vous autres chamociens que vous possédez de droit ce que Chamos vous a donné*. Mais le *jure debentur* est formel, et un petit mot d'hébreu sera sans réplique.'

66 As we have seen, Micha the Ephraimite had a private sanctuary, with an idol and a priest in constant attendance. This episode, which concerns the migration of the Danites, is recounted in Judges xviii.11-31.

67 Baal-Berith (Baal of the covenant) was a god worshipped by the Canaanites of Shechem, who was adopted by the Israelites after the death of Gideon, one of the greater judges who had rescued Israel from the oppression of the Midianites (Judges ix.32-33). This decision was particularly ironic because it had been Gideon who had destroyed the altar of Baal, thereby gaining the nickname Jerubbaal (Judges vi.25-32).

68 See I Samuel v.1-2 and vi.1-19.

69 Cf. Calmet, *Commentaire littéral*, iii.371. Calmet's closing words, however, read 'que suivant les foibles lumières de la raison', which is not quite the same statement. See his 'Dissertation sur l'origine et sur les divinités des Philistins' (iii.321-30).

70 Moland gives the reference *Rois*, liv. IV, ch.V, v.18 et 19.

71 See Isaiah viii.15-20.

72 A Hebrew word meaning a prophet, a man inspired by God. Though attested in French by the *Trésor de la langue française*, xi.1294, its use is claimed to date only from 1853. Surprisingly, and despite this much earlier use by Voltaire, it does not figure in Littré.

73 The Rephaim (or descendants of Rapha) were 'a people, great and many, and tall, as the Anakim' (Deuteronomy ii.21) who, before the coming of the Israelites, lived in Transjordania. The one-time inhabitants of Ar, the Emim, or Enim, were also 'a people, great and many, and tall, as the Anakim' (Deuteronomy ii.10). The Nephilim (meaning the 'Fallen'), giants born of the union between heavenly beings and mortals, were made extinct by God because of their errors (Genesis vi.4; Numbers xiii.33). Those whom Voltaire calls the Enacim (i.e., the Anakim, the sons of Anak, another pre-Israelite population of Palestine which lived in the highlands of the Amorites), are also presented as a race of giants (Numbers xiii.28-33).

[74] Augustine recounts his find, made on the beach in Utica, in *De Civitate Dei*, xv.9.

[75] Ezekiel xxvii.11.

[76] Barad, barat, or barath (mod. French: baraas). Cf. *Essai sur les mœurs* (M.xi.136-137); *Un chrétien contre six juifs* (M.xxix.535-36).

[77] See Herodotus, *Historiai,* Book I for how Croesus, king of Lydia, had proved munificent with his votive offerings. Herodotus singles out for special mention Croesus's gifts to Athene Pronaia at Delphi (ch.50-51), to the shrine of Amphiarus (ch.53), to the Spartiates (ch.69), to the Ismenian Apollo at Thebes of the Boeotians and to the temple at Ephesus (ch.92).

[78] Malachi i.11.

Chapter XIII

[1] Deuteronomy v.16. Voltaire is paraphrasing.

[2] Deuteronomy xxviii contains numerous curses for disobedience (verses 16-68). The passages to which Voltaire is alluding are to be found in verses 27, 35, 44, 53 and 55. Chapter xxviii also contains threats of penury and famine (verses 16-17, 20, 24, 30-31, 38-40, 42, 51).

[3] William Warburton (1698-1779), *The Divine legation of Moses demonstrated on the principles of a religious deist, from the omission of the doctrine of a future state of reward and punishment in the Jewish dispensation* (1738-1741). Voltaire's library contains several editions of this work (BV3825-3827). Voltaire was not impressed with Warburton's argument, and castigates him in a number of texts (*Histoire de Jenni, Olympie, La Défense de mon oncle, A Warburton, Fragment sur l'histoire générale*).

[4] Deuteronomy xviii.10-11. Cf. D11453 of 11 October 1763, to the marquis d'Argence, where Voltaire discusses the *Pythonisse* and the related problems of a belief in the immortality of the soul among the Jews of the Old Testament (see notes 7-9).

[5] Jerome, *Prologue* to commentary on Ezekiel (*Pars I*; *Opera exegetica 4, Commentariorum in Hiezechielem Libri XIV, Corpus Christianorum, series latina* vol.lxxv).

[6] Ezekiel xx.25 runs: 'C'est pourquoi je leur ai donné des préceptes imparfaits, et des ordonnances où ils ne trouveront point la vie.'

[7] Calmet shows that the question of *scheol/infernus* as it first appears in Genesis xxxvii.35 was complex: 'Le terme Hébreu *Scheol* signifie quelquefois le tombeau, ou la mort, & quelquefois le lieu où les ames demeurent après cette vie. [...]. On prend souvent ce terme pour le lieu où les démons & les damnez sont détenus dans les flammes [Job xxi.13]. [...]. Enfin on entend sous le nom d'*Infernus*, le lieu où les âmes des justes attendoient la venue du Sauveur, & d'où elles sortirent [*sic*] après sa résurrection, pour aller jouir du bonheur du Ciel. [...]. C'est ce lieu que nos

Théologiens entendent sous le nom de Limbe, & qui est connu dans les anciens Peres sous le nom d'*Infernus*, & de Sein d'Abraham' (*Commentaire littéral*, i.281-82).

⁸ Numbers xvi.33, translated in the version of Le Maistre de Sacy, reads: 'Ils descendirent tout vivants dans l'enfer.'

⁹ The article 'Enfer', *Encyclopédie*, v.665-70, by the abbé Edmé Mallet begins: 'Si les anciens Hébreux n'ont pas eu de terme propre pour exprimer *l'enfer*, ils n'en ont pas moins reconnu la réalité.'

¹⁰ Deuteronomy xxxii.21-24. The version given by Voltaire is neither that of Le Maistre de Sacy nor that found in Calmet's *Commentaire littéral*, ii.571, but a close rendering of the text of the Vulgate.

¹¹ Job xxiv.15-19. The abbé Mallet ('Enfer', p.665) quotes only verse 19. Once again Voltaire seems to be giving his own translation of the Vulgate (see the following paragraph where he says: 'Je cite les passages entiers, et littéralement'). The additional reference which he gives to *les Septante* comes from Calmet's *Commentaire littéral*, iv.720.

¹² Jerome makes this point in his *Hebraicae quaestiones in libro Geneseos* (*S. Hieronymi* [...] in *Opera*, Turnholt 1959, i.27), but only by inference. In quoting the authority of Jerome, Voltaire seems to be basing himself upon Calmet's article in the *Commentaire*, and choosing the first imposing name which appears in the long chronological, marginal enumeration of the relevant bibliography: *Ieron. Quaest. Hebr. in Genes.*

¹³ The name Satan appears in Job i.6, 9 and 12; ii.4, 6 and 7. Though dealing with the name at some length in the *Dictionnaire de la Bible*, iv.116-18, and the *Commentaire littéral*, iv.622, Calmet does not discuss its etymology.

¹⁴ In the article 'Enfer', the abbé Mallet quotes Isaiah lxvi from the text of the Vulgate, but only gives verse 24: 'Videbunt cadavera virorum qui prevaricati sunt in me, Vermis eorum non morietur, & ignis eorum non extinguetur, & erunt usque ad satietatem visionis omni carni.' Voltaire quotes verses 23-24 of the Vulgate, giving his own translation.

¹⁵ Antoine Arnauld (1612-1694), the leading Jansenist theologian of the time. With Claude de Sainte-Marthe and Pierre Nicole he was author of the *Apologie pour les religieuses de Port-Royal du Saint-Sacrement, contre les injustices et les violences du procédé dont on a usé envers ce monastère* (s.l. 1665).

¹⁶ Irenaeus, *Adversus haereses* (ch.34 treats of the immortality of the soul).

¹⁷ Cf. Calmet, *Dictionnaire de la Bible*, iv.30-31, in which the wording and the order of the different items is strikingly similar. An alternative source (for this note, and for notes 19 and 25) could be Calmet's 'Dissertation sur les Pharisiens, les Saducéens, les Hérodiens, et les Esséniens', in his *Commentaire littéral*, viii.272-86.

¹⁸ Cf. once more Calmet, *Dictionnaire de la Bible*, iii.571 and 573: 'Les Pharisiens [...] donnoient beaucoup au destin ou à la fatalité, & aux décrets éternels de Dieu, qui a ordonné toutes choses avant tous les tems. [...] Les Pharisiens croyoient l'ame immortelle, & l'existence des Esprits & des Anges, & admettoient une espéce de

métempsychose des ames des gens de bien, lesquelles pouvoient passer d'un corps dans un autre.'

[19] Cf. Calmet, *Dictionnaire de la Bible*, ii.381: '[Les Esséniens] ont sur l'état des ames aprés la mort, à peu prés les mêmes sentimens que les payens, qui placent les ames des gens de bien aux Champs Elisiens, & celles des impies dans le Tartare, & dans le Royaume de Pluton, où elles sont tourmentées selon la qualité de leurs fautes.' Voltaire's reference to the 'îles fortunées' may, however, indicate that an associated source is Calmet's *Commentaire littéral*, viii.282: 'Ils veulent que les ames des gens de bien demeurent au-delà de l'océan, dans un pays où l'on ne sent ni la pluie, ni les vents, ni les excez du chaud, & du froid, & où elles jouissent d'une béatitude naturelle.'

[20] *Iliad*, xvi.419-461. Sarpedon, son of Jupiter and Laodameia, king of Lycia and an ally of King Priam of Troy, is killed by Patrocles much to his father's sorrow. Despite knowing his son's destiny, Jupiter toys with the idea of spiriting him away from the battle and transporting him back to Lycia. Hera remonstrates with him, and points out that numerous other gods, who also have sons engaged in the Trojan War, would feel resentment at such an action. Jupiter heeds her warning.

[21] In his *Epistulae morales*, CVIII, Seneca gives this line as being from his transcription and translation of a five-line fragment of verse by Cleanthes (*c*.331-*c*.232 B.C.). It is St Augustine who ascribes the lines to Seneca himself, and singles out the final line ('Ducunt volentem fata, nolentem trahunt') for comment: see *De civitate Dei*, v.8; it was probably this text that Voltaire used.

[22] The leading defenders of Jansenism during the interminable quarrels over Divine grace and predestination: Pompon[n]e d'Andilly must be Robert Arnauld d'Andilly (brother of Antoine Arnauld and the translator of St Augustine's *Confessions* and other pious works). Louis-Isaac Le Maistre de Sacy (1613-1684), nephew of 'le Grand Arnauld', was imprisoned for his Jansenist activity, and during his incarceration (1666-1669) he began his annotated translation of the Old Testament (pub. 1672-1696). Pierre Nicole (1625-1695), author of the *Essais de morale* (BV2175), collaborated with Arnauld in the *Logique de Port-Royal* (1662).

[23] Transmigration of the soul; chiefly, passage of the soul of a human being or animal at or after death into a new body of the same or different species, a tenet of the Pythagoreans, the Buddhists and others. In his *Préface sur le livre de Job* (*Commentaire littéral*, iv.599) Calmet writes: 'Presque tout l'Orient encore aujourd'hui est dans cette fausse persuasion, que nul ne souffre que pour ses crimes; que tout ce qui nous arrive de mal, est une punition de nos péchez passez. C'est une suite de l'opinion de la Métempsychose, si répanduë même à présent dans ces Provinces.'

[24] It is Pythagoras (who claimed to be the reincarnation of the Trojan Euphorbus) who explains in book XV that everything is always subject to change and transformation.

[25] Voltaire seems to have disregarded Calmet (*Dictionnaire de la Bible*, article 'Zabiens', iv.521-25) in favour of the article 'Sabaïsme' in the *Encyclopédie*, xiv.453:

'Le Sabaïsme consiste à adorer les étoiles [et] les Sabéens enseignoient que Dieu est l'esprit de la sphère & l'ame du monde; qu'ils n'admettoient point d'autres dieux que les étoiles, & que dans leurs livres traduits en arabe, ils assurent que les étoiles fixes sont des dieux inférieurs, mais que le Soleil & la lune sont les dieux supérieurs.'

Chapter XIV

1 In his gloss on Luke xiv.23, Calmet (*Commentaire littéral*, viii.537-38) says that Luke's message is addressed to Gentiles and Pagans who are *invited* to enter the church and that the only means that may be used to persuade them are preaching, miracles, reasoning, patience. Included in this long passage on 'la douce violence' is to be found a comment on that (infinitely extensible) *raison d'Etat* which the Philosophes found so chilling (p.538): 'Si l'Eglise a quelquefois permis qu'on employât la violence contre des Hérétiques, ou des Infidéles, ce n'a pas été pour punir leur erreur, ni pour les forcer à croire ce qu'ils ne croyoient pas. [...] La vérité ne se persuade pas par la force. [...] L'Eglise n'a jamais autorisé les violences, que pour opposer la force à la force, & pour réprimer des entreprises téméraires, & préjudiciables au repos public. [...] Les raisons que saint Augustin a apportées pour justifier la conduite de l'Eglise d'Afrique contre les Donatistes [see chapter XXIV, n.2], ne peuvent avoir lieu que contre des gens tels que l'étoient ces Hérétiques; des séditieux, des furieux, des meutriers, des rébelles aux Loix des Empereurs.'

2 Luke xiv.12.

3 Matthew xxi.19: 'Et voyant un figuier sur le chemin, il s'en approcha; mais n'y ayant trouvé que des feuilles, il lui dit: Qu'à jamais il ne naisse de toi aucun fruit; & au même moment le figuier sécha.' Mark xi.13: 'Et voyant de loin un figuier, qui avait des feuilles, il y alla pour voir s'il y pourroit trouver quelque chose; & s'en étant approché, il n'y trouva que des feuilles, car ce n'étoit pas le tems des figues.'

4 The parable of the fig tree in the two separate sources is discussed by Calmet in the *Commentaire littéral*, viii.188, and viii.349-50. The essential thrust of the second gloss is that: 'La plûpart des anciens & des nouveaux Interprétes ont regardé cette action de J.C. comme une figure de la réprobation des Juifs. La Synagogue n'avoit que des feüilles, au lieu de fruits; elle faisoit parade de ses Cérémonies, de ses Observances, & de ses Traditions. Mais elle étoit vuide de piété, & de solides vertus.'

5 Mark xi.15.

6 Matthew viii.30-32.

7 Calmet, *Dictionnaire de la Bible*, iv.102-103: 'Les Juifs nomment *Sanhédrin*, ou *Beth-din*, Maison du Jugement, une Compagnie de soixante & dix Sénateurs, qui s'assembloient dans une salle du Temple de Jérusalem, & qui y décidoient les plus importantes affaires de la nation.'

8 Luke xv.1-32.

9 Matthew xx.6-16.

10 Luke x.30-37.

[11] Matthew ix.14-15.

[12] Luke vii.37-48.

[13] John viii.3-11.

[14] John ii.1-11.

[15] Voltaire is alluding to the Last Supper at which Christ predicted that one of his disciples would betray him: Matthew xxvi.20-25 and John xiii.21-30.

[16] Matthew xxvi.51-52 and John xviii. 10-11.

[17] Luke ix.54-55.

[18] Socrates: see chapter VII, notes 3-6.

[19] Luke xxiii.34.

[20] See Luke xxii.44.

[21] Cf. Calmet's 'Dissertation sur la sueur de sang' (*Commentaire littéral*, viii.418-23), in the elaboration of which he had received considerable help from Alliot de Mussey, 'docteur en médecine de la faculté de Paris, & professeur en matiére médicale'. Calmet writes (p.419): '5°. Enfin la plus commune opinion est, que cette sueur de sang étoit naturelle mais plus abondante, & plus forte que les ordinaires; en effet l'on a plusieurs exemples de sueurs de sang qui n'ont rien de miraculeux, & qui sont arrivées dans les dangers imprévûs & dans les grandes frayeurs.'

[22] Matthew xxvi.63.

[23] Matthew xxvi.64.

[24] Calmet, *Dictionnaire de la Bible*, iv.103: 'L'autorité du grand Sanhédrin étoit immense. Cette Compagnie jugeoit des grandes causes qui lui étoient portées par appel des Tribunaux inférieurs. [...] Le droit de juger à mort étoit réservé à cette Compagnie, & ce Jugement ne pouvoit se prononcer ailleurs que dans la salle nommée *Laschat-haggaȝith*; d'où vient que les Juifs quittérent cette salle, dès que le droit de vie & de mort leur fut ôté, quarante ans avant la destruction de leur Temple, & trois ans avant la mort de Jésus-Christ.'

[25] Genesis vi.2 and 4 refers to them as 'Les enfants de Dieu', whereas the Vulgate gives 'filii Dei'.

[26] Psalm lxxix.11.

[27] Voltaire may have conflated the Vulgate and Calmet's gloss of I Samuel vii.10. The Vulgate reads: 'Philisthiim iniere praelium contra Israël, intonuit autem Dominus fragore magno in die illa super Philisthiim, & exterruit eos' (les Philistins commencèrent le combat contre Israël, et le Seigneur fit éclater en ce jour-là son tonnerre avec un bruit épouvantable sur les Philistins et les frappa de terreur). Calmet says: 'Dans cette occasion Dieu prit le parti d'Israël, il effraya les ennemis par les tonnerres, les terrassa par la foudre, & les dissipa par la tempête' (*Commentaire littéral*, iii.375). See also I Samuel xii.17-18.

[28] Although Voltaire seems still to be referring to I Samuel, there is no clear reference, either in the mouth of Samuel or elsewhere, to a 'ventus Dei' or a 'ventus Domini'.

[29] Again Voltaire may have conflated the Vulgate and Calmet on I Samuel xvi.15: 'Dixeruntque servi Saül ad eum: Ecce Spiritus Dei malus exagitat te' (Alors les

Officiers de Saül lui dirent: Vous voyez que Dieu a permis que vous soyez inquiété par un mauvais esprit). Calmet, *Commentaire littéral*, iii.425, says: 'Les Docteurs Juifs, suivis de plusieurs Auteurs Chrétiens, veulent que la maladie de Saül ait été causée par la mélancolie, & par une bile noire enflammée. [...] L'Ecriture attribue souvent à Dieu les effets qui tiennent du surnaturel, & dont les causes sont obscures & cachées; c'est pour cela qu'elle dit que Saül étoit agité par un mauvais esprit de Dieu.'

[30] Josephus, *Antiquitates iudaicae*, xviii.55-60. The anger caused by Pilate when he brought busts of Tiberius into Jerusalem was compounded when he used *shekalim*, contributed by Jews everywhere for the purchase of sacred animals, to construct an aquaduct to bring water into the city. It was this action that sparked the riot.

[31] Acts xv. On Porcius Festus, procurator of Judea (60-62 A.D.), as the judge of Paul see chapter VIII, note 9.

Chapter XV

[1] The contents of this chapter, composed of quotations taken from different ideological sources, once more reveal Voltaire at work. His library holds only six of the authors whom he quotes (Lactantius, BV1836; St Justin, BV1768; Fléchier, BV1346; Boulainvilliers, BV504; Amelot de La Houssaie, BV58-59; Montesquieu, BV2496). All but five quotations out of the twenty-two can be found in the *Accord parfait* of the chevalier de Beaumont, who is exploiting what he found in Antoine Court's *Le Patriote français et impartial* (BV884). See Anne-Marie Mercier-Faivre, 'Le *Traité sur la tolérance*, tolérance et réécriture', *Etudes sur le 'Traité sur la tolérance' de Voltaire*, ed. Cronk, p.34-55, and 'Voltaire dans les pas d'Antoine Court: la tolérance et son écriture', *Entre Désert et Europe. Le pasteur Antoine Court (1695-1760)* (Paris 1998), p.301-15.

Chapter XVI

[1] This chapter is modelled on a theme in section XVII of Antoine Court's *Patriote français*, added to the edition of 1753: see Mercier-Faivre, 'Voltaire dans les pas d'Antoine Court', p.308-12. The difference is that Court describes the legal obligations in abstract fashion, Voltaire dramatises them. See also Michel Delon, 'Le Mourant et le Barbare', in *Etudes*, ed. Cronk, p.224-30.

[2] A reference to the anti-Jansenist *formulaire d'abjuration*, promulgated first in France in 1656, and again in 1665 with the express requirement that the clergy should subscribe to it unreservedly. See also what Voltaire says about the *billets de confession* which were demanded from the dying (Article nouvellement ajouté, note 4).

³ Lanfranc (*c.*1005-1089), archbishop of Canterbury (1070). A native of Pavia, he studied liberal arts and theology under Berengarius in Tours. When (*c.*1047) Berengarius's views on transubstantiation (see chapter III, note 8, and chapter XI, note 14), began to attract attention, Lanfranc (then prior of the Benedictine monastery at Bec) defended the orthodox position at the Councils of Reims (1049), Rome and Vercelli (1050), and was present when the same problem was debated at the Council of Tours (1059).

⁴ The most likely subject of 'contention' between Aquinas (*c.*1225-1274) and Bonaventura (1221-1274) concerns the eternity or otherwise of the world. Bonaventura maintained that since the eternity of the world could not be demonstrated, it could conversely be demonstrated that the world was *not* eternal. For Aquinas such a position was logically untenable. See J. B. M. Wissink (ed.), *The Eternity of the world in the thought of Thomas Aquinas and his contemporaries* (Leiden 1990), and particularly P. Van Veldhuijsen, 'The question of the possibility of an eternally created world: Bonaventura and Thomas Aquinas', p.20-38.

⁵ The Second Council of Nicaea, summoned by Constantine VII, had taken place in 787 A.D., and the Council of Frankfurt, summoned by Charlemagne (794) was called as an act of defiance towards the prescriptions voted at Nicaea concerning the acceptability and therefore the cult of graven images. As Voltaire says in the article 'Concile' of the *Questions sur l'Encyclopédie*: 'Il faut savoir que deux conciles de Constantinople [. . .] s'étaient avisés de proscrire les images [. . .] le décret de Nicée, où il est dit que quiconque ne rendra pas aux images des saints le service, l'adoration, comme à la Trinité, sera jugé anathème, éprouva d'abord des contradictions; les évêques qui voulurent le faire recevoir, l'an 789, dans un concile de Constantinople, en furent chassés par des soldats. Le même décret fut encore rejeté avec mépris l'an 794, par le concile de Francfort et par les livres carolins que Charlemagne fit publier' (M.xviii.216-17).

⁶ John xiv.28.

⁷ La Rochefoucauld, *Réflexions ou sentences et maximes morales* (Paris, Bibliothèque de la Pléiade 1950), maxime 218.

⁸ The Kehl editors add the following note (xxx.161): 'Ce n'est point ici une plaisanterie exagérée. A la mort de Pascal, on publia qu'il avait abjuré le jansénisme dans ses derniers moments, et il fut prouvé qu'il n'était mécontent des jansénistes que parce qu'ils avaient montré trop de condescendance dans une paix passagère avec la cour de Rome' [this must refer to the so-called 'paix de l'Eglise' which lasted from 1669 until 1678]. 'On supposa depuis une rétractation de M. de Monclar, procureur général du parlement de Provence. On supposa, comme on le verra ci-dessous, une déclaration de la vieille servante de Calas.' Moland added therewith his own rectification with regard to the former: 'La rétractation attribuée à Ripert de Monclar, que Voltaire (M.xix.502) appelle l'oracle du parlement de Provence, a été désavoué par sa famille. Voyez le *Journal politique, ou Gazette des gazettes*, seconde quinzaine de mars 1773, page 64.'

Chapter XVII

1 Michel Le Tellier (1643-1719), Provincial of the Jesuits (1709), is best remembered as the man who succeeded the Père La Chaise as confessor to Louis XIV (21 February 1708). He was commonly held to have exercised a malign influence over the king. On numerous occasions Voltaire claimed that Le Tellier did extraordinary damage both to the reputation of the king and to the whole Jesuit order. See also chapter V, note 18.

2 The War of the Spanish Succession (1702-1713).

3 Tomás Sanchez (1550-1610), a professor of moral theology and canon law, was a subject of amusement to Voltaire who often refers to the contentious questions which he had raised in *De sancto matrimonii sacramento* (Madrid 1605). Voltaire makes no more than an aside here, but cf., for example, the satirical verse of his article 'Impuissance' (M.xix.446-47).

4 See note 11.

5 13 August 1704 (Blenheim); the duke of Marlborough and Prince Eugene inflicted a disastrous defeat on Louis XIV.

6 Berthold Schwartz, a German monk of the Benedictine or Cordelier order, was supposed to have sold the secret of gunpowder (*pulvis pyrius*), also supposedly his own invention, to the Venetians who used it for the first time against the Genoese at the siege of Chioggia in 1380.

7 In 1714, the date of this supposed letter, there were only twelve Parlements (the thirteenth and last, Nancy, did not come into existence until 1769).

8 This comment underlines the mutual hostility of the Eglise Gallicane and the Jesuits, in this instance the cardinal de Noailles and Le Tellier who both wished to influence Louis XIV. It is easy to understand why Le Tellier might have been tempted by the suggestion that 'il sera aisé d'empoisonner M. le Cardinal de Noailles'. There may, however, be a deliberate play on words, since after the refusal of Noailles to endorse the Bull *Unigenitus* in 1714 Le Tellier advised Louis XIV to 'emprisonner le cardinal de Noailles'.

9 *Rénitent* is a rare word in the eighteenth century. Although dating from 1555, and attested in a medical context, it does not figure in the *Dictionnaire de l'Académie*. The person quoted in later dictionaries as the authority for its literal or figurative use is Voltaire himself.

10 Henry VII died at Buonconvento on 24 August 1313, while attempting to re-establish imperial power in the Italian states. Voltaire is elsewhere more circumspect about his death. See *Essai sur les mœurs*, ch.68: 'Henri VII allait soutenir sa prétention sur Naples par les armes, quand il mourut empoisonné, à ce qu'on prétend: un dominicain mêle, dit-on, du poison dans le vin consacré. [...] On n'a point de preuves juridiques que Henri VII ait péri par cet empoisonnement sacrilège' (M.xi.530-531). The same caution is found in the *Annales de l'Empire* (M.xiii.387) and the *Honnêtetés littéraires* (M.xxvi.125).

[11] Molinism takes its name from Luis de Molina (1535-1600) whose *Concordia liberi arbitrii cum gratiae donis* (Lisbon 1588) is concerned with the problem of reconciling the workings of grace and free will. In the seventeenth century, with the emergence of the Jansenist view of the human condition, it became – in the hands of others – an attempt to avoid the extremes of Augustinianism and the pitfalls of Pelagianism. Voltaire has a long chapter on Jansenism and Molinism in the *Siècle de Louis XIV*, ch.37 (M.xv.39-63).

[12] The reference to the year 1707 is obscure. The most likely explanation is that 1707 was the last year of relative peace for the Gallican Church before the disastrous disputes engendered by the publication of the Bull *Universi Dominici Gregis* in 1708, the precursor of *Unigenitus* (1713).

[13] Rule by which the fourth term of a proposition is found when the three others are known.

[14] Voltaire is probably deliberately using the terminology of Scholastic philosophy. All dictionaries give definitions of the word 'dilemme', but not one carries the term 'antilemme'.

[15] The juxtaposition of the initial R... and the city of Angoulême make it more than likely that Voltaire is alluding to François Ravaillac, born at Touves, just outside Angoulême, in 1568. See the *Avis au public sur les parricides imputés aux Calas et aux Sirven* (M.xxv.517-37).

[16] Le Tellier was exiled by the Regent on 22 November 1715, perhaps under the influence of the cardinal de Noailles.

Chapter XVIII

[1] The Congrégation de l'Oratoire, founded in Italy in 1570 by St Philip Neri, had been brought to France in 1611 by Pierre de Bérulle (1575-1629). By 1629 the Order counted over 70 colleges. Although rivalry in the field of education is one of the grounds for the hostility of the Jesuits, a more serious reason was the Jansenist tendency of the Order (Quesnel, Soanen, Duguet).

[2] The Père Pasquier Quesnel (1634-1719), a member of the Congrégation de l'Oratoire (1657), was one of the most eloquent defenders of Jansenism. In 1684 (already banished from Paris for refusing to sign the *formulaire*) he joined Antoine Arnauld in Brussels where, on the death of Arnauld (1694), he became the leader of the Jansenist movement. His *Réflexions morales sur le Nouveau Testament* (1671) became the breviary of the Jansenist persuasion and were condemned as *hérétiques et séditieuses* by bishops, cardinals, the pope, the clergy of France, and the Parlement de Paris (1703, 1704, 1708, 1711, 1713). The papal Bull *Unigenitus*, which condemned 101 propositions from the *Réflexions morales*, bedevilled the religious life of France for the next seventy years.

[3] Given the importance that Voltaire ascribed to the suppression of the Jesuits in France, this passage is remarkably restrained. The growing hostility towards the

Society within France came to a head in 1753 when the exile of the Parlement de Paris was attributed to Jesuit influence. That hostility was exacerbated by the attempt on the life of Louis XV by Damiens (see chapter XXII, note 12) which provided adversaries with a further opportunity to insist upon the Society's views on regicide, views hardened by the attempt on the life of Joseph I, and the subsequent events in Portugal (1758-1761). The bankruptcy of La Valette (see Article nouvellement ajouté, note 5) allowed the Parlement to annihilate its age-old enemy: between 8 May 1761 and 6 August 1762, in a spate of *arrêts* aimed at persuading France that the Jesuits were inimical to the well-being of the state, the Society was stripped of everything, and suppressed. Following the advice of Choiseul Louis XV approved the measure (with little enthusiasm) in a royal edict, registered by the Parlement on 1 December 1764.

4 The Cordeliers were Franciscans. The order had been founded early in the thirteenth century and given papal approval in 1209. For the reference to the Virgin, see chapter XI, note 16. The Jacobins (also known as Dominicans) were members of the Ordo Praedicatorum, founded by St Dominic at Toulouse, and given papal approval in 1216. It is said that their name derives from the church of Saint Jacques in Paris, near which they built their first convent. Voltaire is alluding to the condemnation of the order by the University of Paris in 1387 for its refusal to subscribe to the notion of the Immaculate Conception.

5 Acts v.29.

6 Although Voltaire talks elsewhere about this 'secte dévote qui s'en allait empoisonnant ou tuant tous les petits enfants nouvellement baptisés' ('Baptême', M.xvii.547), he does not identify it by name.

7 See Calmet, *Dictionnaire de la Bible*, ii.69: 'Chanaan eut une grande postérité. Chanaan eut outre cela dix fils, qui furent peres d'autant de peuples habitans de la Palestine, & d'une partie de la Syrie; sçavoir, *les Héthéens, les Jébuséens, les Armorrhéens, les Gergéséens, les Hévéens, les Aracéens, les Sinéens, les Aradiens, les Samaréens & les Amathéens.*' On the sons of Canaan, see for the Héthéens, Calmet, ii.580; the Jébuséens, ii.673; the Armorrhéens, i.76-77; the Gergéséens, ii.502; the Hévéens, ii.582; the Aracéens, i.267; the Cinéens or Sinéens, ii.97; the Samaréens, iv.60; and the Amathéens, i.164. Voltaire omits the Aradiens, who alone of all the peoples of Canaan remained undefeated by the Israelites.

Chapter XIX

1 The Emperor K'ang-hsi (1654-1722) was the second ruler of the Taï-Ch'ing (or Manchu) dynasty. One of his first acts was to adopt the astronomical system of the West, and to appoint Ferdinand Verbiest to head the Tribunal of Mathematics. Later – seeking to popularise European culture among his subjects – he demonstrated great tolerance towards the Christians. His rule was a period of intense diplomatic, military, cultural and social achievement. Voltaire speaks of K'ang-hsi

with consistent admiration (M.xv.81; M.xvi.600; M.xxvii.3), and praises him as a ruler who preferred peace and commerce to war (M.xvi.448), who favoured liberty of conscience (M.xvi.598), and who was a lover of all the arts (M.xv.8).

² Probably a Lutheran. For Batavia see chapter VIII, note 19.

³ The Council of Trent (1545) was the Roman Catholic Church's answer to the Protestant Reformation. Setting out to delimit Catholic doctrine clearly from the so-called Protestant faith, it paid particular attention to eliminating the obscurity as to what constituted essential elements of faith from what were merely subjects for theological controversy.

Chapter XX

¹ Voltaire had previously dealt with this problem in the short piece entitled *Jusqu'à quel point on doit tromper le peuple* (1756), and returned to the same topic in the article 'Fraude: s'il faut user de fraudes pieuses avec le peuple' of the *Dictionnaire philosophique* (*OC*, vol.36, p.133-41), in which he establishes the reasons for suggesting that 'la plus sûre manière d'inspirer la justice à tous les hommes, c'est de leur inspirer la religion sans superstition'.

² The opening lines of this chapter are a thinly veiled attack on Bayle and his paradoxes on atheists and atheism: see the *Dictionnaire philosophique*, 'Athée, Athéisme' (*OC*, vol.35, p.375-91), in which the hostility is palpable.

³ On the Malabars see chapter VI and note 2. Their pagoda, meaning literally 'the house of the idol', is their place of worship which, architecturally, was common to the peoples of India, Indo-China and the Far East.

⁴ Acorns were largely supposed to have been the staple diet of early man. On 6 November 1762 Voltaire wrote to La Chalotais (D10795): 'Le siècle du gland est passé; vous donnerez du pain aux hommes. Quelques superstitieux regretteront encore le gland qui leur convient si bien; et le reste de la nation sera nourri par vous.'

⁵ St Christopher was probably a martyr of the Decian persecution (250-251 A.D.). According to legend he was bidden, as penance upon conversion, to carry travellers across a river; his greatest burden, despite his prodigious strength, being the Christ-child. The cult of St Christopher was widespread in the Middle Ages when his help was invoked in times of plague and earthquake. In Voltaire's day contemplation of images of St Christopher was supposed to be an antidote against tiredness or fatigue.

⁶ St Genou is frivolously described as the patron saint of sufferers from gout by Rabelais (*Gargantua*, ch.43): see *Gargantua*, ed. M. A. Screech (Geneva 1970), p.253-54, and Claude Gaignebet, *A plus hault sens. L'Esotérisme spirituel et charnel de Rabelais* (Paris 1986), i.44 and i.111. Little is known of St Genou, who is said to have been sent from Rome to preach the Gospel in Gaul *c*.250-252 A.D.

⁷ St Clare (*c*.1193-1253) – the patron saint of all sufferers from ocular maladies – was a disciple of St Francis of Assisi, at whose instigation she devoted herself to the

conventual life and founded (*c.*1212) the order known as the 'Religieuses de Saint François' or the 'Poor Clares' of which she became abbess in 1215.

⁸ Voltaire may be suggesting that the *cordon* of St Francis of Assisi had miraculous qualities, but there is no confirmation of such a fact in the major, contemporaneous writers (Tommaso di Celano, *Legenda prima seu vita prima S. Francisci*; *Tractatus de miraculis*; St Bonaventure, *Vita major*, or the *Legenda anonyma di Perugia*). Celano does, however, recount how his clothing cured people of various diseases (*Legenda prima*, cxx-cxxi). In any event the *cordon de saint François* became the distinguishing exterior feature of the early Franciscans and was looked upon with widespread veneration.

⁹ This is not the cardinal de Noailles (see chapter 17, notes 8 and 16), although he had been bishop of Châlons (1680), but his brother, Gaston-Jean-Baptiste-Louis de Noailles (1669-1720), also bishop of Châlons (20 May 1696). This incident, which took place in 1702, is described in the *Siècle de Louis XIV*, ch.35 (M.xv.14).

¹⁰ The early life of St Genevieve (*c.*419-512) – a pious young shepherdess of Nanterre – was punctuated, according to legend, by a series of miraculous events. It is also abundantly documented that her reliquary was responsible for numerous miracles, particularly during times of plague, contagious maladies, and even floods. Her cult was in fact still popular, irrespective of class, among the believers of eighteenth-century Paris. Many of the artistic representations of her have come down to us from the seventeenth to nineteenth centuries.

¹¹ In the article 'François Xavier' in the *Questions sur l'Encyclopédie* (M.xix.200) Voltaire specifies six writers: Daniello Bartoli (*Della vita e dell'instituto de S. Ignatio*, Rome 1650; *De vita et instituto S. Ignatii*, Lyon 1665); Dominique Bouhours (*La Vie de Saint François Xavier, apôtre des Indes et du Japon*, 1682, Paris 1754, BV502); João de Lucena (*Historia da vida do padre Francisco de Xavier*, Lisbon 1600); Nicolò Orlandini (*Historiae societatis Jesu pars prima, sive Ignatius*, Antwerp 1620); and Horace Tursellin (*De vita sancti Francisci Xaverii libri VI*, Rome 1596).

¹² Voltaire is using as his source, as he does more expansively in the *Questions sur l'Encyclopédie*, Bouhours's *Vie de Saint François Xavier* (BV502): 'Mais le plus plaisant de ses miracles est qu'ayant laissé tomber son crucifix dans la mer près l'île de Baranura, que je croirais plutôt l'île de Barataria, un cancre vint le lui rapporter entre ses pattes au bout de vingt-quatre heures. Le plus brillant de tous, et après lequel il ne faut jamais parler d'aucun autre, c'est que dans une tempête qui dura trois jours, il fut constamment à la fois dans deux vaisseaux à cent cinquante lieues l'un de l'autre, et servit à l'un des deux de pilote; et ce miracle fut avéré par tous les passagers, qui ne pouvaient être ni trompés ni trompeurs.' Voltaire gives the source for these miracles as being Bouhours, t.ii.237, and ii.157.

¹³ Robert II (971-1031), known as *le Dévot*, or *le Pieux*, repudiated his first wife in order to marry his cousin (to the fourth degree, says Voltaire in the *Essai sur les mœurs*, M.xi.352) Berthe, daughter of Conrad the Pacific, king of Provence. Robert had hardly ascended the throne (996) when Gregory V demanded that he should separate from Berthe on the grounds that their union was contrary to canon law.

[14] Voltaire's contempt for 'convulsionnaires' is well attested (see chapter V, notes 3 and 20; also, for example, the note to be found in *Le Russe à Paris*, M.x.130): 'Saint-Médard est une vilaine paroisse d'un très-vilain faubourg de Paris, où les convulsions commencèrent. On appelle depuis ce temps-là les fanatiques: chiens de Saint-Médard.'

[15] François Garasse (1585-1630), an eccentric pulpit orator who, being forbidden to preach on account of his scandalous performances, turned to the pen. His written attacks, for example, against Rabelais, Cardan, Etienne Pasquier, Vanini, Théophile de Viau, Charron, Louis Servin, Dumoulin, were equally judged disgraceful. Voltaire described Garasse elsewhere as 'le plus dangereux fanatique qui fût alors chez les jésuites' (M.xvi.23), or 'le plus absurde et le plus insolent calomniateur' (M.xxvi.480-81).

[16] Michel Menot (*c*.1440-1518) became so well known as a preacher that he acquired the epithet 'langue d'or', an accolade which Voltaire found scandalous. His macaronic sermons (*Sermones quadragesimales olim*, 1508; *Turonis declamati*, 1519), written in a mixture of dog Latin and burlesque French, studded with crude expressions, indecent allusions, and breath-taking trivialities deserved Voltaire's wit (for examples of Menot's style, see M.xvii.592).

[17] I Corinthians xv.36.

Chapter XXI

[1] St Alexander (?-326 A.D.), patriarch of Alexandria in 315, found himself obliged to combat Arianism (on Arius see chapter XI, note 9). Alexander was supported in this struggle by his protégé, secretary, and ultimate successor, Athanasius, who may well have penned Alexander's denunciations.

[2] Eusebius of Caesarea, otherwise known as Eusebius Pamphilii (see chapter IX, note 55). Constantine's letter to Alexander and Arius is to be found in his *De vita Constantini*, ii.64-72.

[3] Socrates Scholasticus (*c*.380-*c*.450 A.D.), his *Historia ecclesiastica* starts where Eusebius's work had left off (305 A.D.), and follows the course of events over 140 years, into the 38th year of the reign of Theodosius II. The dispute between Alexander and Arius is recounted in Book I, chapters 5-6, while the letter despatched to them both by the Emperor occupies the whole of chapter 7.

[4] By 324 A.D. the Arian controversy was escalating, and congregations were divided into two parties, with the result that pagans were taunting Christians about their dissensions. Hoping to foster conciliation, Constantine wrote to Alexander and Arius rebuking the disputants for quarrelling over questions of little importance. Constantine intervened because he set greater value on making the Roman Empire Christian than on forging theological definitions which were proving to be divisive.

[5] The Greek word *hypostasis* (originally meaning substructure) came to signify substance or person, and to be distinguished from *ousia* (meaning 'being', or

'reality'). The word *omousion* is, in reality, *homoousion* or *homousion*, hence the Homoousian doctrine which insists on the consubstantiality or identity of essence in the Father and the Son. It is not to be confused with the Homoiousian doctrine which stresses the similarity of essence. Voltaire refrains here from representing the Arian controversy (as did Gibbon) as a mere quarrel about a single vowel, a point he makes in chapter XXII, lines 86-87.

6 A more or less chronologically ordered list of those Ancients for whom the civilised western world of Voltaire's day had particular regard.

7 In the *Suite des mélanges* (M.xviii.247), IVᵉ partie (1756), Voltaire had given free rein to his disapproval of Constantine. He expresses the same disdain, in even stronger terms, in the *Essai sur les mœurs*, ch.10 (M.xi.237), in the *Examen important de Milord Bolingbroke* (*OC*, vol.62, p.309-11) and also, at the end of his life, in the *Histoire de l'établissement du christianisme*, 1774 (M.xxxi.90-91). His contempt for those historians who minimised what he saw as the crimes of Constantine is equally great: *Essai sur les mœurs*, ch.10 (M.xi.238); *Examen important* (*OC*, vol.62, p.309); *Discours de l'empereur Julien* (M.xxviii.7).

8 The Huns (of Turkish, Tatar or Ugrian stock) destroyed the kingdom of the Ostrogoths in the Ukraine, and drove the Visigoths of Trans-Danubian Dacia into the Roman provinces in 376. The Heruli were a Teutonic people from Jutland or Mecklenburg, who in 267 sacked Athens, Corinth, Sparta and Argos. They were reputed to be the most primitive of the European peoples, practising human sacrifice well into the sixth century. The Goths – a Teutonic race who began to raid the Roman Empire (238 A.D.) – were divided into the Ostrogoths and the Visigoths. The Ostrogoths built up a huge empire in the Ukraine which they held until the Huns overrran them, when they migrated and lived in the Balkan provinces until 489 when, under Theodoric the Great, they marched to Italy. The Visigoths, who devastated Greece under the leadership of Alaric, then migrated to Italy and sacked Rome (410 A.D.). The Vandals, a Teutonic people originally dwelling between the Vistula and the Oder, did not seriously affect the Roman Empire until 406 A.D., having probably been driven westwards by the invading Huns. They overrran Gaul, Spain and northern Africa, and in 455 A.D. entered Italy and sacked Rome, destroying many monuments of art and literature (hence the origin of the pejorative epithet).

Chapter XXII

1 *Siècle de Louis XIV*, ch. 2 (*Œuvres historiques*, p.626-27): 'Nous avons vu de nos jours, en 1754, un évêque (Stuart Fitz-James, évêque de Soissons) [...] dans un mandement qui doit passer à la postérité; mandement, ou plutôt instruction unique, dans laquelle il est dit expressément ce que nul pontife n'avait encore osé dire, que tous les hommes, et les infidèles mêmes, sont nos frères.' François Stuart-Berwick de Fitz-James (1709-1764), was the second son of the Maréchal de Berwick (natural son

of James II) who, though noted for his strong Jansenist leanings, became bishop of Soissons (1739).

² The religious teacher who leads the regular service of a Mohammedan mosque.

³ A Buddhist monk or priest, properly speaking of Pegu (the kingdom of Pegu became part of the Burmese Empire in 1852). The term was extended by Europeans to include the monks or priests of the whole of Burma, Siam and other Buddhist countries.

⁴ Voltaire was elected a member of this Academy in May 1746. He expresses his approval of such establishments in the article 'Académie' of the *Questions sur l'Encyclopédie*: 'Les académies sont aux universités ce que l'âge mûr est à l'enfance, ce que l'art de bien parler est à la grammaire, ce que la politesse est aux premières leçons de la civilité' (M.xvii.50-51). Later in the same text (p.52), he correctly credits the Italians with founding them: 'Les Italiens furent les premiers qui instituèrent de telles sociétés après la renaissance des lettres. L'Académie de la Crusca est du XVIᵉ siècle.'

⁵ Benedetto Buonmattei (1581-1647) was elected a member of the Academia della Crusca at the age of twenty-four. In 1608 he entered Holy Orders, and later became librarian and secretary to Cardinal Giustiniani. He became a professor of the Tuscan language in Florence in 1632, and finally Rector of the College of Pisa. The work which contributed the most to his reputation was his *Della lingua toscana libri II* (1643); Voltaire possessed the editions of 1714 and 1735 (BV580-581).

⁶ All the names in this list, some of which are taken from the abbé Morellet's *Manuel des inquisiteurs*, are associated with the Inquisition. Le Père Ivonet can only be Ivonetus. In the latest fascicule (1996) of the *Dictionnaire d'histoire et de géographie ecclésiastiques*, xxvi.473, we read: 'Ivonetus, soi-disant dominicain auteur d'une *Summa contra Catharos et Valdenses* d'après Quétif-Echard (i.483-84). Il s'agit en réalité d'une mauvaise transcription dans le ms. *Seitenstetten 213* du vrai nom de l'auteur, Moneta de Crémone.' Most of the names are distorted in one way or another. Chucalon is doubtless Jerónimo Cucalón, an expert in canon law during the first half of the sixteenth century. Zanchinus must be Ugolino Zanchino, about whom little is known apart from the fact that he was a jurisconsult, born in Rimini in the fourteenth century, who was attached to the Tribunal of the Inquisition as Difensore (Counsel for the defence). Campeggius must be the Dominican Camillo Campeggi (?-1569) who was Inquisitor for some fifteen years in Pavia, Ferrara, and Mantua. In 1568 he was elected bishop of Sutri and Nepi. He was the editor and commentator of *De haereticis Zanchini Ugolini Senae Ariminensis jurisconsulti clarissimi tractatus aureus* (Mantua 1567). Royas is likely to be Juan de Roxas or Roias (or even Rojas), originally Inquisitor of Valencia, then bishop of Agrigento in Sicily where he died in 1577. He was the author of diverse treatises, including *Singularia juris in fidei favorem haeresisque detestationem tractatus de haereticis, cum quinquaginta analyticis assertionibus et privilegiis inquisitorum* (Valencia 1572). Telinus is a misprint for Felinus, a native of Felina (near Reggio). Felinus (1444-1503) was a professor of canon law at Ferrara (1465) and Pisa (1474), becoming bishop of Atri

(1495-1499) and finally of Lucca (1499-1503). Although there is no record of his having been associated with the Inquisition he was an extremely influential jurisconsult who was successively an Auditor (judge) at the Sacred Roman Rota, Referendary, and Vice-Auditor of the Apostolic Chamber. He is the author of the *Ad V librum decretalium commentaria* (Venice 1497-1499). Gomarus must be a misprint for, or corruption of, Gambarus. Two members of the Gambara family were associated with the Inquisition: Cardinal Uberto Gambara (1489-1549) who was *Inquisitor generalis*, and his nephew, Cardinal Gian Francesco Gambara (1533-1587), who was a member of the Inquisition. Diabarus has resisted all attempts at identification. Gemelinus must be either a misprint for, or corruption of, Gambellinus. If so, we are dealing with Angelo Gambiglioni (born in Arezzo, whose death, according to different sources, occurred either in 1451, or 1465, or even 1499). Gambellinus was – like Felinus – a famous jurisconsult. His *Tractatus in practica maleficiorum* (Mantua 1472) would have recommended itself to the Inquisition.

⁷ An abridgement (1762) by the abbé André Morellet, of the *Directorium inquisitorum* composed (*c.*1376) by Nicolau Emerich (1320-1399), Inquisitor General for Catalonia (1357-1360; 1365-1375; 1387-1393). It became the *vademecum* of the Inquisitor for the Faith. In his *Mémoires* (Paris 1821, i.58-60), Morellet recounts how, being horrified and revolted by the work, he decided to publish an abridgement of it (which in turn horrified and revolted enlightened opinion).

⁸ 'Salus extra ecclesiam non est', St Augustine, *De baptismo*, IV.xvii.24. It could be said that Augustine really owes the thought to St Cyprian since he was referring back to Cyprian's 'Habere non potest Deum patrem qui ecclesiam non habet matrem' (*De ecclesiae catholicae unitate* vi).

⁹ The sultan of Turkey.

¹⁰ A contraction of Luke x.27.

¹¹ This list seems to consist of those men who had either created admirable systems of legislation or moral codes (or both). Confucius (551-479 B.C.) consistently meets with Voltaire's approval for the purity of his ethical system and for his superiority over Mohammed as a legislator: see for example *Essai sur les mœurs* (M.xi.176), *Le Philosophe ignorant* (*OC*, vol.62, p.91-92), or the *Questions sur l'Encyclopédie* (M.xviii.150-51). Solon (*c.*640-after 561 B.C.), the great Athenian statesman and reforming law-giver, does not appear to be mentioned elsewhere in Voltaire's writings. Pythagoras's learning and his wisdom were so impressive that by the end of the fifth century he had become a legend with a reputation as a great sage: see chapter XII, note 13; chapter XIII, note 23. Zaleucus (who probably lived *c.*650 B.C.) was considered by Voltaire to be one of the greatest Greek legislators: see *Essai sur les mœurs* (M.xi.78) and *Le Philosophe ignorant* (*OC*, vol.62, p.92). Socrates has figured prominently already: see chapter VII, notes 3-7. The inclusion of Plato must be a gesture towards contemporary received wisdom because Voltaire had a poor opinion of his worth: see M.xiv.563, M.xxx.51, M.xxx.493 and especially *Dieu et les hommes* (*OC*, vol.69, p.458). Trajan (*c.*53-117 A.D.) became emperor in 98 A.D. A successful soldier, ruler and administrator who earned a high reputation. A typical

example of Voltaire's approval of him is to be found in the *Préface* to the *Temple de la gloire*, 1745 (M.iv.350). Titus became Emperor in 79 A.D. During his short reign he gained great popularity with his generosity, but also for his attention to the common weal: for Voltaire's approval see *Epître LVII* (M.x.313). Epictetus (*c.*50-*c.*120 A.D.) was a freedman, and secretary to the Emperor Nero. Above all he was a Stoic of whom Voltaire much approved (M.xxv.135).

[12] Jean Châtel (born *c.*1575) was executed for attempted regicide on 29 December 1594. On Ravaillac see chapter III, note 20; chapter XI, note 6; chapter XVII, note 15. Voltaire's suggestion that both the *bien-aimés* Ravaillac and Châtel would be seated at the right hand of God is an obvious reference to their joint belief (shared by Jesuits and former *Ligueurs* alike) that – in committing, not regicide, but tyrannicide – they were committing a meritorious act. Robert-François Damiens (born in 1714) was executed in the Place de Grève on 28 March 1757 for his attempt on the life of Louis XV. Although the public suspected the hand of the Jesuits or foreign influence, the truth seems to be, as Damiens consistently claimed, that he had no preconceived plan to kill the king. Louis-Dominique Cartouche (born *c.*1693) was broken on the wheel in the Place de Grève on 29 November 1721. A successful robber and gang-leader in Regency Paris, Cartouche gained a considerable reputation with his insolent exploits and his (supposed) wit, and on the day of his death gained even further admiration with his display of fortitude. His legend, in the process of formation long before his death, took literary form as early as 20 October 1721 when the Théâtre-Italien staged an *Arlequin Cartouche*. The next day Marc-Antoine Le Grand staged, at the Comédie-Française, his *Cartouche ou les voleurs* and in 1723, Nicolas Racot de Grandval published his *Cartouche ou le vice puni* (2nd edition, 1726). It is no matter for surprise that Voltaire did not share this admiration.

Chapter XXIV

[1] Barbier identifies the author as the abbé de Malvaux (*Dictionnaire des ouvrages anonymes*, Paris 1872, vol.1, column 54).

[2] St Augustine figures on p.5-8, 16-17, 37-54 of the *Accord de la religion*. Voltaire is referring to p.16-17: 'Dans mon premier Ouvrage contre le parti de Donat, dit ce Père, au livre de ses Rétractations, j'ai dit que je n'approuvois pas que la puissance séculière usât de violence, pour forcer les Schismatiques à rentrer dans la Communion de l'Eglise. C'étoit effectivement alors mon sentiment; parce que l'expérience ne m'avoit pas encore appris combien l'impunité leur inspire d'audace, et combien la sévérité peut contribuer à leur conversion.'

[3] Bossuet figures on p.32-34: 'On ne peut [...] attaquer l'intolérance civile, sans faire en même temps le procès de toute l'Eglise. Aussi M. Bossuet regarde-t-il cette Doctrine comme incontestable, et même comme universellement reçu' (p.32). In this passage we find a long quotation taken from the *Histoire des variations*, in which

Bossuet establishes that, faced with this problem, the Catholics and the Protestants of Geneva have adopted the same position.

⁴ This reading of Malvaux's p.89-90 is inaccurate, above all as regards the second half of the quotation (p.90): 'Si les Errans sont moins nombreux, alors les Princes peuvent avoir recours à la sévérité; mais ils doivent traiter le Peuple malheureux qui s'est laissé séduire autrement que les Chefs qui abusent de sa crédulité. Ils doivent traiter les Chefs avec rigueur.'

⁵ This comment – doubtless meant to ridicule Malvaux, or to discredit him in the eyes of Choiseul and Praslin – is gratuitous. The only thing which authorises such a reading is the fact that Malvaux is treating problems which concern the state. If such is the criterion, then what Voltaire says of Malvaux could equally be said of him.

⁶ Bayle's opinion concerning the four types of *sectaires* whom the civil power must punish is quoted on p.96-97. Voltaire must have been irritated by Malvaux's mocking commentary (p.97): 'Telle est l'intolérance du Philosophe de Rot[t]erdam. Les Protestants doivent, sans doute, se féliciter que notre Gouvernement ne l'ait pas exécutée. Nous allons justifier la sagesse et l'équité des loix qu'il observe à leur égard.'

⁷ Voltaire suspected that the author of this work was the abbé de Caveirac, and we can understand why if we compare the content of the *Accord* with the content of the *Apologie*, where Malvaux constantly reproduces the arguments of his predecessor: absolute necessity of civil intolerance; willingness to put a stop to the depopulation of the countryside and to revive agriculture, but a categorical refusal to remedy those problems by according a civil status to Protestants.

⁸ The remark is made in the context of 'la faculté de contracter des alliances légitimes' (p.91), and of the prohibition placed upon Protestants which deprived them of that 'faculté'. Malvaux demonstrates compassion (p.92), but he feels that such tolerance would be harmful to the state: 'faut-il laisser renaître une nouvelle génération de la Secte turbulente dont on veut, avec raison, délivrer une Monarchie? faut-il sacrifier au bonheur du vingtième de la Nation le bonheur de la Nation entière?' (p.93).

⁹ This is a repetition of the argument contained in the anecdote recounted in chapter IV (note 15). It was brought about by the following observation made by Malvaux: 'L'exécution de cette Loi [refusal to sanction Protestant marriages] coutera à l'Etat, en diminuant le nombre des Citoyens: la nation sera moins nombreuse; mais elle sera plus tranquille: et ne peut-elle d'ailleurs réparer cet inconvénient par les encouragemens qu'elle donnera à l'agriculture et à la population?' (p.94-95).

¹⁰ This is the exact wording of the 'Article premier du chapitre III de la deuxième partie de l'*Accord*'.

¹¹ Jean-Antoine de Mesmes, comte d'Avaux (1640-1709), took part in all the important negotiations of his time and left records of his diplomacy, not only in Holland but also in Ireland (1689-1690) and Sweden (1693, 1697, 1698). Voltaire quotes from his *Négociations en Hollande*, 6 vols (Paris 1752-1753; BV230).

¹² Voltaire's text is a slight modification of what we read on p.181 of the

Négociations en Hollande: 'Un homme écrivit en même tems trois ou quatre lettres au Roi, & autant à moi, pour dire qu'il pouvoit découvrir plus de vingt millions que les Huguenots de France pouvoient faire sortir du Royaume.' Voltaire quotes from the edition of 1752-1753; the edition consulted is that of 1754 which is textually identical.

[13] The text of the letter, which deals with the representations made by the Dutch ambassador and is dated 18 October 1685, is more complex. It transpires that Louis XIV was willing to allow Dutch nationals resident in La Rochelle and Bordeaux to leave France, but that he was totally opposed to allowing the naturalised Dutch to leave. The syntax of the letter could be taken to mean that – given the 'nombre infini de conversions' – they too would (be expected to) convert (*Négociations en Hollande*, v.93-94).

[14] Paul Pellisson-Fontanier (1624-1693), for whom Voltaire had little time (see *Le Temple du goût*, *OC*, vol.9, p.157-58), was born into a Protestant family. He abjured his faith (1670), and entered Holy Orders in order to be appointed *historiographe du roi*, and was henceforth in constant receipt of the royal favour ('il changea de religion', says Voltaire, 'et fit sa fortune'). He administered, with all the zeal of a *nouveau converti*, the *caisse des conversions* (see M.xv.23: 'On tâchait d'opérer beaucoup de conversions pour peu d'argent. De petites sommes, distribuées à des indigents, enflaient la liste que Pellisson présentait au roi tous les trois mois, en lui persuadant que tout cédait dans le monde à sa puissance ou à ses bienfaits.'). The reference in line 90 is to Pellisson's eclectic sources of inspiration (cf. M.xiv.114).

[15] *Négociations en Hollande*, v.97, which dates from the week beginning 29 November 1685: 'Un nommé Vincent, Marchand d'Amsterdam, m'a fait prier aujourd'hui, par un de ses Amis, de demander un passeport à Votre Majesté pour son frère, qui avoit entrepris ci-devant des manufactures de papier à Angoulême. Il est certain, que ce Vincent, qui est à Paris à cette heure, est Hollandois, & qu'il n'est point naturalisé; mais, il est encore plus certain que sa sortie causera quelque préjudice; car il maintenoit avec son frère, qui est à Amsterdam, plus de cinq cents Ouvriers auprès d'Angoulême. Il y en a déja beaucoup qui se sont retirés en ce pays-ci, où l'on va établir des papeteries. Comme ces sortes d'Ouvriers pourront bien demeurer lorsqu'ils trouveront à travailler, peut-être que si quelqu'un entreprenoit de maintenir ces papeteries à Angoulême, on empêcheroit tous ces gens-là de sortir du Royaume.'

[16] Voltaire's statement is not quite in keeping with the original text (*Négociations en Hollande*, v.102). Avaux had written (week beginning 6 December 1685): 'Il arriva encore avant-hier six Officiers de la garnison du Quesnoy: je n'ai pas pû savoir leurs noms, non plus que des premiers; car ils les cachent soigneusement. Le prince d'Orange avoit eu dessein de faire lever deux Régimens pour tous les Officiers Huguenots, qui viendroient de France; mais les Etats ont refusé d'augmenter leurs troupes. Sur ce prétexte on dit qu'on leur donnera des pensions: mais jusqu'à cette heure, cela n'est pas résolu. Le sieur Diest les fait chercher, & les invite d'aller à Berlin, leur offrant de l'argent pour leur voyage.'

[17] Avaux's report (v.115), dating from the week beginning 17 January 1686, gives

no indication that it can be interpreted in this way. He wrote: 'Trois Bâtimens François vinrent en Hollande, montés par des Matelots François nouvellement convertis, qui abandonnèrent leurs Bâtimens, & déclarèrent qu'ils ne vouloient plus retourner en France.'

18 Correct; see Avaux's report (v.120), dated from the week beginning 7 March 1686.

19 The background to this particular snippet must be understood with reference to a visit paid to Avaux, on 23 April 1686, by a recent refugee (v.132), 'un particulier nommé Besnard [...] ci-devant Droguiste-Epicier à Rouen' who, having heard that Protestants were not in practice being forced to 'faire l'exercice de la Religion Catholique', wished to state that – given such an understanding – he was ready to return home taking his goods and wealth with him. The King's reply (2 May 1686) was unequivocal (v.133): 'La proposition, que vous fait le Marchand Droguiste de Rouen, n'est pas recevable, à moins que lui & ceux dont il vous parle, ne fassent une abjuration effective: il vaut encore mieux qu'ils demeurent dans les pays étrangers, que de retourner dans mon Royaume avec la liberté de demeurer dans leur erreur.' Avaux then recorded (v.133-134), without giving any date: 'Je mandai à M. de Seignelay, que je ferois la réponse au Marchand Droguiste de Rouen, dont j'avois eu l'honneur de lui écrire, telle que le Roi me l'avoit prescrit; mais que je ne pouvois lui dissimuler la peine que j'avois de voir les Manufactures de France s'établir en Hollande d'où elles ne ressortiroient jamais.'

20 Voltaire has already drawn attention to the opinions expressed by diverse *intendants* in the aftermath of the Revocation. See chapter IV and notes 39-45.

21 This is a reference to Voltaire's old friend the maréchal de Richelieu (1696-1788), whose career as a diplomat and a soldier is well known. Richelieu had considerable experience of the Huguenot problem, first as *commandant*, in the Languedoc, and then as *gouverneur* of the Guyenne. As early as 1738 Richelieu was not only giving the question of Protestant marriages his close attention, but was also demonstrating his belief that repression was self-defeating: 'Richelieu, pour ses débuts, avait voulu renoncer à la manière forte, et sa tolérance avait été fort appréciée des huguenots' (Paul d'Estrée, *Le Maréchal de Richelieu: 1696-1788*, Paris 1917, p.125). See also Graham Gargett, 'Voltaire, Richelieu and the problem of Huguenot emancipation in the reign of Louis XV', *SVEC* 176 (1979), p.97-132.

22 See chapter XVII where it is a question of 'faire sauter tous les parlements du royaume avec cette invention du moine Shwartz, qu'on appelle *pulvis pyrius*'.

23 The quotation (p.149) is exact, but the reading of the text in which this declaration is to be found (and therefore the justification for the authenticity of the supposed letter to Le Tellier) is tendentious.

24 The sense of the formula: 'Dieu nous préserve avec lui des trois vingtièmes' is obscure. Nothing in Malvaux's arithmetic explains the *trois vingtièmes*. Nothing in Voltaire's argument justifies such a calculation. But since the author is consistently discussing agriculture and rural depopulation, could it be as *Pot-pourri* (M.xxv.275-

76) suggests – with its reference to the trois-vingtièmes – a joke concerning *le vingtième* (a tax levied on property)?

[25] When Malvaux speaks of the necessity of refusing to sanction 'la liberté des mariages' (of curbing therefore the Protestant birth-rate in France), he continually talks of the government's attempt to hinder clandestine marriages, an attempt which (he admits) had, of course, proved to be a failure. On p.149 he muses over the possibility of success in that domain. Yet, even if France were to see that policy crowned with success, he says, she would have no reason to be sorry. Voltaire is making a reality out of a pure hypothesis which, though to be wished for, is none the less highly improbable. When Malvaux talks about 'extinction', he means 'dépérissement graduel'.

[26] The text reads (p.151): 'Puisque l'intolérance n'a été condamnée, ni par Jesus-Christ, ni par les Apôtres.' A reading of the other pages devoted to Christ, in which it is a question of intolerance, does not authorise the addition of the adverb.

[27] The emergence (with Moland, who is followed by all modern editors) of the singular form in this sentence explains why certain commentators have said that Voltaire is addressing Louis XV. This is not the case. All previous editions, with their plural form, make it plain that he is still referring to the duc de Choiseul and the duc de Praslin in particular, and Versailles in general.

Chapter XXV

[1] Guillaume de Lamoignon, seigneur de Blancmesnil et de Malesherbes (1683-1772), successively *avocat général*, *président à mortier*, *premier président de la Cour des Aides*, had replaced d'Aguesseau as *chancelier* in 1750. He was the father of Chrétien-Guillaume Lamoignon de Malesherbes.

[2] After being the *rapporteur* at the review of the Calas trial, Louis Thiroux de Crosne (1734-1794) was appointed (1767) *adjoint* at the *intendance de Rouen*, and then *intendant*. In 1785 he replaced Lenoir as *lieutenant général de police*, in which office he made a significant mark: it was he who closed down the ancient cemeteries situated in the heart of Paris, who was responsible for the construction of the Pont Louis XVI and of a new *salle d'Opéra*. He also brought about the completion of the quai d'Orsay, and the demolition of the houses situated on the bridges over the Seine.

[3] Although the appeal was judged on Mariette's *mémoire*, the real intermediary was Thiroux de Crosne. It is surprising therefore that Voltaire should not be more enthusiastic over the success of de Crosne's rhetoric. In his first extant letter on the subject (*c*.3 March 1763, D11091) he is content to say: 'Vous vous êtes couvert de gloire, et vous avez donné de vous la plus haute idée, par la manière dont vous avez enlevé les suffrages. Permettez moi de vous en faire mon compliment, ainsi que mes remerciements.' Thereafter, on two occasions, in writing to the philosophical, or the equally important Genevan Protestant, fraternity, he merely mentions the 'rare

mérite' of de Crosne (D11103) who 'parla avec l'éloquence la plus touchante et discuta tout, de la manière la plus exacte' (D11110).

⁴ Voltaire makes no further comment about the crowd awaiting the result of the deliberations other than that which can be found in D11110, where he says 'toute la galerie de Versailles était remplie de personnes de tout rang et de tout âge'. A more interesting anonymous eye-witness describes the arrival of Mme Calas at Versailles on 6 March 1763 (the day before the meeting of the Conseil d'Etat) and her mingling with a similar throng somewhat later the same day in the Galerie des Glaces: see Coquerel, p.240-41. The anonymous spectator and actor, suggests Coquerel, p.240, n.3, may have been Gaubert Lavaysse himself.

⁵ The assembled membership of the Conseil d'Etat numbered eighty-four, and eighty-four votes were cast, agreeing that the various judgements of the Parlement de Toulouse should be nullified for *vices de forme*.

⁶ The editors of Kehl glossed this paragraph with the following footnote: 'M. de Voltaire entend ici qu'il n'a eu d'autres liaisons avec la famille des Calas que d'avoir pris sa défense, d'avoir appuyé ses réclamations et ses plaintes.'

⁷ As Voltaire's concern over miscarriages of justice continues to increase, he expresses growing exasperation at the influence of 'les cris d'une multitude insensée'. See in particular the *Fragment sur la justice* (1773): 'La populace gouverne souvent ceux qui devraient la gouverner et l'instruire.' This concern figures with even more prominence during the *affaire Montbailli* and the particularly arduous *affaire Morangiés*.

⁸ This reasonable hope or expectation was given concrete form in 1765. It would seem that Voltaire himself had suggested such compensation as early as March 1763. See D11095, dated 14 March 1763 and addressed to the duchesse de Grammont: 'Il me semble que la bagatelle que je propose ferait un honneur infini au roi dans toute l'Europe. Que nos Suisses vous béniront, madame, quand ils sauront que c'est à vous que nous en aurons eu l'obligation! La moindre charité du roi, dans une occasion pareille, me paraît la chose du monde la plus importante. On peut se faire adorer à bien peu de frais.'

⁹ Such was the zeal of David de Beaudrigue to extract a confession that not only did he personally conduct the questioning of Calas under torture, but he also followed him to the scaffold, despite the fact that his official functions did not call for either course of action: see Coquerel, p.202.

¹⁰ The text of this letter does not figure in the correspondence. Although it is conceivable that Voltaire might have communicated his work to an outsider before publication, there is no record that he had any such dealings with a friend or highly placed acquaintance in the Languedoc. Whatever the case may be, it is evident that François-Louis Allamand did not doubt the existence of this warning missive (D11621, 5 January 1764).

¹¹ This is one of the earliest references of Voltaire's incredulity at the 'additionality' of elements of 'proof' which had grown out of the French system of criminal law as practised since 1670. See the *Institutes au droit criminel* of Muyart de

Vouglans (Paris 1757), 'De la preuve' (p.303-54), confirmed by the gloss given by Daniel Jousse in his *Traité de la justice criminelle de France* (Paris 1771), 'De la preuve par arguments, ou indirecte ou conjecturale' (i.750-813). On 6 August 1763, in a letter to Charles Manoël de Végobre (D11342), Voltaire wrote in terms which are a direct echo of the short-lived variant which first appeared in 63B. Benjamin Franklin was particularly struck by the bald contentions in the *Traité* regarding elements of 'proof' which he judged to be a characteristic 'pleasantry' (D12112). Given the delicate nature of the 'dossier Calas', Voltaire later suppressed the nine paragraphs in question, and did not again broach the problem of proof (and of criminal procedure in general) until three years later: see my critical edition of *André Destouches à Siam* (*OC*, vol.62, 1987, p.107-26).

[12] This is a rough equivalent of Ezekiel xxxix.17-20: '[Afin] Que vous mangiez la chair des forts, et que vous buviez le sang des Princes de la terre [...]. Et vous mangerez de la chair grasse [...], et vous boirez le sang de la victime [...]. Et vous vous soûlerez sur ma table de la chair des chevaux, et de la chair des cavaliers les plus braves.'

[13] See chapter XII, variant to line 103. Calmet (vii.556) offers no opinion on this matter.

Article nouvellement ajouté

[1] On 7 March 1763 the Conseil du roi authorised an appeal against the judgement of the Parlement de Toulouse, while the *jugement définitif* pronounced by the *maîtres des requêtes de l'Hôtel du roi* came about (see note 19 below), on 9 March 1765.

[2] This judgement – the *arrêt de cassation* – was given on 4 June 1764 by the Conseil privé du roi. Thereby three sentences were quashed for *vice de forme*: the first was the sentence pronounced by the *capitouls* on 27 October 1761 which ordered the torture of Jean Calas; the second was the death penalty pronounced by the Parlement on 9 March 1762, while the third was that which, on 18 March 1762, had banished Pierre Calas and acquitted the other accused. These decisions having been taken, the whole matter was then passed over, for retrial, to the *maîtres des requêtes de l'Hôtel du Roi*.

[3] On the suppression of the Jesuits in France see chapter XVIII, note 3.

[4] The requirement placed upon any dying person in Paris to produce a *billet de confession* signed by a Catholic priest before the last rites could be administered had originally been a weapon used against Protestants. Its utility was rediscovered during the Regency when the cardinal de Noailles had forbidden the Jesuits to minister, and in the 1750s the same weapon was used with increasing frequency against the Jansenists. The *affaire des billets de confession* was not resolved until 1757, after causing widespread anger among the faithful.

[5] The bankruptcy of the Jesuit La Valette (who had set up a trading mission in Martinique which covered the whole of the West Indies) led to the condemnation of

the whole Society (8 May 1761) as being responsible for the damages due to two of his creditors, Gouffre and Lioncy, who were important *négociants* in Marseille. This was the prelude to the suppression of the Society in France. Voltaire talks about this affair both in the *Précis du siècle de Louis XV* (M.xv.397-398) and the *Histoire du Parlement de Paris* (M.xvi.102-104).

6 On Jansenism and the suppression of Port-Royal, see M.xv.48-50.

7 *Sur la destruction des jésuites en France, par un auteur impartial* (s.l. 1765) is the work of d'Alembert. Others were less enthusiastic about it than Voltaire. Grimm, for example, although correctly guessing the author's identity, was far from complimentary (*CL*, vi.254). The *Mémoires secrets* (ii.174) likewise denied that it had much literary merit: 'Des critiques cependant trouvent ce livre croqué; ils sont fâchés que l'auteur y ait indistinctement ramassé les quolibets de toute espèce qui ont couru dans le public sur cette Société.'

8 Judging from the *Mémoires secrets* it would seem that the period during which the Jesuits attracted more attention than Calas was far in excess of 'plusieurs mois'. In the period August 1762 to June 1764 the *Mémoires secrets* devoted three entries to the Calas affair (6 August 1762, 13 December 1762, 28 August 1763) as opposed to forty-six entries concerning the Jesuits. In the period between 4 June 1764 and the *jugement définitif*, we find two entries on Calas (31 March 1765, 5 May 1765) as opposed to nine on the Jesuits.

9 This is not quite correct. The *maîtres des requêtes* now had the opportunity to examine all the evidence produced in favour of Calas at the time of his two trials, and which had been deliberately suppressed or ignored by the *capitouls* and the Parlement.

10 This happened on 28 February 1765, and the prison involved was the Conciergerie.

11 The syntax and the tense of 'on fit venir' give the wrong impression: this was not a sequence of closely related events. In order to be available for the *jugement en dernier ressort* Jeanne Viguier left Toulouse for Paris on 18 June 1764, a fortnight after the judgement of the Conseil privé du roi.

12 *Mémoire à consulter et consultation pour les enfants du défunt J. Calas, marchand à Toulouse.* Délibéré, à Paris, ce 22 janvier 1765. Signé: Lambon, Mattard, d'Outremont, Mariette, Gerbier, Legouvé, Loyseau de Mauléon, Elie de Beaumont.

13 *Mémoire du sieur François-Alexandre-Gualbert Lavaysse* (Paris 1765; BV2393).

14 This is probably a disguised expression of Voltaire's annoyance with David Lavaysse. By aggrandising the achievement of the son, Voltaire is implicity belittling the father. The *plaidoyer* of Gaubert Lavaysse is no more exceptional than any other, and in any case it had probably been, in its final form, the work of another.

15 This statement probably reveals Voltaire's irritation at (perhaps even disdain for) the consistently prudent, even pusillanimous inactivity of David Lavaysse. As early as mid-July 1762, in a letter to Henri Cathala (D10584), Voltaire had written: 'ce jeune homme [Gaubert Lavaysse] a ordre de son père de ne se point mêler de cette affaire, quoiqu'il y soit un témoin nécessaire [...]. Lavaisse le père, regardé comme le

premier avocat de Toulouse, et vivant du produit de sa profession, craint de choquer le parlement, et d'être ruiné, s'il se joint à la famille des Calas pour demander justice.' Voltaire repeated the same accusations in a letter to the d'Argentals on 14 July 1762 (D10586), and in a further letter to them of 4 August 1762 (D10630) he writes: 'On a écrit à la Vaisse père une lettre qui doit le faire rentrer en luy même, ou plutôt l'élever au dessus de luy même.' The text of the letter to Lavaysse *père* is D10632. We do not know whether he ever received it, but we do know that he did not play any part in the *révision du procès*.

16 On 7 March 1765 Damilaville (D12444) informed Voltaire as much: 'J'ai passé deux heures aujourd'hui en prison avec madame Calas et ses infortunés compagnons. Je les ai été consoler plusieurs fois depuis qu'ils y sont. Je ne suis pas le seul. Beaucoup d'autres gens de bien en ont fait autant et j'ai vu avec une grande satisfaction qu'il y avait encore de la vertu et de l'honnêteté dans le monde.' Grimm (*CL*, vi.230) also retails the same information in similar terms: 'Cette famille infortunée s'est rendue en prison [...]. Elle y a reçu les visites d'un grand nombre de personnes de la première distinction et d'autres honnêtes gens.'

17 The *rapporteur* for the final trial, to be heard by forty *maîtres des requêtes*, was Guillaume-Joseph Dupleix, seigneur de Bacquencourt, about whom little is known. In 1774 he became *intendant* of Bourgogne, and the *Correspondance* shows that in this capacity he had certain bureaucratic dealings with Voltaire.

18 The authorities led Mme Calas to understand that such a step was not advisable. Coquerel, p.256, n.1, recounts that, among the papers of Mme Calas he had found the following note: 'le chancelier Maupeou père a fait dire à la famille de ne point commencer aucune procédure à cet effet, parce qu'elle ne tendrait qu'à la ruine totale de la famille.' Voltaire also concluded that the outcome was too uncertain (see e.g. D12511, D12515, D12516, D12518, D12541, D12543, D12544). From the beginning, Grimm (*CL*, vi.230) had little faith in the good intentions of the authorities. When the necessary permission had been granted to Mme Calas to institute proceedings against the Parlement de Toulouse, at her own expense, Grimm waxed indignant about the onus placed upon her, claiming that it was the responsibility of the government to initiate, and bear the costs of, such a procedure (*CL*, vi.262-63).

19 Grimm was not impressed by this coincidence which he saw as a piece of dubious theatricality: 'L'arrêt des requêtes de l'Hôtel au Souverain a été rendu le même jour et à la même heure où Calas est mort dans les tourments du supplice, il y a trois ans. Rien ne m'a fait autant de peine que cette puérilité solennelle dans une cause de cette espèce; elle m'a fait éprouver une horreur dont il serait difficile de rendre compte: il me semble voir des enfants qui jouent avec des poignards et les instruments du bourreau' (*CL*, vi.231).

20 For this undated letter to René-Charles de Maupeou, communicated by Nanette Calas, veuve Duvoisin, to Charles Coquerel, see Coquerel, p.254-55: 'Nous avons rempli notre devoir comme juges [...]. Nous n'avons pu réparer qu'imparfaitement le malheur des accusés [...]. Les suites de cet arrêt terrible, cassé

par le Conseil sur la forme, et détruit aujourd'hui sur le fond, ont causé des pertes irréparables à sa femme et à ses enfants; leur fortune est entièrement détruite. Contraints d'abandonner une province qui ne leur retracerait que les plus cruelles idées, il leur reste peu d'espérance de rassembler les faibles débris d'un patrimoine épuisé par une longue suite de revers. Nous vous supplions, Monseigneur, d'implorer pour eux les bontés du roi.'

[21] Maupeou's undated reply to the *maîtres des requêtes* ran as follows (Coquerel, p.255): 'J'ai mis sous les yeux du roi la lettre que vous m'avez écrite en faveur de la dame et des enfants Calas; [...] votre voix ne pouvait que produire la plus vive impression sur le cœur de Sa Majesté, qui a vu avec plaisir l'expression de votre zèle et de vos généreux efforts pour ces infortunés. [...]. Le roi, dont l'âme est sensible à la justice et au malheur, a bien voulu jeter sur eux un regard favorable; il a accordé à la veuve Calas une gratification de douze mille francs, six mille francs à chacune de ses filles, trois mille francs à ses fils, trois mille francs à la servante, et six mille francs pour les frais de voyage et de procédure.' It was evident that the sum of money given to Mme Calas was woefully inadequate: see Coquerel, p.265-68, 459-61. It was in part to remedy this that Grimm devised the sale by subscription of what was to become perhaps the most famous of Carmontelle's works: the engraving, entitled 'La Malheureuse famille Calas' (see Coquerel, p.461-66). On Grimm's initiative, see *CL*, xvi.352-63.

[22] In his *Mémoires* (M.i.33), Voltaire states that the title Louis *le bien-aimé* was coined by a 'polisson, nommé Vadé', whereas in the *Eloge funèbre de Louis XV* (M.xxix.293), he says that it was bestowed on the king spontaneously by the people of Paris in mid-1744 after his brush with death at Metz.

WORKS CITED

Adams, Geoffrey, *The Huguenots and French opinion 1685-1787* (Waterloo, Ontario 1991).

Aguesseau, Henri-François d', *Œuvres* (Paris 1759).

Alletz, Pons-Augustin, *Dictionnaire portatif des conciles* (Paris 1758).

Année littéraire, 1765.

[Aubéry, Jacques], *Histoire de l'exécution de Cabrières et de Merindol, et d'autres lieux de Provence [...]. Ensemble une relation particulière de ce qui se passa aux cinquante audiances de la cause de Merindol* (Paris 1645).

Balbani, Père, *Appel à la raison des écrits et libelles publiés par la passion contre les jésuites de France* (Bruxelles 1762).

Barbier, *Dictionnaire des ouvrages anonymes* (Paris 1872).

Bastard-d'Estang, vicomte de, *Les Parlements de France* (Paris 1858).

Bayle, Pierre, *Dictionnaire historique et critique* (Rotterdam 1697).

Beaumont, chevalier de, *L'Accord parfait* (1753).

Beeson, David, *Maupertuis: an intellectual biography*, *SVEC* 299 (1992).

Bessire, François, '"Très court et un peu salé": forme et composition du *Traité sur la tolérance*', in *Études*, ed. Cronk, p.150-59.

Besterman, Theodore, 'A provisional bibliography of Italian editions and translations of Voltaire', *SVEC* 18 (1961), p.263-310.

– 'A provisional bibliography of Scandinavian and Finnish editions and translations of Voltaire', *SVEC* 47 (1966), p.53-92.

– *Voltaire* (London 1976).

Bien, David D., *The Calas Affair: persecution, toleration, and heresy in eighteenth-century Toulouse* (Princeton, N.J. 1960).

Blussé, Leonard, 'Batavia 1619-1740: the rise and fall of a Chinese colonial town', *Journal of Southeast Asian studies* 12 (1981), p.159-78.

Bolingbroke, Henry St John, viscount, *Lettres sur l'histoire*, trad. J. Barbeu Du Bourg (s.l. 1752).

– *Philosophical works* (London 1754).

Bost, Hubert, et Claude Lauriol (eds), *Entre Désert et Europe, le pasteur Antoine Court (1695-1760)*, Actes du Colloque de Nîmes, novembre 1995 (Paris 1998).

Bounioul de Montégut, *La Voix du vrai patriote opposée à celle des faux patriotes tolérants* (1756).

Brooke, Henry, *The Tryal of the Roman Catholics of Ireland* (London 1764).

Brueys, David-Augustin de, *Histoire du fanatisme de notre tems et le dessein que l'on avait de soulever en France les mécontens des Calvinistes* (Paris 1692).

Calmet, dom, *Commentaire littéral sur tous les livres de l'Ancien et du Nouveau Testament* (Paris 1709-1734).

– *Dictionnaire* [...] *de la Bible* (Paris 1730).

Chabannes, Joseph-Gaspard-Gilles, *Lettre de M. l'évêque d'Agen à M. le contrôleur général contre la tolérance des Huguenots dans le royaume* (n.p. 1751).

Chassaigne, Marc, *L'Affaire Calas* (Paris 1929).

Chiniac de La Bastide, Jean-Baptiste, Lettre d'un cosmolite à l'ombre de Calas (n.p. 1765).

Clark, George, *The Later Stuarts* (Oxford 1952).

Collins, Anthony, *Discourse of free-thinkers* (1713).

– *Discourse on the grounds and reason of the Christian religion* (1725).

Contezat, l'abbé de, *Observations sur un mémoire qui paraît sous le nom de Paul Rabaut intitulé La Calomnie confondue* (1762).

Cooper, Anthony Ashley, earl of Shaftesbury, *Characteristics of men* (1711; 2nd ed. 1714).

Coquerel, Athanase, *Jean Calas et sa famille: étude historique d'après les documents originaux suivie des pièces justificatives et des Lettres de la sœur A.-J. Fraisse de La Visitation* (Paris 1858, 1869; Genève 1970).

Coquerel, Charles, *Histoire des églises du désert chez les protestants de France depuis la fin du règne de Louis XIV jusqu'à la Révolution française* (Paris 1841).

Corpus des notes marginales de Voltaire, ed. L. Albina, *et al.* (Berlin 1979-).

Cotoni, Marie-Hélène, 'Ambivalences et ambiguïtés dans le *Traité sur la tolérance*', in *Etudes*, ed. Cronk, p.183-87.

Court, Antoine, *Le Patriote français* (Villefranche 1751; new ed. 1763).

Court de Gébelin, Antoine, *Mémoire historique de ce qui s'est passé de plus remarquable au sujet de la Religion Réformée, en plusieurs provinces de France depuis 1744 jusqu'à la présente année 1751* (1751).

– *Les Toulousaines ou lettres historiques et apologétiques en faveur de la religion réformée et de divers protestants condamnés dans ces derniers temps par le Parlement de Toulouse ou dans le Haut Languedoc* (Edimbourg 1763).

Coyer, Gabriel, *Lettre au R.P. Berthier sur le matérialisme* (Genève 1759).

Cronk, Nicholas (ed.), *Etudes sur le 'Traité sur la tolérance' de Voltaire* (Oxford 2000).

Delon, Michel, 'Le Mourant et le Barbare', in *Etudes*, ed. Cronk, p.224-29.

Dictionnaire de l'Académie Française.

Dictionnaire de Trévoux [Paris 1752].

Diderot, Denis, *Correspondance*, ed. Roth (Paris 1955-1970).

– 'Journée de la Saint-Barthélemi', *Encyclopédie*, t.viii.

Dedieu, Joseph, *Histoire politique des protestants français, 1715-1794* (Paris 1925).

Dubédat, M., *Histoire du Parlement de Toulouse* (Paris 1885).

Dubourdieu, Jean, *Dissertation historique et critique sur le martyre de la légion thébéenne* (1705).

Elie de Beaumont, Jean-Baptiste-Jacques, *Mémoire à consulter, et consultation pour la dame Anne-Rose Cabibel, veuve Calas, et pour ses enfants* (Paris 1762).

– *Mémoire à consulter et consultation pour les enfants du défunt Jean Calas, marchand à Toulouse* (Paris 1765).

– *Mémoire pour dame Anne-Rose Cabi-*

bel veuve Calas et pour ses enfants sur le renvoi aux Requêtes de l'Hôtel au Souverain, ordonné par Arrêt du conseil du 4 juin 1764 (Paris 1765).

Estrée, Paul d', *Le Maréchal de Richelieu 1696-1768* (Paris 1917).

Evans, H. B., 'A provisional bibliography of English editions and translations of Voltaire', *SVEC* 8 (1959), p.9-121.

Fahmy, Jean Mohsen, *Voltaire et Paris*, *SVEC* 195 (1981).

Fields, Madeleine, 'Voltaire et le *Mercure de France*', *SVEC* 20 (1962).

Gaignebet, Claude, *A plus hault sens. L'Esotérisme spirituel et charnel de Rabelais* (Paris 1986).

Gargett, Graham, *Jacob Vernet, Geneva and the philosophes*, *SVEC* 321 (1994).

– *Voltaire and Protestantism*, *SVEC* 188 (1980).

– 'Voltaire, Richelieu and the problem of Huguenot emancipation in the reign of Louis XV', *SVEC* (1979), p.97-132.

Granderoute, Robert, 'L'affaire Calas, les mémoires voltairiens et le *Traité sur la tolérance*', in *Etudes*, ed. Cronk, p.56-67.

– 'De la source au texte: les mémoires voltairiens de l'affaire Calas', in *Voltaire et ses combats*, Actes du Congrès international, Oxford-Paris 1994, ed. Ulla Kölving and Christiane Mervaud (Oxford 1997), i.567-79.

Grimm, F. M., *Correspondance littéraire*, ed. Maurice Tourneux (Paris 1877-1882).

– *Projet de souscription pour une estampe tragique et morale* (1765).

Grenier-Fajal, O. de, *Rochette et les trois frères Grenier* (Montauban 1886).

Grosclaude, P., *Malesherbes, témoin et interprète de son temps* (Paris 1961).

Guénée, Antoine, *Lettre du rabbin Aaron Mathathaï à Guillaume Vadé traduite du hollandais par le lévite Joseph Ben-Jonathan* (Amsterdam 1765).

Havens, George R., and Norman L. Torrey, *Voltaire's catalogue of his library at Ferney*, *SVEC* 9 (1959).

Histoire de la délivrance de la ville de Toulouse, arrivée le 17 mai 1562, où l'on voit la conspiration des huguenots contre les catholiques, leurs différents combats, la défaite des huguenots et l'origine de la procession du 17 mai, le dénombrement des reliques de Saint Cernin, le tout tiré des annales de ladite ville (1765).

Houtteville, Alexandre-Claude-François, *La Religion chrétienne prouvée par les faits* (1722; new ed. 1749).

Hugues, Edmond, *Antoine Court. Histoire de la restauration du protestantisme en France au XVIIIe siècle* (Paris 1872).

– 'Un épisode de l'histoire du protestantisme au XVIIIe siècle', *BSHPF* 26 (1877), p.289-303, 337-50.

Hume, David, *Histoire de la maison de Stuart sur le trône d'Angleterre*, trad. A.-V. Prévost (London 1760).

Kämpfer, Engelbert, *History of Japan giving an account of the antient and present state and government of that empire, of its temples, palaces, castles and other buildings, of its metals, minerals, trees, plants, animals, birds and fishes* [...] (London 1727-1728), trans. from the German by Jean Gaspar Schweitzer; French trans. P. Desmaizeaux (1729).

La Rochefoucauld, *Réflexions ou Sentences et maximes morales* (Paris 1950).

Lauriol, Claude, '*L'Asiatique tolérant* ou le "Traité sur la tolérance" de La Beaumelle (1748)', *DHS* 17 (1985), p.75-82.

– 'Autour du *Traité sur la tolérance*. Les Toulousaines de Court de Gébelin', *Naissance et affirmation de l'idée de tolérance, XVIIe et XVIIIe siècles*, Actes du Ve colloque Jean Boisset (Montpellier 1988), p.333-58.

– *La Beaumelle. Un Protestant cévenol entre Montesquieu et Voltaire* (Genève and Paris 1978).

Lavaysse, David, *Mémoire de M. David Lavaysse, avocat en la cour, pour le sieur François-Alexandre-Gaubert Lavaysse, son troisième fils* (Toulouse n.d.).

Lavaysse, François-Alexandre-Gaubert, *Mémoire du sieur François-Alexandre Gualbert Lavaysse* (Paris 1765).

– *Mémoire du sieur Gaubert Lavaysse* (Toulouse n.d.).

Lenfant, le R. P., S.J., *Dissertation sur la tolérance des Protestants ou Réponse à deux ouvrages dont l'un est intitulé L'Accord parfait et l'autre Mémoire au sujet des mariages clandestins des Protestants de France* [1756].

Léonard, Emile, *Histoire ecclésiastique des réformés français au XVIIIe siècle* (Paris 1940).

– *Histoire générale du protestantisme* (Paris 1961-1964).

– 'Le problème du culte public et de l'église dans le protestantisme au XVIIIe siècle', *Foi et vie* (1937), p.431-57.

Le Tellier, Michel, *Avis à M. Arnauld sur sa quatrième dénonciation* (1691).

– *L'Erreur du péché philosophique combattue par les jésuites* (1691).

– *Observations sur la nouvelle défense de la version française du Nouveau Testament, imprimé à Mons* (1685).

– *Le Père Quesnel séditieux et hérétique* (1705).

– *Réflexions sur le libelle intitulé Véritables sentiments des jésuites sur le péché philosophique* (1691).

Lettre d'un homme du monde à un théologien sur les calomnies qu'on prétend avoir avancées contre saint Thomas (n.p. 1762).

Lettre d'un patriote sur la tolérance civile des Protestants en France et sur les avantages qui en résulteroient pour le royaume (1756).

Lettres édifiantes et curieuses écrites des missions étrangères par quelques missionaires de la Compagnie de Jésus (1781).

Leys, M. D. R., *Catholics in England 1559-1829: a social history* (Harlow 1961).

Ligou, Daniel, 'Essai d'interprétation psychologique des événements de septembre 1761 à Caussade', *Congrès régional des Fédérations historiques du Languedoc* (Carcassonne 1952).

Loiseau de Mauléon, Alexandre-Jérôme, *Mémoire pour Donat, Pierre et Louis Calas* (Paris 1762).

Lods, Armand, 'Les partisans et les adversaires de l'Edit de Tolérance. Etude bibliographique et juridique 1750-1789', *BSHPF* 36 (1887), p.551-65, 619-23.

Malesherbes, Chrétien-Guillaume Lamoignon de, *Mémoire sur le mariage des Protestants en 1785* (n.p.n.d.).

Malvaux, l'abbé de, *Accord de la religion et de l'humanité sur l'intolérance* (1762).

Mariette, Pierre, *Mémoire pour dame Anne-Rose Cabibel, veuve du sieur*

Jean Calas; Louis et Louis-Donat Calas, leurs fils, et Anne-Rose et Anne Calas, leurs filles, demandeurs en cassation d'un Arrêt du Parlement de Toulouse du 9 Mars 1762 (1762).

– *Mémoire pour la veuve Calas et sa famille* (1765).

– *Observations pour la dame veuve Calas et sa famille* (Paris 1765).

– *Réflexions pour dame Anne-Rose Cabibel, veuve du sieur Jean Calas, marchand à Toulouse; Louis et Louis-Donat Calas leurs fils; Anne et Anne-Rose Calas leurs filles, demandeurs en cassation d'un arrêt du Parlement de Toulouse du 9 mars 1762* (1763).

Matagrin, Amadée, *Histoire de la tolérance: évolution d'un principe social* (Paris 1905).

Mémoire théologique et politique au sujet des mariages clandestins des Protestants de France (1755).

Mémoires secrets (London 1780-1789).

Menant, Sylvain, 'Le titre et le genre du *Traité sur la tolérance*', in *Etudes*, ed. Cronk, p.136-49.

Mercier-Faivre, Anne-Marie, 'Le *Traité sur la tolérance*, tolérance et réécriture', in *Etudes*, ed. Cronk, p.34-55.

– 'Voltaire dans les pas d'Antoine Court: la tolérance et son écriture', in *Entre Désert et Europe. Le Pasteur Antoine Court (1695-1760)* (Paris 1998).

Mercure de France (1724-1778).

Mervaud, Christiane, 'Fonction et signification des notes de Voltaire dans le *Traité sur la tolérance*', in *Etudes*, ed. Cronk, p.159-74.

Mesmes, Jean-Antoine de, *Négociations en Hollande* (Paris 1752-1753).

Molina, Luis de, *Concordia liberi arbitrii cum gratiae donis* (Lisbon 1598).

Montgeron, Louis-Basile Carré de, *La Vérité des miracles opérés à l'intercession de M. de Pâris* (Paris 1737-1741).

Moulin, H., *Les Défenseurs des Calas et des Sirven. Elie de Beaumont et Loiseau de Mauléon, avocats au Parlement. P. Mariette, avocat aux Conseils du roi* (Cherbourg 1883).

Moureau, François, *Répertoire des nouvelles à la main* (Oxford 1999).

Morellet, André, *Mémoires* (Paris 1821).

– *Petit écrit sur une matière intéressante* (1756).

Nixon, Edna, *Voltaire and the Calas case* (London 1961).

Nonotte, Claude-Adrien, *Les Erreurs de Voltaire*, 6th ed. (Lyon 1770).

Novi de Caveirac, Jean, *Apologie de Louis XIV et de son Conseil sur la Révocation de l'Edit de Nantes pour servir de Réponse à la Lettre d'un Patriote sur la tolérance civile des Protestants de France, avec une dissertation sur la journée de la S. Barthélemy* (n.p. 1758).

– *Mémoire politico-critique où l'on examine s'il est de l'intérêt de l'Eglise et de l'Etat d'établir pour les Calvinistes du Royaume une nouvelle forme de se marier* (n.p. 1756).

Orsoni, Jean, 'L'Affaire Calas avant Voltaire', unpublished thèse de 3e cycle (Université Paris IV–Sorbonne 1981).

Pepys, Samuel, *Diary*, ed. Robert Latham and William Matthews (London 1970-1983).

Philologus, *The Inspector inspected or Dr Hill's story of Elizabeth Canning examined [...] by Philologus* (London 1753).

Pignot, J.-Henri, *Barthélemy de Chasse-neuz* [...] *sa vie et ses œuvres* (Genève 1970).

Poland, Burdette C. , *French Protestant-ism and the French Revolution: a study in church and state, thought and religion, 1685-1815* (Princeton, N.J. 1957).

Pomeau, René, 'Ecraser l'Infâme', *Voltaire en son temps*, t.4 (Oxford 1995).

– *La Religion de Voltaire* (Paris 1969).

– 'Voltaire et Rousseau devant l'affaire Calas', in *Voltaire–Rousseau et la tolérance*, *Actes du colloque Franco-Nérlandais 16-17 novembre 1978* (Amsterdam and Lille 1980).

Poujol, Jacques, 'Aux sources de l'Edit de 1787: une étude bibliographique', *BSHPF* 133 (1987), p.343-84.

Quesnel, Pasquier, *Réflexions sur le Nouveau Testament* (1671).

Rabaut, Paul, *La Calomnie confondue ou mémoire dans lequel on réfute une nouvelle accusation intentée aux pro-testants de la province du Languedoc, à l'occasion de l'affaire du sieur Calas détenu dans les prisons de Toulouse* (n.p. 1762).

Rapin-Thoyras, Paul de, *Histoire d'An-gleterre* (La Haye 1724-1725; new ed. La Haye 1749).

Ratramne, *Traité du corps et du sang de Jésus-Christ*, trans. Jacques Boileau (1686).

Raynal, Jean, *Histoire de la ville de Toulouse* (Toulouse 1759).

Renwick, John, *Voltaire et Morangiés 1772-1773 ou les Lumières l'ont échappé belle*, *SVEC* 202 (1982).

– 'Essai bibliographique', in *Etudes*, ed. Cronk, p.230-47.

Ribadeneyra, Pedro de, *Flos sanctorum, o libro de las vidas de los santos* (Madrid

1599; 1610), trans. René Gautier, *Les Fleurs des vies des saints* (Paris 1673-1686).

Ridgway, Ronald, *Voltaire and sensibil-ity* (Montreal and London 1973).

Roche, Daniel, *Le Siècle des Lumières en province* (Paris 1973).

Ruinart, Thierry, *Acta primorum mar-tyrum sincera et selecta* (Paris 1689), trans. J.-B. Drouet de Maupertuy, *Les Véritables actes des martyrs* (Paris 1708).

Rycaut, Paul, *The Present state of the Greek and Armenian churches, Anno Christi 1678* (Londres 1679), trans. M. de Rosemonde (Amsterdam 1696).

The St James's chronicle or The British evening-post.

Scoville, Warren C., *The Persecution of Huguenots and French economic development 1680-1720* (Berkeley 1960).

Seth, Catriona, 'Voltaire pragmatique: l'argent dans le *Traité sur la tolérance*', in *Etudes*, ed. Cronk, p.191-204.

Sudre, Théodore, *Mémoire pour le sieur Jean Calas, négociant de cette ville; dame Anne-Rose Cabibel, son épouse; et le sieur Jean Pierre Calas un de leurs enfans* (Toulouse 1762).

– *Réflexions pour les sieurs et demoiselle Calas* (Toulouse 1762).

– *Suite pour les sieurs et demoiselle Calas* (Toulouse 1762).

– *Traité des droits seigneuriaux et des matières féodales par M. noble François de Boutaric* (Toulouse 1775).

Tailhé, Jacques, and G.-N. Moultrot, *Questions sur la tolérance ou l'on exam-ine si les maximes de la persécution ne sont pas contraires au droit des gens* (Genève 1758).

WORKS CITED

Temple, John, *The Irish Rebellion* (Dublin 1724).

Thou, Jacques-Auguste de, *Historia sui temporis* (1604-1620).

Tindal, Matthew, *Christianity as old as the Creation* (London 1730).

Turgot, Anne-Robert-Jacques, *Edits* (Paris 1976).

Van den Heuvel, Jacques, *Voltaire. L'Affaire Calas et autres affaires* (Paris 1975).

Vauban, *Mémoire pour le rappel des Huguenots* (1689; rev. 1691, 1693).

Vercruysse, Jeroom, 'Bibliographie provisoire des traductions néerlandaises et flamandes de Voltaire', *SVEC* 116 (1973), p.52.

Vic, Claude de, *Histoire générale de la province de Languedoc* (Paris 1730-1745).

[Villiers, Marc-Albert de], *Sentiments des Catholiques de France sur le Mémoire au sujet des mariages clandestins des Protestants* (1756).

Volpilhac-Auger, Catherine, *Tacite en France de Montesquieu à Châteaubriand*, *SVEC* 313 (1993).

Voltaire, *André Destouches à Siam*, ed. John Renwick, *OC*, vol.62 (1987), p.107-26.

– *Correspondence and related documents*, ed. Th. Besterman (Oxford 1968-1977).

– *La Défense de mon oncle*, ed. José-Michel Moureaux, *OC*, vol.64 (1984), p.1-450.

– *Dictionnaire philosophique*, ed. Christiane Mervaud, *et al.*, *OC*, vol.35-36 (1994).

– *Les Guèbres*, ed. John Renwick, *OC*, vol.66 (1999), p.427-640.

– *La Guerre civile de Genève*, ed. John Renwick, *OC*, vol.63A (1990), p.1-152.

– *La Henriade*, ed. Owen R. Taylor, *OC*, vol.2 (1970).

– *Œuvres historiques*, ed. René Pomeau (Paris 1957).

– *La Philosophie de l'histoire*, ed. J. H. Brumfitt, *OC*, vol.59 (1969).

– *Rome sauvée*, ed. Paul Leclerc, *OC*, vol.31A (1992), p.1-292.

– *Le Temple du goût*, ed. Owen R. Taylor, *OC*, vol.9 (1999).

Vouglans, Muyart de, *Institutes au droit criminel* (Paris 1757).

Wagner, Nicholas, 'Voltaire, poète des Lumières: l'affaire Calas', *Etudes sur le XVIIIe siècle*, ed. J. Ehrard (Clermont-Ferrand 1979).

Warburton, William, *The Divine legation of Moses demonstrated on the principles of a religious deist* (1737-1741).

William, Basil, *The Whig supremacy* (Oxford 1955).

Wissink, J. M. B. (ed.), *The Eternity of the world in the thought of Thomas Aquinas and his contemporaries* (Leiden 1990).

Wollaston, William, *Religion of nature delineated* (London 1724).

Yvon, Claude, *Liberté de conscience resserré dans des bornes légitimes* (1754).

INDEX

Aaron, 196, 311, 313

Aben-Ezra, 195, 197

Abraham, patriarch, 46, 192, 197, 202, 215

Agag, 201

Agathopus, saint, 303

Aguesseau, Henri-François d', *chancelier*, 280, 338

Alembert, Jean Le Rond d', 35n, 65, 84, 87, 88, 91, 123, 124, 125, 275, 279, 341

Alexander, saint, 245, 330

Alexander the Great, 159, 173

Alexander VI, pope, 71, 141

Allamand, François Louis, 65n, 89, 90, 339

Alletz, Pons-Augustin, 300

Alliot de Mussey, 322

Ambrose, saint, 215, 282, 296

Amelot, president of the Academy of Sciences, 26n

Amelot de La Houssaye, Abraham-Nicolas, 227, 323

Amos, 194

Amyot, Jacques, 281

Ancre, maréchale d', *see* Galigaï

Anjou, François, duc d', 281

Antinoüs, 170

Antoninus, emperor, 168, 181

Antony, saint, 169

Anubis, 163

Anville, Marie-Louise-Nicole-Elisabeth de La Rochefoucauld, duchesse d', 63n, 279

Anytus, 292

Apis, 195, 199

Aquinas, *see* Thomas Aquinas

Arc, Joan of, the Maid of Orléans, 147

Archelaus, king of Israel, 164

Archimedes, 246

Argence, François-Achard Joumard Tison, marquis d', 318

Argenson, René-Louis, marquis d', 11n

Argental, Charles-Augustin de Ferriol, comte d', 1n, 36, 40, 50, 55n, 63, 68, 76, 84, 85, 91, 123, 124, 126, 272, 278, 342

Argental, Jeanne-Grâce Bosc du Bouchet, comtesse d', 40, 50, 63, 68, 76, 84, 85, 91, 123, 124, 126, 272, 278, 342

Aristotle, 155

Arius, 245, 309

Arminius, 147

Arnauld Antoine, called le Grand Arnauld, 215, 217, 244, 326

Arnauld d'Andilly, Robert, 217

Athanasius, saint, 226, 297, 330

Athenagoras, 305

Audibert, Dominique, 47

Augustine, saint, 170, 201, 207, 253-54, 279, 282, 292, 296, 333

Augustus, emperor, 163, 167, 173, 294, 296

Avaux, *see* Mesmes

Bacchus Omadios, 193

Bacquencourt, *see* Dupleix

Baër, C. F., 17, 18n, 25

Balaam, 209

Balbani, père, *Appel à la raison*, 309

Baradeus, Jacob, 285

Barbara, saint, 134

Barbier, A. A., 334